세상의 속도를
따라잡고 싶다면

Do it!

Go 언어 기초부터 실전까지 제대로 배운다!

Go 완전 정복

Google Developer Experts
Golang Korea 운영진
한성민 지음

200개 예제를 단계별로 실습하며 배우는 동시성 프로그래밍의 핵심

다양한 분야에 활용 가능!

| 백엔드 개발 | 데브옵스 | 인프라 자동화 | 클라우드 |

이지스 퍼블리싱

세상의 속도를 따라잡고 싶다면 **Do it!**
변화의 속도를 즐기게 됩니다.

Do it!
Go 완전 정복
Do it! Mastering Go Language

초판 발행 • 2025년 9월 15일

지은이 • 한성민
펴낸이 • 이지연
펴낸곳 • 이지스퍼블리싱(주)
출판사 등록번호 • 제313-2010-123호
주소 • 서울특별시 마포구 잔다리로 109 이지스빌딩 3층 (우편번호 04003)
대표전화 • 02-325-1722 | **팩스** • 02-326-1723
홈페이지 • www.easyspub.co.kr | Do it! 스터디룸 카페 • cafe.naver.com/doitstudyroom
인스타그램 • instagram.com/easyspub_it | **엑스(구 트위터)** • x.com/easys_IT
페이스북 • facebook.com/easyspub

총괄 • 최윤미 | **기획 및 책임편집** • 이인호 | **기획편집 2팀** • 신지윤, 박재연, 이소연
교정교열 • 박명희 | **표지 디자인** • 김근혜 | **본문 디자인** • 김근혜, 트인글터 | **인쇄** • 미래피앤피
마케팅 • 권정하 | **독자지원** • 박애림, 이세진, 김수경 | **영업 및 교재 문의** • 이주동, 김요한(support@easyspub.co.kr)

- '세상의 속도를 따라잡고 싶다면 Do it!'은 출원 중인 상표명입니다.
- 잘못된 책은 구입한 서점에서 바꿔 드립니다.
- 이 책에 실린 모든 내용, 디자인, 이미지, 편집 구성의 저작권은 이지스퍼블리싱(주)과 지은이에게 있습니다.

 이 책을 저작권자의 허락 없이 무단 복제 및 전재(복사, 스캔, PDF 파일 공유)하면 저작권법 제136조에 따라 **5년** 이하의 징역 또는 **5천만 원** 이하의 벌금을 부과할 수 있습니다. 무단 게재나 불법 파일 등을 발견하면 출판사나 한국저작권보호원에 신고해 주십시오(불법 복제 신고 www.copy112.or.kr).

ISBN 979-11-6303-764-4 93000
가격 38,000원

적을수록 더 효율적이다.
Less is exponentially more.

— Go 언어 공동 창시자 **롭 파이크(Rob Pike)**

머리말

Go 언어, 더 이상 망설이지 마세요!
기초부터 실전 애플리케이션까지, 이 책 한 권으로 끝냅니다

오랜 시간 Go 언어와 함께하며 현업에서 수많은 문제를 해결하고 때로는 그 간결함에 감탄하며 성장해 왔습니다. 어느 날 문득 Go 언어를 처음 만났을 때의 막막함과 수많은 시행착오가 떠올랐습니다. '그때 누군가 이런 길을 알려 주었다면 얼마나 좋았을까?' 하는 아쉬움, 그리고 그동안 쌓아 온 경험과 노하우를 이제 막 시작하는 분들께 온전히 나누고 싶다는 열망이 이 책을 쓰도록 이끌었습니다.

이 책은 단순히 Go 언어의 문법을 나열한 기술 서적이 아닙니다. 제가 수년간 현업에서 고민하고 다듬어 온 생각과 실전 노하우를 한 페이지, 또 한 페이지에 정성껏 꾹꾹 눌러 쓴 결과물입니다. 여러분이 튼튼한 기초 위에서 길을 잃지 않고 Go 언어의 진정한 매력인 '동시성 프로그래밍'의 세계를 제대로 탐험하며, 마침내 '스스로 생각하고 만드는 개발자'로 성장할 수 있도록 설계했습니다.

☑ 이 책에서는 3가지를 확실하게 얻을 수 있습니다!

첫째, 흔들리지 않을 '탄탄한 기본기'입니다. 위대한 건축물은 견고한 기초에서 시작됩니다. 이 책은 Go 개발 환경을 설치하는 방법부터 변수, 연산자, 함수, 조건문, 반복문 등 핵심 문법까지 마치 1:1로 과외를 받듯 쉽고 친절하게 설명하여 여러분의 첫걸음을 튼튼하게 만들어 드립니다. 단순히 눈으로 읽는 것을 넘어 200개가 넘는 코드를 직접 실행하며 개념을 체득하는 과정에서 프로그래밍의 진정한 재미를 느낄 수 있을 겁니다.

둘째, Go를 가장 Go답게 쓰는 '핵심 기술'입니다. Go 언어가 왜 서버 개발의 대세로 떠올랐을까요? 이 책은 Go 언어의 심장이자 핵심인 동시성 프로그래밍의 정수를 담았습니다. 어려운 개념으로만 알았던 '고루틴Goroutine'과 '채널Channel'의 원리를 다양한 실습을 해보며 체득합니다. 이 경험은 여러분을 다른 개발자와 차별화하는 강력한 무기가 되어 줄 것입니다.

셋째, 배움을 결과로 만드는 '완성 경험'입니다. 결국 프로그래밍의 목적은 '만들기' 위한 것입니다. 이 책의 마지막 장에서는 지금까지 배운 것을 모두 활용해 콘솔과 웹에서 동작하는 '할 일 관리 애플리케이션'과 '도서 관리 웹 애플리케이션'을 직접 개발합니다. 그뿐만 아니라 Go 프로그램의 품질과 안정성을 높여 줄 성능 최적화와 테스팅은 물론, 코드의 가독성과 유지·보수성을 높이는 리팩터링 등 현업 개발자라면 반드시 갖춰야 할 고급 스킬까지 다룹니다. 그 결과 여러분은 단순한 학습자를 넘어 '스스로 프로그램을 완성할 수 있는 개발자'로 거듭날 것입니다. 이 값진 성공의 경험은 여러분에게 무엇이든 만들 수 있다는 자신감을 심어 줄 것이라 확신합니다.

💙 격려와 지지를 보내 주신 모든 분께 감사드립니다!

이 책이 완성되어 여러분 앞에 놓이기까지는 보이지 않는 곳에서 땀을 흘리고 헌신한 수많은 분들이 있었습니다. 복잡하고 때로는 어려운 개념을 쉽고 명확하게 전달하기 위해 함께 고민했던 소중한 시간이 생각납니다. 끝날 것 같지 않던 밤샘 작업과 수많은 오류 수정 단계를 거치고 최신화하는 과정에 관심을 갖고 끊임없이 격려해 주신 분들이 계셨기에 이 긴 여정을 완주할 수 있었습니다.

특히 초기 기획 단계부터 출간에 이르기까지 함께하며 원고를 꼼꼼하게 다듬어 주신 이인호 편집자님께 진심으로 감사드립니다. 편집자님의 세심한 피드백은 책의 완성도를 높이는 데 결정적인 역할을 했습니다. 또한 독자의 눈높이에 맞추어 더 좋은 책으로 발전할 수 있도록 도움을 주시고 끝까지 인내하면서 기다려 주신 최윤미 본부장님께도 깊은 감사의 마음을 전합니다. 두 분의 적극적인 지원과 전문성이 없었다면 이 책은 세상의 빛을 보지 못했을 것입니다.

제가 몸담고 있는 고랭 코리아(Golang Korea) 커뮤니티의 모든 멤버에게도 감사의 인사를 전합니다. 커뮤니티 활동을 하며 얻은 다양한 경험과 지식, 그리고 열정적인 논의들은 이 책의 밑바탕이 되었고 집필할 때 폭넓은 관점을 가질 수 있도록 해주었습니다.

마지막으로 기나긴 집필 기간 동안 제 부족함을 이해해 주고 묵묵히 곁을 지켜 주며 응원해 준 사랑하는 가족과 친구들, 그리고 지인분들께 이 자리를 빌려 진심으로 고맙다는 말을 전하고 싶습니다. 여러분의 지지와 응원이 없었다면 이 힘든 과정을 이겨 내기 어려웠을 것입니다.

부디 이 책이 흥미로운 Go 언어의 세계로 첫발을 내딛는 분들에게는 든든한 길잡이가 되고, 이미 Go 언어와 여정을 함께 해온 개발자들에게는 새로운 통찰력과 영감을 주는 동반자가 되기를 진심으로 소망합니다.

살아가면서 제가 항상 가슴에 품고 되새기는 문구가 있습니다.

> "코드는 예술이다. 여러분의 작품으로 세상에 영감을 불어넣어라."

이제 여러분의 손끝에서 펼쳐질 멋진 Go 언어와 함께하는 여정을 힘껏 응원합니다!

한성민 드림

추천사

Go 언어, 이 책 한 권이면 기초부터 실전까지 끝낼 수 있습니다!

《Do it! Go 완전 정복》은 단순히 '쉬운 책'이 아닙니다. Go 언어를 처음 배우는 사람도 개념을 확실히 잡고 기초를 제대로 쌓을 수 있도록 친절하게 설명해 줍니다. 복잡하게 느낄 수 있는 내용도 **이해하기 쉬운 예제**와 함께 하나씩 짚어 줘서, 혼자 공부하더라도 막히지 않고 자연스럽게 다음 단계로 넘어갈 수 있습니다.

특히 이 책의 강점은 Go의 핵심 주제인 '네트워킹'과 '동시성' 같은 고급 내용도 입문자 눈높이에 맞춰 쉽게 풀어낸다는 데 있습니다. 한 번 읽고 끝나는 책이 아니라, 실제 프로젝트를 진행할 때도 곁에 두고 틈틈이 찾아보아도 유용할 만큼 **실용적인 레퍼런스 역할**을 톡톡히 해낼 것입니다. Go 언어를 처음 시작한다면 이보다 든든한 안내서는 없을 겁니다!

— 이진석 님(유니티 풀스택 엔지니어, Golang Korea 오거나이저)

실습으로 탄탄히 익히는 Go 언어 입문자를 위한 첫 책!

'Do it!' 시리즈답게 이 책도 프로그래밍을 처음 접하는 분들이 잘 따라갈 수 있도록 구성되어 있습니다. 단계별로 진행되는 실습 예제를 따라 하다 보면 Go 언어의 기초 문법을 확실히 익힐 수 있어요.

지금까지 시중에 나온 Go 언어 책들은 완전 초보자보다 어느 정도 경험이 있는 개발자에게 필요한 내용을 많이 다뤄서 입문자 입장에선 첫 장부터 막막했을 것입니다. 하지만 이 책은 **기본 문법부터 실제 애플리케이션을 만드는 예제까지** 실무에 꼭 필요한 내용만 담아서 매우 유용하고 바로바로 이해할 수 있습니다. 게다가 **최신 Go 문법**은 물론 제네릭, 고루틴, 채널처럼 Go의 핵심인 동시성 프로그래밍까지도 알기 쉽게 설명해서 **학습 부담 없이 다양한 범위의 내용**을 익힐 수 있습니다.

처음 Go 언어를 배우려는 분들에게 이 책은 실습 중심으로 빠르게 감을 잡고 실력을 쌓을 수 있는 가장 좋은 출발점이 되어 줄 것입니다.

— **변규현** 님(당근마켓 엔지니어링 리드, 前 모빌리스트 CTO)

쉽고 강력한 Go 언어의 무한한 가능성을 열어 주는 책!

Go 언어는 교육 기관에서 아직 많이 다루지 않고, 보통 다른 언어를 배우고 나서 '세컨드 랭귀지'로 접하는 경우가 대부분입니다. 하지만 이 책은 이러한 흐름을 바꾸고 있습니다!
자료형이나 포인터처럼 코딩 초보자에게 생소한 개념도 눈높이에 맞춰 차근차근 설명해서 Go를 '첫 번째 언어'로 선택할 수 있도록 도와줍니다. 배우기 쉬우면서도 강력한 기능을 갖춘 Go는 사실 입문용 언어로 손색이 없습니다. 처음부터 실무까지 바라보며 프로그래밍을 시작하고 싶다면 이 책과 함께 Go 언어에 도전해 보세요! Go 언어의 무한한 가능성을 여러분도 분명히 느낄 것입니다.

— 이호민 님(포티투닷 시니어 백엔드 엔지니어, 前 Golang Korea 운영자)

엔지니어의 성장을 빠르게 이끄는 실전 입문서!

이 책은 이해하기 쉬운 설명과 단계별 실습 예제로 Go 언어의 기초와 실전까지 한 흐름으로 배울 수 있도록 도와줍니다. 특히 최근 주목받는 AI 코딩 어시스턴트와 함께 이 책을 활용한다면, 프로그래밍을 처음 접하는 분들이라도 단기간에 감을 잡고 엔지니어로서의 역량을 효과적으로 높일 수 있습니다. Go 언어를 실무에서 바로 쓰고 개발자로서 성장하기 위한 학습을 하고 싶다면 이 책은 최고의 선택이 될 것입니다.

— 김현민 님(메가존 클라우드 AWS 솔루션즈 아키텍트, AWS 한국 사용자 모임 커뮤니티 운영진)

이 책은 Go 개발자로 가는 가장 확실하고 든든한 출발점입니다!

Go 언어는 간결한 문법, 빠른 실행 속도, 뛰어난 동시성 처리 덕분에 해를 거듭할수록 개발자들에게 사랑받고 있습니다. 이 책은 Go 언어의 핵심 문법을 단순히 소개하는 데 그치지 않고, 동작 원리까지 함께 설명해 주며 개념을 제대로 이해할 수 있게끔 도와줍니다.
이 책의 후반부에서는 Gin 프레임워크를 활용해 간단한 웹 애플리케이션을 직접 구현하며 실전 감각을 익힐 수 있습니다. 성능 최적화, 테스트 작성, 리팩터링 등 실무에서 자주 쓰는 주제까지 폭넓게 다루어, 단순한 입문서를 넘어 실전에 한 걸음 더 가까워질 수 있도록 구성되어 있습니다.
Go 언어를 처음 배우려는 분은 물론, 새로운 언어로 실력을 높이고 싶은 개발자들에게도 이 책은 든든한 출발점이 되어 줄 것입니다.

— 이희철 님(7년 차 솔로 프리너, 베타 리더)

학습 계획표

마음먹으면 단 2주, 14일이면 충분합니다. 목표한 날짜를 기록하며 매일 정해진 분량을 꾸준히 실천해 보세요. 책의 마지막 페이지에 도달할 때쯤 "이제 나도 Go 언어로 프로그램을 만들 수 있다!"라는 자신감을 얻을 것입니다.

회차	진도	주요 내용	목표 날짜
1회	01장~02장	Go 언어의 **개발 환경 구축**하고 **첫 번째 프로그램 작성**하기	월 일
2회	03장~04장	데이터를 담는 **변수, 상수**와 Go 언어의 여러 **자료형 및 포인터** 알아보기	월 일
3회	05장~06장	Go 언어의 여러 가지 **연산자**를 배우고 **함수**를 정의하고 사용하는 방법 알아보기	월 일
4회	07장~08장	조건에 따라 코드를 실행하는 **조건문**과 특정 코드를 반복 실행하는 **반복문** 알아보기	월 일
5회	09장	기본 자료구조인 **배열, 슬라이스, 맵, 구조체** 알아보기	월 일
6회	10장	Go 언어의 **객체지향 프로그래밍** 개념과 **메서드, 인터페이스, 리시버, 구조체 임베딩** 알아보기	월 일
7회	11장	Go 언어의 **입출력** 개념과 **표준 입출력**, **파일 입출력** 다루는 방법 알아보기	월 일
8회	12장~13장	Go 언어의 독특한 **오류 처리 방식**과 동시성 프로그래밍을 위한 **고루틴** 알아보기	월 일
9회	14장	Go 언어의 동시성 제어 기법인 **잠금, 대기 그룹, 채널, 선택문** 알아보기	월 일
10회	15장	다양한 자료형에 재사용할 코드를 작성하는 **제네릭** 알아보기	월 일
11회	16장~17장	Go 프로그램의 **성능 최적화 방법**과 **네트워크 프로그래밍 및 로깅 기법** 알아보기	월 일
12회	18장	그동안 배운 내용을 활용하여 실용적인 **웹 애플리케이션** 만들어 보기	월 일
13회	19장	Go 프로그램의 품질과 안정성을 높이는 **단위 테스트 작성법**과 관련 기법 알아보기	월 일
14회	20장	코드의 가독성과 유지보수성을 높이는 **리팩터링**의 개념과 과정 알아보기	월 일

차례

첫째마당 | 처음 만나는 Go 프로그래밍 – 설치부터 기초 문법까지

01 Go 시작하기 — 14
- 01-1 간결하며 효율적인 Go — 15
- 01-2 Go 설치하기 — 26
- 01-3 첫 번째 Go 프로그램 만들기 — 29

02 Go 프로그래밍 준비하기 — 34
- 02-1 Go 프로젝트 구성하기 — 35
- 02-2 Go 환경 변수 알아보기 — 40
- 02-3 외부 패키지 사용하기 — 45
- 02-4 통합 개발 환경 설치하기 — 49

03 변수와 상수 — 56
- 03-1 소스 코드에 주석 남기기 — 57
- 03-2 변수 알아보기 — 59
- 03-3 변수의 자료형 — 64
- 03-4 지역 변수와 전역 변수 — 68
- 03-5 상수 알아보기 — 80

04 자료형과 포인터 — 83
- 04-1 기본 자료형 — 84
- 04-2 자료형 변환 — 99
- 04-3 주소를 나타내는 포인터 — 103

05 연산자 — 110
- 05-1 산술 연산자 — 111
- 05-2 관계·논리 연산자 — 118
- 05-3 비트 연산자 — 121
- 05-4 기타 연산자 — 124

06 함수 — 128
- 06-1 함수의 기본 구조 — 129
- 06-2 익명 함수와 클로저 — 136

07 조건문 — 141
- 07-1 if 문 — 142
- 07-2 switch 문 — 146
- 07-3 조건문 설계와 중첩 — 151

08 반복문 — 156
- 08-1 반복문 작성하기 — 157
- 08-2 반복문 제어하기 — 161
- 08-3 구구단 프로그램 만들기 — 171

둘째마당 | 실무에서 자주 쓰는 Go의 기능과 구조

09 자료구조 176
- 09-1 배열 177
- 09-2 슬라이스 181
- 09-3 맵 197
- 09-4 구조체 202

10 객체지향 프로그래밍 205
- 10-1 객체지향 개념 잡기 206
- 10-2 메서드 215
- 10-3 인터페이스 225
- 10-4 리시버 245
- 10-5 상속과 구조체 임베딩 250

11 입출력 프로그래밍 256
- 11-1 입출력이란? 257
- 11-2 표준 입출력 259
- 11-3 파일 입출력 270

12 오류 처리 290
- 12-1 Go의 독특한 오류 처리 방식 291
- 12-2 패닉 상태 만들기 299
- 12-3 패닉 복구하기 303

13 동시성 프로그래밍 312
- 13-1 동시성 프로그래밍의 필요성 313
- 13-2 고루틴이란? 319
- 13-3 뉴스레터 크롤러 만들기 323
- 13-4 고루틴 사용 시 주의 사항 334

14 동시성 제어 기법 341
- 14-1 잠금과 대기 그룹 342
- 14-2 채널 348
- 14-3 선택문 356

15 제네릭 367
- 15-1 제네릭 368
- 15-2 제네릭 함수와 타입 375
- 15-3 제약 조건 380
- 15-4 제네릭의 미래 387

셋째마당 | 고급 기능 활용부터 나만의 애플리케이션 완성까지!

16 성능 최적화　392
- 16-1 프로파일링과 성능 측정 도구　393
- 16-2 프로파일 기반 최적화　405

17 네트워킹과 로깅　411
- 17-1 네트워킹　412
- 17-2 TCP 네트워킹　413
- 17-3 UDP 네트워킹　418
- 17-4 HTTP 네트워킹　422
- 17-5 로깅　425

18 애플리케이션 만들기　432
- 18-1 할 일 관리 애플리케이션　433
- 18-2 도서 관리 웹 애플리케이션　447

19 테스팅　474
- 19-1 테스트를 왜 해야 할까?　475
- 19-2 단위 테스트　476
- 19-3 단언문　480
- 19-4 테스트 커버리지　484
- 19-5 모킹과 스터빙　488

20 리팩터링　496
- 20-1 작성한 코드의 문제점 파악하기　497
- 20-2 리팩터링 준비하기　503
- 20-3 리팩터링 적용하기　535

부록 | Go 활용 노트

- A-1 문서화 작업을 돕는 godoc　554
- A-2 컨텍스트를 관리하는 context　559
- A-3 C 함수를 호출하는 cgo　562

찾아보기　564

독자 지원

실습 파일 내려받기

이 책에서 사용하는 예제 소스 파일은 저자의 깃허브와 이지스퍼블리싱 홈페이지에서 모두 내려받을 수 있습니다.

▶ 저자의 깃허브   https://github.com/KennethanCeyer/tutorial-golang
▶ 이지스퍼블리싱 홈페이지   www.easyspub.co.kr → [자료실] 클릭 → 이 책 제목으로 검색

이지스 플랫폼   연결하면 더 큰 가치를 만들 수 있어요

❶ 온라인에서 함께 공부해요!

▶ 네이버 카페 'Do it!' 스터디룸
cafe.naver.com/doitstudyroom

❷ 유튜브 채널을 구독하면 모든 IT 강의를 무료로 수강 가능!

▶ 유튜브   youtube.com/easyspub

❸ SNS 팔로우하고 이벤트 소식을 확인하세요!

▶ 인스타그램   instagram.com/easyspub_it

▶ 엑스(구 트위터)   x.com/easys_IT

❹ 독자 설문 참여하면 6가지 혜택!   QR코드를 스캔하여 이 책에 대한 의견을 보내 주세요

❶ 추첨을 통해 소정의 선물 증정
❷ 이 책의 업데이트 정보 및 개정 안내
❸ 저자가 보내는 새로운 소식
❹ 출간될 도서의 베타테스트 참여 기회
❺ 출판사 이벤트 소식
❻ 이지스 소식지 구독 기회

첫째마당

처음 만나는 Go 프로그래밍
- 설치부터 기초 문법까지!

01 ▶▶ Go 시작하기
02 ▶▶ Go 프로그래밍 준비하기
03 ▶▶ 변수와 상수
04 ▶▶ 자료형과 포인터
05 ▶▶ 연산자
06 ▶▶ 함수
07 ▶▶ 조건문
08 ▶▶ 반복문

01
Go 시작하기

첫 번째 장에서는 Go를 간략하게 소개하고 다른 언어와 비교해 어떠한 특징이 있는지 살펴본다. 또한 Go 설치와 소스 코드를 작성한 후 컴파일을 거쳐 직접 실행해 보며 프로그램을 개발하는 과정을 경험해 보자.

01-1 ▶ 간결하며 효율적인 Go
01-2 ▶ Go 설치하기
01-3 ▶ 첫 번째 Go 프로그램 만들기

01-1 | 간결하며 효율적인 Go

Go는 구글 소속의 롭 파이크[Rob Pike], 켄 톰프슨[Ken Thompson], 로버트 그리즈머[Robert Griesemer]가 2007년부터 개발을 시작해 2009년에 처음 발표한 프로그래밍 언어다. 당시 Go 창시자들은 기존 프로그래밍 언어들이 대규모 네트워크 서버를 구축하고 유지·관리하는 데 적합하지 않다고 생각했다. 특히 C++ 언어로 프로젝트를 진행할 경우 컴파일 시간을 단축하기 위해 클러스터를 사용해야 했는데, 이는 규모가 큰 웹 애플리케이션을 구축하는 데 비효율적이었기 때문이다.

그래서 그들은 빠른 컴파일 속도, 쉬운 동시성 처리, 효율적인 메모리 관리 같은 특징을 목표로 Go를 만들었다. 그 덕분에 현재 Go는 높은 성능과 효율성을 바탕으로 구글의 주요 제품과 인프라의 핵심 기술로 자리 잡았다.

▶ Go의 특징

Go는 C와 같은 정적 언어로, 파이썬[Python]이나 자바스크립트[JavaScript]와 같은 동적 언어와 달리 소스를 목적 파일로 번역하는 **컴파일**[compile]을 해야 한다. 일반적으로 정적 언어는 코드 양이 늘어남에 따라 컴파일 시간이 극단적으로 느려질 수밖에 없는데, Go는 이러한 컴파일 시간을 단축할 목적으로 문법 구조부터 다른 언어와 다르게 설계되었다. 그래서 컴파일 시간이 빠르다.

>  **아하! 그렇구나!** 컴파일러 언어와 인터프리터 언어
>
> Go 같은 컴파일러 기반 언어는 소스 코드를 한 번에 컴파일하여 실행 파일을 생성한다. 반면에 자바스크립트, 파이썬 같은 인터프리터 기반 언어는 실행 파일을 만들지 않고 실행할 때마다 코드를 즉시 번역한다.
>
> 컴파일러 기반 언어는 코드를 실행하기 전에 구문 오류를 발견하고 수정할 수 있어서 더 안전하다. 그러나 빌드 과정이 필요해 규모가 큰 코드는 시간이 오래 걸릴 수 있다. 반면에 인터프리터 기반 언어는 실행 파일을 만들지 않으므로 빌드 과정이 없으며 코드를 빠르고 편리하게 작성할 수 있다. 그러나 코드를 실행할 때 비로소 오류를 발견할 수 있으며 실행 속도가 상대적으로 느릴 수 있다.
>
> 한편 Go는 다른 프로그래밍 언어와 비교해 극단적인 단순함을 추구하며, 객체지향 프로그래밍의 많은 기능을 포기한 대신 빠른 컴파일 속도를 목표로 한다.

Go의 주요 특징을 요약하면 다음과 같다.

- 성능이 낮은 하드웨어에서도 빠르게 컴파일된다.
- 타입과 메모리 안정성이 높다.
- 가비지 컬렉션을 갖추었으나 이를 효율적으로 처리한다.
- 언어 차원에서 동시성 처리와 통신 지원이 훌륭하다.

이러한 특징을 바탕으로 Go는 많은 개발자에게 인기를 얻고 있으며 다양한 프로젝트에 채택되면서 빠르게 성장하는 언어로 자리매김하고 있다.

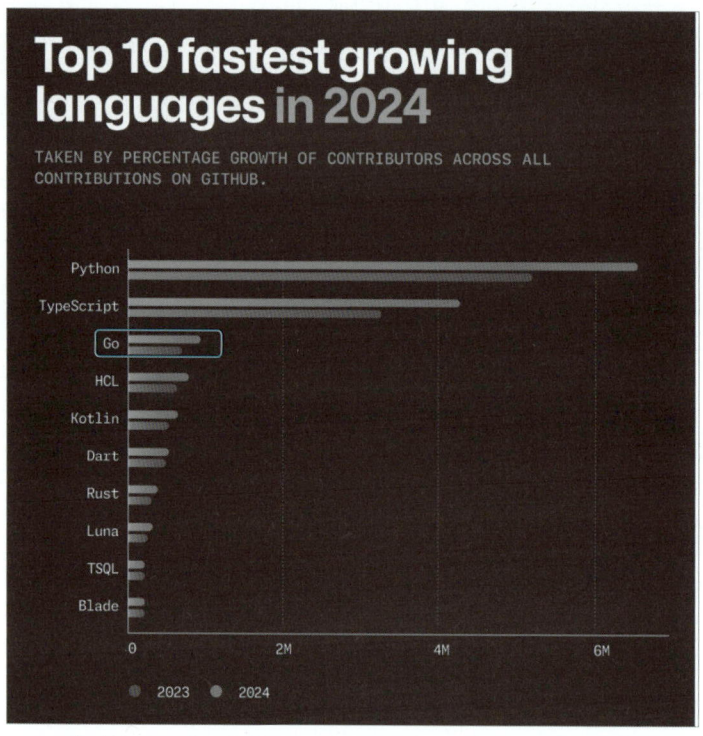

2024년 가장 빠르게 성장한 언어 순위(출처: github.blog/news-insights/octoverse/octoverse-2024/)

▶ 심플함이 최Go야!

프로그래밍을 공부하다 보면 객체지향 방법론, 강타입과 약타입, 복잡한 동시성 처리, 까다로운 오류 제어 등 다양한 이론과 기법을 접한다. 하지만 프로그래밍할 때 항상 이런 복잡한 방법과 이론이 꼭 필요할까? Go는 이러한 질문에 조금 더 단순하고 실용적인 접근을 제시한다.

단적인 예로 **Go에서 사용하는 예약어는 고작 25개뿐**이다. 영어의 알파벳 수보다 적다. Go는 이렇게 적은 수의 예약어로 마이크로 프로젝트부터 규모가 큰 엔터프라이즈 서비스까지 개발할 수 있게 설계되었다.

Go에서 사용하는 예약어

break	default	func	interface	select
case	defer	go	map	struct
chan	else	goto	package	switch
const	fallthrough	if	range	type
continue	for	import	return	var

Go는 이처럼 단순하지만 고유한 생태계와 철학이 있어서 기존에 다른 프로그래밍 언어를 사용해 보았더라도 새로 배운다는 마음을 가져야 한다.

▶ Go 생태계를 지탱해 주는 '고퍼'

프로그래밍 언어를 선택할 때 언어 자체의 철학이나 기업의 지원 여부도 살펴봐야 하지만, 무엇보다 중요한 것은 바로 언어를 둘러싼 생태계다. 언어가 아무리 뛰어나게 설계되었더라도 활발한 사용자 커뮤니티가 없다면 문제 해결에 필요한 정보, 문서, 노하우, 그리고 다양한 오픈 소스 라이브러리 같은 귀중한 자원을 얻기 어렵다.

Go의 생태계는 지속해서 성장하고 있다. Go 생태계에서 활동하는 사람을 **고퍼**Gopher▫라고 하는데, 바로 이 고퍼들의 적극적인 참여와 기여를 통해 Go 생태계가 풍성하게 발전하고 있다.

▫ gopher는 흙을 파는 쥐류를 뜻한다.

Go의 마스코트 '고 고퍼'
(Takuya Ueda. CC by 3.0)

Go 팀에서 2024년에 Go 개발자를 대상으로 벌인 설문 조사를 보면 응답자의 32%가 최근 12개월 이내에 온라인이나 오프라인 커뮤니티에 참여했다고 답했다. 그중 68%가 Go 커뮤니티에 만족한다고 답했다. 이러한 데이터를 바탕으로 Go 팀은 커뮤니티 만족도와 Go에 대한 전반적인 만족도 사이에는 상관관계가 있는 것으로 분석했다.

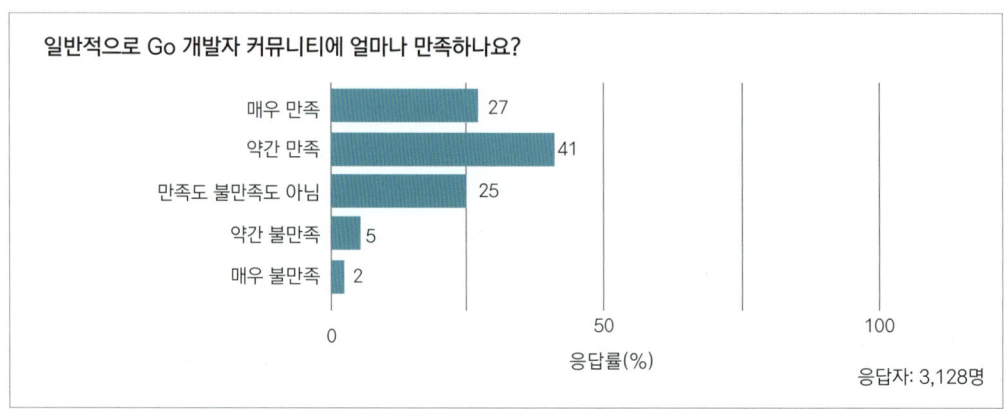

2024년 Go 커뮤니티 만족도(출처: go.dev/blog/survey2024-h1-results)

> **아하! 그렇구나!** 고퍼들의 커뮤니티 지침 '고퍼 밸류'
>
> Go 커뮤니티에는 고퍼 밸류(Gopher value)라는 규칙이 있다. 고퍼들은 이 규칙을 커뮤니티 활동에서 지켜야 할 귀중한 가치로 여긴다. 고퍼 밸류의 내용은 다음과 같다.
> - 친절하게 대하고 새로운 사람들을 환영해 주세요
> - 인내심을 가지세요 — 사람들에게는 다양한 대화 스타일이 있고, 모든 사람이 자신만의 모국어를 사용하지 않는다는 것을 기억해 주세요.
> - 한 번 더 생각하세요 — 커뮤니케이션을 생산적으로 하려면 노력해야 합니다. 여러분의 댓글이 어떻게 해석될지 고려해 주세요. 때로는 댓글을 달지 않는 것이 최선일 때도 있습니다.
> - 존중하는 자세를 가지세요 — 특히 의견 차이를 이해하고 존중해 주세요.
> - 관대해지세요 — 다른 사람의 주장을 좋은 쪽으로 해석해 주세요.
> - 비관적이거나 비효율적인 자세를 피하세요 — 주제에서 벗어나거나 다른 내용으로 의논하고 싶다면 새로운 대화로 진행하세요. 적대적, 비관적이거나 모욕을 주는 대화는 피하세요.

▶ 다른 언어와 비교하며 Go 이해하기

Go는 컴파일 언어지만 배우기 쉽고 컴파일 속도가 매우 빨라 성능 향상을 추구하는 인터프리터 언어 사용자에게 매력적인 선택지다. 또한 컴파일 언어 사용자 사이에서도 Go의 효율적인 성능과 뛰어난 생산성이 주목받으며 대안으로 고려하는 사례가 늘고 있다.

여기서는 Go와 주요 프로그래밍 언어의 차이점을 비교한다. 만약 여러분이 사용하는 개발 언어가 있다면 주요 특징을 중심으로 Go와 비교해 보자.

C++와 비교하기

C++는 객체지향 프로그래밍Object Oriented Programming, OOP의 특성이 있지만 Go는 객체지향의 부분적인 특성만을 사용한다.

- **상속** — Go는 클래스 기반의 상속 개념이 없으며, 대신 타입 임베딩embedding을 통한 조합composition과 인터페이스를 활용한다. C++는 상속 개념을 제공하므로 객체지향 설계를 하기 쉽다.
- **클래스** — Go는 C++와 달리 `class` 예약어가 없다. 대신 `struct`(구조체)를 통해 비슷하게 구현할 수 있다.
- **메서드** — Go는 특정 타입(리시버)에 연결된 함수 형태로 메서드를 정의한다. C++는 클래스 내부에 메서드를 정의할 수 있다.
- **접근 제어** — Go는 `public`, `private`, `protected` 같은 명시적인 접근 지정자가 없다. 그 대신 식별자(변수, 함수, 타입 등)의 첫 글자가 대문자이면 외부 패키지에서 접근할 수 있는 공개 상태가 되고, 소문자이면 해당 패키지 내에서만 접근할 수 있는 비공개 상태가 된다. 이런 특징은 접근 지정자를 가진 C++와 대비된다.

C++는 가비지 컬렉터garbage collector가 없어서 메모리를 직접 해제하거나 스마트 포인터를 제공해야 한다. 반면에 Go는 가비지 컬렉터를 제공한다.

C++의 성능은 여전히 Go보다 빠르다. Go는 대부분의 인터프리터 언어보다 성능이 우수하지만, C++를 넘어설 정도로 빠르지는 않다. 따라서 빠른 성능이 요구되는 시스템 프로그래밍 언어로 Go를 사용한다면 신중하게 고민해 봐야 한다.

C++와 Go(1.18 이상 버전부터)는 모두 제네릭generic을 제공하므로 유사한 방식으로 코드 재사용성을 높일 수 있지만, Go의 제네릭은 C++ 템플릿보다 단순함과 컴파일 속도에 더 중점을 두고 설계되었다.

Go는 C++보다 컴파일 시간이 빠르다. 이는 개발을 재미있고 즐겁게 만들어 준다.

Go는 `try-catch` 구문이 없다. 그 대신 패닉panic과 복구recover라는 개념과 Go만의 독특한 예외 처리 방식을 가지고 있다. 예를 들어 Go에서는 예외 상황에 놓였을 때 패닉이 발생하고 이를 연기defer하거나 복구하는 방식으로 처리한다.

파이썬과 비교하기

파이썬은 강력한 객체지향 프로그래밍 기능을 지원하지만, Go는 클래스나 상속 없이 구조체와 인터페이스를 사용하는 등 객체지향의 일부 개념만을 활용한다. 이는 앞서 C++와 비교에서 살펴본 Go의 특징과 유사하며 파이썬의 유용한 기능인 데코레이터decorator가 없다는 점도 차이점의 하나다.

성능 면에서는 Go가 파이썬(CPython 기준)보다 일반적으로 빠르다. 따라서 기존 파이썬 코드의 성능에 한계를 느낀다면 Go는 매력적인 대안이 될 수 있다.

파이썬은 GIL Global Interpreter Lock의 영향으로 기본 빌드에서는 CPU 멀티스레드를 활용한 동시성 프로그래밍의 이점을 온전히 누리기 어렵다. 최근 파이썬 3.13 버전에서 GIL을 사용하지 않는 빌드도 할 수 있게 되면서 개선 가능성이 열렸지만, 아직은 기본 설정이 아니므로 실무에서는 제약이 있기 마련이다.

반면에 Go는 고루틴goroutine을 통해 동시성 프로그래밍을 간단하게 구현할 수 있으며, 런타임 수준에서 문맥 교환context-switching이 최적화되어 높은 성능을 제공한다.

Go는 조미료를 최대한 뺀 건강식에 비유할 수 있다. 파이썬이 제공하는 다양한 '문법적 편의 기능syntactic sugar'에 익숙하다면, Go의 모든 것을 명시적으로 코딩해야 하는 방식이 다소 낯설거나 번거롭게 느껴질 수 있다.

Go는 컴파일 언어다. 인터프리터 언어인 파이썬과 다르게 조금 더 타입에 엄격하다. 그래서 런타임에서 발생할 오류를 미연에 방지해 주고, 컴파일 속도가 빨라 인터프리터 언어와 비교해 봐도 생산성이 떨어지지 않고 유지된다.

반면에 파이썬은 정적 타입 선언을 요구하지 않는 동적 타입 언어다. 즉, 파이썬은 변수에 어떤 타입의 값이든 자유롭게 할당할 수 있으므로 Go처럼 정적 타입을 제공하는 언어보다 런타임 시점에서 타입 관련 오류가 발생할 가능성이 크다. 이러한 특성 때문에 성능과 안정성을 고려해 파이썬에서 Go로 전환하는 개발자도 꾸준히 늘고 있다. 덕분에 마이그레이션 과정에 도움을 주는 문서나 커뮤니티 자료도 비교적 쉽게 찾아볼 수 있다.

자바와 비교하기

자바Java와 비교했을 때 Go에는 애너테이션annotation 기능이 없다. 또한 Go는 동시성 프로그래밍에서 자바보다 메모리 자원 낭비가 적으며 더 효율적으로 동작한다.

Go와 자바의 성능은 대체적으로 비슷하다. 두 언어 모두 높은 성능을 낼 수 있지만, Go는 일반적으로 프로그램이 시작되는 시간이 빠르고 메모리 사용량이 적으며 동시성 처리에 강점을 보인다. 반면에 자바는 강력한 JIT 컴파일러와 성숙한 생태계를 바탕으로 장시간 실행할 때 높은 처리량을 보여 준다.

Go는 오픈소스 환경을 바탕으로 커뮤니티가 꾸준히 성장하고 있다. 다만 20년 가까이 역사를 쌓아 온 자바 커뮤니티에 비해 규모는 아직 작은 편이다. 자바는 OpenJDK를 중심으로 오라클과 다양한 기업, 커뮤니티의 기여 속에서 발전해 왔으며 아파치 재단에서는 톰캣, 하둡과 같은 여러 가지 자바 기반 오픈소스 프로젝트를 호스팅하고 있다. 따라서 기존에 자바 기반 오픈소스 프로젝트를 사용하고 있다면, Go 생태계에서 대체재가 마련되어 있는지 확인해야 한다. 자바의 웹 관련 오픈소스 생태계는 Go보다 상대적으로 방대하고 성숙하다. 따라서 복잡한 기능을 구현해야 할 때, Go에서는 자바만큼 다양한 라이브러리나 프레임워크를 찾기는 어려울 수 있다. 하지만 Go의 생태계는 부족한 점을 계속 채워가며 빠르게 성장하고 있다.

자바는 자바 가상 머신Java Virtual Machine, JVM에서 동작하며 이로 인해 JDBCJava DataBase Connectivity를 지원한다. 반면 Go는 공식적인 네이티브 JDBC 드라이버가 존재하지 않는다. 데이터 처리를 위해 반드시 JDBC 연결이 요구된다면 고려해 봐야 한다.

자바스크립트와 비교하기

자바스크립트는 프로토타입 기반 언어지만, 객체지향의 요소를 활용할 수 있다. Go는 객체지향의 부분적인 특성만을 사용한다.

- **상속** — Go는 클래스 기반의 상속 개념이 없으며, 대신 타입 임베딩을 통한 조합과 인터페이스를 활용한다. 반면에 자바스크립트는 클래스 기반 상속은 아니지만 프로토타입 체인prototype chain을 통해 객체 간의 상속을 구현한다.

- **클래스** — Go는 데이터를 묶기 위해 `struct`(구조체)를 사용하며 `class` 예약어가 없다. 자바스크립트는 ES6(ECMAScript 2015)부터 `class` 예약어를 도입하여 이를 활용한다.

- **메서드** — Go는 특정 타입(리시버)에 연결된 함수 형태로 메서드를 정의한다. 자바스크립트는 객체의 인스턴스에 직접 메서드를 정의하거나 여러 인스턴스에서 공유할 메서드는 주로 생성자 함수의 프로토타입 내부에 정의한다.

- **접근 제어** — Go는 `public`, `private`, `protected` 같은 명시적인 접근 지정자가 없다. 대신, 식별자(변수, 함수, 타입 등)의 첫 글자가 대문자이면 외부 패키지에서 접근할 수 있는 공개 상태가 되고, 소문자이면 해당 패키지 내에서만 접근할 수 있는 비공개 상태가 된다. 자바스크립트는 전통적으로 명시적인 접근 제어 기능이 부족했으나 ES2022부터 클래스 내에서 #

접두사를 사용하여 비공개 필드와 메서드를 정의할 수 있다. protected에 해당하는 예약어는 존재하지 않는다.

Go는 자바스크립트보다 CPU 집약적인 작업에서 일반적으로 빠른 성능을 보인다. 한편, 자바스크립트의 비동기 처리 모델은 입출력 집약적인 작업의 처리 효율과 애플리케이션 응답성 면에서 강점이 있다.

또한 Go는 고루틴을 활용해 동시성과 병렬 처리를 쉽게 구현할 수 있다. 반면에 자바스크립트는 주로 싱글 스레드에서 동작하며 동시성 구현은 이벤트 루프 기반으로 비동기 입출력을 처리하고 제한된 환경(웹 브라우저 등)에서나마 워커 스레드를 사용하여 병렬 작업을 일부 수행할 수 있다.

자바스크립트처럼 타입 선언이 유연하고 문법이 비교적 자유로운 동적 타입 언어에 익숙하다면, 타입과 문법이 더 엄격한 정적 타입 언어인 Go의 명시적인 코드 작성 방식이 낯설 수 있다. Go는 컴파일 언어다. 따라서 인터프리터 언어인 자바스크립트와 다르게 조금 더 타입에 엄격하다.

자바스크립트와 Go 모두 함수를 일급 시민first-class citizen으로 취급한다. 따라서 고차 함수high-order function를 이용할 수 있다. 하지만 Go는 자바스크립트만큼 고차 함수나 함수형 프로그래밍을 지원하는 생태계를 가지고 있지 않다.

자바스크립트는 정적 타입 선언을 요구하지 않는 동적 타입 언어다. 그러므로 변수에는 어떤 타입의 값이든 자유롭게 할당할 수 있어서 Go처럼 정적 타입을 제공하는 언어보다 런타임 시점에 타입 관련 오류가 발생할 가능성이 크다.

오픈소스 생태계를 비교하면 자바스크립트는 상대적으로 더 넓고 성숙한 커뮤니티와 방대한 라이브러리를 가지고 있다. Go 커뮤니티 역시 활발하게 성장 중이지만, 역사나 규모 면에서 자바스크립트와 차이가 있다. 따라서 Go를 도입하여 기존 자바스크립트 애플리케이션을 대체하고자 할 때는 프로젝트에 필수인 기능을 제공했던 기존 자바스크립트 라이브러리들에 상응하는 Go 패키지가 있는지 면밀하게 검토하는 것이 좋다.

러스트와 비교하기

러스트Rust와 Go는 비슷한 시기에 출시되었지만, 설계 철학부터 크게 달라서 서로 비교할 대상으로 적절하지 않을 수도 있다.

러스트와 Go의 큰 차이점은 메모리 관리 방식이다. Go는 가비지 컬렉터를 사용하여 메모리를 자동으로 관리하지만, 러스트는 가비지 컬렉터 없이 소유권ownership 메커니즘을 통해 개발자가 메모리 수명을 직접 제어한다. 이런 특징으로 러스트는 Go보다 더 낮은 수준(기계와 더 가까운)에서 메모리를 다루며 C/C++에 필적할 만한 성능을 낼 수 있어 C/C++를 대체하는 시스템 언어로 사용된다. Go는 러스트보다 높은 수준(사람과 더 가까운)이므로 일반적으로 더 간결하고 작성하기 쉽게 설계되었다.

Go와 러스트는 모두 활발한 커뮤니티를 기반으로 계속 발전하고 있다. Go는 주로 데브옵스DevOps, 클라우드 인프라, 네트워크 서비스 등 고수준 애플리케이션 분야에서 생태계가 강점을 보이는 반면, 러스트의 생태계는 데이터베이스, 운영체제, 게임 엔진 등 저수준 시스템 분야에 집중하여 빠르게 성장하고 있다(두 언어 모두 블록체인 분야에서도 활발히 사용된다).

▶ Go를 사용하는 오픈소스 프로젝트

Go는 비교적 역사가 짧은 편에 속하는 프로그래밍 언어다. 프로그래밍 언어의 인기는 시대에 따라 변하므로 새로운 언어에 시간을 투자하기가 부담스러울 수 있다. 하지만 Go는 구글이라는 든든한 후원자가 언어 개발을 이끌고 자사의 주요 서비스와 인프라를 적극 활용하는 점을 생각하면 부담을 줄일 수 있을 것이다. 그 밖에도 여러 엔터프라이즈 업체의 사용 사례를 정리해 보았다.

도커

컨테이너 관리 서비스로 알려진 도커docker는 많은 개발자에게 사랑받는 오픈소스 프로젝트다. 도커는 리눅스 커널과 유니언 마운트 등의 리소스를 격리할 수 있도록 개발되었으므로 하나의 리눅스 인스턴스 안에서 각 컨테이너의 격리 공간을 제공한다.

Go로 개발된 도커는 10년이 지난 비교적 오래된 프로젝트다. 그런데도 도커 개발 팀이 다른 언어로 변경하지 않는 것을 보면 Go가 제 역할을 다하고 있음을 짐작할 수 있다. Go는 멀티 아키텍처 서포트를 쉽게 제공하는 언어인 만큼 여러 아키텍처에 동일한 기능을 제공해야 하는 도커의 요구 사항을 충족한다는 것을 알 수 있다.

쿠버네티스

쿠버네티스kubernetes는 구글에서 만들어 리눅스 재단에서 관리하는 오픈소스 프로젝트로, 컨테이너 오케스트레이션을 도와주는 역할을 한다. 앞서 소개한 도커와 함께 쓸 수 있다. 쿠버네티스는 여러 클러스터의 애플리케이션을 확장성 있게 관리할 수 있게 해주는 도구로, 엔터프라이즈와 클라우드 업체에서 오케스트레이션 제품군으로 인정하고 사용하는 추세다. 쿠버네티스 또한 Go를 사용하는 오픈소스로 많은 개발자들에게 사랑받는 검증된 프로젝트다.

코크로치DB

코크로치DB CockroachDB는 코크로치 랩스 Cockroach Labs에서 만든 데이터베이스로, 많은 트래픽과 요청을 분산 환경에서 처리할 수 있게 개발한 프로젝트다. 코크로치 랩스의 핵심 구성원들이 과거 구글에서 빅테이블BigTable과 스패너Spanner 같은 빅데이터를 선도하는 서비스를 만들어 낸 팀이었다는 사실만으로도 코크로치DB는 크게 주목받고 있다. 코크로치DB는 높은 아이옵스IOPS, input/output operations per second에 대응해야 하는 요구 사항이 있었지만, 일반적으로 사용하는 C와 C++ 대신 Go를 사용했다. 코크로치 랩스에서는 이것이 결과적으로 맞는 선택이었다고 한다.

타입스크립트

타입스크립트TypeScript는 마이크로소프트에서 개발해 운영하는 오픈소스 프로그래밍 언어로, 기존 자바스크립트에 정적 타입을 추가했다. 타입스크립트 팀은 컴파일러의 성능을 대폭 향상하기 위해 기존 타입스크립트(자바스크립트 기반) 코드 베이스를 Go로 이식하는 프로젝트를 진행하고 있다.

타입스크립트 팀은 Go의 여러 장점을 바탕으로 기존 대비 10배에 달하는 성능 향상을 목표로 하고 있다. 이는 규모가 크고 복잡한 소프트웨어 시스템의 성능을 개선하는 데에도 Go가 효과적으로 사용될 수 있음을 보여 주는 중요한 사례다.

이 밖에도 크고 작은 프로젝트가 Go로 개발되고 있다. 이처럼 다양한 프로젝트에서 Go를 채택한 이유는 이 언어만의 장점이 있기 때문이다. Go를 사용해 본 업체에서 꼽은 Go의 장점을 요약해 보면 다음과 같다.

- 쉬운 문법
- 통합된 Go 개발 도구 모음
- 직관적이고 간단한 오류 처리
- 다양한 아키텍처 지원
- 시스템 자원에 접근 가능
- 막강한 동시성 프로그래밍 지원
- 빠르고 간결한 빌드
- 복잡한 통합 개발 환경(IDE)이 요구되지 않음

그 밖의 오픈소스 생태계

Go는 가볍고 빨라서 많은 오픈소스 개발자에게 사랑받고 있다. 앞서 설명한 대기업 외에도 수많은 스타트업과 개인이 끊임없이 기여하고 있다. 만약 Go의 오픈소스 생태계에 관심이 있다면 다음 정보를 살펴보기 바란다.

- **Go의 대표적인 오픈소스 프로젝트:** go.dev/wiki/Projects
- **어섬 고에 등재된 오픈소스 프로젝트들:** github.com/avelino/awesome-go
- **갤럭시 고서치(Go 패키지 시각화 프로젝트):** anvaka.github.io/pm/#/galaxy/gosearch

특히 갤럭시 고서치 홈페이지에서는 Go 오픈소스의 다양한 프로젝트를 우주에서 보는 느낌으로 살펴볼 수 있다.

갤럭시 고서치에서 바라본 Go 오픈소스의 다양한 프로젝트

01-2 | Go 설치하기

Go로 프로그램을 개발하려면 컴퓨터에 Go를 설치해야 한다. Go는 다양한 운영체제에 설치할 수 있지만, 이 책에서는 윈도우와 macOS에 설치하는 방법을 소개한다.

▶ 윈도우에서 Go 설치하기

Go의 공식 홈페이지 https://go.dev/dl/에 접속하면 최신 버전 설치 파일을 내려받을 수 있다. 다운로드 목록 가운데 [Microsoft Windows] 아래 **.msi 확장자로 끝나는 링크**를 클릭하여 설치 파일을 내려받는다.

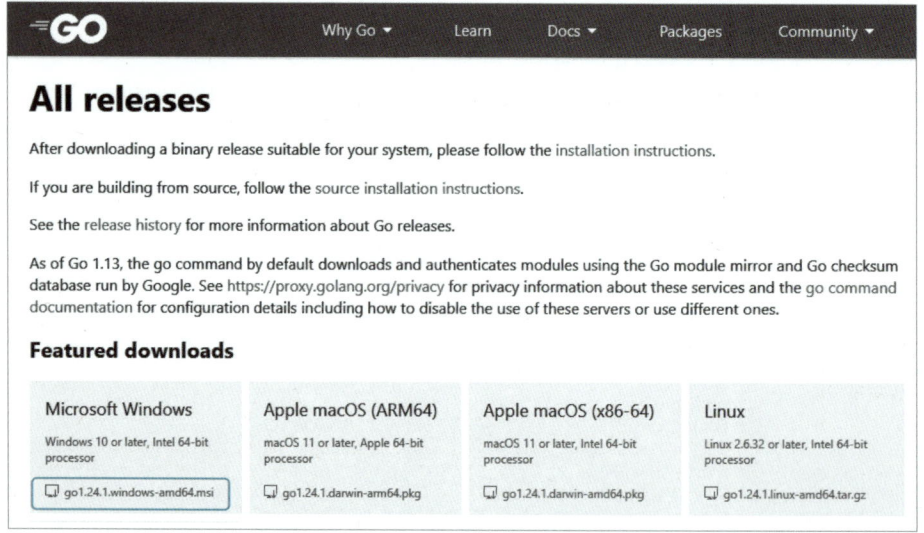

윈도우용 Go 설치 파일 내려받기

내려받은 설치 파일을 실행한 후 기본 설정으로 설치한다. 설치 과정에서 권한을 묻는 팝업 창이 나오면 [Next] 버튼을 클릭해 승인한다.

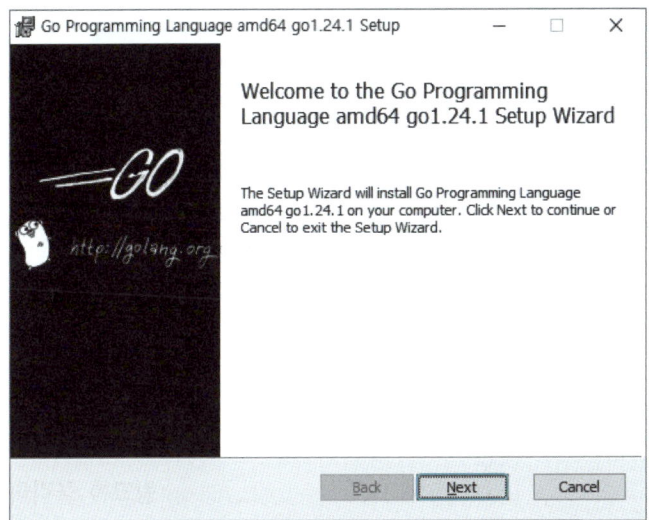

윈도우용 Go 설치 마법사 실행

설치가 완료되면 윈도우의 명령 프롬프트를 열고 `go version`이라는 명령어를 실행하자. 그러면 다음처럼 현재 설치된 Go의 버전을 확인할 수 있다.

▫ 윈도우 작업 표시줄에 있는 검색란에 cmd를 입력한 후 [명령 프롬프트]를 클릭한다.

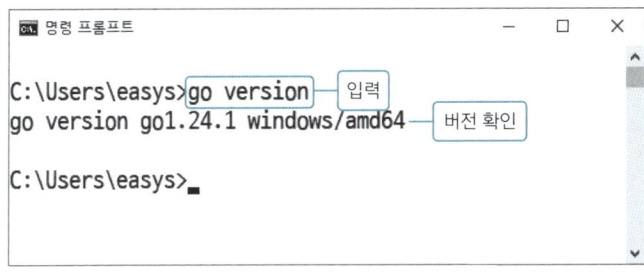

Go 버전 확인

▶ macOS에서 Go 설치하기

Go의 공식 홈페이지 https://go.dev/dl/에 접속한다. 다운로드 목록 가운데 [Apple macOS] 아래 .pkg 확장자로 끝나는 링크를 클릭하자. 이때 프로세서가 애플 실리콘 계열이면 [Apple macOS(ARM64)], 인텔이면 [Apple macOS(x86-64)] 아래 링크를 클릭한다.

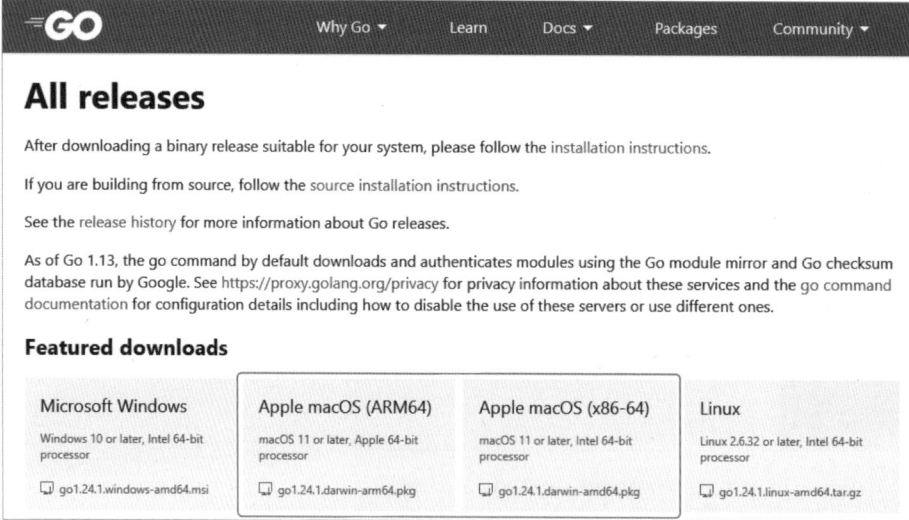

macOS용 Go 설치 파일 내려받기

내려받은 설치 파일을 실행하고 기본 설정으로 설치한다. 설치 단계에서 현재 로그인한 시스템 계정의 비밀번호를 입력해야 한다.

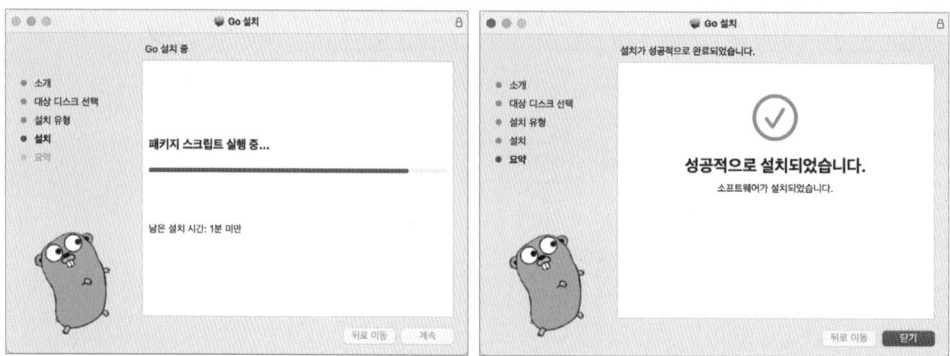

macOS용 Go 설치 프로그램 실행

설치를 마쳤으면 터미널을 열고 `go version` 명령어를 입력한다. Go 버전이 나타나면 정상으로 설치되었음을 의미한다.

01-3 | 첫 번째 Go 프로그램 만들기

앞 절에서 Go를 설치했으므로 첫 번째 Go 프로그램을 만들어 보자. Go 프로그램을 만들고 실행하는 과정을 요약하면 다음 그림과 같다.

```
hello_world.go                           hello_world.exe
소스 코드 작성  →    컴파일    →    실행 파일    →    프로그램 실행
```

Go 프로그래밍 과정

▶ 소스 파일 작성하기

프로그램을 만들려면 먼저 Go로 소스 파일을 작성해야 한다. Go 소스 파일의 확장자는 **.go**다. 먼저 명령 프롬프트(macOS에서는 터미널)에서 다음 명령어를 차례로 실행해 실습 디렉터리를 만들고 그곳으로 이동하자.

> **실습 디렉터리 만들기**
>
> ```
> C:\> mkdir golang
> C:\> cd golang
> C:\golang> mkdir ch01
> C:\golang> cd ch01
> C:\golang\ch01>
> ```

이제 hello_world.go라는 이름으로 소스 파일을 만들 것이다. 아직 Go 편집기나 통합 개발 환경Integrated Development Environment, IDE은 설명하지 않았으므로 윈도우에서는 메모장, macOS에서는 vi 같은 텍스트 편집기를 이용한다. ▣ 통합 개발 환경은 「02-5」 절에서 설명한다.

이 책은 윈도우를 기준으로 설명하므로 메모장을 열고 다음 코드를 작성한다. 그리고 앞에서 만든 실습 디렉터리(C:\golang\ch01)에 **hello_world.go**라는 이름으로 저장한다.

> **Do it!** 문자열 출력 프로그램　　　　　　　　　　　　　　　　ch01/hello_world.go

```go
// 패키지 선언
package main

// 패키지 가져오기
import "fmt"

// main 함수
func main() {
    // 출력
    fmt.Println("Hello World!")
}
```

방금 작성한 hello_world.go 소스 파일은 다음 4가지 영역으로 구분할 수 있다. 여기서 패키지에 관해서는 02장에서 자세히 설명한다. 지금은 각 영역이 어떤 의미인지만 확인하자.

- **패키지 선언**: package main은 이 파일이 main 패키지에 속함을 나타낸다.
- **패키지 가져오기**: import "fmt"는 fmt 패키지를 가져온다.
- **main() 함수**: func main()은 프로그램의 진입점이다. 프로그램이 실행되면 이 함수가 가장 먼저 호출된다.
- **출력**: fmt.Println("Hello World!")는 괄호 안의 문자열을 화면에 출력한다.

▶ 컴파일하기

이제 소스 파일을 컴파일할 차례다. 앞에서 작성한 hello_world.go 파일을 빌드하여 컴파일을 수행해 보자. 빌드build란 소스 파일을 실행할 수 있는 프로그램으로 가공·변환하는 일련의 과정을 일컫는다. 컴파일도 빌드 과정에 포함된다.

명령 프롬프트에서 다음처럼 go build 명령어를 실행한다. 이 명령어는 반드시 소스 파일이 있는 위치에서 실행해야 한다.

> **T** 소스 파일 빌드

```
> go build hello_world.go
```

소스 파일을 빌드하면 같은 곳에 같은 이름으로 **실행 파일**executable file이 만들어진다.

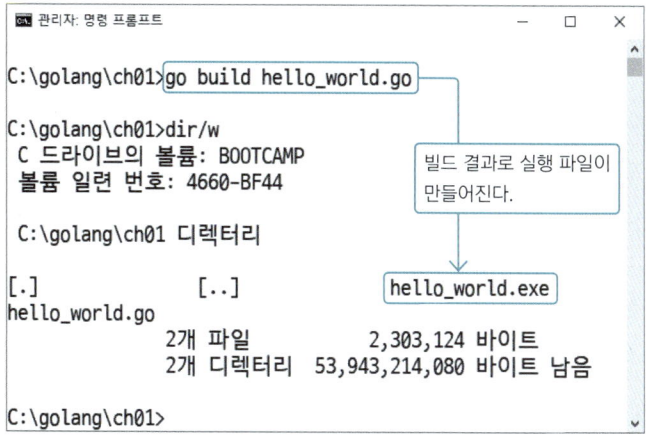

소스 파일 빌드와 실행 파일 확인

▶ 프로그램 실행하기

소스 파일을 작성하고 컴파일하여 실행 파일까지 만들었다면 이제 실행해 보자. 명령 프롬프트에서 다음처럼 실행 파일 이름을 입력한다. 프로그램이 정상으로 동작하면 'Hello World!'라는 문구가 출력된다.

T 실행 파일 실행

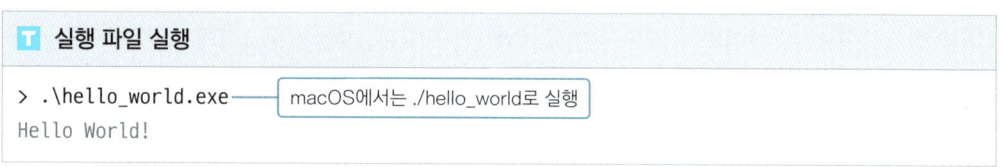

```
> .\hello_world.exe
Hello World!
```

아하! 그렇구나! 빌드에 실패했다면?

만약 빌드 단계에서 오류가 발생해 빌드에 실패했다면 소스 파일에 작성한 문법이 잘못되었거나 누락되었는지 다시 확인해 보자. 또는 go build 명령어를 소스 파일이 있는 위치에서 실행했는지 확인해 보자.

▶ Go 프로그래밍의 특징

앞에서 Go를 이용해 첫 번째 프로그램을 만들어 보았다. 기존에 다른 프로그래밍 언어를 공부해 보았다면 Go만의 고유한 특징을 확인할 수 있다. 이를 요약하면 다음과 같다.

패키지를 직접 명시한다

자바스크립트나 파이썬과 다르게 Go는 패키지를 직접 명시할 수 있다. 앞에서 작성한 첫 번째 프로그램의 소스에는 첫 줄에서 `main`이라는 패키지를 포함했는데, Go 컴파일러는 `main`을 특수하게 인식한다. `main` 패키지를 포함하는 소스는 '실행할 수 있는executable' 코드로 인식한다. 이때 소스 파일에는 `main()` 함수가 있어야 한다.

반환하지 않는 함수는 반환 타입을 생략한다

Go는 함수가 값을 반환하지 않을 때 반환 타입을 생략할 수 있다. C나 자바를 주로 사용하는 개발자라면 이러한 Go의 특징이 쉽게 와닿지 않을 수 있다.

세미콜론은 생략이 기본이다

Go에서는 문장 끝에 세미콜론(;)을 둘 수 있지만 컴파일러가 세미콜론을 자동으로 삽입하므로 대부분 생략한다. 다만 세미콜론을 명시적으로 작성하더라도 문법 오류는 발생하지 않는다.

▶ 자주 쓰는 Go 명령어

Go를 설치하면 go 명령어로 다양한 작업을 수행할 수 있다. 지금까지 2가지 go 명령어를 사용했는데, 하나는 Go를 설치하고 나서 `go version`, 또 하나는 빌드할 때 `go build`다.

이 외에도 Go에서 제공하는 주요 명령어를 소개하면 다음과 같다. 이 명령어만 잘 사용해도 대부분의 작업을 처리할 수 있다.

주요 go 명령어

명령어	사용 예	설명
go version	go version	현재 환경에 설치된 Go의 버전을 보여 준다.
go build	go build <:file, :package>	소스 파일이나 패키지를 컴파일한다.
go get	go get <packages>	외부 패키지를 내려받고 의존성을 관리한다.
go install	go install <packages>	패키지를 컴파일한 후에 실행 파일을 GOPATH/bin이나 지정한 경로에 설치한다.
go mod	go mod init {module-name}	Go 1.11부터 도입된 명령어로 모듈을 관리한다.
go run	go run <file, package>	소스 파일이나 패키지의 컴파일을 수행하고 실행한다.
go list	go list <:packages>	패키지나 모듈 목록을 보여 준다.

go fmt	go fmt <:package>	소스 코드의 문법 규칙(format)을 맞춘다.
go vet	go vet <:package>	소스 코드의 잠재 위험 등을 검사한다.
go doc	go doc <:package>	패키지의 문서를 보여 준다.
go clean	go clean <:packages>	패키지의 캐시나 오브젝트 파일을 삭제한다.
go test	go test <:packages>	패키지의 단위 테스트를 수행한다.

명령 프롬프트에서 go 명령어와 설명을 확인하고 싶다면 go help를 입력해 보자.

T go 명령어와 설명 확인

```
> go help
Go is a tool for managing Go source code.
Usage:

        go <command> [arguments]
The commands are:
        bug             start a bug report
        build           compile packages and dependencies
        clean           remove object files and cached files

... (생략) ...

Use "go help <command>" for more information about a command.
Additional help topics:
        buildconstraint build constraints
        buildmode       build modes
        c               calling between Go and C
... (생략) ...
```

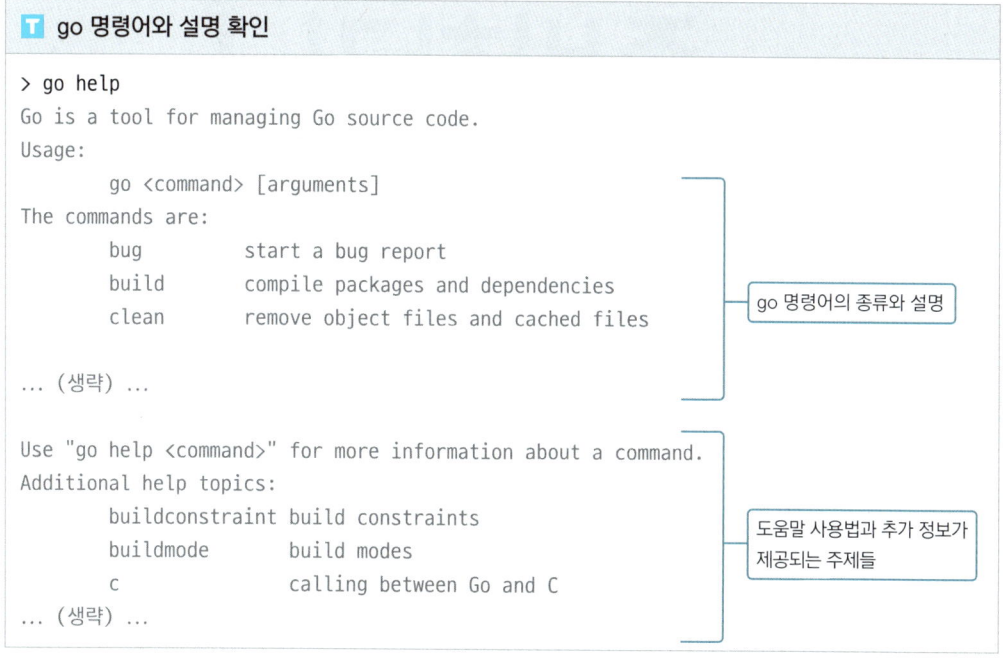

go 명령어의 종류와 설명

도움말 사용법과 추가 정보가 제공되는 주제들

지금까지 Go를 소개하고 설치한 후, 첫 번째 Go 프로그램을 만들어 보았다. 다음 장에서는 본격적으로 프로그래밍을 하기 전에 알아 두면 좋은 Go 프로그래밍 환경을 살펴보고 개발을 편리하게 해주는 통합 개발 환경을 설치해 보자.

✏ 이 장의 핵심 요약

이번 장에서는 Go의 전체적인 특성을 살펴보고 개발 환경을 구성하고 간단한 프로그램을 실행해 보았다. 프로그래밍 언어가 지니는 간결성과 효율성, 빠른 컴파일 속도와 뛰어난 동시성 처리는 Go를 대표하는 특징이라고 할 수 있다. 이러한 특징은 다른 프로그래밍 언어에서 쉽게 찾아볼 수 없는 Go만의 고유한 것이며, 오픈소스 생태계에서 Go를 이용하는 도커, 쿠버네티스, 코크로치DB 등의 프로젝트에서 잘 드러난다.

02

Go 프로그래밍 준비하기

앞 장에서 Go를 설치했다. 정확히 말하면 Go를 번역해 주는 컴파일러와 프로그래밍에 도움을 주는 각종 도구를 설치했다. 그리고 첫 번째 Go 프로그램을 만들어 봤다. 이번 장에서는 모듈의 개념과 환경 변수 설정, 외부 패키지 내려받기 등 Go로 프로젝트를 진행할 때 필요한 내용을 살펴보자. 그리고 개발을 편리하게 해주는 통합 개발 환경도 설치해 보자.

02-1 ▶ Go 프로젝트 구성하기
02-2 ▶ Go 환경 변수 알아보기
02-3 ▶ 외부 패키지 사용하기
02-4 ▶ 통합 개발 환경 설치하기

02-1 | Go 프로젝트 구성하기

01장에서는 Go를 설치하고 소스 코드를 작성한 다음, 빌드하는 과정을 거쳐 실행까지 해봤다. 여기서는 Go 프로그램을 프로젝트 단위로 개발할 때 필요한 개념을 살펴보자.

▶ 패키지와 모듈이란?

먼저 패키지와 모듈의 개념부터 알아보자. 규모가 있는 프로그램을 개발할 때는 다른 사람이 만든 패키지를 가져다 사용할 때가 많다. 이때 프로그램에 사용한 각종 패키지를 하나의 프로젝트 단위로 관리할 수 있게 해주는 개념이 바로 모듈이다. 패키지와 모듈의 개념을 각각 자세히 알아보자.

패키지 — 코드 단위

패키지^{package}는 Go 코드의 기본 단위로, 관련 파일들을 하나로 묶는 개념이다. Go 프로그램은 패키지 단위로 개발하는데, 모든 소스 파일의 첫 줄에는 **package** 예약어를 사용해 어떤 패키지에 속하는지를 명시해야 한다. 또한 같은 디렉터리에 있는 소스 파일들은 같은 패키지에 속해야 한다. 다만 19장에서 다룰 테스트 파일(*_test.go)은 '패키지명_test'처럼 별도 외부 테스트 패키지를 지정할 수도 있다.

다음 그림은 abc라는 디렉터리에 a.go, b.go, c.go라는 소스 파일을 작성한 예다. 각 소스 파일의 첫 줄에 **package abc**처럼 선언했으므로 세 파일은 abc라는 논리적인 패키지로 묶인다.

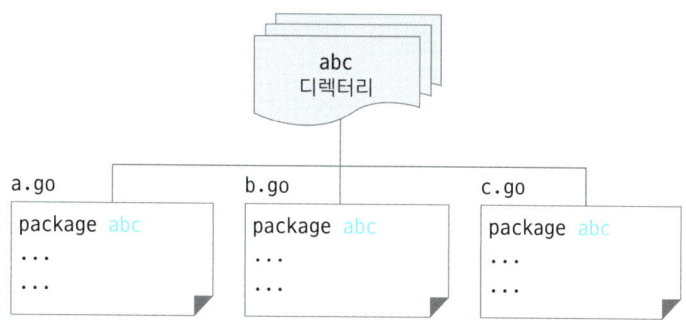

패키지 개념도

실행 파일을 만드는 main 패키지

01장에서 작성한 hello_world.go 파일에서 첫 줄을 보면 `package main`처럼 선언했다. Go에서 main은 특별한 패키지로 취급한다. 소스 파일 첫 줄에 `package main`처럼 선언하면 프로그램의 진입점entry point이 되는 `main()` 함수를 반드시 포함해야 한다. main 패키지를 선언한 소스 파일이 있어야 비로서 실행 파일을 만들 수 있다. 즉, `package main` 코드는 실행할 수 있는 프로그램을 만들겠다고 선언하는 것과 같다.

> **아하! 그렇구나!** 모듈 — 프로젝트 단위
>
> 모듈(module)은 하나 이상의 패키지를 포함하는 프로젝트 단위이다. Go의 모듈 시스템은 자바의 메이븐/그래들(maven/gradle)이나 자바스크립트의 npm처럼 프로젝트와 그 의존성을 체계적으로 관리하는 방식이다. 여기서 의존성(dependency)이란, 현재 모듈이 동작하는 데 필요한 다른 패키지를 의미한다. 의존성 관리는 외부 패키지의 정확한 버전을 명시하고 고정하여 코드의 일관성과 안정성을 보장해야 하므로 필요하다.
>
> 모듈의 의존성 패키지는 다음처럼 3가지 종류로 구분할 수 있다.
>
> - **표준 라이브러리 패키지**: fmt, strings, math/rand 등 Go를 설치할 때 기본으로 제공된다.
> - **외부 패키지**: 주로 깃허브 같은 온라인 저장소에 있으며 go get이나 go mod tidy 명령어로 내려받으면 go.mod 파일에 자동으로 기록된다.
> - **로컬 패키지**: 같은 프로젝트 내에 있는 다른 디렉터리의 패키지로, go.mod에는 기록되지 않는다.

Go 모듈 시스템

Go 모듈 시스템은 Go 1.11에 도입되어 Go 1.16 이후로 기본 방식이 되었다. 이전에는 모든 Go 코드가 특정한 곳(GOPATH/src)에 있어야 해서 디렉터리 구조에 제약이 많았다. 또한 외부 패키지를 버전별로 구분하거나 고정할 방법이 없었으며 같은 이름의 패키지가 충돌하는 문제도 있었다.

그러나 Go 모듈 시스템을 도입함으로써 버전을 명시할 수 있게 되었고, 어떤 디렉터리에서나 개발할 수 있어 GOPATH가 필요 없어지는 등 여러 가지가 개선되었다.

예를 들어 hello라는 모듈(프로젝트)을 만든다고 가정해 보자. 이 모듈에는 abc라는 패키지도 포함돼 있다. 그러면 프로젝트는 다음처럼 구성할 수 있다.

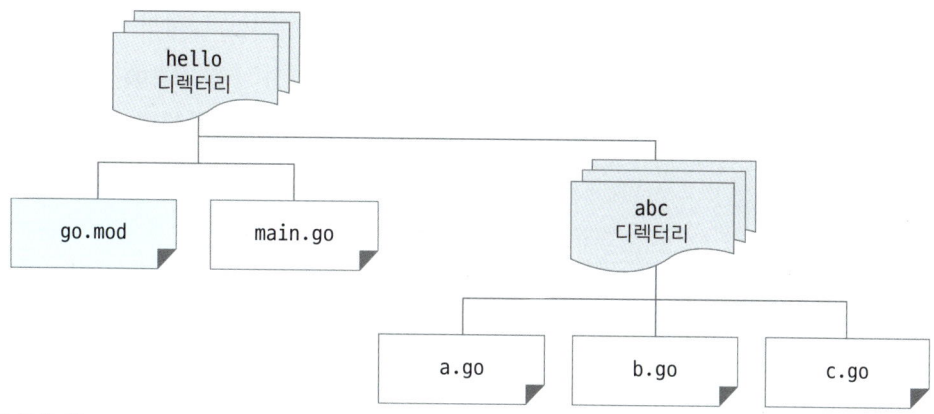

모듈 구성 예

모듈 초기화 — go.mod 파일 생성

hello 디렉터리에서 다음처럼 `go mod init` 명령어를 실행하면 현재 디렉터리를 모듈의 루트 디렉터리로 초기화하고 그에 맞는 go.mod 파일을 생성한다. Go는 go.mod 파일을 통해 각 패키지의 버전을 독립적으로 관리하며 의존성을 명확하게 할 수 있다.

> **T 모듈 초기화**
>
> ```
> ...\hello> go mod init hello
> ```

처음에 생성되는 go.mod 파일의 내용은 다음과 같다. 모듈의 이름과 Go의 버전 정보(현재 시스템의 기본 버전 반영)가 작성된다.

> **초기 go.mod 파일 내용**
>
> ```
> module hello
>
> go 1.24.1
> ```

의존성 관리하기

Go는 의존성 관리를 위해 go.mod와 go.sum 파일을 사용한다. go.mod 파일에는 모듈의 의존성을 정의하며, go.sum 파일에는 의존성 패키지의 체크섬checksum 정보를 포함한다.

앞에서는 로컬 저장소에 있는 abc 패키지를 사용하는 예를 들었지만, 깃허브 같은 온라인 저장소에 있는 외부 패키지를 이용할 수도 있다. 명령 프롬프트에서 다음처럼 **go get** 명령어를 이용하면 외부 패키지를 내려받아 모듈 캐시에 저장하고 소스 파일에서 사용할 수 있다.

T 외부 패키지 내려받기

> go get github.com/계정명/패키지명@버전

그러면 go.mod 파일에는 다음처럼 외부 패키지 정보가 자동으로 업데이트된다. Go의 모듈 시스템은 이처럼 go.mod 파일을 통해 모듈에 사용한 패키지의 종류와 버전 등을 관리한다.

---

go.mod 파일 내용(외부 패키지 내려받은 후)

```
module github.com/user/myapp

go 1.24.1

require github.com/계정명/패키지명
```

또는 **go get** 명령어로 외부 패키지를 내려받는 대신, 다음처럼 소스 파일에서 먼저 사용할 수도 있다.

T 외부 패키지를 사용하는 소스 파일 예

```
package main

import "github.com/계정명/패키지명"
... (생략) ...
```

이렇게 소스 파일에서 먼저 사용한 다음, **go mod tidy** 명령어로 의존성을 동기화하면 go.mod 파일에서 사용하지 않는 패키지는 제거하고 필요한 패키지는 자동으로 추가한다. 이때 모듈 캐시에 존재하지 않는 패키지는 소스 파일에 명시한 경로에서 내려받아 저장한다.

T 의존성 동기화하기

> go mod tidy

> **아하! 그렇구나!** 모듈 캐시

모듈 캐시(module cache)란 Go가 외부 패키지를 내려받아서 저장해 두는 로컬 디렉터리를 의미한다. go 명령어 가운데 get, mod tidy, build, run, test, install 등은 소스 파일에서 사용한 외부 패키지를 내려받아 로컬 저장소에 저장한다. 이때 한 번 내려받은 패키지는 다시 내려받지 않고 캐시에서 바로 사용한다.

모듈 캐시 위치는 Go를 설치할 때 기본으로 지정된다. 윈도우에서는 C:\Users\사용자명\go\pkg\mod 디렉터리, macOS에서는 ~/go/pkg/mod 디렉터리가 기본이다. 이 디렉터리 안에 모듈 이름과 버전별로 디렉터리가 자동으로 생성되어 저장된다.

만약 현재 모듈 캐시 위치를 알아보려면 다음과 같은 명령어를 입력한다.

```
> go env GOMODCACHE
```

그리고 프로젝트를 진행하다가 캐시를 정리하고 싶으면 다음 명령어를 사용한다. 그러면 모듈 캐시를 비운다.

```
> go clean -modcache
```

02-2 | Go 환경변수 알아보기

프로그래밍을 할 때 자주 사용하는 경로는 운영체제에 환경 변수로 등록해 둔다. 이렇게 하면 프로그래밍뿐만 아니라 프로젝트 관리와 유지·보수하기가 편리해진다. 여기서는 Go 프로그래밍에서 자주 사용되는 GOROOT와 GOPATH 환경 변수를 살펴보자.

▶ **GOROOT 살펴보기**

GOROOT는 Go가 설치된 위치를 알려 주는 환경 변수다. 다음은 운영체제에 따라 Go가 설치되는 기본 위치를 보여 준다.

운영체제별 Go의 기본 설치 위치

운영체제	기본 설치 위치
윈도우	C:\Program Files\Go
macOS	/usr/local/go
리눅스	

만약 Go를 설치할 때 위치를 변경했다면 다음처럼 GOROOT 환경 변수를 수정해야 한다. 현재 Go가 설치된 위치를 알아보자. 윈도우에서는 `where`, macOS에서는 `which` 명령어를 이용한다. 운영체제와 환경에 따라 출력되는 경로는 다를 수 있다.

```
go 명령어의 실제 위치 알아보기
> where go         macOS에서는 which go
C:\Program Files\Go\bin\go.exe
```

출력된 위치에서 bin 디렉터리가 있는 곳을 GOROOT 환경 변수로 등록한다. 앞의 예에서는 C:\Program Files\Go를 등록하면 된다.

윈도우에서 GOROOT 환경 변수 등록하기

먼저 명령 프롬프트를 **관리자 권한으로 실행**하고 다음 명령어를 실행한다. 큰따옴표 안에는 앞에서 확인한 사용자의 Go 설치 경로를 입력한다. 만약 "오류: 레지스트리 경로 액세스가 거부되었습니다."라는 메시지가 나오면 명령 프롬프트를 관리자 권한으로 실행하지 않은 것이다.

> 명령 프롬프트를 실행할 때 마우스 오른쪽을 클릭해 [관리자 권한으로 실행]을 클릭한다.

T 윈도우에서 GOROOT 환경 변수 등록

```
> setx /m GOROOT "C:\Program Files\Go"
성공: 지정한 값을 저장했습니다.
```

성공 메시지를 확인했다면 다음 명령어로 GOROOT 환경 변수를 조회해 보자.

T 윈도우에서 GOROOT 환경 변수 조회

```
> echo %GOROOT%
C:\Program Files\Go
```

macOS에서 GOROOT 환경 변수 등록하기

사용자 홈 디렉터리의 .bash_profile을 편집기로 연다. 만약 zsh를 쓰는 경우는 .zshrc 파일을 열어야 하며, 그 밖의 셸을 사용하면 각 셸에 맞는 설정 파일을 연다.

T 배시 프로필 열기

```
$ vi ~/.bash_profile
```

키보드에서 ①를 눌러 편집 모드로 들어간다. 그런 다음 파일 끝으로 이동하고 앞에서 확인한 사용자의 Go 설치 경로를 입력한다. 그리고 키보드에서 Esc, :, W, Q, Enter를 차례로 눌러 변경 사항을 저장하고 편집기를 빠져나간다.

환경 변수 등록 .bash_profile

```
... (생략) ...
export GOROOT=/usr/local/go
```

수정한 설정 파일을 적용하기 위해 배시를 새로 실행한다.

> **T 배시 새로 실행**
>
> ```
> $ source ~/.bash_profile
> ```

GOROOT가 잘 설정되었는지 확인한다.

> **T 환경 변수 확인**
>
> ```
> $ echo $GOROOT
> /usr/local/go
> ```

▶ GOPATH 환경 변수 등록하기

「02-1」절에서 언급한 것처럼 Go 1.16 버전까지는 GOPATH라는 환경 변수를 이용하여 프로젝트와 의존성을 관리했다. 그러나 몇 가지 한계와 문제점이 있어 1.16 버전부터는 설명한 모듈 시스템을 도입하게 되었고 GOPATH 기반의 작업 방식에서 점차 벗어나게 되었다.
이 책에서도 모든 실습을 Go의 모듈 시스템을 이용해 진행하지만, 여전히 일부 프로젝트나 조직에서는 GOPATH를 이용할 수 있으므로 이를 통한 관리 방법을 이해해야 한다. 만약 GOPATH를 이용하지 않는다면 이번 단락을 건너뛰어도 좋다.

일반적으로 워크스페이스workspace는 Go 프로젝트를 수행할 작업 공간을 의미하며 주로 '사용자_홈_디렉터리\go' 경로를 사용한다. 만약 사용자 이름이 easys라면 그 아래에 go 디렉터리를 만들고 C:\Users\easys\go 경로를 워크스페이스로 사용할 수 있다. 그러면 GOPATH 환경 변수에는 C:\Users\easys\go라는 경로를 등록하면 된다.

윈도우에서 GOPATH 환경 변수 등록하기

먼저 명령 프롬프트를 관리자 권한으로 실행한 후, 사용자 홈 디렉터리로 이동해 워크스페이스로 사용할 디렉터리를 만든다. 여기에서는 C:\Users\easys 디렉터리에서 다음 명령어를 실행해 go 디렉터리를 만들었다.

> [!T] 워크스페이스로 사용할 디렉터리 만들기

```
> mkdir go
```

윈도우에서 사용자 홈 디렉터리는 %USERPROFILE%라는 변수로 쉽게 나타낼 수 있다. 따라서 윈도우에서 GOPATH는 %USERPROFILE%\go으로 등록하면 된다. 관리자 권한의 명령 프롬프트에서 다음 명령어를 실행한다.

> [!T] 윈도우에서 GOPATH 환경 변수 등록

```
> setx GOPATH "%USERPROFILE%\go"
성공: 지정한 값을 저장했습니다.
```

성공 메시지를 확인했다면 다음 명령어로 GOPATH 환경 변수를 조회해 보자.

> [!T] 윈도우에서 GOPATH 환경 변수 조회

```
> echo %GOPATH%
C:\Users\easys\go
```

macOS에서 GOPATH 환경 변수 등록하기

터미널을 열고 워크스페이스를 만들기 위해 ~/go 디렉터리를 생성한다.

> [!T] 워크스페이스로 사용할 디렉터리 만들기

```
$ mkdir ~/go
```

환경 변수를 수정하기 위해 사용자 홈 디렉터리의 .bash_profile을 편집기로 연다. 만약 zsh를 쓰는 경우는 .zshrc 파일을 열어야 하며, 그 밖의 셸을 사용하면 각 셸에 맞는 설정 파일을 연다.

> [!T] 배시 프로필 열기

```
$ vi ~/.bash_profile
```

키보드에서 [I]를 눌러 편집 모드로 들어간다. 그리고 다음처럼 GOPATH의 경로를 작성한다. 키보드에서 [Esc], [:], [W], [Q], [Enter]를 차례로 눌러 변경 사항을 저장하고 편집기를 빠져나간다.

환경 변수 등록　　　　　　　　　　　　　　　　　　　　　　.bash_profile

```
... (생략) ...
export GOPATH=~/go
```

수정한 설정 파일을 적용하기 위해 배시를 새로 실행한다.

배시 새로 실행

```
$ source ~/.bash_profile
```

GOPATH가 잘 설정되었는지 확인한다(경로는 환경에 따라 다를 수 있음).

환경 변수 확인

```
$ echo $GOPATH
/Users/easys/go
```

02-3 | 외부 패키지 사용하기

「02-1」절에서 의존성 관리를 설명할 때 외부 패키지를 어떻게 사용하는지 알아봤다. 여기서는 깃허브에 있는 패키지를 내려받아 사용하는 방법을 실습해 보자.

그 전에 모듈을 만들어야 한다. 명령 프롬프트에서 작업 디렉터리(여기에서는 C:\golang)로 이동한 후 다음 명령어를 차례로 실행해 디렉터리를 만들고 모듈을 초기화한다.

T 모듈 만들기

```
> mkdir ch02
> cd ch02
> go mod init ch02
go: creating new go.mod: module ch02
```

▶ 패키지 내려받기

이제 깃허브에서 fatih/color라는 패키지를 내려받아 프로그램에 사용해 보자. 이 패키지는 문자열에 색상을 입혀 준다.

Go에서 패키지를 내려받는 방법은 간단하다. go get 명령어로 원하는 패키지를 설치할 수 있다. ch02 디렉터리에서 다음 명령어를 실행해 보자.

T 깃허브에서 패키지 내려받기

```
> go get github.com/fatih/color
go: downloading github.com/fatih/color v1.18.0
go: downloading golang.org/x/sys v0.25.0
go: added github.com/fatih/color v1.18.0
go: added github.com/mattn/go-colorable v0.1.13
go: added github.com/mattn/go-isatty v0.0.20
go: added golang.org/x/sys v0.25.0
```

만약 오류 메시지가 나타나지 않았다면 정상으로 설치된 것이다. Go 모듈을 사용할 때 go get 명령어로 패키지를 내려받으면 해당 패키지는 Go의 모듈 캐시^{module cache}에 저장된다.

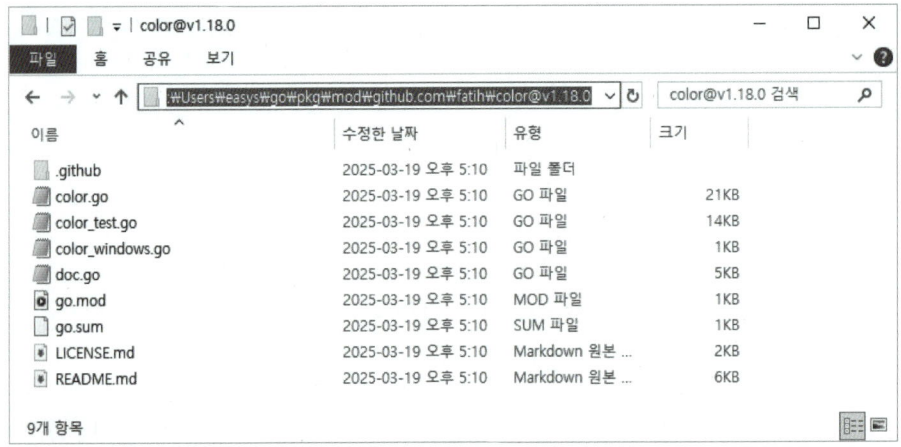

윈도우에서 패키지가 설치된 모습

> **아하! 그렇구나! 깃과 깃허브란?**
>
> **깃(Git)**은 소스 코드 관리(Source Code Management, SCM) 시스템이다. 깃의 주요 기능으로는 소스 코드 버전 관리를 제공하여 전체 기록을 추적하고 되돌릴 수 있으며, 2명 이상이 수정한 코드의 변경 사항을 검토하고 합칠 수 있다. **깃허브(GitHub)**는 깃을 웹에서 사용할 수 있도록 개발하여 호스팅한 서비스로, 인터넷만 제공된다면 코드를 원격으로 쉽게 관리할 수 있게 해준다.

▶ 패키지 불러오기

이번에는 앞에서 내려받은 fatih/color 패키지를 사용해 보자. ch02 디렉터리에 hello_world.go 파일을 만들고 다음과 같이 코드를 작성한다.

Do it! 문자열에 색상 입히기(fatih/color 패키지 활용) ch02/hello_world.go

```go
package main
import (
    "fmt"
    "github.com/fatih/color"
)

func main() {
    fmt.Printf("%v %v\n",
        color.RedString("Hello"),      // 빨강으로 출력
        color.GreenString("World!"))   // 녹색으로 출력
}
```

import 문에서 불러올 패키지가 여러 개일 때는 소괄호를 사용한다. 이때 쉼표로 구분하지 않으니 주의하자. fatih/color 패키지를 내려받을 때 사용한 전체 이름을 그대로 작성한다. 출력문에서는 fatih/color 패키지가 제공하는 color.RedString(), color.GreenString() 메서드를 호출하여 문자열에 색을 입혀 출력했다.

코드를 모두 작성했으면 go build 명령어로 빌드한 후 실행해 보자. Hello는 빨강, World!는 녹색으로 출력되는 것을 확인할 수 있다.

터미널
```
> go build hello_world.go
> .\hello_world
Hello World!
```

▶ 오류 메시지 살펴보기

소스 코드를 Go 문법에 맞지 않게 작성하면 오류가 발생한다. 이때 소스 코드를 바르게 고쳐야 하는데, 그러려면 오류 메시지를 읽을 수 있어야 한다.

Go 소스 파일을 빌드할 때 오류가 발생하면 메시지는 보통 다음과 같은 형식으로 출력된다.

오류 메시지의 형식
```
<오류가 발생한 파일>.go:<오류가 발생한 라인>:<오류가 발생한 열>: 오류 문구:
    <오류 코드를 호출한 위치 - 오류와 가장 가까운 스택>
    <오류 코드를 호출한 위치2 - 오류와 2번째로 가까운 스택>
```

오류 메시지를 보면 오류가 발생한 파일, 그리고 오류 위치를 나타내는 줄과 열 등을 알 수 있다. 예를 들어 다음 메시지는 error_example.go 파일에서 19번째 줄, 36번째 열에서 오류가 발생했음을 알려 준다.

오류 메시지
```
error_example.go:19:36: syntax error: unexpected newline, expecting comma or )
```

그리고 오류 메시지 중간에 syntax error라고 출력됐는데, 이는 문법 오류를 나타낸다. 또, 마지막에 unexpected newline, expecting comma or)는 쉼표나 닫는 소괄호가 있어야 할 자리에 줄 바꿈이 있다는 의미다. 이처럼 오류 메시지를 살펴보면 어디서 어떤 오류가 발생했는지 알 수 있다.

Go 소스 코드를 작성할 때 주로 볼 수 있는 오류 메시지를 살펴보자.

1. 불필요한 쉼표 사용

import 구문에서 패키지를 쉼표로 구분하면 오류가 발생한다. 패키지는 각각 큰따옴표로 묶어서 작성하되 쉼표로 구분하지 않는다. 빌드할 때 다음과 같은 오류 메시지가 출력된다면 불필요한 쉼표를 사용했다는 의미이므로 찾아서 제거한다.

쉼표 사용 오류 메시지

```
error_example.go:3:10: expected ';', found ','
```

2. 괄호 누락

다음은 닫는 괄호를 누락했을 때 출력되는 오류 메시지다. 괄호를 열었으면 반드시 닫아서 여닫는 괄호가 쌍을 이루어야 한다.

괄호 누락 오류 메시지

```
error_example.go:19:36: syntax error: unexpected newline, expecting comma or )
```

3. 잘못된 패키지명 입력

import 구문으로 패키지를 불러올 때 패키지 이름을 잘못 작성하면 오류가 발생한다. 다음 오류 메시지는 패키지 이름 중에서 'fatih'를 'faith'로 잘못 작성한 예다.

잘못된 패키지명 작성 오류 메시지

```
error_example.go:8:5: cannot find package "github.com/faith/color" in any of:
    C:\Users\easys\go\src\github.com\faith\color (from $GOROOT)
    C:\Users\easys\go\src\github.com\faith\color (from $GOPATH)
```

02-4 | 통합 개발 환경 설치하기

지금까지는 Go 소스 파일을 작성할 때 메모장이나 vim처럼 운영체제가 기본으로 제공하는 편집기를 이용했지만, 통합 개발 환경을 이용하면 코드를 좀 더 편리하게 작성할 수 있다. 통합 개발 환경은 디버깅이나 인텔리센스 등 개발을 돕는 여러 가지 기능도 제공한다.

여러 가지 통합 개발 환경 가운데 Go 개발자가 주로 사용하는 도구는 다음과 같다. 이 책에서는 비주얼 스튜디오 코드를 사용한다.

- **vim**: vim 도구에 익숙한 사용자라면 vim-go 플러그인을 통해 Go 프로그래밍을 할 수 있다.
- **비주얼 스튜디오 코드(Visual Studio Code)**: Go 확장 플러그인을 추가하면 Go의 문법 하이라이팅과 인텔리센스 등의 편의 기능을 이용할 수 있다.
- **고랜드(GoLand)**: 젯브레인즈의 고랜드는 Go 프로그래밍에 필요한 모든 것을 갖추고 있다. 다만 30일만 무료로 사용할 수 있고 계속 사용하려면 유료 라이선스를 구입해야 한다.

▶ 비주얼 스튜디오 코드 설치하기

이 책에서는 무료이면서 다양한 운영체제를 지원하고 많은 개발자가 사용하는 비주얼 스튜디오 코드를 설치한다. 비주얼 스튜디오 코드는 마이크로소프트에서 만든 코드 편집기로, 디버깅, 인텔리센스, 확장 플러그인 설치 등의 기능을 제공한다.

비주얼 스튜디오 코드는 공식 홈페이지(code.visualstudio.com)에 접속하면 설치할 수 있다.

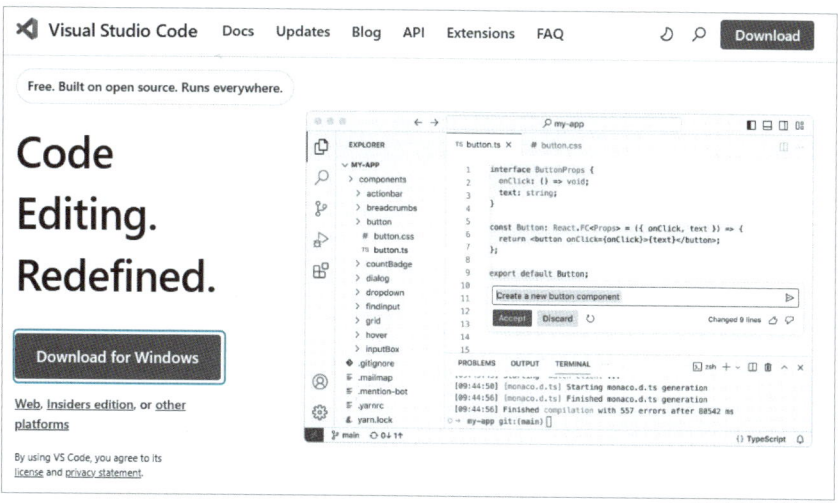

비주얼 스튜디오 코드의 공식 홈페이지

비주얼 스튜디오 코드의 공식 홈페이지에서 <Download for Windows>를 클릭하여 설치 파일을 내려받는다. 만약 윈도우가 아니라면 버튼 아래쪽에서 [other platforms]를 클릭해 각자의 환경에 맞는 운영체제를 선택한다.

내려받은 설치 파일을 실행하면 설치 과정을 진행한다. 설치 과정은 사용권 계약, 설치 위치 지정 등 다른 프로그램과 특별히 다르지 않으므로 <다음>을 눌러 계속 진행한다. 다만 추가로 필요한 작업을 선택하는 화면에서 몇 가지 항목은 비주얼 스튜디오 코드를 좀 더 편리하게 사용할 수 있게 해준다.

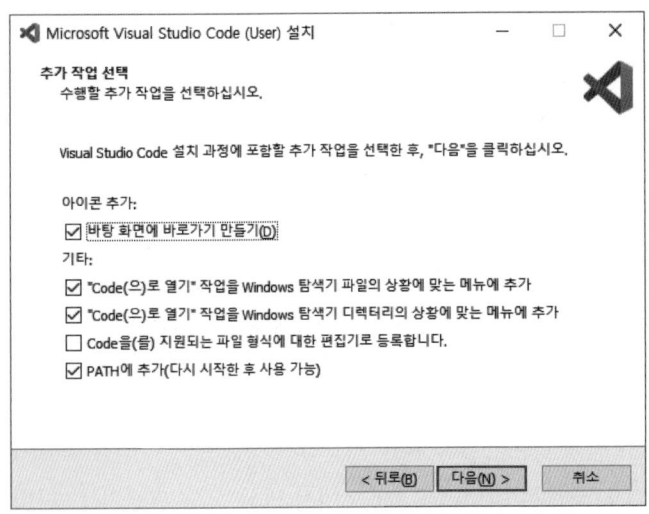

추가 작업 선택

이 책에서는 바탕화면에 바로 가기를 만들었고 윈도우 탐색기에서 폴더나 파일에 마우스 오른쪽을 눌러 비주얼 스튜디오 코드를 바로 실행할 수 있게 했다. 또한 윈도우 환경 변수에 등록해 어디서나 비주얼 스튜디오 코드를 실행할 수 있게 했다.

설치가 완료되면 [Visual Studio Code 실행]이 체크된 상태로 <종료>를 클릭한다.

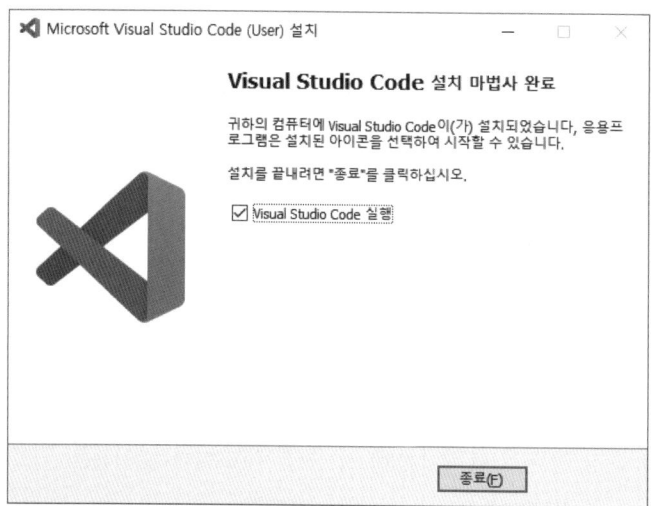

비주얼 스튜디오 코드 설치 완료

비주얼 스튜디오 코드가 정상으로 설치되었다면 다음처럼 실행된다.

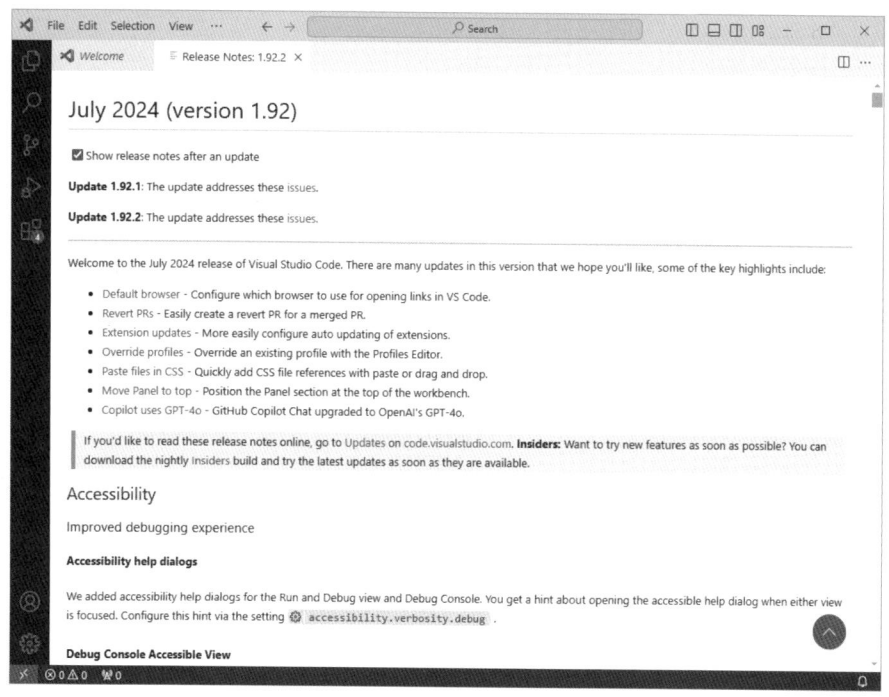

비주얼 스튜디오 코드 실행

▶ Go 개발 환경 설정하기

비주얼 스튜디오 코드를 설치했으면 Go 프로그래밍을 할 차례인데 이때 몇 가지 설정을 해야 한다. 비주얼 스튜디오 코드는 익스텐션extension이라는 확장 기능을 쉽게 설치할 수 있다.

Go 익스텐션 설치하기

비주얼 스튜디오 코드에서 Go를 지원하게 하려면 Go라는 이름의 익스텐션을 설치해야 한다. Go 익스텐션은 Go 소스 파일의 문법 하이라이팅, 인텔리센스 등을 제공한다. 먼저 비주얼 스튜디오 코드의 왼쪽 아래에 익스텐션 아이콘을 클릭하고 검색 창에 'go'라고 입력해 보자.
Go와 관련된 각종 확장 기능이 검색 창 아래에 나타나는데 이 중에서 [Go]라는 이름의 익스텐션을 선택⊕하고 오른쪽 창에서 〈Install〉을 클릭한다. 그러면 비주얼 스튜디오 코드에 Go 익스텐션이 설치된다.

⊕ 익스텐션 제공자가 Go Team at Google인지 확인한다.

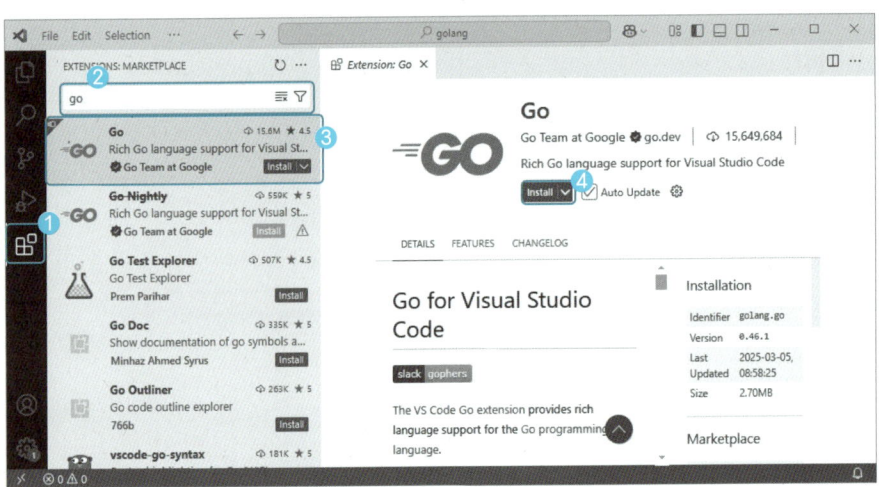

Go 익스텐션 설치

디렉터리 열기

이제 비주얼 스튜디오 코드에서 [File → Open Folder]를 클릭한 후 「02-3」절에서 만든 작업 디렉터리를 연다. 그리고 왼쪽 탐색 창에서 ch02 디렉터리 아래에 있는 hello_world.go 파일을 클릭하면 오른쪽 편집 창에 해당 파일이 열린다. 비주얼 스튜디오 코드가 Go 익스텐션을 인식해서 문법별로 색상이 다르게 표시되는 것을 확인할 수 있다.

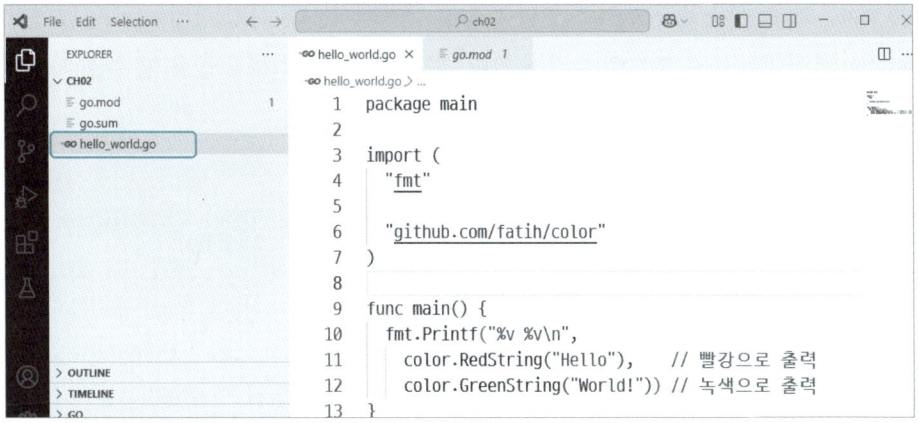

Go 익스텐션이 적용된 Go 소스 파일

터미널 사용하기

비주얼 스튜디오 코드를 설치했으면 자체 터미널을 사용할 수 있다. 비주얼 스튜디오 코드에서 단축 키 Ctrl+`를 누르면 터미널이 열린다. 여기서 go 명령으로 소스 파일을 빌드하거나 실행할 수 있다. 다음은 비주얼 스튜디오 코드에서 터미널을 열고 hello_world.go 파일이 있는 위치에서 go run 명령을 실행한 결과다.

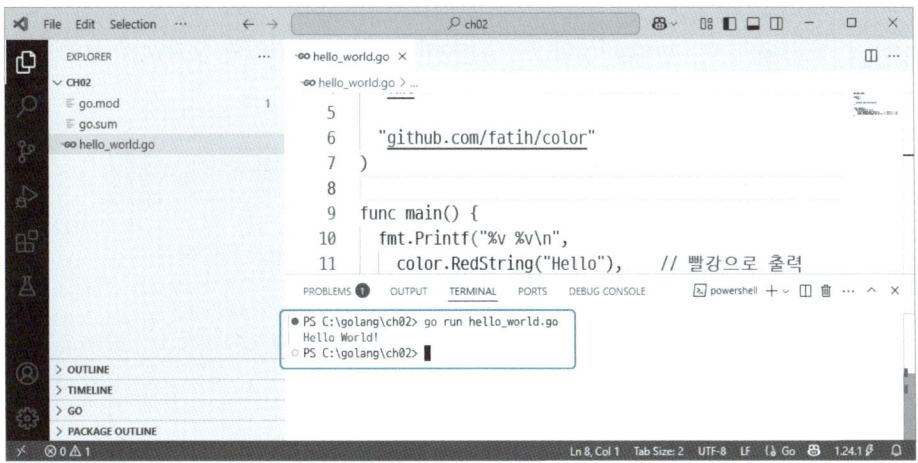

비주얼 스튜디오 코드의 터미널에서 go run 실행 결과

지금까지는 go build 명령어를 사용했지만 여기서는 go run 명령어를 사용했다. go build는 소스 파일을 컴파일해 같은 디렉터리에 실행 파일을 만들어 주므로 이 파일을 따로 실행해야 한다.

하지만 go run은 소스 파일을 기계어로 변환해 즉시 실행한다. 즉, 실행 파일이 남지 않는다. 따라서 go run 명령어는 소스 코드를 수정해 가며 결과를 즉시 확인하고 싶을 때 주로 사용하고, go build는 프로그램을 서버나 다른 환경에 배포할 때 유용하다.

> **아하! 그렇구나!** 윈도우용 비주얼 스튜디오 코드의 터미널에서 실행 파일 실행하기
>
> 윈도우용 비주얼 스튜디오 코드의 터미널은 파워셸(powershell)이 기본으로 열리므로 현재 디렉터리에 있는 실행 파일(exe)은 이름 앞에 '.\'를 붙여야 실행된다. 따라서 비주얼 스튜디오 코드의 터미널(파워셸)에서 go build 명령어로 실행 파일을 만든 후, 이를 실행하려면 실행 파일 이름 앞에 '.\'를 붙여야 한다.
>
> 현재 디렉터리에 있는 실행 파일의 실행 방법(파워셸)
> ```
> > .\hello_world
> ```

한글 언어 팩 설치

비주얼 스튜디오 코드의 기본 언어는 영어다. 만약 한국어 편집기를 사용하고 싶다면 한국어 익스텐션을 설치해야 한다. 익스텐션 검색 창에 'Korean'을 입력해서 검색해 보자.

검색 결과에서 [Korean Language Pack for Visual Studio Code]를 선택한 후 오른쪽 창에서 <Install>을 클릭해 설치한다.

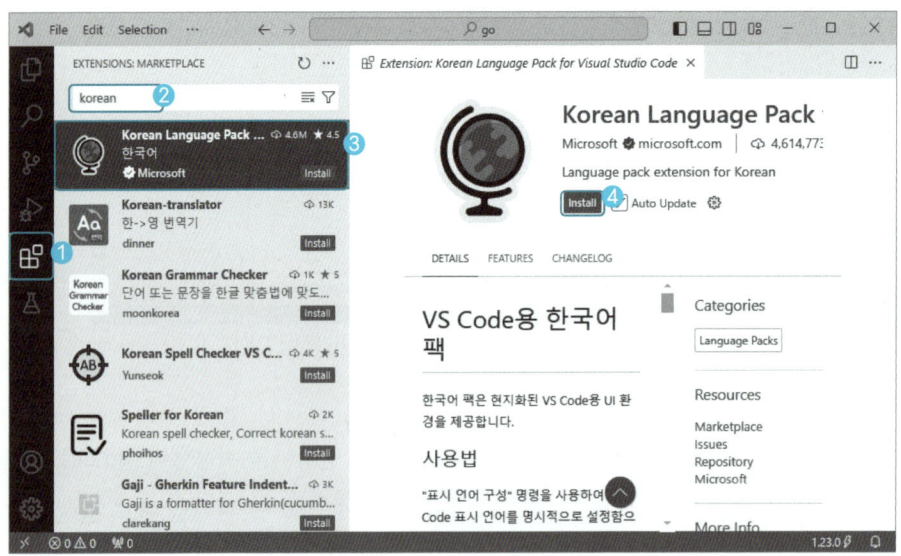

한국어 익스텐션 설치

설치가 완료되면 오른쪽 아래에 팝업이 뜨는데, 여기서 〈Change Language and Restart〉를 클릭한다. 그러면 비주얼 스튜디오 코드가 다시 실행되고 메뉴 등이 한국어로 표시되는 것을 확인할 수 있다.

이 장의 핵심 요약

이번 장에서는 개발 환경의 세부 사항을 알아보고 구성해 보았다. 먼저 Go 모듈을 이해하고 go.mod 파일로 의존성 관리와 모듈 초기화 방법을 살펴보았으며, GOROOT와 GOPATH 등 주요 환경 변수를 설정하여 Go의 실행 환경을 구성하는 방법을 익혔다. 그 밖에도 외부 패키지를 내려받아 활용할 때 실제 프로젝트를 진행하면서 의존성 관리 방식과 설정 과정에서 발생하는 오류 메시지를 분석하여 문제를 해결하는 방법도 점검해 보았다.

03

변수와 상수

한글이나 영어를 사용할 때 정해진 단어와 문법을 사용하듯이 소스 코드를 작성할 때도 컴파일러가 이해할 수 있도록 정해진 단어(예약어)와 문법을 사용해야 한다. 이번 장부터는 Go 프로그래밍을 할 때 지켜야 할 문법을 알아본다. 먼저 변수와 상수를 다루는 방법부터 살펴보자. 이 두 가지를 이용하면 프로그램에서 값을 효율적으로 관리할 수 있다.

03-1 ▶ 소스 코드에 주석 남기기
03-2 ▶ 변수 알아보기
03-3 ▶ 변수의 자료형
03-4 ▶ 지역 변수와 전역 변수
03-5 ▶ 상수 알아보기

03-1 | 소스 코드에 주석 남기기

주석을 알아보기 전에 실습을 준비해 보자. 먼저 비주얼 스튜디오 코드에서 작업 디렉터리(필자는 C:\golang)를 연다. 그런 다음 Ctrl+`를 눌러 터미널을 열고 다음과 같은 명령어를 실행한다. 각 장을 시작할 때마다 이처럼 ch××라는 이름으로 장별 디렉터리를 만들고 해당 디렉터리로 이동한 후에 go mod init 명령어로 모듈을 초기화한다. 그런 다음 책에서 각 코드 박스에 표시된 경로대로 디렉터리와 소스 파일을 만들고 코드를 작성한다.

T 장별 디렉터리에서 모듈 초기화

```
C:\golang> mkdir ch03
C:\golang> cd ch03
C:\golang\ch03> go mod init ch03
```

그리고 소스 코드를 모두 작성했으면 터미널에서 `go run <소스_파일_경로>`를 실행해 결과를 확인한다.

T 소스 파일 실행 예

```
C:\golang\ch03> go run comment\comment.go
```

실습 준비를 마쳤으면 이제 주석에 관해 알아보자. 주석은 개발자가 소스 코드를 작성하다가 각종 설명이나 협업에 필요한 기록을 공유할 목적으로 사용하는 문자열이다. 주석은 코드를 컴파일할 때 완전히 제외되어 프로그램에는 어떠한 영향도 미치지 않는 특징이 있다.

다음 코드는 주석을 사용한 예다. 주석은 두 종류인데 //처럼 슬래시 두 개를 연속으로 작성하는 한 줄 주석과 /*와 */ 사이에 있는 모든 내용을 주석으로 지정하는 블록 주석이 있다. 주석의 길이에 따라 적절하게 선택해서 사용한다.

Do it! 주석 사용하기 ch03/comment/comment.go

```go
01: package main
02:
03: import "fmt"
04:
05: func main() {
06:     // 이것은 주석이다.
07:     // 보통 코드를 설명할 때 작성한다.
08:     fmt.Println("안녕하세요!")
09:
10:     // 다음 코드는 주석이므로 실행되지 않는다.
11:     // fmt.Println("이 코드는 실행되지 않는다.")
12:
13:     /*
14:     두 줄 이상의 주석을 작성하고 싶을 때는 이렇게 한다.
15:     주석으로 지정한 블록 안에 있는 모든 텍스트는 무시된다.
16:
17:     fmt.Println("이 코드도 동작하지 않는다.")
18:     */
19: }
```

▼

실행 결과

안녕하세요!

main() 함수에서 실제로 동작하는 코드는 08행뿐이다. 나머지 코드는 주석으로 지정했으므로 컴파일 단계에서 완전히 제외된다. 따라서 이 코드를 실행하면 '안녕하세요!'만 출력한다.

03-2 | 변수 알아보기

변수^{variable}라는 단어를 풀이하면 '다른 수치로 변(變)할 수 있는 수(數)'를 의미하며 '어떤 상황의 가변 요인'을 이르기도 한다. 프로그래밍에서 **변수는 값을 저장하는 상자(메모리 공간)**로 생각하면 쉽다. 즉, 프로그램에 사용할 값을 변수에 저장해 두고 그 값을 변경해 가며 사용할 수 있다.

▶ 변수를 사용하는 이유

프로그래밍에서 변수가 왜 필요한지 이해하기 위해 문자열을 출력하는 다음 코드를 살펴보자.

```go
package main

import "fmt"

func main() {
    fmt.Println("Hello Go!")
}
```

소스 코드에 작성하는 모든 값은 메모리에 저장된다. 따라서 코드에서 Hello Go! 문자열 역시 메모리 어딘가에 보관된다.

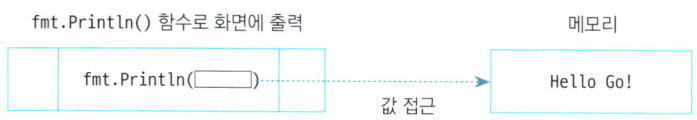

문자열 출력 시 메모리 상태

그런데 우리는 Hello Go! 문자열이 저장된 메모리 위치를 알 수 없다. 즉, 문자열을 곧바로 `fmt.Println()` 코드에 전달해서 화면에 출력하기는 하지만, 어디에 저장됐는지 알 수 없어서 다시 사용할 수 없다. 만약 문자열을 여러 번 반복해서 사용해야 한다면 그만큼을 입력해야 하는 불편함이 있다.

코드에서 여러 번 사용할 값은 그 값이 저장된 메모리에 이름을 붙여서 재사용할 수 있다. 이를 변수라고 한다. 값이 저장된 메모리에 이름을 붙여 두면 해당 값을 언제든지 다시 사용할 수 있다.

예를 들어 메모리에 Hello Go! 문자열을 저장한 후 그 위치에 x라는 이름표를 붙여 놓으면 앞으로 문자열 Hello Go!가 필요할 때마다 해당 데이터가 저장된 메모리의 이름표인 x를 사용해서 간단하게 재사용할 수 있다.

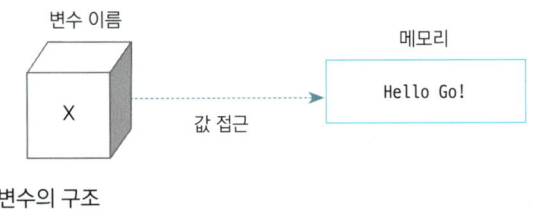

변수의 구조

▶ 변수 선언하기

변수 선언은 값의 크기에 알맞은 메모리를 준비하고 그곳에 이름표를 붙이는 것과 같다. 이렇게 변수를 선언한 다음에는 그 이름으로 메모리에 접근해 값을 넣거나 불러올 수 있다.

변수는 다음과 같은 형식으로 선언한다.

변수 선언 형식
var 변수명 자료형

var는 Go 언어에서 변수를 선언할 때 사용하는 예약어다. 그리고 변수명은 값을 넣을 메모리에 붙일 이름표, 자료형은 값의 형식^{type}을 의미한다. 자료형은 다음 절과 04장에서 좀 더 자세히 다루기로 하고 여기서는 자료형을 생략한 변수 선언법을 기준으로 알아보자.

다음 코드는 total이라는 변수를 선언하고 사용한 예다. 이제 특이 사항이 없는 한 자세한 실습 과정은 생략하고 내용에 집중하겠다. 앞에서 설명한 실습 방법을 바탕으로 책의 코드 상자 위쪽에 표시된 경로를 참고해 실습해 보자.

| Do it! 변수 선언하고 사용하기 | ch03/variables/variables/variables.go |

```go
01: package main
02:
03: import "fmt"
04:
05: func main() {
06:     // 변수를 하나 만들어 1을 담고 total이라고 이름을 짓는다.
07:     var total = 1
08:
09:     // total이라는 변수에 3을 더한다.
10:     total = total + 3
11:
12:     // total이라는 변수에 total만큼 곱한다.
13:     total = total * total
14:
15:     // total이라는 변수에 든 값을 출력한다.
16:     fmt.Println(total)
17: }
```

실행 결과
16

코드에서 07행을 보면 변수 선언문에 자료형을 생략하고 대신 = 연산자와 함께 값을 대입했다. 이처럼 **변수를 선언하면서 어떤 값을 대입하는 것을 초기화**라고 한다. Go 언어에서는 변수를 선언하면서 초깃값을 대입하면 자료형을 생략할 수 있다. 이때 컴파일러는 초깃값으로 변수의 자료형을 추론한다.

변수를 선언한 다음에 해당 변수의 이름을 사용하면 변수에 담긴 값을 사용하거나 대입 연산자로 새로운 값을 할당할 수 있다. 10행에서 total 변수에 3을 더했고, 그 결과로 total 변숫값은 4가 되었다. 그리고 13행에서 total 변숫값을 제곱했으므로 16행에서 total 변숫값은 16을 출력한다.

이 코드에서 우리는 '변하는 수'라는 변수의 정의를 떠올릴 수 있다. 즉, total 변숫값은 07행에서 1로 초기화된 이후 10행과 13행에서 각각 4와 16으로 바뀐다. 이처럼 변수는 연산에 사용할 수 있고, 이때 값을 변경하면서 효율적으로 재사용할 수 있다.

단축 선언문

Go 언어에서 변수를 선언할 때 := 연산자를 사용하면 var 예약어를 생략할 수 있다. 단축 선언문은 반드시 초깃값을 대입해야 하며 함수 안에서만 사용할 수 있다.

단축 선언문 형식
변수명 := 초깃값

다음 코드는 단축 선언문으로 문자열 변수 message를 선언한 예다.

Do it! 단축 선언문 사용하기 · ch03/variables/string/string.go

```go
01: package main
02:
03: import "fmt"
04:
05: func main() {
06:     // 단축 선언문에서는 반드시 초깃값을 대입해야 한다.
07:     message := "hello dear readers"
08:
09:     // 문자열끼리 + 연산자를 이용하면 문자열을 이어 붙일 수 있다.
10:     message += " nice to see you."
11:
12:     fmt.Println(message)
13: }
```

실행 결과

```
hello dear readers nice to see you.
```

07행에서 := 연산자를 사용해 단축 선언문을 작성했다. message 변수를 선언하는 동시에 지정한 문자열을 초깃값으로 대입한다. 10행에서는 += 연산자로 두 문자열을 이어 붙였다. 연산자는 05장에서 자세히 살펴보자.

한 번에 여러 변수 선언하기

또한 여러 변수를 한 번에 선언할 수도 있는데, 이 방법은 코드가 간결해지고 가독성을 높이는 데 도움이 된다. 이때 초깃값은 작성한 순서대로 대입된다.

```
var a = 1
var b = 2
var c = 3
```
▶
```
var a, b, c = 1, 2, 3
```

이때에도 단축 선언문을 사용할 수 있다.

```
a, b, c := 1, 2, 3
```

또는 var 예약어 다음에 변수들을 소괄호 ()로 묶어 선언하고 값을 초기화할 수도 있다.

Do it! 변수를 여러 개 선언하기 ch03/variables/syntactic_sugar/syntactic_sugar.go

```go
01: package main
02:
03: import "fmt"
04:
05: func main() {
06:     // var 예약어 이후에 괄호로 묶어 변수를 정의할 수 있다.
07:     var (
08:         name = "Gil Dong, Hong"
09:         age = 30
10:         address = "Seoul, Republic of Korea"
11:     )
12:
13:     fmt.Println(name, age, address)
14: }
```

실행 결과

```
Gil Dong, Hong 30 Seoul, Republic of Korea
```

▶ 변수 이름 짓는 규칙

변수의 이름을 지을 때는 몇 가지 규칙이 있다. 이를 요약하면 다음과 같다.

- 예약어는 변수 이름으로 사용할 수 없다.
- 공백이나 특수 문자를 포함할 수 없다.
- 오직 문자나 밑줄(_)로만 시작할 수 있다.
- 대소 문자를 구분한다.

또한 변수 이름은 같은 블록({})에서 중복해서 선언할 수 없다. 즉, 같은 블록에서 같은 이름으로 변수를 선언하면 오류가 발생한다. 다만 블록이 다르면 이름이 중복돼도 괜찮다. 이에 관해서는 「03-4」절에서 가려진 변수를 설명할 때 알아보자.

03-3 | 변수의 자료형

프로그래밍에서 다루는 모든 데이터에는 자료형data type이 정해져 있다. **자료형은 데이터의 형태와 종류를 구분하는 기준**이라고 할 수 있으며, 간단히 타입이라고도 한다.

자료형에 따라 데이터가 저장되고 처리되는 방식이 달라지는데, 예를 들어 1, 2, 3은 숫자형, '사과', '포도'는 문자열형이다. 이처럼 숫자, 문자, 참/거짓 등 다양한 자료형이 있다.

일반적으로 변수를 만들 때는 그 변수에 어떤 자료형의 데이터를 넣을지 함께 정해야 한다. 그래야 컴파일러가 그 변수에 어떤 데이터를 저장하고, 어떻게 처리해야 하는지 정확히 알 수 있다.

그러나 앞 절에서는 자료형을 명시하지 않고 변수를 정의해 사용했다. 그런데도 아무런 문제가 없었던 것은 Go 언어의 '타입 추론type inference' 기능 덕분이다. 모던 프로그래밍 언어라면 대부분 제공하는 타입 추론은 컴파일러가 변수에 대입한 값을 보고 자료형을 자동으로 지정하는 기능이다.

하지만 컴파일러가 다음처럼 자료형을 판단할 수 없을 때는 직접 지정해야 한다.

- 변수를 정의만 하고 초기화하지 않을 때(변숫값이 생략된 경우)
- 자료형을 강제로 지정해야 할 때
- 값으로 자료형을 추정하기에는 그 구조가 복잡할 때
- 값으로 추론할 수 있는 자료형보다 더 상위 자료형이 필요할 때

▶ 자료형 지정하기

변수를 선언할 때 자료형을 지정하려면 변수 이름 뒤에 자료형을 나타내는 예약어를 작성한다. 다음 코드에서는 age와 pi라는 변수를 선언할 때 이름 뒤에 각각 int32, float64라는 예약어를 사용했다. Go 언어에서 int32는 32bits 정수형 숫자, float64는 64bits 실수형 숫자를 나타내는 예약어다. Go 언어는 다양한 자료형을 제공하며 04장에서 자세히 살펴본다.

자료형을 지정한 변수 선언

```
var (
    age int32 = 32
    pi float64 = 3.1415
)
```

이렇게 자료형을 지정함으로써 컴파일러는 각 변수에 저장될 데이터의 유형을 정확히 알고 그에 맞게 처리할 수 있다. 다음 그림은 예로 든 코드가 실행됐을 때 각 변수가 메모리에 할당된 모습을 보여 준다. age 변수는 int32형으로 선언했으므로 4bytes(32bits), pi 변수는 float64형으로 선언했으므로 8bytes(64bits) 메모리가 할당된다.

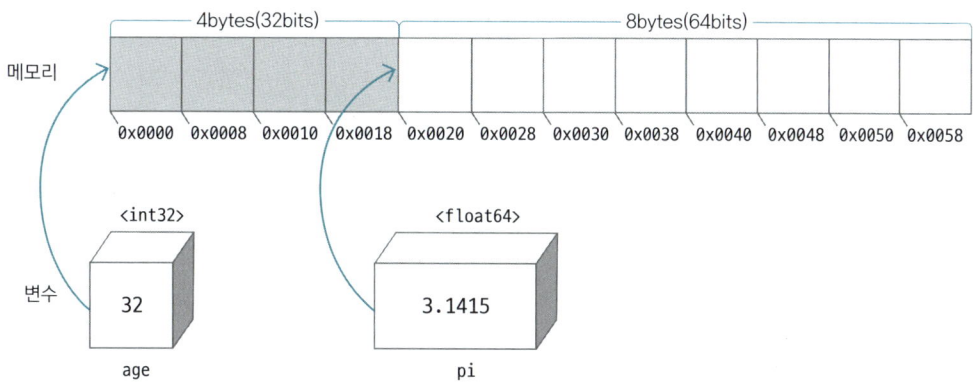

메모리 관점에서 바라본 변수

자료형을 명시해 변수를 선언하면 해당 유형의 값만 저장할 수 있다. 명시한 자료형과 다른 유형의 데이터를 저장하려고 시도하면 오류가 발생한다.

Do it! 자료형 불일치 오류　　　　　　　　　　ch03/variables/error_type/error_type.go

```go
01: package main
02:
03: import "fmt"
04:
05: func main() {
06:     // 자료형을 지정한 변수는 자동으로 초기화된다.
07:     var count int
08:
09:     // count에는 정수 형태의 숫자를 대입할 수 있다.
10:     count = 3
11:
12:     // 정수형 count에 문자열(string) 형태의 값을 대입하면 오류가 발생한다.
13:     count = "Hello World!"    // 오류 발생!
14:
15:     fmt.Println(count)
16: }
```

> **실행 결과**
>
> 오류 메시지: cannot use "Hello World!" (untyped string constant) as int value in assignment

07행에서 변수 이름 뒤에 int라는 예약어를 명시함으로써 정수형 변수 count를 선언했다. 이처럼 변수를 선언할 때 자료형을 함께 지정하면 초기화를 생략할 수 있다. 그리고 지정한 자료형 이외의 값이 저장되는 것을 방지할 수 있다. 13행에서는 정수형 변수 count에 문자열(string형 값)을 대입했으므로 오류가 발생한다. 이처럼 변수에 지정된 자료형과 다른 유형의 값을 사용하면 오류가 발생한다.

> 컴파일러가 각 자료형에 맞는 기본값을 할당해 준다. 정수와 실수형은 0, 문자열은 "", 불리언은 false가 기본값이다.

이는 자료형을 컴파일러가 자동으로 추론한 경우에도 마찬가지다. 변수를 선언할 때 자료형을 지정하지 않으면 Go 언어의 타입 추론 기능이 동작한다고 했다. 그런데 변수에 자료형을 지정하지 않았다고 해서 아무 유형의 값을 저장할 수 있는 것은 아니다. 변수 선언문에 자료형을 지정하지 않으면 해당 변수의 자료형은 가장 처음에 대입하는 값의 유형으로 지정되기 때문이다. 따라서 이후에 해당 자료형 이외의 값을 대입하면 오류가 발생한다.

Do it! 자료형 미지정 시 타입 오류   ch03/variables/error_explicit_type/error_explicit_type.go

```go
01: package main
02:
03: import "fmt"
04:
05: func main() {
06:     // 12는 10진수 정수 타입이므로
07:     // 암묵적으로 hour 변수는 int형으로 정의된다.
08:     var hour = 12
09:
10:     // int형 hour 변수에 string형 값은 지정할 수 없다.
11:     hour = "six"    // 오류 발생!
12:
13:     fmt.Println(hour)
14: }
```

이렇게 자료형을 지정함으로써 컴파일러는 각 변수에 저장될 데이터의 유형을 정확히 알고 그에 맞게 처리할 수 있다. 다음 그림은 예로 든 코드가 실행됐을 때 각 변수가 메모리에 할당된 모습을 보여 준다. age 변수는 int32형으로 선언했으므로 4bytes(32bits), pi 변수는 float64형으로 선언했으므로 8bytes(64bits) 메모리가 할당된다.

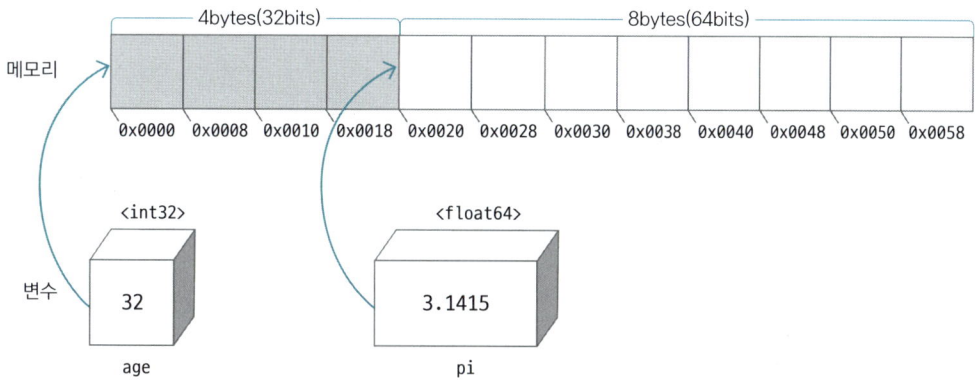

메모리 관점에서 바라본 변수

자료형을 명시해 변수를 선언하면 해당 유형의 값만 저장할 수 있다. 명시한 자료형과 다른 유형의 데이터를 저장하려고 시도하면 오류가 발생한다.

Do it! 자료형 불일치 오류　　　　　　　　　　　　　ch03/variables/error_type/error_type.go

```go
01: package main
02:
03: import "fmt"
04:
05: func main() {
06:     // 자료형을 지정한 변수는 자동으로 초기화된다.
07:     var count int
08:
09:     // count에는 정수 형태의 숫자를 대입할 수 있다.
10:     count = 3
11:
12:     // 정수형 count에 문자열(string) 형태의 값을 대입하면 오류가 발생한다.
13:     count = "Hello World!"   // 오류 발생!
14:
15:     fmt.Println(count)
16: }
```

> **실행 결과**
>
> 오류 메시지: cannot use "Hello World!" (untyped string constant) as int value in assignment

07행에서 변수 이름 뒤에 **int**라는 예약어를 명시함으로써 정수형 변수 **count**를 선언했다. 이처럼 변수를 선언할 때 자료형을 함께 지정하면 초기화를 생략할 수 있다. 그리고 지정한 자료형 이외의 값이 저장되는 것을 방지할 수 있다. 13행에서는 정수형 변수 **count**에 문자열(**string**형 값)을 대입했으므로 오류가 발생한다. 이처럼 변수에 지정된 자료형과 다른 유형의 값을 사용하면 오류가 발생한다.

> 컴파일러가 각 자료형에 맞는 기본값을 할당해 준다. 정수와 실수형은 0, 문자열은 "", 불리언은 false가 기본값이다.

이는 자료형을 컴파일러가 자동으로 추론한 경우에도 마찬가지다. 변수를 선언할 때 자료형을 지정하지 않으면 Go 언어의 타입 추론 기능이 동작한다고 했다. 그런데 변수에 자료형을 지정하지 않았다고 해서 아무 유형의 값을 저장할 수 있는 것은 아니다. 변수 선언문에 자료형을 지정하지 않으면 해당 변수의 자료형은 가장 처음에 대입하는 값의 유형으로 지정되기 때문이다. 따라서 이후에 해당 자료형 이외의 값을 대입하면 오류가 발생한다.

Do it! 자료형 미지정 시 타입 오류 · ch03/variables/error_explicit_type/error_explicit_type.go

```go
01: package main
02:
03: import "fmt"
04:
05: func main() {
06:     // 12는 10진수 정수 타입이므로
07:     // 암묵적으로 hour 변수는 int형으로 정의된다.
08:     var hour = 12
09:
10:     // int형 hour 변수에 string형 값은 지정할 수 없다.
11:     hour = "six"    // 오류 발생!
12:
13:     fmt.Println(hour)
14: }
```

> **실행 결과**
>
> cannot use "six" (untyped string constant) as int value in assignment

08행에서 hour 변수는 12로 초기화되었으므로 타입 추론 기능에 따라 int형으로 지정된다. 따라서 11행처럼 int형 변수에 string형 값을 대입하려고 하면 오류가 발생한다.

▶ 변수에 자료형을 지정하는 이유

그렇다면 변수에 자료형을 지정하는 궁극적인 이유는 무엇일까? 변수를 정의하면 컴퓨터 내부적으로 메모리가 할당되는데 이 메모리는 크기에 제한이 있으므로 필요한 만큼만 할당해서 사용해야 한다. 이때 자료형은 해당 변수가 다루고자 하는 데이터의 종류에 따라서 알맞은 크기의 메모리를 할당하게 한다. 이로써 메모리 공간을 효율적으로 사용할 수 있다.

그리고 "자료형은 메모리를 해석하는 방법이다"라고 표현하기도 한다. 즉, 자료형은 컴파일러가 메모리에 저장된 값을 숫자로 해석할지, 문자열로 해석할지를 알려 주는 지표라고 할 수 있다.

이러한 내용은 당장 이해하지 않아도 괜찮다. 앞으로도 메모리 관점에서 Go 언어가 어떻게 동작하는지는 계속 다룰 것이다. 지금은 간단하게 '자료형은 변수에 규칙을 추가하는 것'으로 기억해도 충분하다.

03-4 | 지역 변수와 전역 변수

변수는 크게 **지역 변수**local variable와 **전역 변수**global variable로 나뉜다. 이렇게 나뉘는 기준은 메모리가 할당되고 소멸하는 시점과 관련이 있으며, 이는 곧 변수의 유효 범위와 연관된다. 이제 지역 변수와 전역 변수의 특징을 이해해 보자.

▶ 지역 변수 사용하기

지역 변수는 코드 블록({}) 안에 선언된 변수를 말한다. 소스 코드에서 중괄호 {와 }로 둘러싸인 부분을 코드 블록code block이라고 하며 코드들을 한 덩어리로 묶는 역할을 한다. 블록은 독립된 공간이다. 즉, {}로 묶인 블록은 자신만의 독립된 공간(범위 또는 스코프)을 가진다.

코드 블록 예시

```
01: { // 블록 시작
02:     // 이 안에 코드를 작성한다.
03: } // 블록 끝
```

어떤 코드 블록 안에 변수를 선언하면 그 변수는 오직 블록 안에서만 사용할 수 있다. 코드 블록이 끝나는 }를 만나면 그 안에 선언한 변수는 사라진다(메모리 해제).

코드 블록에 선언한 지역 변수

```
01: package main
02:
03: import "fmt"
04:
05: func main() { // main() 함수도 하나의 큰 블록이다.
06:
07:     fmt.Println("시작")
08:
09:     { // 새로운 코드 블록 시작
10:         // 이 블록 안에서만 사용할 a 변수 선언(지역 변수)
11:         a := 10
12:         fmt.Println("블록 안:", a) // 블록 안에서는 a 변수 사용 가능
```

```
13:
14:        } // 코드 블록 끝. 여기서 a 변수는 사라짐
15:
16:        // 블록 밖에서는 a 변수를 사용할 수 없음
17:        // 다음 줄의 주석을 풀면 a가 없다는 컴파일 오류 발생
18:        // fmt.Println("블록 밖:", a)    // 오류: undefined: a
19:
20:        fmt.Println("끝")
21: }
```

또한 어떤 함수 안에 선언한 변수(매개변수도 포함)도 지역 변수다. 함수function는 06장에서 자세하게 다루겠지만, 특정한 기능을 수행하는 코드 묶음으로 생각할 수 있다. 함수를 정의할 때도 중괄호를 이용해 코드 블록을 지정하는데, 여기에 선언한 변수도 자신이 속한 함수가 종료되면 소멸하므로 유효 범위는 자신이 속한 스코프 안으로 제한된다.

다음 소스는 display()라는 함수의 지역 변수로 message를 정의한 예다.

Do it! 지역 변수 사용하기   ch03/variables/variable_types/variable_types.go

```
01: package main
02:
03: import "fmt"
04:
05: func display() {
06:        // 지역 변수 message
07:        message := "hello world"
08:        fmt.Println(message)
09: }
10:
11: func main() {
12:        // display 함수 호출
13:        display()
14: }
```

실행 결과

```
hello world
```

이 소스에서는 func라는 예약어를 사용해 함수를 정의했다. 05~09행에서는 display라는 이름으로 문자열을 출력하는 함수를 정의했고, 13행에서 이 함수를 호출했다.
display() 함수에서는 message라는 이름으로 지역 변수를 정의했고 그 값을 출력했다. 이처럼 지역 변수는 같은 스코프에서 정의한 것만 사용할 수 있다.

▶ 전역 변수 사용하기

반면에 전역 변수는 어떤 스코프에도 속하지 않으면서 패키지 수준에서 선언된 변수로, 해당 패키지 내의 모든 영역에서 사용할 수 있다. 다음 코드는 message라는 변수를 어떤 스코프에도 속하지 않는 전역 변수로 정의한 예다.

Do it! 전역 변수 사용하기 ch03/variables/global_variable/global_variable.go

```go
01: package main
02:
03: import "fmt"
04:
05: var (
06:     // 전역 변수 message
07:     message = "hello world"
08: )
09:
10: func display() {
11:     fmt.Println(message)
12: }
13:
14: func main() {
15:     display()
16: }
```

▼

실행 결과

```
hello world
```

전역 변수는 지역 변수와 다르게 함수 바깥쪽에 정의한다. 07행을 보면 `message`를 전역 변수로 정의했다. 따라서 `display()` 함수 안에 `message` 변수 선언문이 없지만 사용할 수 있다.

▶ 지역 변수와 전역 변수의 차이점

지역 변수와 전역 변수의 차이를 명확하게 이해하려면 컴퓨터의 메모리 구조를 알아야 한다. 다음 그림은 단순하게 표현한 메모리 구조이다.

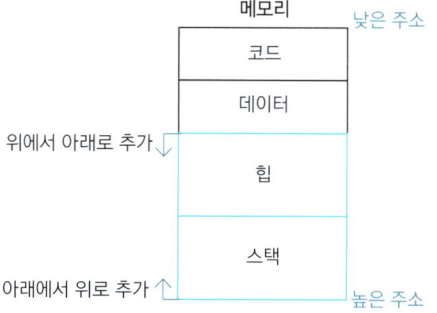

메모리의 구조

메모리는 코드code, 데이터data, 힙heap, 스택stack이라는 4가지 영역으로 나눌 수 있다. 소스 코드로 작성한 함수와 변수들은 프로그램이 실행될 때 메모리에 할당되는데, 이때 함수와 변수의 형태에 따라 각기 다른 메모리 영역에 할당된다. 다음 표는 4가지 메모리 영역의 특징을 나타낸다.

메모리의 각 영역

영역 이름	할당 대상	설명
코드	프로그램 코드	실행할 프로그램의 명령어 할당
데이터	전역 변수	전역 변수 할당
힙	동적 데이터	동적 할당, 사용자가 직접 반환 관리
스택	지역 변수, 매개변수	지역 변수와 함수가 사용하는 인자, 매개변수 할당

지역 변수와 전역 변수는 할당되는 메모리 영역이 다르다. 지역 변수는 스택 영역에 할당되고, 전역 변수는 데이터 영역에 할당된다. 이에 따라 지역 변수와 전역 변수는 몇 가지 차이가 있다. 다음 코드를 살펴보자.

Do it! 전역 변수의 스코프 ch03/variables/global_variable_scope/global_variable_scope.go

```go
01: package main
02:
03: import "fmt"
04:
05: var (
06:     message = "hello"
07: )
08:
09: func display() {
10:     fmt.Println(message)
11: }
12:
13: func main() {
14:     message += " world"
15:     display()
16: }
```

▼

실행 결과

```
hello world
```

06행에서 정의한 `message`는 어느 스코프에도 속하지 않으므로 전역 변수다. 14행에서 전역 변수 `message`에 += 연산자로 " world" 문자열을 추가했다. 그다음 `display()` 함수를 호출했으므로 10행에서 `message`를 출력한다.

즉, 전역 변수 `message`는 `main()` 함수에서 수정되었고 `display()` 함수에서 출력되었다. 이 처럼 전역 변수는 같은 파일 내 모든 함수에서 접근할 수 있다.

다음 코드는 지역 변수의 특징을 알아볼 수 있다.

> **Do it!** 지역 변수의 스코프   📄 ch03/variables/local_variable_scope/local_variable_scope.go
>
> ```go
> 01: package main
> 02:
> 03: import "fmt"
> 04:
> 05: func display() {
> 06:     fmt.Println(message)  ── 오류 발생!
> 07: }
> 08:
> 09: func main() {
> 10:     var message string = "hello"  ── 지역 변수 선언
> 11:     message += " world"  ── 같은 스코프이므로 접근 가능
> 12:     display()
> 13: }
> ```

실행 결과

```
오류 메시지: undefined: message
```

10행에서 정의한 message는 main() 함수에 속하므로 지역 변수다. 11행에서 지역 변수 message에 += 연산자로 " world" 문자열을 추가했다. 그다음 display() 함수를 호출해 message를 출력하려고 한다. 그런데 실행 결과는 오류가 발생했다. 왜 그럴까?

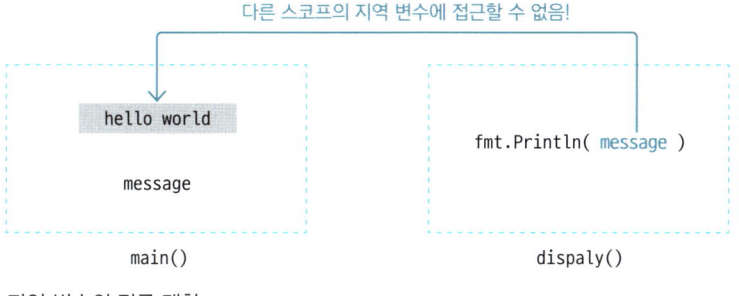

지역 변수의 접근 제한

10행에서 정의한 변수 message는 main() 함수의 스코프에 속한다. 따라서 main() 함수 내부에서만 사용할 수 있는데, 06행은 display() 함수에서 message 변수에 접근하려고 했다.

display() 함수는 main() 함수와 스코프가 다르기 때문에 06행에서 message 변수를 찾을 수 없다. 따라서 message 변수가 정의되지 않았다는 의미로 'undefined: message'라는 오류 메시지가 출력된다. 이처럼 지역 변수는 오직 자신이 속한 스코프 안에서만 접근할 수 있다.

▶ 변수 가리기

지금까지 지역 변수와 전역 변수의 특징을 알아봤다. 프로그램을 작성하다 보면 지역 변수와 전역 변수를 함께 사용할 때가 많다. 만약 다음처럼 작성된 코드는 어떻게 동작할까? 조금 복잡해 보이지만 실행 결과를 확인하기 전에 어떤 문자열이 출력될지 잠시 예측해 보자.

Do it! 가려진 변수 ch03/variables/variable_shadowing/variable_shadowing.go

```go
01: package main
02:
03: import "fmt"
04:
05: // 전역 변수 name 선언
06: var (
07:     name = "손님"
08: )
09:
10: func display() {
11:     fmt.Printf("<display> 안녕하세요! 현재 이름은: %s 이십니다\n", name)
12:
13:     // 지역 변수 name 선언
14:     // 전역 변수와 똑같은 이름으로 선언
15:     var name string
16:     fmt.Print("혹시 이름을 알려주실 수 있으신가요?: ")
17:     fmt.Scanf("%s", &name)
18:
19:     // display() 함수에서 name 변수에 접근하여 값 출력
20:     fmt.Println("==================================================")
21:     fmt.Printf("<display> 안녕하세요! '%s'님 현재 이름은: %s 이십니다\n",
22:         name, name)
23: }
24:
25: func main() {
26:     display()
27:
28:     // main() 함수에서 name 변수에 접근하여 값 출력
```

```
29:     fmt.Println("===============================================")
30:     fmt.Printf("<main> 안녕하세요! '%s'님 현재 이름은: %s 이십니다\n",
31:         name, name)
32: }
```

실행 결과

```
<display> 안녕하세요! 현재 이름은: 손님 이십니다
혹시 이름을 알려주실 수 있으신가요?: 홍길동 [Enter]
===============================================
<display> 안녕하세요! '홍길동'님 현재 이름은: 홍길동 이십니다
===============================================
<main> 안녕하세요! '손님'님 현재 이름은: 손님 이십니다
```

이 소스에서 name 변수는 두 가지다. 하나는 07행에서 정의한 전역 변수 name이고, 다른 하나는 15행에서 정의한 display() 함수의 지역 변수 name이다. 스코프가 다르면 이처럼 변수 이름이 같아도 문제가 없다.

소스 곳곳에서 이 name 변수를 사용했는데 각각 어떤 name 변수에 접근하는지 알아보자. 먼저 11행 display() 함수에서 처음 출력한 name은 아직 지역 변수 name을 정의하기 전이므로 전역 변수 name이다. 따라서 '손님'을 출력한다. 11행까지 실행되었을 때 메모리 상태는 다음과 같다.

```
var (
    name = "손님"
)
func display() {
    fmt.Printf("<display> 안녕하세요! 현재 이름은: %s 이십니다\n", name)
    var name string
    fmt.Print("혹시 이름을 알려주실 수 있으신가요?: ")
    fmt.Scanf("%s", &name)
    fmt.Println("===============================================")
    fmt.Printf("<display> 안녕하세요! '%s'님 현재 이름은: %s 이십니다\n",
        name, name)
}

func main() {
    display()
    fmt.Println("===============================================")
    fmt.Printf("<main> 안녕하세요! '%s'님 현재 이름은: %s 이십니다\n",
        name, name)
}
```

display() 함수에서 name 전역 변수 접근

main 함수에서 name 전역 변수 접근

메모리

| 코드 |
| name → 데이터 |
| 힙 |
| display / main → 스택 |

전역 변수의 메모리 상태

그런데 17행과 22행에서 사용한 name은 15행에서 지역 변수 name이 정의된 이후이므로 지역 변수 name에 접근한다. 따라서 사용자가 입력한 문자열(예에서는 '홍길동')을 출력한다. 이처럼 함수에서 전역 변수와 똑같은 이름으로 지역 변수를 정의하면 이후부터는 전역 변수가 가려지고 지역 변수에 접근한다. 이를 '**변수 가리기**variable shadowing'라고 한다.

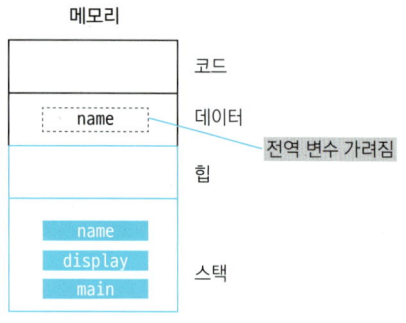

지역 변수 name 출력

그리고 main() 함수는 display() 함수와 스코프가 달라서 31행에서 접근한 name은 15행에서 정의한 지역 변수 name과 상관없이 07행에서 정의한 전역 변수 name에 접근한다. 따라서 '손님'을 출력한다.

함수 종료 이후 지역 변수를 메모리에서 해제

지금까지 내용을 정리하자면, 전역 변수는 데이터 메모리 영역에 저장되므로 프로그램이 종료하기 전까지 유지되고 프로그램 전역에서 사용할 수 있다. 그러나 지역 변수는 스택 메모리 영역에 저장되므로 해당 함수가 종료하면(스코프를 벗어나면) 소멸하므로 함수 내에서만 사용할 수 있다.

▶ Printf()와 Println() 함수 비교하기

지금까지 이 책에서 출력문으로 사용한 `fmt.Printf()`와 `fmt.Println()` 함수는 다음과 같은 형태로 출력할 내용을 괄호 안에 작성한다.

```
fmt.Println("텍스트")
fmt.Printf("텍스트")
```

그런데 앞서 `fmt.Printf()` 함수를 사용하는 코드에서는 **%s**라는 기호를 사용했다. 이는 출력문에서 특수한 목적으로 사용하는 기호다. 이런 특수 기호들을 **서식 지정자**format specifier라고 한다.

서식 지정자를 포함하는 문자열을 서식 문자열이라고 하는데, 서식 지정자는 서식 문자열에서 값의 출력 형태를 지정하는 역할을 한다. 예를 들어 서식 문자열을 출력할 수 있는 `fmt.Printf()` 함수에서 서식 지정자는 다음처럼 사용한다.

```
fmt.Printf("안녕하세요! '%s'님 현재 이름은: %s 이십니다\n", "홍길동", "손님")
```

이 코드는 `fmt.Printf()` 함수를 호출하면서 쉼표를 구분자로 3가지 데이터를 전달한다. 첫 번째는 출력할 문자열인데 서식 지정자 **%s**를 2개 포함했다. `fmt.Printf()` 함수는 이처럼 첫 번째 데이터를 서식 문자열로 전달할 경우 각각의 서식 지정자로 출력할 실제 데이터를 그 개수만큼 순서에 따라 쉼표로 구분해서 전달해야 한다.

즉, 두 번째와 세 번째는 서식 지정자로 표시한 곳에 출력할 문자열이다. **%s**는 데이터를 문자열 형식으로 나타내므로 예시 코드의 출력 결과는 다음과 같다.

```
안녕하세요! '홍길동'님 현재 이름은: 손님 이십니다
```

Go 언어에서 자주 사용하는 서식 지정자는 다음과 같다.

서식 지정자별 출력 형태

서식 지정자	출력 형태	예시
%v	값의 기본 형태	"hello", 123, true, 3.1415
%t	논리 자료형(bool)	true, false
%d	정수 자료형(int)	100, 200, 0, -1, -2, -3
%f	실수 자료형(float)	1.623, 3.1415, -0.442
%c	문자 자료형(byte)	'a', 'b', 'A', 'Z'
%s	문자열 자료형(string)	"hello", "world", "foo", "bar"
%p	포인터 자료형(pointer)	0xc0000160a

fmt.Printf()와 fmt.Println() 함수는 출력 결과가 조금 다르다. fmt.Println() 함수는 화면에 문자를 출력하고 마지막에 개행 문자 \n을 출력해 커서를 한 줄 넘긴다. 반면에 fmt.Printf() 함수는 개행 문자를 직접 넣지 않으면 줄 넘김이 일어나지 않는다. 다만, 서식 지정자를 사용할 수 있다.

Printf() 함수 이름에서 마지막 f는 format을, Println() 함수 이름에서 마지막 ln은 line을 의한다. 이를 생각하면 각 함수의 특징을 쉽게 기억할 수 있다.

다음은 두 출력 함수의 차이점을 보여 주는 예다.

Do it! Printf()와 Println() 함수 비교   ch03/strings/print/print.go

```
01: package main
02:
03: import "fmt"
04:
05: func main() {
06:     fmt.Println("fmt.Println 출력")
07:     // fmt.Println() 함수는 문자열을 출력하고 개행한다.
08:     fmt.Println("apple")
09:     fmt.Println("banana")
10:     fmt.Println("========\n")
11:
12:     fmt.Println("fmt.Printf 출력")
13:     // fmt.Printf() 함수는 자동으로 줄 넘김을 하지 않는다.
14:     fmt.Printf("apple")
15:     fmt.Printf("banana")
16:     fmt.Println("\n========\n")
17:
```

```
18:     fmt.Println("fmt.Printf + 개행 문자 출력")
19:     // fmt.Printf() 함수는 개행 문자(\n)를 사용해야 한다.
20:     fmt.Printf("apple\n")
21:     fmt.Printf("banana\n")
22:     fmt.Println("========\n")
23:
24:     // fmt.Printf는 %v 서식 지정자를 인식하고 대입한다.
25:     fmt.Printf("fmt.Printf: %v\n", "hello world")
26:
27:     // fmt.Println은 %v를 그대로 출력한다.
28:     fmt.Println("fmt.Println: %v", "hello world")
29: }
```

▼

실행 결과

```
fmt.Println 출력
apple
banana
========

fmt.Printf 출력
applebanana
========

fmt.Printf + 개행 문자 출력
apple
banana
========

fmt.Printf: hello world
fmt.Println: %v hello world
```

실행 결과에서 줄 넘김을 보면 앞에서 설명한 두 함수의 차이점을 뚜렷하게 구분할 수 있다. 그리고 25~28행에서는 각 함수가 서식 지정자를 어떻게 처리하는지 보여 준다. `Printf()` 함수는 %v를 서식 지정자로 인식하지만, `Println()` 함수는 그대로 출력한다. 이처럼 두 함수의 차이점을 알고 적절하게 사용하면 된다.

03-5 | 상수 알아보기

변수가 '변하는 수'였다면 '변하지 않는 수'도 있다. 바로 **상수**constants이다. 상수란 원주율 파이나 중력 상수처럼 변하지 않는 수를 의미한다. 상수도 변수처럼 선언한 다음에 사용할 수 있다. 다만 상수를 선언할 때는 const 예약어를 사용하며 반드시 초깃값을 지정해야 한다.

> **상수 선언하기**
>
> const 상수명 = 초깃값

다음 코드는 pi와 gravityConstant라는 상수를 선언하고 사용한 예다.

Do it! 상수 선언하고 사용하기 · ch03/constants/constants/constants.go

```go
01: package main
02:
03: import "fmt"
04:
05: func main() {
06:     // const는 상수를 지정할 때 사용하는 예약어.
07:     const pi = 3.1415926535898932
08:     const gravityConstant = 9.79641227572363
09:
10:     // fmt.Printf에 %v 서식 지정자에 상수가 대입되어 출력된다.
11:     fmt.Printf("파이 값은 %v입니다.\n", pi)
12:     fmt.Printf("중력 상수 G 값은 %v입니다.\n", gravityConstant)
13: }
```

> **실행 결과**
>
> 파이 값은 3.141592653589893입니다.
> 중력 상수 G 값은 9.79641227572363입니다.

만약 이 소스에서 const 예약어를 var로 대체해 변수로 선언해도 프로그램은 똑같이 동작한다. 즉, Go 언어에서 모든 상수는 변수로 대체해도 별다른 이상 없이 동작한다. 그러면 상수는 왜 사용하는 것일까?

▶ 상수를 사용하는 이유

상수의 중요한 특징은 한 번 정의하면 이후에 값을 변경할 수 없다는 데 있다. 즉, 초깃값 외에 다른 값으로 대체할 수 없다. 다음 코드를 보자.

Do it! 다른 값으로 대체할 수 없는 상수   ch03/constants/error/error.go

```go
01: package main
02:
03: import "fmt"
04:
05: func main() {
06:     const pi = 3.1415926535898932
07:     const gravityConstant = 9.79641227572363
08:
09:     // 상수에 값을 새로 지정한다.
10:     pi = 4.231    // 상수는 초기화 후 값을 변경할 수 없으므로 오류 발생!
11:
12:     fmt.Printf("파이 값은 %v입니다.\n", pi)
13:     fmt.Printf("중력 상수 G 값은 %v입니다.\n", gravityConstant)
14: }
```

실행 결과

```
오류 메시지: cannot assign to pi (neither addressable nor a map index expression)
```

06행과 07행에서 초깃값으로 상수 pi와 gravityConstant를 정의했다. 그리고 10행에서 pi 상수의 값을 변경하려고 했다. 만약 pi가 변수였다면 이 줄은 문제없이 실행되고 pi는 4.231로 대체되겠지만, 이 소스에서 pi는 상수로 선언했으므로 컴파일 오류가 발생한다.

정리하면 const는 변하지 않는 수인 상수를 정의하는 예약어다. 만약 초기에 어떤 값을 설정하고 나중에 자신이나 다른 누군가가 그 값을 변경하지 못하도록 강제하고 싶다면 해당 값을 상수로 정의한다.

▶ 상수를 여러 개 선언하는 방법

상수도 변수처럼 여러 개를 한 번에 선언할 수 있다. 쉼표로 구분하는 방법과 소괄호로 묶는 방법이 있다.

> **Do it!** 상수 여러 개 선언하기   ch03/constants/multiple/multiple.go

```go
01: package main
02: 
03: import "fmt"
04: 
05: func main() {
06:     const (
07:         name = "홍길동"
08:         age = 31
09:     )
10:     const pi, gravityConstant = 3.1415926535898932, 9.79641227572363
11: 
12:     fmt.Printf("안녕하세요 저는 %v이고 나이는 %d입니다.\n", name, age)
13:     fmt.Printf("파이 값은 %v입니다.\n", pi)
14:     fmt.Printf("중력 상수 G 값은 %v입니다.\n", gravityConstant)
15: }
```

▼

실행 결과

```
안녕하세요 저는 홍길동이고 나이는 31입니다.
파이 값은 3.141592653589893입니다.
중력 상수 G 값은 9.79641227572363입니다.
```

지금까지 Go 언어에서 변수와 상수를 사용하는 방법을 알아봤다. 변수와 상수는 프로그래밍할 때 기본 재료인 만큼 잘 익혀둬야 한다.

✏️ 이 장의 핵심 요약

이번 장에서는 변수와 상수를 다루는 기본 원리를 살펴보았다. 주석은 한 줄(//)이나 블록(/* */)을 지정하여 프로그램에 영향을 주지 않는 방법으로 소스 코드에 설명을 남길 수 있는 방법이다.

이어서 var 예약어와 단축 선언문(:=)을 활용한 변수 선언과 초기화 방법, 여러 변수를 한 번에 선언하는 방법을 살펴보았다. 또한 컴파일러의 타입 추론 기능과 자료형 명시의 중요성을 통해 잘못된 자료형의 대입을 방지하는 방법을 확인하였다.

특히 지역 변수와 전역 변수의 스코프 차이와 변수 가리기 현상을 통해 변수의 유효 범위를 명확히 하는 방법도 알아보았다. 변수를 관리할 때 메모리 할당 관점에서 이해하는 것이 중요하므로 만약 이해가 안 되었다면 잠깐 돌아가서 복습하는 시간을 갖자.

마지막으로 const 예약어를 이용한 상수 선언과 여러 상수를 한 번에 선언하는 방법을 익힘으로써 변경되지 말아야 할 데이터를 안정적으로 관리하는 기법도 알아보았다.

04
자료형과 포인터

Go 언어에서는 변수와 상수를 사용할 때 자료이라는 값의 형태를 지정해 줘야 한다. 이번 장에서는 각 자료형의 특징과 자료형이 지정된 변수와 상수를 사용하는 방법을 살펴본다. 그리고 자료형을 변환하는 방법과 주소를 나타내는 포인터에 관해서도 알아본다.

04-1 ▶ 기본 자료형
04-2 ▶ 자료형 변환
04-3 ▶ 주소를 나타내는 포인터

04-1 | 기본 자료형

프로그램을 작성할 때 사용하는 모든 변수와 상수는 **자료형**data type을 지정해 주어야 한다. Go 언어에는 다양한 자료형이 정의되어 있으며 값의 형식에 맞춰 선택해서 사용하면 된다. 다음 그림은 이번 절에서 살펴볼 Go 언어에서 제공하는 기본 자료형이다.

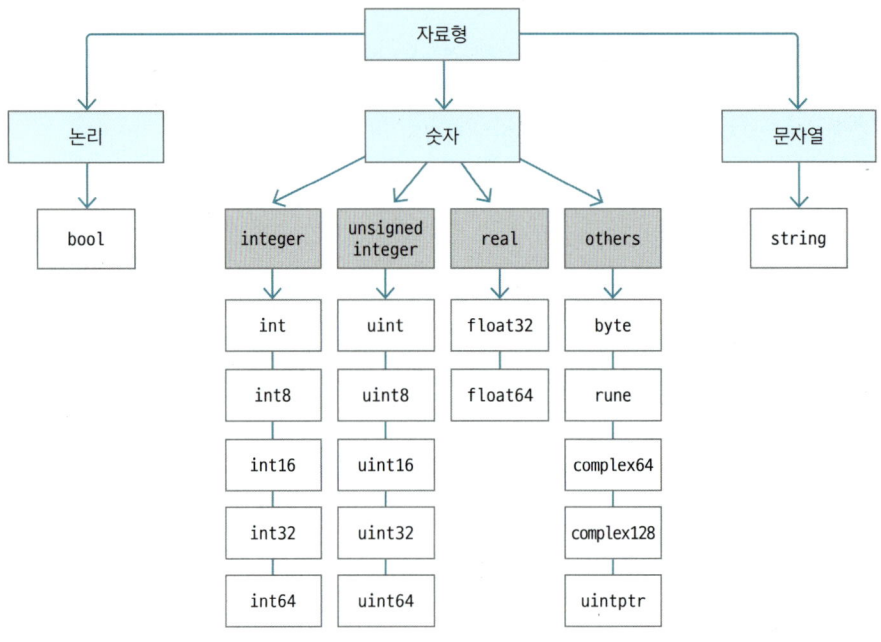

Go 언어에서 지원하는 자료형의 종류

▶ 논리 자료형

논리 자료형은 참과 거짓, 두 가지 정보 중 하나만을 표현한다. Go 언어에서 논리 자료형은 bool이라는 예약어로 사용하며 이렇게 선언한 변수에 저장되는 값은 true(참)나 false(거짓)뿐이다.

논리 자료형의 표현

예약어	설명	값 범위
bool	1bit 논릿값 저장	true, false

논리 자료형은 조건문과 반복문에서 조건을 평가할 때 유용하다. 예를 들어 특정 조건이 참인지 거짓인지에 따라 코드의 흐름을 제어할 수 있다.

▶ 숫자 자료형

숫자 자료형은 정수와 부호 없는 정수, 실수, 기타 숫자 자료형으로 나눠 살펴보자.

정수 자료형

정수 자료형은 -2, -1, 0, 1, 2처럼 소수점이 없는 숫자를 표현한다. 정수 자료형은 메모리를 얼만큼 차지하는지에 따라 몇 가지로 나뉜다.

정수 자료형의 표현

예약어	설명	값 범위
int8	8bits	-128 ~ 127
int16	16bits	-32,768 ~ 32,767
int32	32bits	-2,147,483,648 ~ 2,147,483,647
int64	64bits	-9,223,372,036,854,775,808 ~ 9,223,372,036,854,775,807
int	32bits 또는 64bits (컴퓨터 환경에 따라 다름)	int32 또는 int64와 같음

자료형에 저장할 수 있는 값의 범위는 메모리 크기와 관련이 있으므로 표현하려는 값의 범위에 따라 적절한 자료형을 사용해야 한다. 그래야 숫자가 누락되거나 불필요한 메모리를 낭비하는 문제를 방지할 수 있다.

부호 없는 정수 자료형

부호 없는 정수 자료형은 0과 양의 정수만을 표현한다. 정수 자료형에서 앞에 부호 없음unsigned을 의미하는 접두어 u를 붙이면 부호 없는 정수 자료형이 된다.

부호 없는 정수 자료형의 표현

예약어	설명	값 범위
uint8	8bits의 부호 없는 정수	0 ~ 255
uint16	16bits의 부호 없는 정수	0 ~ 65,535
uint32	32bits의 부호 없는 정수	0 ~ 4,294,967,295
uint64	64bits의 부호 없는 정수	0 ~ 18,446,744,073,709,551,615
uint	32bits 또는 64bits (컴퓨터 환경에 따라 다름)	uint32 또는 uint64와 같음

부호 없는 정수 자료형은 정수 자료형에서 음수를 차지했던 공간을 양수로 채우므로 정수 자료형보다 2배 큰 수를 표현할 수 있다. 메모리에서 부호 없는 정수 자료형을 표현하는 원리는 이 절의 끝에서 자세히 설명한다.

실수 자료형

실수 자료형은 소수점이 있는 숫자를 표현한다. 그래서 실수 자료형은 정수와는 다른 내부 표현 방식인 부동 소수점floating point 방식을 사용한다. Go 언어는 `float32`와 `float64` 두 가지 기본 실수 자료형을 제공한다. 이 두 타입은 메모리 크기가 다르며, 이에 따라 표현할 수 있는 정밀도(소수점 이하 유효 자릿수)와 값의 범위에 차이가 있다.

실수 자료형의 표현

예약어	설명	값 범위
float32	32bits의 실수형(소수점 이하 7자리 정밀도)	-3.4E+38 ~ +3.4E+38
float64	64bits의 실수형(소수점 이하 14자리 정밀도)	-1.7E+308 ~ +1.7E+308

> **아하! 그렇구나!** 부동 소수점 표기법
>
> 부동 소수점 표기법은 실수를 표현하는 방법으로, 소수점의 위치를 고정하지 않고 '부동(floating)'으로 표현한다. E 표기법을 사용하여 매우 큰 수나 매우 작은 수를 간편하게 나타낼 수 있다. 예를 들어 3.4E+38은 3.4 곱하기 10의 38제곱을 의미하며, -1.7E+308은 -1.7 곱하기 10의 308제곱을 의미한다. 부동 소수점 표기법은 과학적 계산에서 자주 사용되며, 매우 큰 범위의 숫자를 표현할 수 있는 장점이 있다.

기타 숫자 자료형들

Go 언어는 변수에 저장할 값의 범위가 매우 크거나 특수한 목적으로 사용하는 숫자 자료형도 제공한다. 이를 정리해 보면 다음 표와 같다. 다른 프로그래밍 언어를 공부했던 독자라도 처음 보는 자료형이 있을 것이다.

기타 숫자 자료형의 표현

예약어	설명	값 범위
byte	8bits	uint8과 같음
rune	32bits 크기의 유니코드를 저장하는 용도	int32와 같음
complex64	64bits	float32의 허수부와 실수부
complex128	128bits	float64의 허수부와 실수부
uintptr	uint와 같은 크기의 포인터값을 저장하는 용도	포인터값이 사용

byte형은 uint8과 동일하지만, 문자 데이터를 저장하는 데 주로 사용한다. byte는 Go 언어에서 아스키[ASCII] 문자나 바이트 단위 데이터를 다룰 때 사용한다. 자료형의 사용 목적이 다르다고 이해하면 된다.

rune형은 int32와 동일하지만, 유니코드[Unicode] 문자를 저장하는 데 사용한다. Go 언어로 한글과 같은 다국어 문자를 저장하고 처리하는 데 유용하다. rune형은 문자열 자료형을 알아본 후에 좀 더 살펴보겠다.

complex64형은 float32 실수부와 허수부로 이뤄진 복소수 자료형이다. 복소수는 실수와 허수로 구성된 수로, 주로 신호 처리·전기 공학·물리학 등에서 사용되는 특수 목적 자료형이다. 예를 들어 전자기파의 파동 형태나 회로에서의 온저항[impedance] 계산에 복소수를 사용할 수 있다.

complex128형은 float64 실수부와 허수부로 이뤄진 복소수 자료형이다. complex64와 마찬가지로 복소수를 다루지만, 더 높은 정밀도를 제공한다.

uintptr형은 포인터값을 저장하는 데 사용한다. 포인터는 메모리 주소를 저장하는 변수로, 주로 저수준 시스템 프로그래밍에서 메모리 관리나 데이터를 효율적으로 처리하려고 사용한다. 포인터는 이 장의 마지막 절에서 자세히 살펴본다.

뺄셈 과정과 부호 비트

지금까지 숫자 자료형을 살펴봤다. 문자열 자료형으로 넘어가기 전에 컴퓨터가 음수를 표현하는 방법, 부호 비트, 뺄셈 과정 등을 살펴보자. Go는 이런 개념을 알지 못해도 내부적으로 모든 처리를 해주지만, 프로그래밍 언어를 배울 때에 이런 개념을 아는 것과 모르는 것은 차이가 있다.

정수 자료형에는 음수를 포함하는 일반 정수형과 음수를 포함하지 않는 부호 없는 정수형이 있다. 부호 없는 정수형은 최상위 비트를 부호 비트로 사용하지 않고 숫자로 인식함으로써 더 많은 양의 정수를 표현할 수 있다.

만약 int32형 변수 29에 19를 뺄셈한다고 가정해 보자. 다음 그림은 정수 29와 19가 메모리에 어떻게 저장되는지 이진수로 표기했다. int32형 숫자이므로 메모리는 총 32bits가 할당되지만, 예로 든 29와 19는 8bits만으로 표현할 수 있는 작은 수이므로 앞의 24bits는 0으로 고정된다.

| 29 | 0 | ... | 0 | 0 | 0 | 0 | 0 | 0 | 1 | 1 | 1 | 0 | 1 |
| 19 | 0 | ... | 0 | 0 | 0 | 0 | 0 | 0 | 1 | 0 | 0 | 1 | 1 |

메모리에 29와 19가 저장된 모습

다음 코드는 29 - 19 연산을 수행하고 그 결과를 출력한다.

Do it! 29 - 19 연산 ch04/operators/msb/msb1/msb1.go

```go
01: package main
02:
03: import "fmt"
04:
05: func main() {
06:     var operand1 int32 = 29
07:     var operand2 int32 = 19
08:     var result int32 = operand1 - operand2
09:     fmt.Printf("결과 값은: %d", result)
10: }
```

> **실행 결과**
>
> 결과 값은: 10

operand1과 operand2를 int32 자료형의 변수로 선언하고 각각 29와 19로 초기화했다. 그리고 08행에서 operand1에서 operand2를 뺀 값을 int32형 변수 result에 저장하고 09행에서 그 값을 출력했다.

결과는 쉽게 알 수 있지만 컴퓨터가 어떻게 뺄셈을 처리하는지 살펴보자. Go를 포함해 보통의 프로그래밍 언어는 뺄셈이나 음수를 처리할 때 2의 보수를 취한다. 2의 보수는 비트를 반전시키고(1의 보수), 그 결과에 1을 더하는 과정이 필요하다.

다음 그림에서는 19를 음수로 변경하려고 먼저 1의 보수를 취했다. 1의 보수는 2진수 값에서 0을 1로, 1을 0으로 바꾸면 된다.

1의 보수를 취하는 과정

그리고 1의 보수에 1을 더해 2의 보수를 만들면 다음 그림과 같다.

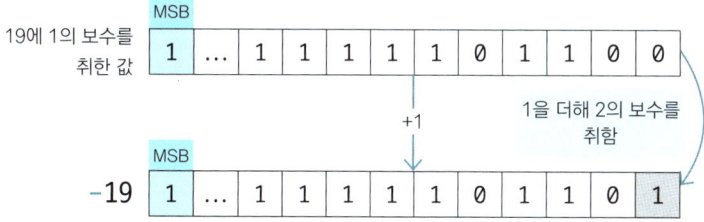

2의 보수를 취하는 과정

2의 보수를 취해 얻은 -19와 29를 이진 덧셈하면 10이라는 값을 얻는다. 원래 29와 -19를 덧셈하면 32자리를 넘어 1이라는 값이 나오지만, 이 값은 변수 할당 영역을 벗어나므로 버려진다. 따라서 최종 비트는 0...00001010으로 10이 된다.

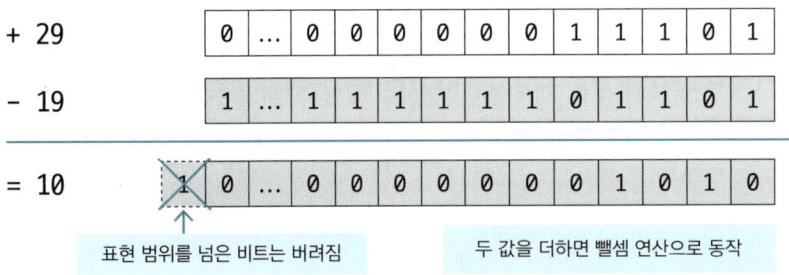

뺄셈 결과

이처럼 모든 정수는 양수에서 음수로, 또는 음수에서 양수로 변환하고 싶을 때 2의 보수를 취하면 된다. 이때 첫 번째 비트를 **최상위 비트**most significant bit, MSB라고 하며 이 비트가 0이면 양수, 1이면 음수가 된다. 최상위 비트에 따라 부호가 결정되므로 최상위 비트를 **부호 비트**sign bit 라고도 한다.

이것이 일반 정수signed integer와 부호 없는 정수unsigned integer의 가장 큰 차이다. 부호 없는 정수는 최상위 비트를 부호 비트로 사용하지 않고 숫자로 인식한다.

다음 코드는 비트 연산을 이용해 뺄셈을 수행하는 예다.

Do it! 비트 뺄셈　　　　　　　　　　　　　　　ch04/operators/msb/msb2/msb2.go

```
01: package main
02:
03: import "fmt"
04:
05: func main() {
06:     var operand1 int32 = 29
07:     var operand2 int32 = ^19 + 1
08:
09:     var result int32 = operand1 + operand2
10:
11:     fmt.Printf("operand1: %.32b\n", operand1)
12:     fmt.Printf("operand2: %.32b\n", operand2)
13:     fmt.Printf("결과 값 (2진수): %.32b\n", result)
14:     fmt.Printf("결과 값은: %d", result)
15: }
```

19를 비트 반전하고 1을 더해 2의 보수를 취함

> **실행 결과**
> operand1: 00000000000000000000000000011101
> operand2: -00000000000000000000000000010011
> 결과 값 (2진수): 00000000000000000000000000001010
> 결과 값은: 10

기존 코드에서 07행부터 조금 수정된 것을 확인할 수 있다. 비트 NOT 연산자 ^를 이용해 1의 보수를 취하고 여기에 1을 더해 2의 보수를 취한다. 이렇게 하면 operand2 변수는 -19가 된다. 실행 결과에서 2번째 행을 확인하면 알 수 있듯이 Go 언어에서는 최상위 비트가 1이면 다시 2의 보수를 취해 양의 정수 비트를 보여 주고 앞에 마이너스 기호(-)를 붙인다.

▶ 문자열 자료형

컴퓨터는 텍스트 형태의 값을 처리할 때 두 가지 자료형을 사용한다. 바로 **문자**character와 **문자열**string이다.

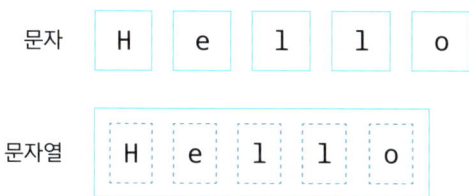

문자와 문자열의 구조

Go 언어에서는 byte형과 rune형으로 문자를 다루고, string, []byte, []rune형으로 문자열을 다룰 수 있다. byte형으로는 아스키코드 문자를, rune형으로는 유니코드 문자를 표현할 수 있다. 문자열은 여러 문자가 연속으로 나열된 텍스트를 나타내는데 string형은 고정된 문자열을 표현하고, []byte와 []rune형은 각각 바이트 배열과 룬 배열로 가변적인 문자열을 표현한다.

문자와 문자열 자료형

구분	자료형	크기(64bits 시스템 기준)
문자	byte, rune	byte: 8bits rune: 32bits
문자열	string, []byte, []rune	string: 128bits []bytes, []rune: 192bits

> **아하! 그렇구나! 아스키코드와 유니코드**
>
> 아스키코드(ASCII code)는 미국 ANSI에서 지정한 문자 체계 표준안이다. 통상적으로 사용하는 숫자와 영어 대소문자, 일부 특수 문자를 포함해 128개의 문자 부호가 정의돼 있다. 아스키코드는 0부터 127까지 총 128가지 문자를 지원하므로 7bits로 문자를 표현한다. 여기에 오류 검출 목적의 1bit를 더해 총 8bits(1byte)로 문자 하나를 표현한다.
>
> 컴퓨터는 모든 정보를 비트로 표현하기 때문에 과거에는 모든 문자를 아스키코드 체계로 저장하고 표현했다. 다만 128가지 문자만을 표준으로 제정해서 한글을 포함한 모든 문자를 표현하기에는 적합하지 않다. 만약, 한글을 아스키코드 기반의 자료형으로 표현하면 글자가 깨져서 나온다.
>
> 따라서 한글과 같은 더 넓은 범위의 문자들을 표현하려면 유니코드(unicode)를 사용해야 한다. 유니코드는 전 세계에 존재하는 문자들을 표현하기 위해 설계된 표준안이다.

문자는 텍스트에 포함된 글자 하나하나로 이해하면 된다. 반면에 문자열은 문자들을 묶은 것으로 모든 텍스트를 의미한다. 소스 코드에서 문자는 작은따옴표(' ')로 감싸서 표현하고, 문자열은 큰따옴표("") 역따옴표(` `)로 감싸서 표현한다.※

※ 소스 코드에 특정 자료형의 값을 직접 표현하는 방식을 리터럴(literal)이라고 한다.

다음 코드는 `fmt.Printf()` 함수를 사용하여 문자와 문자열을 다양한 형식으로 출력한 예다.

Do it! 문자와 문자열 표현 ch04/strings/char_and_string/char_and_string.go

```go
01: package main
02:
03: import (
04:     "fmt"
05:     "unsafe"
06: )
07:
08: func main() {
09:     var charA byte = 'a'
10:     var stringA string = "a"
11:     var stringHello string = "hello world!"
12:
13:     fmt.Println("format")
14:     fmt.Println("========")
15:
16:     // byte는 일반 출력에서는 숫자 형식으로 출력된다.
17:     fmt.Printf("byte charA: %v(number)\n", charA)
18:
```

```go
19:        // 서식 지정자 %c를 통해 문자 형태로 출력할 수 있다.
20:        fmt.Printf("byte charA: %c(char)\n", charA)
21:
22:        // 문자를 문자열 형식으로 출력하면 올바르게 출력되지 않는다.
23:        fmt.Printf("byte charA: %s(string)\n\n", charA)
24:
25:        // 서식 지정자 %s를 통해 문자열 형태로 출력할 수 있다.
26:        fmt.Printf("string stringA: %s(string)\n", stringA)
27:
28:        // 문자열을 문자 형식으로 출력하면 올바르게 출력되지 않는다.
29:        fmt.Printf("string stringA: %c(char)\n", stringA)
30:
31:        // 문자열은 일반적으로 둘 이상의 문자를 출력할 때 사용한다.
32:        fmt.Printf("string stringHello: %v\n\n", stringHello)
33:
34:        fmt.Println("size")
35:        fmt.Println("========")
36:
37:        // 문자는 바이트 자료형 기반이므로 1byte다.
38:        fmt.Printf("char size: %d\n", unsafe.Sizeof(charA))
39:
40:        // 문자열은 16bytes를 차지하게 된다.
41:        fmt.Printf("string size: %d\n", unsafe.Sizeof(stringA))
42:
43:        // 문자열의 길이와 관계 없이 16bytes를 차지한다.
44:        fmt.Printf("large string size: %d", unsafe.Sizeof(stringHello))
45: }
```

실행 결과

```
format
========
byte charA: 97(number)
byte charA: a(char)
byte charA: %!s(uint8=97)(string)

string stringA: a(string)
string stringA: %!c(string=a)(char)
string stringHello: hello world!

size
========
char size: 1
```

```
string size: 16
large string size: 16
```

03장에서 배운 바와 같이 `fmt.Printf()` 함수는 서식 지정자를 사용하여 출력 형식을 지정할 수 있다. 또한, `unsafe.Sizeof()` 함수는 변수가 차지하는 메모리 크기를 바이트 단위로 반환한다.

- %v는 값의 기본 형식으로 출력한다.
- %c는 문자 형식으로 출력한다.
- %s는 문자열 형식으로 출력한다.

출력 결과를 보면 문자를 문자열 형식(%s)으로 출력하거나 문자열을 문자 형식(%c)으로 출력하면 결과가 올바르지 않은 것을 알 수 있다. 즉, 문자나 문자열을 출력할 때는 각 자료형에 맞는 형식으로 출력해야 한다.

또 특이한 점은 크기(메모리 할당 크기)를 출력하는 부분이다. 일반적인 생각과 달리 짧은 문자열과 큰 문자열의 크기가 16으로 같은 것을 볼 수 있다. 그 이유는 Go 언어에서 문자열은 단순히 문자들의 나열이 아니라, 문자 데이터를 포함하는 포인터와 문자열의 길이, 그리고 메모리 용량 정보를 함께 저장하는 구조체 형태로 저장되기 때문이다. 이 구조체는 고정된 크기(16bytes)를 가지며, 실제 문자열 데이터는 별도의 메모리 공간에 저장된다. 따라서 문자열의 길이와 상관없이 문자열 변수 자체는 항상 16bytes를 차지한다.

▶ 룬(rune) 자료형

Go에는 다른 프로그래밍 언어에는 없는 또 하나의 문자 개념이 존재한다. 룬rune이라고 부르는 문자 자료형은 그 쓰임새가 앞에서 소개했던 byte형과 닮았지만 큰 차이점이 하나 있다. byte형은 범위가 0~255까지여서 표현할 수 있는 문자가 총 256개다. 따라서 아스키 문자만을 지원한다.

이러한 제약 때문에 아스키코드로 표현할 수 없는 한글이나 한자는 byte형으로 처리할 수 없다. 예를 들어 전 세계의 문자들을 표현할 수 있는 유니코드에서 한글 '가'는 44032(16진수에서 U+AC00)에 해당한다. 이 값을 0~255까지만 표현할 수 있는 byte형에 담으면 값이 넘치는 overflow 문제가 발생해 다음과 같은 오류 메시지가 출력된다.

```
constant 44032 overflows byte
```

Go 언어는 이 문제를 rune이라는 자료형을 제공함으로써 해결했다. rune은 int32의 타입 별칭으로 유니코드를 지원한다. 따라서 한글을 포함해 전 세계 문자를 표현할 수 있다.

>  **아하! 그렇구나!** 타입 별칭
>
> 타입 별칭(type alias)은 기존에 있는 자료형에 다른 이름을 붙여 주는 기능이다. 별칭과 원본 자료형은 완전히 같은 자료형으로 취급되며, 서로 자유롭게 교체하여 사용할 수 있다. 즉, 별칭은 새로운 자료형을 만드는 것이 아니라, 단순히 기존 자료형에 다른 이름을 부여하는 것이다. 이를 통해 코드의 가독성을 높이거나 특정 용도를 명확히 하는 데 도움을 준다.
>
> 앞서 살펴본 것처럼 Go 언어에는 미리 정의된 중요한 별칭들이 있다. 예를 들어 byte는 uint8의 별칭이며, rune은 int32의 별칭이다.
>
> 다음은 string 타입의 별칭으로 Name을 정의하는 예다.
>
> ```
> type Name = string
> ```

다음 코드에서는 각 변수의 용도와 자료형에 따라 적절한 값을 할당하고 출력하는 방식을 보여 준다. 지금까지 살펴본 각 자료형의 특징을 떠올리면서 잘 이해했는지 점검해 보자.

Do it! 자료형 종합   chapter4/types/types.go

```
01: package main
02:
03: import "fmt"
04:
05: func main() {
06:     const pi float64 = 3.1415926535898932
07:     const name string = "홍길동"
08:
09:     // 나이는 음수가 없으므로 unsigned int로 사용한다.
10:     var age uint8 = 28
11:
12:     // 속도는 음수가 되면 반대 방향으로 진행할 수 있으므로
13:     // 음수 부호를 지원하는 float32 형태로 작성한다.
14:     var speed float32 = 60.5
15:
16:     // 한국인이면 true(참), 한국인이 아니면 false(거짓)인
17:     // isKorean 변수는 논리형(bool)으로 지정한다.
18:     var isKorean = true
```

```
19:
20:     fmt.Printf("파이는 %v 입니다.", pi)
21:     fmt.Print("\n========\n")
22:
23:     // name은 문자열이므로 %s 서식 지정자로 출력하고
24:     // age는 정수이므로 %d 서식 지정자로 출력한다.
25:     // 둘 모두 %v로 출력할 수도 있다.
26:     fmt.Printf("이름: %s, 나이: %d\n", name, age)
27:
28:     // 속도는 실수이므로 %f로 출력한다.
29:     // %v 서식 지정자로 출력하면 더 많은 소수점 자리를 출력할 수 있다.
30:     // %f로 출력하면 6자리의 소수점까지 출력한다.
31:     fmt.Printf("속도: %f\n", speed)
32:
33:
34:     // if 예약어는 아직 배우지 않았지만, 참고를 위해 살펴보기를 바란다.
35:     // isKorean가 true이면 39행이 실행되고
36:     // false이면 41행이 실행된다.
37:     // 현재 isKorean은 true이므로 39행이 실행된다.
38:     if isKorean {
39:         fmt.Println("한국인 입니다.")
40:     } else {
41:         fmt.Println("외국인 입니다.")
42:     }
43: }
```

실행 결과

```
파이는 3.141592653589893 입니다.
========
이름: 홍길동, 나이: 28
속도: 60.500000
한국인 입니다.
```

06~07행에서는 상수 pi와 name을 선언하고 초기화했다. pi는 float64형 상수로 3.1415926535898932 값을 가지며, name은 string형 상수로 "홍길동"이라는 값을 가진다. 상수는 const 예약어를 사용하여 선언하며 값이 변하지 않는다.

10행에서는 변수 age를 uint8형으로 선언하고 초기화했다. uint8은 부호가 없는 8bits 정수형으로, 값의 범위는 0~255까지다. age는 나이를 표현하므로 음수가 나올 수 없다. 따라서 uint8형이면 충분하다.

14행에서는 변수 `speed`를 `float32`형으로 선언하고 초기화했다. `float32`는 32bits 실수형으로, 음수와 양수 모두를 표현할 수 있다. 속도는 음수가 될 수 있으므로 부호를 지원하는 `float32`형을 사용한다.

18행에서는 변수 `isKorean`을 `bool`형으로 선언하고 초기화했다. `bool`형은 참(`true`) 또는 거짓(`false`) 두 가지 값만을 가지며, 여기서는 한국인 여부를 나타낸다.

20행에서는 `fmt.Printf()` 함수를 사용하여 `pi` 상수를 출력한다. `%v` 서식 지정자는 값을 기본 형식으로 출력한다. `fmt.Printf()` 함수는 서식 문자열을 사용하여 값을 출력할 수 있다.

26행에서는 `fmt.Printf()` 함수를 사용하여 `name`과 `age` 변수를 출력한다. `%s` 서식 지정자는 문자열을, `%d` 서식 지정자는 정수를 출력한다. 둘 다 `%v` 서식 지정자로 출력할 수도 있다.

31행에서는 `fmt.Printf()` 함수를 사용하여 `speed` 변수를 출력한다. `%f` 서식 지정자는 실수를 출력하며, 기본적으로 소수점 이하 6자리까지 출력한다. `%v` 서식 지정자로 출력하면 더 많은 소수점 자리를 출력할 수 있다.

38행에서는 `if` 조건문을 사용하여 `isKorean` 변수의 값을 확인하고, 그에 따라 다른 메시지를 출력한다. `isKorean`이 참이면 39행, 거짓이면 41행이 실행된다.

▶ 닐(nil)값

Go 언어에는 값이 없음을 나타내는 원싯값이 존재한다. `nil`은 값이 없는 상태를 표현하는 데 사용된다. 다른 프로그래밍 언어에서는 `null`(자바, C#)이나 `None`(파이썬)으로 같은 개념을 표현한다. 다음 코드를 확인해 보자.

Do it! 닐값인지 확인하기   ch04/primitives/nil/nil.go

```go
01: package main
02:
03: import "fmt"
04:
05: func main() {
06:     var nilValue []string
07:
08:     // nilValue에 값을 할당하기 전에 값이 nil인지 확인
09:     fmt.Printf("Is Nil?: %t\n", nilValue == nil)
10:
11:     nilValue = []string{"hello"}
12:
```

```
13:     // nilValue에 값을 할당하고 값이 nil인지 확인
14:     fmt.Printf("Is Nil?: %t\n", nilValue == nil)
15: }
```

실행 결과

```
Is Nil?: true
Is Nil?: false
```

06행을 보면 string을 슬라이스slice 형태로 정의했다. 슬라이스는 같은 자료형을 여러 개 담을 수 있는 자료 구조다. 그런데 nilValue 변수는 선언만 하고 초깃값을 지정하지 않았으므로 값이 없는 상태다. 따라서 09행에서 nilValue를 nil과 비교하면 참이 나온다.

11행에서는 nilValue에 값을 할당했는데 이후에 14행에서 다시 nilValue를 nil과 비교하면 거짓이 나오는 것을 확인할 수 있다.

nil은 Go 언어에서 값이 없음을 표현하는 유용한 값이다. nil은 포인터, 슬라이스, 맵, 채널, 인터페이스에 사용할 수 있다. 이 자료형들은 선언한 다음 ▣ 자료 구조는 09장에서 자세히 살펴본다. 에 초기화하지 않으면 기본값으로 nil을 가진다.

- **포인터**: 포인터 변수가 어떤 메모리 주소도 가리키지 않을 때 nil이 된다.
- **슬라이스**: 슬라이스가 초기화되지 않았을 때 nil이 된다.
- **맵**: 맵이 초기화되지 않았을 때 nil이 된다.
- **채널**: 채널이 초기화되지 않았을 때 nil이 된다.
- **인터페이스**: 인터페이스가 어떤 구체적인 타입도 저장하지 않을 때 nil이 된다.

즉, nil을 사용하면 변수가 초기화되었는지, 값이 없는 상태인지 등을 확인할 수 있다. 이는 오류를 방지하고 변수가 적절히 초기화되었는지 점검하는 데 유용하다.

04-2 | 자료형 변환

프로그램을 개발하다 보면 때로는 이미 정의한 자료형을 다른 자료형으로 변환하는 처리가 필요하다. 이런 자료형 변환 작업을 **형 변환**type casting이라고 부른다. 형 변환은 일반적으로 다음과 같은 형식으로 작성한다. 형 변환할 값을 소괄호로 감싸고 그 앞에 목적하는 자료형을 적는다.

> **형 변환 형식**
>
> 변환할_자료형(값)

예를 들어 int32형 값을 int64형으로 변환하려면 int64(int32Value)처럼 작성한다. 다음은 다양한 형 변환 예시다.

> **형 변환 예시**
> ```
> var i int = 42
> var f float64 = float64(i)    // int를 float64형으로 변환
> var u uint = uint(i)          // int를 uint형으로 변환
> var b byte = byte(i)          // int를 byte형으로 변환
>
> var d float64 = 3.14
> var j int = int(d)            // float64를 int형으로 변환
>
> var s string = "123"
> var k int = int(s[0])         // string을 int형으로 변환(첫 글자 '1'의 아스키코드)
>
> var r rune = '가'
> var l int32 = int32(r)        // rune을 int32형으로 변환
>
> var x uint64 = 12345
> var y int64 = int64(x)        // uint64를 int64형으로 변환
> var z float32 = float32(x)    // uint64를 float32형으로 변환
> ```

자료형을 변환하는 방법은 간단하지만 주의할 점이 있다. 범위가 작은 자료형에서 큰 자료형으로 변환할 때는 문제가 없지만, 큰 자료형에서 작은 자료형으로 변환할 때는 데이터가 일부 손실되어 의도하지 않은 결과를 초래할 수 있으므로 주의해야 한다.

각각의 경우를 실습으로 살펴보자.

Do it! 작은 자료형을 큰 자료형으로 변환하기
ch04/types/casting/casting.go

```go
01: package main
02:
03: import (
04:     "fmt"
05:     "math"   // 상수 MaxInt32를 사용하려고 불러온 라이브러리 패키지
06: )
07:
08: func main() {
09:     // int32Value 변수는 int32형으로 표현할 수 있는 최댓값을 할당
10:     var int32Value int32 = math.MaxInt32
11:
12:     // int64Value 변수에 int64형으로 변환된 int32Value 값을 할당
13:     var int64Value int64 = int64(int32Value)
14:
15:     fmt.Printf("int32 value: %d\n", int32Value)
16:     fmt.Printf("int64 value: %d\n", int64Value)
17: }
```

실행 결과
```
int32 value: 2147483647
int64 value: 2147483647
```

10행에서 사용한 int32형은 −2,147,483,648~2,147,483,647까지 값을 표현할 수 있는 자료형이다. 변수 int32Value를 선언하면서 int32형이 표현할 수 있는 최댓값을 나타내는 상수 math.MaxInt32를 넣었다. 2,147,483,647라는 상수를 그대로 넣을 수도 있지만, 데이터 표현 범위는 자료형마다 다르고 그 수가 커서 외우기 어렵다. 그리고 더 중요한 이유는 긴 숫자를 그대로 입력하면 가독성이 떨어진다. 따라서 math 패키지에 미리 정의된 상수를 이용했다.

13행에서 int32Value를 int64로 변환해서 값을 할당했다. int64형은 총 8bytes(64bits)를 사용하므로 int32형보다 데이터 표현 범위가 더 크다. 따라서 int64형은 int32형의 모든 값을 표현할 수 있다.

이번에는 반대로 int64형 변수로 표현할 수 있는 최댓값을 할당하고 int32형으로 변환해 보자.

Do it! 큰 자료형을 작은 자료형으로 변환하기 · ch04/types/casting_overflow/casting_overflow.go

```go
01: package main
02:
03: import (
04:     "fmt"
05:     "math"
06: )
07:
08: func main() {
09:     // int64Value 변수에 int64형으로 표현할 수 있는 최댓값 할당
10:     var int64Value int64 = math.MaxInt64
11:
12:     // int32Value 변수에 int32형으로 변환한 int64Value 값 할당
13:     // int32의 표현 범위보다 큰 값을 변환했으므로
14:     // 오버플로 문제가 발생함
15:     var int32Value int32 = int32(int64Value)
16:
17:     fmt.Printf("int32 value: %d\n", int32Value)
18:     fmt.Printf("int64 value: %d\n", int64Value)
19: }
```

실행 결과

```
int32 value: -1
int64 value: 9223372036854775807
```

15행에서 int64형 변수 int64Value를 int32형으로 변환했다. 자료형 int64는 int32보다 더 넓은 범위의 숫자를 표현하므로, int64형 변수를 int32형으로 변환하는 과정에서 값의 표현 범위를 벗어날 수 있다. int64형으로 표현할 수 있는 최댓값은 9,223,372,036,854,775,807으로 int32형으로 표현할 수 있는 범위를 벗어난다.

실행 결과에서 확인할 수 있는 것처럼 큰 범위의 값을 작은 범위의 자료형으로 변환하면 데이터가 손실되어 의도한 것과 전혀 다른 값이 출력될 수 있다. 이처럼 자료형이 포함할 수 있는 범위를 벗어나는 값을 저장할 때 발생하는 오류를 오버플로^{overflow}라고 한다.

> **아하! 그렇구나! 자료형 범위를 벗어나는 데이터를 저장하면 어떤 문제가 생길까?**
>
> 앞에서 작성한 castingOverflow.go 프로그램의 실행 결과를 보면 int64형 변수 int64Value는 9223372036854775807로 잘 표현하고 있지만, int32형 변수 int32Value는 -1이라는 값을 표현하고 있다. 왜 그럴까?
>
>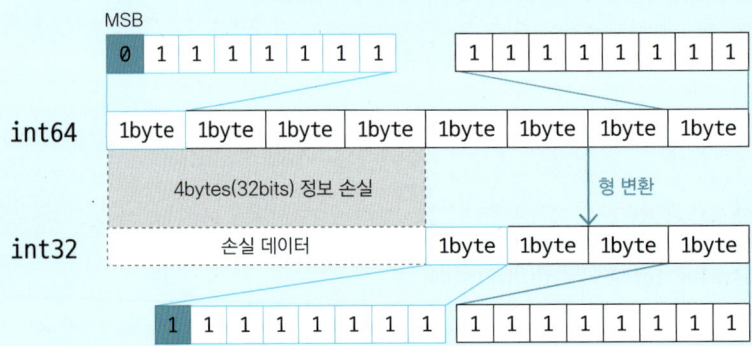
>
> int64에서 int32형으로 변환하는 과정에 발생하는 데이터 손실
>
> int64에서 int32형으로 변환할 때 앞에서부터 총 4bytes(32bits) 정보가 손실된다. 이때 부호 비트까지 손실되므로 int32형으로 변환된 값은 모든 비트가 1인 총 4bytes 길이의 값으로 저장된다. 모든 비트가 1이므로 부호 비트마저 1이 되어 값을 음수로 인식하게 된다. MSB가 1이므로 2의 보수를 취하면 결과는 1이 되는데, 음수로 인식하여 -1이 나온다.

04-3 | 주소를 나타내는 포인터

Go 언어는 C 언어의 영향을 많이 받았다. 따라서 C 언어처럼 포인터를 제공한다. 포인터는 앞으로 Go 언어를 배우면서 자주 등장하는 개념이므로 이번 단락에서 자세히 살펴보자. 실습 코드를 바탕으로 포인터의 특성을 둘러보고 어느 때에 응용할 수 있는지 알아보자.

▶ 포인터 사용하기

포인터는 메모리 공간의 위치를 알려 주는 **주소**address 형식이다. 즉, 포인터가 제공하는 주소를 참조해서 특정 메모리에 접근할 수 있다. 포인터는 다른 변수처럼 선언하고 초기화할 수 있으며 독특한 기능으로 역참조도 가능하다. 포인터를 사용하는 기본 방법을 실습으로 알아보자.

Do it! 포인터 사용하기　　　　　　　　　　　ch04/primitives/pointer_basic/pointer_basic.go

```go
01: package main
02:
03: import "fmt"
04:
05: func main() {
06:     // int형 포인터 변수 선언
07:     var ptr *int
08:
09:     // int형 변수 선언과 초기화
10:     var val int = 42
11:
12:     // ptr에 val 변수의 주소 할당
13:     ptr = &val
14:
15:     // ptr이 가리키는 주솟값 출력(역참조)
16:     fmt.Printf("ptr이 가리키는 값: %d\n", *ptr)
17:
18:     // ptr이 가리키는 주소에 새로운 값 할당
19:     *ptr = 100
20:
21:     // val 변숫값 출력(ptr을 통해 수정된 값)
22:     fmt.Printf("val의 새로운 값: %d\n", val)
23: }
```

실행 결과

```
ptr이 가리키는 값: 42
val의 새로운 값: 100
```

이 코드에서 포인터 변수 ptr에는 val 변수의 주소를 저장했다. 이렇게 하면 *ptr과 같은 코드로 val 변숫값을 읽고 수정할 수 있다. 이러한 방식으로 포인터를 사용하면 함수에서 변숫값을 직접 수정하거나 여러 개의 값을 반환할 수 있다.

포인터 사용법을 정리하면 다음과 같다.

- **포인터 선언:** 포인터는 특정 자료형에 대한 포인터임을 나타내기 위해 * 기호를 사용한다. 예를 들어 *int는 int형 포인터를 의미한다.
- **포인터 초기화:** 포인터 변수는 다른 변수의 주소를 할당함으로써 초기화한다. 주소를 얻으려면 주소 연산자 &를 사용한다.
- **역참조:** 포인터 변수가 가리키는 주소에 저장된 값을 읽거나 수정하려면 * 연산자를 사용한다. 이를 역참조(dereference)라고 한다.

다음 코드는 변수에 주소 연산자 &를 이용해 주솟값을 출력하는 간단한 예다.

Do it! 변수의 주솟값 출력하기 · ch04/primitives/pointer/pointer.go

```
01: package main
02:
03: import "fmt"
04:
05: func main() {
06:     score := 100
07:
08:     fmt.Printf("score 지역 변수에 저장된 값: %d\n", score)
09:     fmt.Printf("score 지역 변수의 주솟값 (%%d): %d\n", &score)
10:     fmt.Printf("score 지역 변수의 주솟값 (%%p): %p\n", &score)
11: }
```

실행 결과

```
score 지역 변수에 저장된 값: 100
score 지역 변수의 주솟값 (%d): 824633827504
score 지역 변수의 주솟값 (%p): 0xc0000140e8
```

06행에서 score 변수를 정의하고 정수 100을 할당했다. 그리고 08행에서 score에 저장된 값을 출력했다. 09행에서 & 기호는 단일 항의 메모리 주소를 반환하는 연산자다. &score 코드는 score 변수가 할당된 메모리 주소를 얻는다.

09행에서는 이 주소를 십진수로 표현하는 서식 지정자(%d)를 이용하여 출력한다. 따라서 실행 결과에 보이는 824633827504는 score 변수의 주솟값을 십진수로 나타낸 것이다. 그리고 10행에서는 같은 주솟값을 %p 서식 지정자를 이용하여 출력한다. %p는 포인터 주소를 표현하기 위한 표준 서식 지정자로, 일반적으로 0x라는 접두어가 붙는 십육진수 형태로 주소를 출력한다. 주솟값을 출력할 때는 %p를 사용하는 것이 더 일반적이고 권장된다.

참고로 메모리의 주솟값은 프로그램을 실행할 때마다, 그리고 실행 환경에 따라 바뀔 수 있으므로 책의 실행 결과에 나온 주솟값과 여러분이 실습한 실행 결과는 다를 수 있다.

▶ 포인터가 필요한 이유

그렇다면 포인터는 왜 필요할까? 프로그램에서 값을 사용할 때와 주소를 사용할 때 어떤 차이가 있는지를 살펴보면 그 이유를 짐작할 수 있다. 아직 함수를 제대로 배우지 않았지만, 여기서는 함수를 호출할 때에 값을 전달하는 것과 주소를 전달하는 것에 어떤 차이가 있는지 살펴보자.

함수에 값 전달하기(call by value)

함수는 07장에서 자세히 살펴보겠지만 입력값을 받아서 처리한 후에 결괏값을 출력하는 기능을 한다. 함수를 호출할 때 입력값을 전달하면 함수가 매개변수로 받아서 처리한 후에 그 결과를 호출한 곳에 반환한다.

먼저 함수를 호출할 때 값을 전달하는 예를 살펴보자.

Do it! 함수에 값을 전달하기 · ch04/primitives/pass_by_value/pass_by_value.go

```go
01: package main
02: 
03: import "fmt"
04: 
05: func updateValue(value int) {
06:     value = 100
07: }
08: 
09: func main() {
```

```
10:     myValue := 50
11:     fmt.Printf("myValue 변경 전: %d\n", myValue)
12:
13:     updateValue(myValue)
14:     fmt.Printf("myValue 변경 후: %d\n", myValue)
15: }
```

▼

실행 결과

```
myValue 변경 전: 50
myValue 변경 후: 50
```

10행에서 `myValue` 변수를 50으로 초기화한다. 이 변수를 11행에서 출력하고 13행에서 `updateValue()` 함수를 호출할 때 전달한다. 05행부터 정의된 `updateValue()` 함수는 매개변수로 전달받은 `value` 값을 100으로 변경한다. 14행에서는 `myValue` 값을 다시 출력해 값이 변경되었는지 확인한다.

출력 결과를 보면 `updateValue()` 함수 호출 전후로 `myValue` 변숫값이 변하지 않았다. `updateValue()` 함수에서 매개변수로 전달받은 값을 100으로 변경했는데 출력 결과에서는 왜 50으로 출력되었을까?

13행에서 `updateValue()` 함수를 호출할 때 `myValue` 변수를 전달한다. 그러면 `updateValue()` 함수에서는 이 값을 `value`라는 매개변수로 전달받는다. 이 과정에서 '복사'가 일어난다. 그리고 스택 메모리에 새로운 영역이 할당되고 그 안에 `updateValue()` 함수와 `value`가 들어간다. 이를 그림으로 나타내면 다음과 같다.

값을 전달한 updateValue() 함수 호출

06행처럼 updateValue() 함수에서 매개변수 value의 값을 100으로 변경하지만, 이때 value 변수는 main() 함수에 있는 myValue 변수와는 전혀 다른 메모리 공간에 있다. 따라서 value 변숫값이 변경되어도 myValue 변수에는 영향을 주지 않는다.

또한 매개변수는 일반적으로 지역 변수의 특징이 있다. 따라서 함수 바깥에서 매개변수에 접근할 수 없다. 그리고 함수가 끝날 때에 매개변수도 함께 소멸하므로 스택에서 메모리가 해제되어 값이 사라진다.

updateValue() 함수 호출 이후에 14행에서 myValue 변수를 다시 출력했지만, main() 함수에서 myValue 변숫값을 바꾼 적이 없으므로 초깃값 50이 그대로 출력된다.

함수에 주소 전달하기(call by reference)

만약 updateValue() 함수를 호출할 때 myValue 변숫값 대신 주솟값을 전달하고, updateValue() 함수에서 전달받은 주소에 있는 값을 변경하면 어떻게 될까?

주솟값을 전달한 updateValue() 함수 호출

다음 코드에서는 updateValue() 함수에 myValue 변수의 주솟값을 전달하고 해당 주솟값에 저장된 값을 바꾸도록 했다.

```
01: package main
02:
03: import "fmt"
04:
05: // value는 int형 변수의 주솟값을 전달받는 형식
```

```
06:    // 이런 형태를 포인터 변수라고 부른다.
07:    func updateValue(value *int) {
08:        // value 포인터를 참조해서 해당 위치의 값을 100으로 변경
09:        *value = 100
10:    }
11:
12:    func main() {
13:        myValue := 50
14:        fmt.Printf("myValue 변경 전: %d\n", myValue)
15:
16:        // myValue 변수의 주솟값 전달
17:        updateValue(&myValue)
18:        fmt.Printf("myValue 변경 후: %d\n", myValue)
19:    }
```

▼

실행 결과

```
myValue 변경 전: 50
myValue 변경 후: 100
```

17행에서 updateValue() 함수를 호출할 때 myValue의 주솟값을 전달했다. 그리고 updateValue() 함수의 매개변수 value는 int형 포인터 변수로 선언했으므로 전달받은 주솟값이 저장된다. 이로써 main() 함수에 정의한 myValue와 updateValue() 함수의 매개변수 value가 같은 곳을 가리키게 된다. 따라서 09행처럼 value 변수가 가리키는 곳을 역참조(*value)해서 값을 바꾸면 main() 함수에 정의한 myValue의 변숫값이 변경된다.

이처럼 포인터를 이용하면 함수 밖에서 접근할 수 없는 지역 변수, 매개변수라도 주솟값을 이용해 제어할 수 있다. 함수에 주소를 전달(참조)해 호출하는 방식을 **참조에 의한 호출**call by reference이라고 하며, 단순히 값을 전달(복사)해 호출하는 방식을 **값에 의한 호출**call by value이라고 한다.

지금까지 Go 언어로 프로그래밍할 때 가장 기본으로 사용하는 자료형을 살펴봤다. 이런 자료형들을 기본 자료형primitive types이라고 한다. 앞으로 내용이 깊어지면서 추가적인 자료형과 새로운 자료형을 직접 정의하는 방법custom types을 살펴볼 예정이다. 하지만 이것들도 기본 자료형을 조합해서 만들어 낸 것에 지나지 않는다.

이 장의 핵심 요약

이번 장에서는 자료형과 포인터를 다루었다. 먼저 기본 자료형에서는 논리형, 정수형(부호 있는 정수와 부호 없는 정수), 실수형, 그리고 byte, rune, 복소수형, uintptr 등 다양한 타입이 있고 각각의 표현 범위가 존재한다. 또한 문자와 문자열 자료형의 구조와 메모리 할당 방식을 통해 문자열 변수 자체가 고정된 크기(16bytes)인 이유를 이해하였다.

이어서 자료형 변환(형 변환)의 문법과 함께 작은 자료형에서 큰 자료형으로 안전하게 변환하는 방법과 반대로 큰 자료형에서 작은 자료형으로 변환할 때 발생하는 오버플로 문제를 확인하였다.

마지막으로 포인터의 개념과 사용법을 학습하였다. 포인터는 변수의 메모리 주소를 저장하며 주소 연산자(&)와 역참조 연산자(*)를 통해 변수의 값을 읽거나 수정할 수 있다. 이를 통해 이후 장에서 더 자세히 배우게 될 함수 호출 과정에서의 값 전달과 주소 전달의 차이를 간략하게 살펴보았다.

05
연산자

값을 저장한 변수나 상수는 Go 언어가 제공하는 연산자를 이용해서 변경과 수학적인 계산을 할 수 있다. 연산자는 데이터를 처리하는 데 필수 요소로, 이를 통해 다양한 연산을 수행할 수 있다. 이번 장에서는 Go 언어에서 제공하는 대표적인 연산자를 알아보자.

05-1 ▶ 산술 연산자
05-2 ▶ 관계·논리 연산자
05-3 ▶ 비트 연산자
05-4 ▶ 기타 연산자

05-1 | 산술 연산자

산술 연산자^{arithmetic operator}는 이름 그대로 수학의 산술 기호를 의미한다. 덧셈, 뺄셈, 곱셈, 나눗셈, 나머지 연산자를 포함한다. 이 연산자들은 기본적으로 수치 데이터를 다루며, 간단한 수학 연산을 통해 값을 계산할 수 있게 한다.

산술 연산자의 표현

연산자	의미	연산할 수 있는 자료형
+	덧셈	숫자 타입 (정수형, 실수형, 복소수형) ※ 문자열끼리 연결하는 데 사용 가능
-	뺄셈	숫자 타입(정수형, 실수형, 복소수형) ※ 문자열은 연산 불가
*	곱셈	
/	나눗셈	
%	나머지	정수형

산술 연산은 기본적으로 이항 연산자^{binary operator}의 구조를 가진다. 즉, 피연산자 2개(왼쪽 항과 오른쪽 항)를 대상으로 연산을 수행한다. 예를 들어 10 + 29에서 10과 29가 피연산자이며, +가 연산자다.

이항 연산자의 구조

반면에 단항 연산자는 피연산자가 1개(단일 항)다.

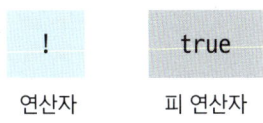

단항 연산자의 구조

다음 코드는 산술 연산자를 사용하는 예다.

Do it! 산술 연산하기 ch05/operators/arithmetic/arithmetic/arithmetic.go

```go
01: package main
02:
03: import "fmt"
04:
05: func main() {
06:     // 모든 산술 연산자는 이항 연산자 형태이다.
07:     // 왼쪽 항, 연산자, 오른쪽 항
08:     format := 1 + 2
09:     fmt.Println(format)       // 3
10:
11:     // 왼쪽 항과 오른쪽 항을 더함
12:     sum := 5 + 6
13:     fmt.Println(sum)          // 11
14:
15:     // 왼쪽 항에서 오른쪽 항을 뺌
16:     difference := 5 - 6
17:     fmt.Println(difference)   // -1
18:
19:     // 왼쪽 항과 오른쪽 항을 곱함
20:     product := 5 * 6
21:     fmt.Println(product)      // 30
22:
23:     // 왼쪽 항을 오른쪽 항으로 나눔
24:     quotient := 6 / 2
25:     fmt.Println(quotient)     // 3
26:
27:     // 왼쪽 항을 오른쪽 항으로 나눈 나머지
28:     remainder := 10 % 3
29:     fmt.Println(remainder)    // 1
30: }
```

실행 결과

```
3
11
-1
30
3
1
```

Go는 정수 나눗셈과 실수 나눗셈을 명확하게 구분한다. 예를 들어 파이썬이나 자바스크립트, PHP 등에서 5 / 2 연산 결과는 2.5다. 하지만 Go 언어에서는 2를 출력한다.

> **T 정수와 실수 나눗셈 구분**
>
> ```
> fmt.Println(5 / 2)       // 결과: 2
> fmt.Println(5.0 / 2.0)   // 결과: 2.5
> ```

또한 서로 다른 자료형끼리 연산은 컴파일 오류가 발생한다. 이때는 「03-4」절에서 배운 형 변환을 해줘야 한다.

> **T 다른 자료형끼리 연산 불가**
>
> ```
> var a int = 5
> var b float64 = 2.0
> fmt.Println(float64(a) / b)   // 자료형이 다르므로 형 변환
> ```

▶ 산술 연산자의 할당 표현식

산술 연산자는 할당 연산자(=)와 함께 사용할 수 있는 '문법적 편의 기능 syntactic sugar'을 제공한다. 왼쪽 항과 오른쪽 항을 연산한 후에 그 결과를 왼쪽 항에 할당하는 단축 표현식이다.

산술 연산자의 할당 표현식

연산자	연산	의미	설명
+=	a = a + b	덧셈 할당	왼쪽 항과 오른쪽 항을 서로 더해 왼쪽 항에 대입
-=	a = a - b	뺄셈 할당	왼쪽 항에 오른쪽 항을 빼서 왼쪽 항에 대입
*=	a = a * b	곱셈 할당	왼쪽 항과 오른쪽 항을 서로 곱해 왼쪽 항에 대입
/=	a = a / b	나눗셈 할당	왼쪽 항을 오른쪽 항으로 나눠 왼쪽 항에 대입
%=	a = a % b	나머지 할당	왼쪽 항을 오른쪽 항으로 나눈 나머지를 왼쪽 항에 대입

> **Do it! 산술 연산자의 할당 표현식**   ch05/operators/arithmetic/syntactic_sugar/syntactic_sugar.go
>
> ```
> 01: package main
> 02:
> 03: import "fmt"
> 04:
> ```

```go
05: func main() {
06:     operand := 5
07:     sum := 10
08:
09:     // 전통 방식의 자신을 더하는 덧셈 연산
10:     sum = sum + operand
11:     fmt.Println(sum)    // 15
12:
13:     // 할당 표현식을 사용한 연산
14:     sumSyntacticSugar := 10
15:     sumSyntacticSugar += operand
16:     fmt.Println(sumSyntacticSugar)    // 15
17:
18:     difference := 10
19:     difference -= 5
20:     fmt.Println(difference)    // 5
21:
22:     product := 5
23:     product *= 4
24:     fmt.Println(product)    // 20
25:
26:     quotient := 20
27:     quotient /= 5
28:     fmt.Println(quotient)    // 4
29:
30:     remainder := 10
31:     remainder %= 3
32:     fmt.Println(remainder)    // 1
33: }
```

실행 결과

```
15
15
5
20
4
1
```

> **아하! 그렇구나! 문법적 편의 기능**
>
> 대부분의 프로그래밍 언어는 정석적인 방법 외에도 문법을 간결하고 편리하게 작성할 수 있는 또 다른 방법을 제공한다. 이를 '문법적 편의 기능' 또는 '문법적 설탕(syntactic sugar)'이라고 한다. Go 언어 역시 프로그래밍을 쉽게 작성하도록 돕는 여러 가지 문법적 편의 기능을 제공하는데, 앞에서 설명한 단축 선언문도 그중 하나다.
>
> 프로그래밍 언어가 제공하는 문법적 편의 기능은 프로그램의 동작과 성능에는 아무 영향이 없다. 오히려 코드를 이해하고 작성하는 속도를 높이는 데 도움을 주므로 필자는 문법적 편의 기능을 적극적으로 활용하고 있다.

▶ 증감 연산자

증감 연산자는 피연산자가 한 개인 단항 연산자다. 피연산자 다음에 작성하여 값을 1만큼 증가시키거나 감소시킨 후 다시 자신에 대입하는 연산을 수행한다. 자주 쓰이는 연산자이므로 꼭 기억하고 넘어가자.

증감 연산자의 표현

연산자	의미	설명
++	증가 연산	피연산자의 값을 1만큼 증가
--	감소 연산	피연산자의 값을 1만큼 감소

C나 C++ 언어에서는 ++a처럼 증감 연산자를 피연산자 앞에 작성하는 전위prefix 연산이나 b = a++처럼 증감 연산 결과를 다른 변수에 대입할 수 있었다. 하지만 Go 언어에서는 이러한 연산이 개발자를 혼란스럽게 한다는 이유로 지원하지 않게 되었다.

Do it! 증감 연산하기   ch05/operators/arithmetic/inc_dec/inc_dec.go

```go
01: package main
02:
03: import "fmt"
04:
05: func main() {
06:     increase := 1
07:     increase++    // increase = increase + 1과 같음
08:     fmt.Println(increase)
```

```
09:
10:     decrease := 1
11:     decrease--    // decrease = decrease - 1과 같음
12:     fmt.Println(decrease)
13: }
```

실행 결과

```
2
0
```

▶ 문자열 연결하기

산술 연산자 중에서 덧셈 연산자는 연산 대상(피연산자)의 자료형에 따라서 기능이 달라진다. 연산 대상이 문자열이면 문자열을 연결한다.

Do it! 문자열 연결하기   ch05/operators/arithmetic/strings/strings.go

```
01: package main
02:
03: import "fmt"
04:
05: func main() {
06:     text1 := "hello"
07:     text2 := "world"
08:
09:     // 문자열끼리 덧셈하면 문자열을 연결한다.
10:     message := text1 + " " + text2
11:     fmt.Println(message)
12: }
```

실행 결과

```
hello world
```

덧셈 연산자로 문자열을 연결할 때 반드시 문자열끼리만 가능하다. 예를 들어 다음처럼 문자열과 숫자를 덧셈하면 컴파일 오류가 발생한다.

T 문자열과 숫자 연결(오류)

```
name := "inho"
age := 20

fmt.Println(name + " is " + age + "years old")    // 오류
```

이때는 string(age)처럼 정수를 문자열로 형 변환하는 것을 생각할 수 있다. 그런데 이렇게 하면 오류는 벗어날 수 있지만, 의도한 답을 얻을 수는 없다. 왜냐하면 20은 사람이 읽을 수 있는 숫자 20이 아니고, 유니코드 문자 코드로 U+0014(아스키코드의 제어 문자 중 하나)를 의미한다. 따라서 화면에는 해당 자리에 보이지 않는 문자가 출력된다.

이 문제를 해결하는 방법은 크게 두 가지다. 하나는 import 문으로 문자열 변환 표준 라이브러리 패키지인 strconv를 불러와 strconv.Itoa(age)처럼 작성하는 방법이다. 또 다른 방법은 fmt.Sprint(age)처럼 작성하는 것이다. 각 함수는 숫자를 문자열로 바꿔 오류가 발생하지 않으며 의도한 결과를 얻을 수 있다.

T 문자열과 숫자 연결(성공)

```
name := "inho"
age := 20

fmt.Println(name + " is " + fmt.Sprintf(age) + "years old")    // 오류
```

05-2 | 관계·논리 연산자

▶ 관계 연산자

관계 연산자^{relational operator}는 왼쪽 항과 오른쪽 항의 관계를 비교해 결과를 논리 값인 참과 거짓으로 반환하는 연산자다. 결과는 반드시 true, false 둘 중 하나로 명확한 값을 반환한다.

관계 연산자의 표현

연산자	의미	설명
==	같음	값이 서로 같은지 비교
!=	같지 않음	값이 서로 다른지 비교
<	작음	왼쪽 항이 오른쪽보다 작은지 비교
<=	작거나 같음	왼쪽 항이 오른쪽보다 작거나 같은지 비교
>	큼	왼쪽 항이 오른쪽보다 큰지 비교
>=	크거나 같음	왼쪽 항이 오른쪽보다 크거나 같은지 비교

Do it! 관계 연산하기   ch05/operators/comparison/comparison.go

```go
01: package main
02:
03: import "fmt"
04:
05: func main() {
06:     // 같음
07:     fmt.Printf("%v\t=\ttrue == false\n", true == false)    // false
08:
09:     // 큼
10:     fmt.Printf("%v\t=\t2 > 3\n", 2 > 3)    // false
11:     fmt.Printf("%v\t=\t\"go\" > \"c\"\n", "go" > "c")    // true
12:
13:     // 크거나 같음
14:     fmt.Printf("%v\t=\t3.5 >= 3\n", 3.5 >= 3)    // true
15:     fmt.Printf("%v\t=\t'Z' >= 'A'\n", 'Z' >= 'A')    // true
16:
```

```go
17:     // 작음
18:     fmt.Printf("%v\t=\t-1 < -1.1\n", -1 < -1.1)    // false
19:
20:     // 작거나 같음
21:     fmt.Printf("%v\t=\t3.5 <= 3.5\n", 3.5 <= 3.5)   // true
22: }
```

실행 결과

```
false   =       true == false
false   =       2 > 3
true    =       "go" > "c"
true    =       3.5 >= 3
true    =       'Z' >= 'A'
false   =       -1 < -1.1
true    =       3.5 <= 3.5
```

▶ 논리 연산자

논리 연산자는 논릿값 true와 false를 이용하는 연산자다. 대표적으로 논리합(OR)과 논리곱(AND), 그리고 부정(NOT) 연산자가 있다.

논리 연산자의 표현

연산자	의미	설명
&&	AND 연산	왼쪽과 오른쪽 항이 모두 참이면 참, 아니면 거짓 반환
||	OR 연산	왼쪽과 오른쪽 항 둘 중 하나라도 참이면 참, 아니면 거짓 반환
!	NOT 연산	단일 항이 참이면 거짓, 거짓이면 참 반환

Do it! 논리 연산하기   ch05/operators/logical/logical.go

```go
01: package main
02:
03: import "fmt"
04:
05: func main() {
06:     fmt.Println("AND operator")
```

```
07:         fmt.Println("========")
08:         fmt.Printf("%v\t=\ttrue && true\n", true && true)
09:         fmt.Printf("%v\t=\ttrue && false\n", true && false)
10:         fmt.Printf("%v\t=\tfalse && true\n", false && true)
11:         fmt.Printf("%v\t=\tfalse && false\n", false && false)
12:         fmt.Println("========")
13:
14:         fmt.Println("OR operator")
15:         fmt.Println("========")
16:         fmt.Printf("%v\t=\ttrue || true\n", true || true)
17:         fmt.Printf("%v\t=\ttrue || false\n", true || false)
18:         fmt.Printf("%v\t=\tfalse || true\n", false || true)
19:         fmt.Printf("%v\t=\tfalse || false\n", false || false)
20:         fmt.Println("========")
21:
22:         fmt.Println("NOT operator")
23:         fmt.Println("========")
24:         fmt.Printf("%v\t=\t!true\n", !true)
25:         fmt.Printf("%v\t=\t!false\n", !false)
26: }
```

실행 결과

```
AND operator
========
true    =       true && true
false   =       true && false
false   =       false && true
false   =       false && false
========
OR operator
========
true    =       true || true
true    =       true || false
true    =       false || true
false   =       false || false
========
NOT operator
========
false   =       !true
true    =       !false
```

05-3 | 비트 연산자

비트 연산자bitwise operator는 값의 개별 비트를 직접 조작하는 데 사용한다. Go 언어가 제공하는 숫자 자료형 대부분은 이진수로 표현되며 비트 단위로 연산을 수행할 수 있다. 비트 연산자를 이용하면 AND, OR, NOT, XOR 등의 연산을 비트 단위로 수행할 수 있다.

비트 연산자의 표현

연산자	의미	설명
&	AND 비트 연산	왼쪽과 오른쪽 항을 AND 비트 연산한 결과 반환
|	OR 비트 연산	왼쪽과 오른쪽 항을 OR 비트 연산한 결과 반환
^	비트 반전 연산(1의 보수)	단일 항을 반전(1의 보수)하여 결과 반환
^	XOR 비트 연산	왼쪽과 오른쪽 항을 XOR 비트 연산한 결과 반환
&^	AND NOT 비트 연산	왼쪽과 오른쪽 항을 AND NOT 비트 연산한 결과 반환
<<	왼쪽 시프트 연산	왼쪽 항을 오른쪽 항만큼 왼쪽으로 시프트 연산한 결과 반환
>>	오른쪽 시프트 연산	왼쪽 항을 오른쪽 항만큼 오른쪽으로 시프트 연산한 결과 반환

비트 연산자는 주로 정수형 데이터의 비트 단위 연산을 위해 사용된다. 비트 연산자는 프로그래밍에서 매우 유용하며 특히 시스템 프로그래밍, 네트워크 프로그래밍, 데이터 압축 등에 많이 사용된다.

Do it! 비트 연산하기 ch05/operators/bitwise/bitwise.go

```
01: package main
02:
03: import "fmt"
04:
05: func main() {
06:     var value1 uint8 = 187    // 10111011 [187]
07:     var value2 uint8 = 222    // 11011110 [222]
08:
09:     // 시프트 연산 결과는 조금 더 보기 쉽도록 별도 변수로 저장
10:     var shiftValue uint8 = 19 // 00010011 [19]
```

```go
11:
12:     // 시프트 연산은 2를 주어 두 칸 좌우로 이동시키도록 한다.
13:     var shiftLength uint8 = 2
14:
15:     // AND 비트 연산
16:     fmt.Println("AND result")
17:     fmt.Println("========")
18:     andResult := value1 & value2 // 10011010 [154]
19:     fmt.Printf("%08b & %08b = %08b\n", value1, value2, andResult)
20:
21:     // OR 비트 연산
22:     fmt.Print("\n")
23:     fmt.Println("OR result")
24:     fmt.Println("========")
25:     orResult := value1 | value2 // 11111111 [255]
26:     fmt.Printf("%08b | %08b = %08b\n", value1, value2, orResult)
27:
28:     // NOT 비트 연산
29:     fmt.Print("\n")
30:     fmt.Println("NOT result")
31:     fmt.Println("========")
32:     notResult1 := ^value1 // 01000100 [68]
33:     notResult2 := ^value2 // 00100001 [33]
34:     fmt.Printf("^%08b: %08b\n", value1, notResult1)
35:     fmt.Printf("^%08b: %08b\n", value2, notResult2)
36:
37:     // XOR 비트 연산
38:     fmt.Print("\n")
39:     fmt.Println("XOR result")
40:     fmt.Println("========")
41:     xorResult := value1 ^ value2 // 01100101 [101]
42:     fmt.Printf("%08b ^ %08b = %08b\n", value1, value2, xorResult)
43:
44:     // AND NOT 비트 연산
45:     fmt.Print("\n")
46:     fmt.Println("AND NOT result")
47:     fmt.Println("========")
48:     andNotResult := value1 &^ value2 // 00100001 [33]
49:     fmt.Printf("%08b &^ %08b = %08b\n", value1, value2, andNotResult)
50:
51:     // 왼쪽 시프트 연산
52:     fmt.Print("\n")
53:     fmt.Println("Left shift result")
```

```go
54:     fmt.Println("========")
55:     leftShiftResult := shiftValue << shiftLength // 01001100 [76]
56:     fmt.Printf("%08b << %08b = %08b\n",
                shiftValue, shiftLength, leftShiftResult)
57:
58:     // 오른쪽 시프트 연산
59:     fmt.Print("\n")
60:     fmt.Println("Right shift result")
61:     fmt.Println("========")
62:     rightShiftResult := shiftValue >> shiftLength // 00000100 [4]
63:     fmt.Printf("%08b >> %08b = %08b\n",
                shiftValue, shiftLength, rightShiftResult)
64: }
```

실행 결과

```
AND result
========
10111011 & 11011110 = 10011010

OR result
========
10111011 | 11011110 = 11111111

NOT result
========
^10111011: 01000100
^11011110: 00100001

XOR result
========
10111011 ^ 11011110 = 01100101

AND NOT result
========
10111011 &^ 11011110 = 00100001

Left shift result
========
00010011 << 00000010 = 01001100

Right shift result
========
00010011 >> 00000010 = 00000100
```

05-4 | 기타 연산자

▶ 할당 연산자

할당 연산자^{assignment operator}는 값을 변수에 대입하는 데 사용한다. 가장 기본적인 연산자이며 변수를 선언하고 값을 할당할 때 필수다.

할당 연산자의 표현

연산자	의미	설명
=	대입 연산	왼쪽 항의 변수에 오른쪽 항의 값을 대입
:=	선언과 대입 연산	왼쪽 항의 변수를 선언하고 오른쪽 항의 값을 대입

Do it! 할당 연산하기   ch05/operators/assignment/assignment.go

```go
01: package main
02:
03: import "fmt"
04:
05: func main() {
06:     // 대입 연산자
07:     var x int
08:     x = 5
09:     fmt.Println(x)   // 5
10:
11:     // 선언과 대입 연산자
12:     y := 10
13:     fmt.Println(y)   // 10
14: }
```

실행 결과

```
5
10
```

▶ 포인터 연산자

포인터 연산자는 메모리 주소를 다룬다. 메모리상의 주소를 참조하거나 역참조하여 값을 가져올 때 사용한다.

포인터 연산자의 표현

연산자	의미	설명
&	참조 연산자	피연산자의 메모리 주소를 반환
*	역참조 연산자	피연산자인 포인터가 가리키는 주소에 저장된 실제 값을 반환

Do it! 포인터 연산하기　　　　　　　　　　　　ch05/operators/pointer/pointer.go

```go
01: package main
02:
03: import "fmt"
04:
05: func main() {
06:     // 변수 선언과 초기화
07:     var x int = 10
08:
09:     // 참조 연산
10:     var p *int = &x
11:     fmt.Println(p)      // 메모리 주소 출력
12:
13:     // 역참조 연산자
14:     fmt.Println(*p)     // 변수 x의 값 출력
15:
16:     // 포인터를 통해 값 변경
17:     *p = 20
18:     fmt.Println(x)      // 20 출력
19: }
```

실행 결과

```
0xc0000c0010
10
20
```

▶ 채널 연산자

채널 연산자^{channel operator}는 Go의 고루틴^{goroutine}과 채널^{channel}에서 데이터를 주고받을 때 주로 사용한다. 채널 연산자를 제대로 이해하려면 채널과 고루틴이라는 개념을 함께 알아야 하므로 여기서는 간략히 훑어만 보자.

채널 연산자의 표현

연산자	의미	설명
<-	채널 송수신 연산	왼쪽 항이 채널이면 오른쪽 항의 값을 왼쪽 항의 채널에 보냄 오른쪽 항이 채널이면 오른쪽 항 채널에서 값을 받아 왼쪽 항에 대입 왼쪽 항과 오른쪽 항 모두 채널이면 오른쪽 항의 채널 값을 왼쪽 항의 채널로 보냄

Do it! 채널 연산자 사용하기   ch05/operators/channel/channel.go

```go
01: package main
02:
03: import "fmt"
04:
05: func main() {
06:     // 채널 선언
07:     messages := make(chan string)
08:
09:     // 고루틴을 통해 메시지 전송
10:     go func() {
11:         messages <- "hello"
12:     }()
13:
14:     // 채널에서 메시지 수신
15:     msg := <-messages
16:     fmt.Println(msg)
17: }
```

실행 결과

```
hello
```

지금까지 산술, 관계, 논리, 비트 연산자를 비롯해 할당과 포인터 연산자 그리고 채널 연산자까지 살펴봤다. 이 장에서는 연산자 기호와 의미만 종합해서 알아봤고 구체적인 활용법은 각 장의 실습에서 자연스럽게 터득할 수 있도록 하자.

> ### 🖍️ 이 장의 핵심 요약
>
> 이번 장에서는 데이터를 처리하고 제어 흐름을 구성하는 데 필수인 연산자의 종류와 사용법을 살펴보았다. 산술 연산자를 통해 덧셈, 뺄셈, 곱셈, 나눗셈, 나머지 계산을 수행하는 기본 원리와 함께, 증감 연산자를 이용해 값의 증가와 감소를 간단하게 표현하는 방법을 익혔다. 또한 산술 연산자의 할당 표현식(+=, -= 등)을 사용하여 코드를 더욱 간결하게 작성해 보았다.
>
> 관계와 논리 연산자를 통해 두 값의 크기 비교와 조건 평가를 수행하고, 그 결과를 명확한 논릿값(true, false)으로 반환하는 방식도 알아보았다. 이런 관계·논리 연산자는 07장에서 다룰 조건문에 사용된다. 이어서 비트 연산자를 이용해 정수 자료형의 개별 비트를 직접 조작하고, 시프트 연산자로 비트 단위의 이동 연산을 수행하는 방법을 실습하였다.
>
> 마지막으로 할당 연산자와 포인터 연산자(&, *)를 활용하여 메모리상의 주소와 값을 다루는 기본 원리를 확인하고, 채널에서 데이터를 주고받는 방법을 살펴봄으로써 연산자들이 어떻게 데이터 처리와 메모리 관리를 지원하는지 종합적으로 이해할 수 있었다.

06

함수

03~05장까지는 Go 언어로 코드를 작성하는 기본 문법을 살펴봤다. 프로그래밍은 이러한 기본 문법으로 작성한 코드를 조립하는 과정이라고 할 수 있다. 이때 특정한 수행 목적에 따라 코드를 한 블록으로 묶을 수 있는데 이것이 바로 함수다. 이번 장에서는 프로그래밍의 핵심인 함수에 관해 살펴본다.

06-1 ▶ 함수의 기본 구조
06-2 ▶ 익명 함수와 클로저

06-1 | 함수의 기본 구조

함수function는 크게 입력input과 몸체body, 출력output으로 구성된다. 함수는 몸체에서 입력값을 이용해 작업을 처리하여 값을 출력한다. 프로그래밍에서는 함수의 입력을 **매개변수**parameter로 전달받고 출력을 **반환**return한다.

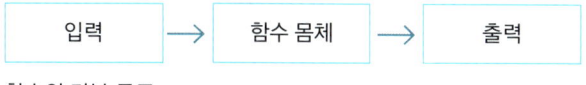

함수의 기본 구조

다음은 int형 정수 2개를 입력받아 덧셈한 후 결과를 반환하는 add() 함수를 구현한 예다.

Do it! 덧셈 함수 구현 ch06/functions/add/add.go

```go
01: package main
02:
03: import "fmt"
04:
05: func add(a int, b int) int {
06:     return a + b
07: }
08:
09: func main() {
10:     result := add(2, 3)
11:     fmt.Printf("result: %v\n", result)
12: }
```

실행 결과

```
result: 5
```

05~07행에 정의한 add() 함수는 정수형 매개변수 두 개(a와 b)를 입력받아 합을 계산하고 그 결과를 정수형으로 반환한다. 10행에서는 add() 함수를 호출하면서 2와 3을 전달한다. 그리고 결괏값을 result 변수에 대입하고 11행에서 출력한다.

09행을 보면 main이라는 이름의 함수가 있다. main() 함수는 일반적인 함수와 달리 특별한 의미가 있다. Go 언어로 작성된 모든 프로그램은 실행될 때 main() 함수가 있는지 확인하고 자동으로 호출한다. 따라서 main() 함수 안에 작성된 코드(10~11행)가 가장 먼저 실행된다. 이처럼 프로그램의 실행이 시작되는 지점을 **진입점**entry point이라고 한다.

▶ 함수 정의와 호출

함수는 크게 **정의**definition와 **호출**call로 구분할 수 있다. 정의는 코드 뭉치를 형식화하는 것이고, 호출은 함수로 형식화한 코드 뭉치를 실행하는 것이다.

```
함수의 정의와 호출
01: func add(a int, b int) int {      // 함수 정의
02:     return a + b
03: }
04:
05: func main() {
06:     result := add(2, 3)            // 함수 호출
07:     fmt.Printf("result: %v\n", result)
08: }
```

함수 정의

함수 정의와 호출 코드에서 각 부분의 명칭과 역할을 좀 더 들여다 보자. 먼저 함수를 정의하는 형식은 다음과 같다.

```
              함수 이름   매개변수   반환 자료형
                 ↑         ↑          ↑
         func add(a int, b int) int {
             return a + b          ──────→ 몸체
         }
```

함수 정의 구성

Go 언어에서 함수 정의는 func라는 예약어로 시작한다. 그런 다음 함수 이름을 작성하고 매개변수 목록을 소괄호로 묶어서 작성한다. 매개변수는 함수에 입력되는 값을 받아서 저장하는

지역 변수로, 이름과 자료형으로 정의하고 여러 개일 때는 쉼표(,)로 구분한다. 즉, 함수의 매개변수는 없거나 하나 또는 여러 개일 수 있다.

매개변수 목록 다음에는 함수가 반환하는 값의 자료형을 작성한다. 만약 반환값이 없는 함수라면 자료형을 생략한다. 함수 몸체에서 값을 반환할 때는 return이라는 예약어를 사용한다. return 다음에 빈 칸을 두고 앞에서 지정한 반환 자료형에 맞는 값을 작성하면 된다. 여기에는 리터럴이나 식, 또는 반환값이 있는 함수 호출문도 지정할 수 있다.

함수 호출

함수 호출은 실행할 함수의 이름과 함수에 전달할 값을 나열하는 것으로 구성한다. 여기서 함수에 전달하는 값을 **인자**argument라고 한다.

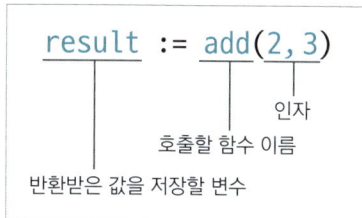

함수 호출 구성

함수는 정의한 형식대로 호출해야 오류가 발생하지 않는다. 즉, 함수 호출문에서 인자 목록을 작성할 때는 함수 정의에서 선언한 매개변수의 자료형, 개수, 순서 등이 일치해야 한다. 만약 매개변수가 없는 함수라면 호출문에서도 인자를 생략한다. 다만, 이때에도 괄호 ()는 생략할 수 없다. 여기서 괄호는 함수 호출 연산자이기 때문이다.

그리고 값을 반환하는 함수 호출문을 작성할 때는 그 결과를 받을 변수가 있어야 한다. 이때 반환값을 저장할 변수의 자료형은 함수를 정의할 때 지정한 반환 자료형과 반드시 일치해야 한다. 그러므로 앞선 예에서 result 변수는 add() 함수의 반환형인 int가 된다.

또는 함수에서 반환하는 값을 다른 함수에 바로 넘길 수도 있다. 예를 들어 앞선 예에서 06행을 지우고 07행의 fmt.Printf() 문을 다음처럼 작성할 수 있다. 이때도 add() 함수의 반환값이 int이므로 정수형으로 출력된다.

```
fmt.Printf("result: %v\n", add(2, 3))
```

▶ 반환값이 여러 개인 함수

매개변수가 여러 개인 함수처럼 반환값도 여러 개일 수는 없을까? Go 언어는 함수가 값을 여러 개 반환할 수 있도록 지원한다. 다음 코드를 살펴보자.

Do it! 반환값이 여러 개인 함수   ch06/functions/multiple_returns/multiple_returns.go

```go
01: package main
02:
03: import "fmt"
04:
05: // 정수형 값 2개를 받고,
06: // 정수형 값 2개를 반환하는 함수 정의
07: func addAndSub(a int, b int) (int, int) {
08:     add := a + b    // 덧셈
09:     sub := a - b    // 뺄셈
10:
11:     // 덧셈과 뺄셈 결괏값 2개 반환
12:     return add, sub
13: }
14:
15: func main() {
16:     // 함수에 전달할 정수형 값을 변수로 정의
17:     inputA := 2
18:     inputB := 3
19:
20:     // 함수에 두 변수를 전달해 호출하고
21:     // 반환받은 두 값을 각각의 변수에 대입
22:     addResult, subResult := addAndSub(inputA, inputB)
23:
24:     // 함수에서 반환받은 두 값을 출력(덧셈과 뺄셈 결과)
25:     fmt.Printf("%v + %v = %v\n", inputA, inputB, addResult)
26:     fmt.Printf("%v - %v = %v\n", inputA, inputB, subResult)
27: }
```

실행 결과

```
2 + 3 = 5
2 - 3 = -1
```

07행에 addAndSub라는 이름의 함수를 정의했다. 함수의 구조는 앞에서 작성한 add() 함수와 유사하지만, 한 가지 다른 점이 눈에 띈다. 매개변수 목록 뒤에 (int, int) 형태로 반환값의 자료형을 여러 개 지정했다. 이렇게 하면 몸체에서 반환값을 여러 개 반환할 수 있다.

addAndSub() 함수를 보면 매개변수 a, b를 덧셈한 결괏값은 add 변수에, 뺄셈한 결괏값은 sub 변수에 대입하고 return 문에서 이 변수를 차례로 입력해 값을 2개 반환했다.

22행은 addAndSub() 함수를 호출하는 코드다. addAndSub() 함수가 값을 2개 반환하므로 그 결괏값을 addResult, subResult라는 변수에 각각 대입했다.

▶ 명명된 반환값

앞에서 살펴본 바와 같이 함수의 매개변수는 이름이 있지만, 반환값은 자료형만 명시할 뿐 이름이 없다. 하지만 Go 언어는 **반환값에 이름을 지정**할 수도 있다. 반환값에 이름을 지정하면 그 의미를 나타낼 수 있어서 자신이나 다른 사람이 코드를 읽을 때 좀 더 쉽게 이해할 수 있다. 반환값에 이름을 지정하는 예를 살펴보자. 다음 코드에서 getAgeDetails() 함수는 네 자리 출생 연도를 받아서 나이와 연령대 두 가지 값을 반환한다.

Do it! 함수의 반환값에 이름 지정하기 ch06/functions/named_returns/named_returns.go

```go
01: package main
02:
03: import (
04:     "fmt"
05:     "time"
06: )
07:
08: func getAgeDetails(bornYear int) (age int, ageRange int) {
09:     // 현재 연도를 구함
10:     currentYear := time.Now().Year()
11:
12:     // 현재 연도에서 태어난 연도를 빼서 나이를 구함
13:     ageValue := currentYear - bornYear
14:
15:     // 나이를 10으로 나눈 몫에 10을 곱하여 연령대 구함
16:     ageRangeValue := int(ageValue/10) * 10
17:
```

```
18:     return ageValue, ageRangeValue
19: }
20:
21: func main() {
22:     // 사용자에게 입력받은 값을 저장할 변수 선언
23:     var bornYear int
24:
25:     // 사용자에게 정수형 값을 입력받아 bornYear 변수에 대입
26:     fmt.Print("태어난 연도를 입력해주세요: ")
27:     fmt.Scanf("%d\n", &bornYear)
28:
29:     // getAgeDetails() 함수에 태어난 연도를 전달하여 호출
30:     // 반환받은 나이와 연령대를 각 변수에 대입
31:     age, ageRange := getAgeDetails(bornYear)
32:
33:     // 이전에 사용자가 입력한 값과 같은 줄에 출력되지 않도록 개행한다.
34:     fmt.Print("\n")
35:
36:     // 나이와 연령대를 출력한다.
37:     fmt.Printf("현재 나이는: %d, 연령대는 %d대 이시군요!\n", age, ageRange)
38: }
```

▼

실행 결과

태어난 연도를 입력해주세요: 1993 [Enter]
현재 나이는: 31, 연령대는 30대 이시군요!

getAgeDetails() 함수를 정의한 08행을 보면 반환 자료형 외에도 이름이 지정된 것을 볼 수 있다. 물론, 반환값에 이름을 지정하지 않아도 프로그램의 동작에는 영향을 미치지 않는다. 즉, 다음 두 코드는 모두 유효하다.

```
func getAgeDetails(bornYear int) (age int, ageRange int) { ... (생략) ... }
func getAgeDetails(bornYear int) (int, int) { ... (생략) ... }
```

다만, 반환값에 이름을 붙이면 코드를 읽을 때 이해가 쉬워 다른 사람과 협업하기 좋다. 위 코드만 보더라도 이름을 붙인 코드가 반환값의 의미를 더 명확하게 알 수 있다.

10행에서 사용한 Now()는 time 패키지에 포함된 함수로, 시스템의 현재 날짜와 시각을 가져온다. 여기서는 4자리 정수형 연도만 필요하므로 time.Now().Year()라는 코드를 작성했다. 이 값을 이용해 27행에서 fmt 패키지의 Scanf() 함수로 사용자에게 입력받은 태어난 연도를 빼면 나이를 구할 수 있다.

> **아하! 그렇구나!** Scanf() 함수와 서식 문자열
>
> Scanf()는 콘솔에서 사용자가 입력하는 값을 받아 오는 함수다. 이 함수에 전달할 첫 번째 인자는 사용자가 입력한 값을 어떤 형식으로 가져올지 지정하는 서식 문자열이고, 두 번째 인자부터는 가져온 입력값을 저장할 위치, 즉 메모리 주소를 나타낸다. 그런데 우리는 메모리 주소를 직접적으로는 알 수 없으므로 변수 이름 앞에 주소 연산자 &를 붙여서 사용한다.
>
> Scanf()는 Printf() 함수와 형태가 비슷하지만, 두 번째 인자부터는 변수 이름 앞에 주소 연산자를 붙이는 것이 다르므로 주의하자.

06-2 | 익명 함수와 클로저

지금까지 함수는 이름이 있었지만, 때로는 이름을 생략할 수 있다. 이름이 생략된 함수를 **익명 함수**anonymous function라고 한다. 익명 함수는 최신 언어라면 대부분 제공하는 기능이고 꽤 유용하다. 이것이 가능한 근본적인 이유는 Go 언어가 함수를 '일급 시민first-class citizen'으로 취급하기 때문이다. 함수가 일급 시민이라는 것은 함수가 일반 값(정수, 문자열 등)처럼 다루어질 수 있음을 의미한다. 구체적으로는 다음과 같은 특징이 있다.

- 함수를 변수에 할당할 수 있다.
- 함수를 다른 함수의 매개변수로 전달할 수 있다.
- 함수를 다른 함수의 반환값으로 사용할 수 있다.

이러한 특성 덕분에 특정 로직을 수행하는 함수 자체를 값처럼 즉석에서 만들어 변수에 저장할 수 있다. 또한 다른 함수(예 정렬 함수, 콜백 함수 등)에 동작 방식으로 직접 전달해야 할 때 익명 함수를 사용하면 굳이 별도의 이름으로 함수를 정의하지 않아도 되므로 코드를 간결하고 유연하게 작성할 수 있다.

▶ 익명 함수

일반 함수와 익명 함수의 차이를 확인하는 예를 살펴보자.

Do it! 일반 함수와 익명 함수의 차이   ch06/functions/anonymous_function/anonymous_function.go

```
01: package main
02:
03: import "fmt"
04:
05: func namedFunction(a int, b int) (sum int) {
06:     return a + b
07: }
08:
09: func main() {
10:     namedAddResult := namedFunction(2, 3)
11:     anonymousAddResult := func(a int, b int) (sum int) {
```

```
12:            return a + b
13:        }(2, 3)
14:
15:        fmt.Printf("namedAdd result: %v\n", namedAddResult)
16:        fmt.Printf("anonymousAdd result: %v\n", anonymousAddResult)
17: }
```

실행 결과

```
namedAdd result: 5
anonymousAdd result: 5
```

05행에서 namedFunction() 함수가 이름이 있는 일반 함수고, 11행에 func 예약어로 시작하는 부분이 익명 함수다. 두 함수 모두 정수형 인자를 받아서 더한 값을 반환하므로 실행 결과를 보면 출력 결과는 서로 같다.

10~13행은 두 함수를 호출하는 코드인데 10행은 일반 함수를, 11~13행은 익명 함수를 호출한다. 이 코드는 anonymousAddResult 변수에 이름이 없는 함수를 정의하고 바로 호출하는 형태다. 익명 함수를 정의하는 부분에서 func는 예약어이고 그 뒤로 (a int, b int)는 함수의 매개변수, (sum int)는 반환 타입을 나타낸다. 그리고 함수의 끝을 나타내는 닫는 중괄호 다음에 작성한 (2, 3)은 이 함수의 매개변수 a와 b에 전달하는 인자다.

익명 함수를 잘 사용하면 프로그램을 작성할 때 복잡한 처리를 쉽게 풀 수 있다.

▶ 클로저

앞에서 살펴본 익명 함수는 변수에 대입해서 사용하거나 다른 함수의 반환값으로 활용할 수 있다. 이러한 특징 때문에 Go에서도 함수형 프로그래밍 기법을 적용할 수 있다. 또한 Go는 클로저closure라는 기능도 지원한다.

클로저의 가장 중요한 특징은 **바깥쪽 함수의 실행이 끝나더라도 안쪽 함수는 바깥쪽 함수의 지역 변수에 계속 접근할 수 있다**는 것이 핵심이다. 이는 함수가 종료될 때 지역 변수도 함께 소멸한다는 일반적인 규칙과 달라서 혼란을 줄 수 있다. 클로저는 자신이 생성될 때의 주변 환경(바깥 함수의 변수 등)을 캡처하여 보존하므로 이렇게 동작할 수 있다. 즉, 나중에 안쪽 함수가 호출되면 이 보존된 환경 속에서 실행되는 것이다.

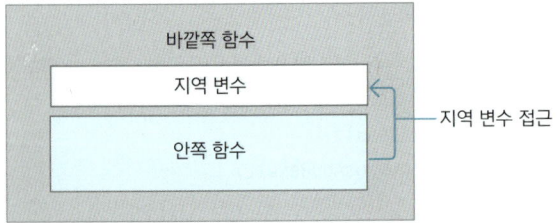

안쪽 클로저 함수에서 바깥쪽 함수의 지역 변수에 접근

클로저는 보통 익명 함수를 사용해서 구현한다. 다음 코드를 살펴보자.

Do it! 클로저　　　　　　　　　　　　　　　　ch06/functions/closure/closure.go

```go
01: package main
02:
03: import "fmt"
04:
05: // 바깥쪽 함수
06: func getIncreaser() func() {
07:     value := 100
08:
09:     // 안쪽 함수
10:     return func() {
11:         // 바깥쪽 함수의 value 변수 접근
12:         value += 50
13:         fmt.Printf("value: %d\n", value)
14:     }
15: }
16:
17: func main() {
18:     increaser := getIncreaser()
19:     for i := 0; i < 5; i++ {
20:         increaser()
21:     }
22: }
```

클로저 함수에서 value를 캡처하므로 호출될 때마다 값을 유지

실행 결과

```
value: 150
value: 200
value: 250
value: 300
value: 350
```

06행에 정의한 `getIncreaser()` 함수는 10행에서 익명 함수를 반환한다. 즉, 함수의 반환 자료형이 함수다. 따라서 함수의 반환 자료형을 작성하는 위치에 `func()`라고 작성했다. 그리고 12행처럼 익명 함수에서 바깥쪽 함수에 정의된 지역 변수 `value`에 접근한다.

18행에서는 `getIncreaser()` 함수를 호출하고 반환 값(익명 함수)을 `increaser` 변수에 대입했다. 이제 `increaser` 변수는 `getIncreaser()` 함수가 실행될 때 생성된 익명 함수의 메모리를 참조하게 된다.

> 이렇게 하면 increaser는 함수형 변수가 되어 함수처럼 동작한다. 따라서 20행을 보면 increaser 변수 뒤에 호출 연산자 ()를 붙여서 호출했다.

여기서 기억할 점은 `getIncreaser()` 함수가 소멸하더라도 해당 참조를 유지한다는 것이다. 즉, 익명 함수가 메모리에 처음 생성될 당시에는 100이 대입된 지역 변수 `value`에 접근할 수 있었으므로 이 상태를 유지하는 것이다. 따라서 `increaser()` 호출을 반복할 때마다 클로저 영역에 있는 `value` 값에 접근하므로 50씩 누적된 값이 출력된다.

클로저를 활용한 팩토리 함수 구현

클로저를 처음 접할 때는 개념을 이해하기가 쉽지 않다. 하지만 클로저의 특징을 제대로 이해하고 쓸 수 있다면 프로그램을 더 효율적이고 유지·보수가 쉽게 작성할 수 있다. 예를 들어 클로저를 이용해 함수 공장을 만드는 다음의 코드를 살펴보자.

Do it! 함수 공장 만들기   ch06/functions/closure2/closure2.go

```go
01: package main
02:
03: import "fmt"
04:
05: // 바깥쪽 함수
06: func funcFactory(x int) func(int) int {
07:     // 안쪽 함수
08:     return func(y int) int {
09:         return x + y
10:     }
11: }
12:
13: func main() {
14:     two := funcFactory(2)
15:     three := funcFactory(3)
16:     fmt.Printf("two 함수로 호출하면 %d\n", two(10))
17:     fmt.Printf("three 함수로 호출하면 %d", three(10))
18: }
```

> **실행 결과**
> two 함수로 호출하면 12
> three 함수로 호출하면 13

`funcFactory()`는 마치 함수를 생산하는 공장과 같다. 함수 공장에 값 2를 넘겨 `two` 함수를, 값 3을 넘겨 `three` 함수를 만들었다. 이렇게 하면 `two`와 `three`는 서로 다른 x값을 캡처하므로 각각 고유한 상태를 가진다. 그리고 두 함수에 똑같이 10이라는 값을 전달해서 출력했다. 클로저를 이용하면 이처럼 함수 공장을 만들어 처리 방식이나 데이터는 보호하고 변경 사항은 쉽게 유지·보수할 수 있도록 프로그래밍할 수 있다.

🖍 이 장의 핵심 요약

이번 장에서는 함수의 개념과 활용법을 다뤘다. 함수는 입력(매개변수)과 몸체 그리고 출력(반환값)으로 구성된다. 함수를 이용하면 코드를 재사용, 모듈화할 수 있어서 효율성을 높일 수 있다.

함수 정의와 호출의 기본 구조를 살펴보며 단일 값뿐만 아니라 여러 개의 값을 반환하는 방법과 반환값에 이름을 부여해 가독성을 높이는 방법을 학습했다. 또한 `main()` 함수가 프로그램의 진입점으로서 가장 먼저 실행되는 역할을 한다는 점을 확인했다.

더불어 익명 함수와 클로저의 개념을 배웠다. 익명 함수는 이름을 생략하고 정의하거나 즉시 호출할 수 있는 함수이며, 클로저는 바깥쪽 함수의 지역 변수를 캡처해 내부 함수에서 계속 사용할 수 있게 하는 기능이다. 클로저를 활용하면 함수 공장처럼 특정 데이터를 기억하는 함수를 생성하여 복잡한 문제를 더 효율적으로 해결할 수 있다.

07

조건문

프로그램을 작성하다 보면 특정 조건이 참인지 거짓인지에 따라 실행할 코드가 달라지는 경우가 많다. 조건문은 이처럼 주어진 조건의 결과에 따라 프로그램의 실행 흐름을 분기하는 역할을 한다. 조건문을 이용하면 프로그램이 다양한 상황에 맞춰 다르게 동작하게 할 수 있다. Go 언어는 이러한 조건 분기를 위해 if 문과 switch 문이라는 두 가지 형태의 조건문을 제공한다. 이번 장에서는 조건문의 사용법과 특징을 자세히 살펴보자.

07-1 ▶ if 문
07-2 ▶ switch 문
07-3 ▶ 조건문 설계와 중첩

07-1 | if 문

조건문은 프로그램의 실행 흐름을 제어하는 구조이다. 조건문을 사용하면 특정 조건에 따라 서로 다른 코드 블록이 실행되게 할 수 있다. Go 언어에서 조건에 따른 분기는 `if`와 `switch`라고 하는 두 가지 구문으로 구현할 수 있는데 먼저 `if` 문부터 살펴보자.

▶ if 문 작성 방법

`if`는 가장 기본이 되는 조건문으로, 특정 조건이 참인지 거짓인지에 따라 그에 해당하는 코드 블록을 실행한다. `if` 문은 하나 이상의 `else if`, `else` 문과 함께 작성하여 여러 조건을 처리할 수 있다.

다음 코드는 성적에 따라 등급을 매기는 프로그램으로, `if` 문으로 점수별 분기를 구현했다. 05행을 보면 `getScoreRank()` 함수가 있다. 이 함수는 정수형 인자 `score`를 받아서 문자열 `rank`를 반환한다. 06~14행에 작성한 `if`, `else if`, `else`는 조건문을 구성하는 예약어다. 이 예약어들은 조건에 맞는 쪽으로 프로그램의 실행 흐름을 분기한다.

Do it! if 문 작성 방법   ch07/conditions/basic_condition/basic_condition.go

```go
01: package main
02:
03: import "fmt"
04:
05: func getScoreRank(score int) (rank string) {
06:     if score >= 90 {
07:         return "A"
08:     } else if score >= 80 {
09:         return "B"
10:     } else if score >= 70 {
11:         return "C"
12:     } else {
13:         return "F"
14:     }
15: }
16:
17: func main() {
```

```
18:     var score int
19:
20:     fmt.Print("점수를 입력해주세요: ")
21:     fmt.Scanf("%d\n", &score)
22:
23:     rank := getScoreRank(score)
24:     fmt.Printf("당신의 점수 등급은 '%v' 입니다.\n", rank)
25: }
```

실행 결과

```
점수를 입력해주세요: 82 Enter
당신의 점수 등급은 'B' 입니다.
```

프로그램의 실행 결과를 보면 사용자가 82를 입력할 때 "당신의 점수 등급은 'B' 입니다."라고 출력한다. 이런 결과가 나오는 이유를 알아보자. 먼저 score 변수에는 사용자가 입력한 82가 대입되고 06행에서 정의한 if 문의 조건식 score >= 90은 거짓이 된다. 그러면 07행은 건너뛰고 08행에 있는 else if 문의 조건식 score >= 80을 검사한다. 이 조건식은 참이므로 09행을 실행하고 조건문을 빠져나온다. 그리고 23행에서 rank 변수에는 문자열 "B"가 대입되고 24행에서 등급을 포함한 문자열을 출력한다.

```
            조건
             ↑
    if score >= 90 {            → score가 90보다 크거나 같을 때
        return "A"
                                → 앞선 조건에 해당하지 않으며
    } else if score >= 80 {       score가 80보다 크거나 같을 때
        return "B"
                                → 앞선 조건에 해당하지 않으며
    } else if score >= 70 {       score가 70보다 크거나 같을 때
        return "C"
                                → 앞서 정의한 모든 조건에 해당되지 않을 때
    } else {                      즉, 70보다 작을 때
        return "F"
    }
```

if 문 동작 방식

08행의 조건식이 참이 되면서 10~14행은 실행되지 않았다. 이처럼 조건문은 순서대로 조건을 비교하다가 맞는 조건이 있으면 그에 속한 문장을 실행한 후에 이후의 조건은 확인하지 않고 무시한다. 따라서 조건문의 순서를 알맞게 배열하는 것도 중요하다.
`if`, `else if`, `else` 각각의 예약어는 의미가 조금씩 다른데, 이를 표로 정리하면 다음과 같다.

조건문의 표현

예약어	표현 형식	설명
if	if <조건>	조건이 참이면 해당 코드 블록 실행
else if	else if <조건>	if 조건이 거짓일 때 else if 조건을 비교하며, else if 조건이 참일 때 해당 코드 블록 실행 ※ else if를 정의하려면 그 전에 if 조건문이 정의되어 있어야만 한다.
else	else	if와 else if 조건이 모두 거짓일 때 else의 해당 코드 블록 실행 ※ else를 정의하려면 그 전에 if 조건문이 정의되어 있어야만 한다.

`else if`나 `else` 문을 작성하려면 반드시 `if` 문이 먼저 있어야 한다. 앞선 예시를 보면 `if score >= 90`이라는 조건문을 먼저 정의하고 그다음에 `else if`, `else` 문을 작성한 것을 볼 수 있다. `else` 문은 모든 조건에 해당하지 않는 조건이므로 마지막에 작성한다.

▶ if 문 오류 예시

`if` 문을 작성할 때 범하기 쉬운 실수를 몇 가지 알아보자. 다음 코드에서는 `if` 문이 등장하지도 않았는데 05행에서 `else if`를 사용했다. `else if`, `else` 문을 작성하려면 먼저 `if` 조건문이 있어야 한다.

조건문 오류 예시 1

```
01: conditionValue := 10
02:
03: else if conditionValue > 5 {
04:     fmt.Println("OK!")
05: }
```

다음 코드에서는 07행의 else if 문을 05행인 else 문 다음에 작성한 것이 문제인데, else 문은 앞서 정의한 모든 조건에 해당하지 않을 때 실행되므로 뒤에 조건을 추가할 수 없다. 조건문을 작성할 때는 if → else if → else 순으로 작성해야 한다.

조건문 오류 예시 2

```
01: conditionValue := 10
02:
03: if conditionValue > 5 {
04:     fmt.Println("OK!")
05: } else {
06:     fmt.Println("Not good!: 모든 조건에 해당되지 않습니다!")
07: } else if conditionValue >= 10 {
08:     fmt.Println("조건 값이 범위를 벗어났습니다!")
09: }
```

참고로 if 조건문에서 else if와 else는 생략할 수 있다. 예를 들어 if~else 구성이나 if~else if 구성, 또는 if만으로도 조건문을 구성할 수 있다.

다음 코드에서는 else 문을 두 번 연속 작성했다. else 문은 한 조건문에서 한 번만 작성할 수 있다.

조건문 오류 예시 3

```
01: conditionValue := 10
02:
03: if conditionValue > 5 {
04:     fmt.Println("OK!")
05: } else {
06:     fmt.Println("Not good!: 모든 조건에 해당되지 않습니다!")
07: } else {
08:     fmt.Println("조건 값이 범위를 벗어났습니다!")
09: }
```

07-2 | switch 문

이번에는 switch 문의 구조를 살펴보자. 앞 절에서 if 문은 if와 else if, else라는 세 가지 예약어를 이용하여 조건 분기를 제어했다. switch 문에서는 switch와 case라는 예약어를 사용한다.

▶ switch 문 작성 방법

switch 문은 if 문과 비교해 보면서 이해해 보자. 만약 영어 단어 3개 중 사용자의 입력을 받아 한글로 출력하는 간단한 번역 프로그램을 구현한다고 가정해 보자. 사용자가 입력한 문자열에 따라 분기하는 코드를 작성할 때 if 문을 사용하면 다음처럼 구현할 수 있다.

Do it! if 문으로 구현한 번역기  ch07/conditions/switch_example_if_clause/
switch_example_if_clause.go

```go
01: package main
02:
03: import "fmt"
04:
05: func getKoreanWord(engWord string) (korWord string) {
06:     var word string
07:     if engWord == "apple" {
08:         word = "사과"
09:     } else if engWord == "banana" {
10:         word = "바나나"
11:     } else if engWord == "grape" {
12:         word = "포도"
13:     } else {
14:         word = "no matching word!"
15:     }
16:     return word
17: }
18:
19: func main() {
20:     var searchWord string
21:
22:     fmt.Print("찾고 싶은 단어를 입력해주세요 (apple, banana, grape): ")
```

```
23:     fmt.Scanf("%s\n", &searchWord)
24:
25:     fmt.Print("\n")
26:     korWord := getKoreanWord(searchWord)
27:     fmt.Printf("찾은 단어: %v\n", korWord)
28: }
```

▼

실행 결과

찾고 싶은 단어를 입력해주세요 (apple, banana, grape): banana ⏎
찾은 단어: 바나나

지금까지 배운 내용을 참고해 코드를 해석해 보면 프로그램의 실행 흐름을 어렵지 않게 짐작할 수 있을 것이다. 이 코드는 조건문에서 engWord라는 변수를 apple, banana, grape 등의 문자열과 비교해 분기한다.

이 코드에서 if~else if~else 구조는 다음처럼 switch 문으로 바꿀 수 있다.

switch 문으로 작성

```
01: switch engWord {
02: case "apple":
03:     word = "사과"
04: case "banana":
05:     word = "바나나"
06: case "grape":
07:     word = "포도"
08: default:
09:     word = "no matching word!"
10: }
```

switch 문의 구조를 살펴보면 switch 예약어 바로 다음에 분기 조건으로 사용할 engWord 변수가 있다. 그리고 중괄호 안에 조건과 비교할 값을 case 예약어와 함께 각각 명시했다. case 문에는 조건과 비교할 값을 작성한 후 콜론(:)을 찍고 조건과 일치할 때 실행할 구문을 작성한다. 예에서는 word 변수에 한글로 된 단어를 대입하는 한 줄을 작성했지만, 여러 줄을 작성할 수도 있다.

그리고 마지막에는 default 예약어를 작성한다. default 문은 조건으로 제시한 값이 앞에 정의한 모든 case에 해당하지 않을 때 실행된다. 따라서 default 문에서는 비교할 값이 필요 없다. if 문에서 else 예약어의 동작과 유사하다고 볼 수 있다.

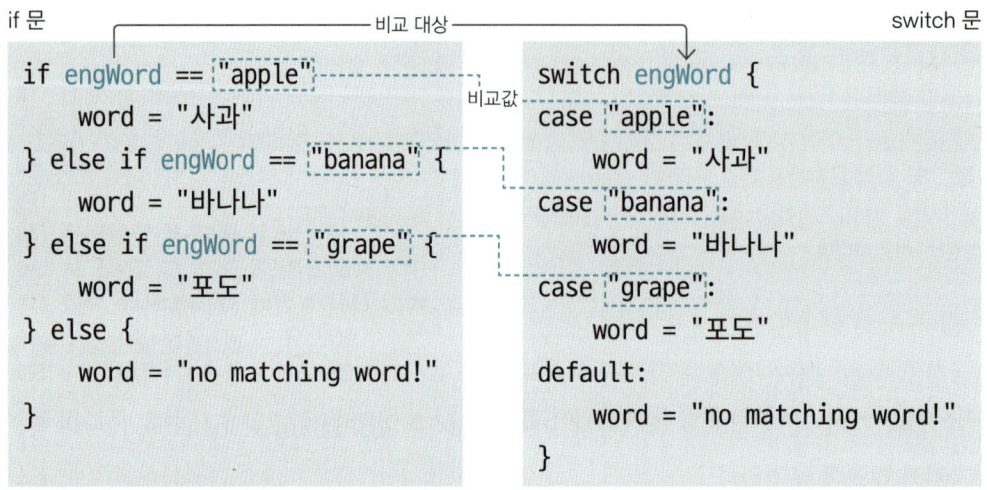

if 문과 switch 문의 비교

요약하면 switch 문은 조건으로 명시한 값에 따라 해당하는 case 문으로 분기하여 코드를 실행하고 조건문을 빠져나온다. 만약 조건과 일치하는 값이 없으면 default 문을 실행한다.

> **아하! 그렇구나!** switch 문에 break 문을 사용하지 않아도 되나요?
>
> 만약 C나 C++ 또는 자바 언어를 공부한 독자라면 switch 문에서 각각의 case마다 break 문이 없는 것을 의아하게 생각할 수 있다. Go 언어에서는 switch 문에 break 문을 사용할 필요가 없다. 하나의 case 문을 실행한 후에 switch 문을 자동으로 종료하기 때문이다. 이로써 코드가 더 간결해졌고 break 문을 빠뜨려 의도하지 않은 코드가 실행되는 것을 막아 준다. 물론 switch 문에 break 문을 명시해 종료할 수도 있지만, 어차피 자동으로 종료되므로 잘 사용하지 않는다. Go 언어에서 break 문은 반복문에서 반복을 끝낼 때에 주로 사용한다.

switch 문으로 대체된 전체 코드는 다음과 같으며 동작과 실행 결과는 앞선 if 문으로 작성한 코드와 같다.

> **Do it!** switch 문으로 구현한 번역기   ch07/conditions/switch_example_switch_clause/switch_example_switch_clause.go

```
01: package main
02:
03: import "fmt"
04:
05: func getKoreanWord(engWord string) (korWord string) {
06:     var word string
07:     switch engWord {
08:     case "apple":
09:         word = "사과"
10:     case "banana":
11:         word = "바나나"
12:     case "grape":
13:         word = "포도"
14:     default:
15:         word = "no matching word!"
16:     }
17:     return word
18: }
19:
20: func main() {
21:     var searchWord string
22:
23:     fmt.Print("찾고 싶은 단어를 입력해주세요 (apple, banana, grape): ")
24:     fmt.Scanf("%s\n", &searchWord)
25:
26:     fmt.Print("\n")
27:     korWord := getKoreanWord(searchWord)
28:     fmt.Printf("찾은 단어: %v\n", korWord)
29: }
```

▶ case 문의 조건 처리 방식

Go 언어에서는 case에 값뿐만 아니라 표현식을 사용할 수도 있다. 다음 코드는 case에 표현식을 사용한 예다.

case 문에 표현식 사용

```
switch x {
case 1:        // x가 1인지 판단
case 2 + 3:    // x가 5인지 판단
case f():      // f() 반환값이 5인지 판단
}
```

또는 다음처럼 참이나 거짓으로 평가되는 조건식을 사용할 수도 있다. 이때는 switch 문 다음에 비교할 값을 생략한다.

case 문에 조건식 사용

```
x := 5
switch {     // 비교할 값 생략
case x < 0:
    fmt.Println("음수")
case x == 0:
    fmt.Println("0")
case x > 0:
    fmt.Println("양수")
}
```

▶ if 문? switch 문? 어느 것을 사용해야 할까?

if 문과 switch 문은 표현 방식이 다를 뿐 프로그램 동작에는 큰 영향이 없다. 그러나 구문마다 특성이 있으므로 상황이나 유지·보수 측면을 고려해서 적절하게 사용하면 된다.

if 문은 조건식의 결과가 참인지 거짓인지 판단하지만, switch 문은 조건으로 제시한 값과 일치하는지를 비교한다. 따라서 if 문은 switch 문보다 좀 더 다양한 범위로 조건식을 설계해 분기할 수 있으며, switch 문은 범위가 작은 조건에서 if 문보다 간결하고 직관적인 코드를 작성할 수 있다.

if 문과 switch 문 비교

if 문	switch 문
• 비교 대상이 다양하거나 불규칙할 때 • 값의 범위 검사나 복잡한 조건을 검사할 때	• 한 값을 대상으로 여러 갈래로 분기할 때 • 메뉴 선택, 키 입력 처리, 오류 코드에 따른 분기 등을 처리할 때

07-3 | 조건문 설계와 중첩

조건문의 핵심은 조건을 의도에 맞게 설정하는 것이다. 이 말은 문법적인 오류뿐만 아니라 논리상의 오류도 없어야 함을 의미한다. 문법적으로는 오류가 없어 프로그램이 잘 실행되더라도 논리상 오류가 있다면 의도에 맞게 동작하지 않을 수 있기 때문이다.

▶ 논리 연산자로 조건식 설계하기

if 문의 조건식은 논리 연산자나 관계 연산자처럼 연산 결과가 참이나 거짓인 논릿값이 나오도록 설계한다. 이때 각 갈래가 중복 없이 명확하게 나뉠 수 있도록 해야 하는데, 그러려면 조건식에 사용한 각 연산자의 수행 결과를 정확하게 예측할 수 있어야 한다.

이처럼 if 문에서 조건식을 정확하고 세밀하게 작성하고자 할 때 논리 연산자를 주로 사용한다. if 문의 조건식에서 많이 사용하는 논리 연산자의 진리표를 살펴보면 다음과 같다.

논리 연산자의 진리표

논리 연산	a	b	결과
a && b	참	참	참
	참	거짓	거짓
	거짓	참	거짓
	거짓	거짓	거짓
a ¦¦ b	참	참	참
	참	거짓	참
	거짓	참	참
	거짓	거짓	거짓

다음 코드는 if 문의 조건식을 논리 연산자를 포함한 복합식으로 작성한 예로, 앞에서 작성한 번역 프로그램에 언어 선택 기능을 추가했다. 코드를 보고 프로그램의 실행 흐름을 파악해 보자.

Do it! 언어 선택을 추가한 번역기 ch07/conditions/condition_with_logical_operator/
condition_with_logical_operator.go

```go
01: package main
02:
03: import "fmt"
04:
05: func getTranslatedWord(
06:     engWord string,
07:     language string) (translatedWord string) {
08:
09:     if language == "en" {
10:         return engWord
11:     } else if engWord == "apple" && language == "ko" {
12:         return "사과"
13:     } else if engWord == "apple" && language == "ja" {
14:         return "林檎"
15:     } else if engWord == "banana" && language == "ko" {
16:         return "바나나"
17:     } else if engWord == "banana" && language == "ja" {
18:         return "バナナ"
19:     } else if engWord == "grape" && language == "ko" {
20:         return "포도"
21:     } else if engWord == "grape" && language == "ja" {
22:         return "葡萄"
23:     } else {
24:         return "no matching word!"
25:     }
26: }
27:
28: func main() {
29:     var word, language string
30:
31:     fmt.Print("찾고 싶은 단어를 입력해주세요 (apple, banana, grape): ")
32:     fmt.Scanf("%s\n", &word)
33:
34:     fmt.Print("변환할 언어를 입력해주세요 (지원되는 언어: ko, ja, en): ")
35:     fmt.Scanf("%s\n", &language)
36:
37:     translatedWord := getTranslatedWord(word, language)
38:     fmt.Print("\n")
39:     fmt.Printf("찾은 단어: %v\n", translatedWord)
40: }
```

> **실행 결과**
>
> 찾고 싶은 단어를 입력해주세요 (apple, banana, grape): apple `Enter`
> 변환할 언어를 입력해주세요 (지원되는 언어: ko, ja, en): ja `Enter`
>
> 찾은 단어: 林檎

09행에서는 번역할 단어가 애초에 영어이므로 사용자가 언어를 영어(en)로 선택하면 입력 값을 그대로 반환한다. 그 밖에 11행부터는 두 가지 조건을 AND 논리 연산자 **&&**를 이용해 조건식을 만들었다.

AND 논리 연산자는 두 값이 모두 참일 때만 참이 된다. 다시 말해 두 조건이 모두 성립할 때 조건식의 최종 결괏값이 참이 된다. 11~25행은 이러한 성질을 이용해 단어와 언어가 모두 일치할 때 해당 분기를 실행하도록 구현했다.

▶ 조건문 중첩하기

조건문은 중첩해서 작성할 수도 있다. 즉, 조건문 안에 또 다른 조건문을 작성해 분기를 세분할 수 있다. 조건문을 중첩하면 때때로 코드를 더 간결하게 관리할 수도 있지만, 분기가 깊어지기 때문에 잘못 사용하면 형식이 더 복잡해지는 단점도 있다.

다음 코드는 앞에서 본 논리 연산자를 이용한 조건문을 중첩 조건문으로 대체한 예다.

> **Do it!** 논리 연산자를 중첩 조건문으로 대체   ch07/conditions/condition_with_nested_clause/
> condition_with_nested_clause.go

```go
01: package main
02:
03: import "fmt"
04:
05: func getTranslatedWord(
06:     engWord string,
07:     language string) (translatedWord string) {
08:
09:     if language == "en" {
10:         return engWord
11:     } else if language == "ko" {
12:         if engWord == "apple" {
13:             return "사과"
14:         } else if engWord == "banana" {
```

```
15:            return "바나나"
16:        } else if engWord == "grape" {
17:            return "포도"
18:        } else {
19:            return "no matching word!"
20:        }
21:    } else if language == "ja" {
22:        if engWord == "apple" {
23:            return "林檎"
24:        } else if engWord == "banana" {
25:            return "バナナ"
26:        } else if engWord == "grape" {
27:            return "葡萄"
28:        } else {
29:            return "no matching word!"
30:        }
31:    } else {
32:        return "no matching word!"
33:    }
34: }
35:
36: func main() {
37:    var word, language string
38:
39:    fmt.Print("찾고 싶은 단어를 입력해주세요 (apple, banana, grape): ")
40:    fmt.Scanf("%s\n", &word)
41:
42:    fmt.Print("변환할 언어를 입력해주세요 (지원되는 언어: ko, ja, en): ")
43:    fmt.Scanf("%s\n", &language)
44:
45:    translatedWord := getTranslatedWord(word, language)
46:    fmt.Print("\n")
47:    fmt.Printf("찾은 단어: %v\n", translatedWord)
48: }
```

실행 결과

찾고 싶은 단어를 입력해주세요 (apple, banana, grape): banana [Enter]
변환할 언어를 입력해주세요 (지원되는 언어: ko, ja, en): ja [Enter]

찾은 단어: バナナ

09~33행은 조건문을 중첩하여 실행 흐름을 제어하는 코드다. if 문 안쪽에 다시 if 문을 작성하면 AND 연산자를 사용한 것과 같은 효과가 있다. 조건문을 중첩했으므로 18행과 28행처럼 안쪽 갈래의 조건문에도 else 문을 작성하여 조건에 해당하지 않는 분기를 제어해야 한다. 중첩된 조건문을 논리 연산자로 표현한 코드(condition_with_logical_operator.go)와 비교해 보면 언어별로 묶어서 관리할 수 있게 되었지만, 코드가 일부 중복된 것을 볼 수 있다. 논리 연산자를 사용하든, 중첩 조건문을 사용하든 코드의 결과에는 영향을 주지 않는다. 표현하고자 하는 조건에 따라 두 방식 중 골라서 사용하면 된다.

이 장의 핵심 요약

이번 장에서는 조건문으로 프로그램의 실행 흐름을 제어하는 방법을 다뤘다. 먼저 if 문을 이용해 단일 또는 복수 조건에 따라 서로 다른 코드 블록을 실행하는 기본 구조와 사용법을 알아보았다. 조건식이 참일 때 실행되는 코드와 그렇지 않을 때 else if, else 분기를 통해 점수 등급 매기기 등의 실습을 다뤘다.

이어서 switch 문을 소개하면서 단일 변숫값을 기준으로 여러 case를 비교하고 조건에 일치하는 분기만 실행한 후 자동으로 종료하는 특징을 확인했다. if 문과 switch 문은 조건문의 대표적인 두 가지 구현 방법이다. 각각의 장단점을 비교했으므로 이런 차이점을 바탕으로 상황에 따라 알맞은 조건문을 선택하여 활용하면 된다.

또한 논리 연산자(&&, ||, !)를 활용한 복합 조건식을 작성하는 방법을 살펴보며 이를 통해 하나의 조건식으로 여러 조건을 세밀하게 제어하는 방법을 실습했다. 논리 연산자가 무엇인지 잘 기억나지 않는다면 05장으로 돌아가서 살펴보는 것을 추천한다.

마지막으로 조건문을 중첩하여 조건을 계층적으로 분리함으로써 더 세밀하게 제어하는 방법도 알아보았다. 이처럼 다양한 조건문 작성 기법은 코드의 가독성과 유지·보수를 높이는 데 큰 도움이 된다.

08

반복문

프로그램의 실행 흐름을 제어하는 또 다른 축은 반복문이다. 반복문은 특정 조건이 만족하는 동안 주어진 코드 블록을 반복해서 수행한다. Go 언어의 반복문은 오직 for 문으로만 작성한다는 특징이 있다. 즉, C나 자바 등 다른 언어들이 for, while, do~while 등 여러 반복 제어문을 제공하는 것과 달리, Go 언어는 while 문을 별도로 제공하지 않는다. 대신 Go 언어의 for 문은 매우 유연하게 설계되어 있어, 초기화나 후처리 구문 없이 조건식만 사용하는 형태로 작성하면 다른 언어의 while 문처럼 동작하게 작성할 수 있다.

08-1 ▶ 반복문 작성하기
08-2 ▶ 반복문 제어하기
08-3 ▶ 구구단 프로그램 만들기

08-1 | 반복문 작성하기

Go 언어에서 반복문을 구현하려면 for라는 예약어를 사용한다. for 예약어 다음에 3가지 요소를 문법에 맞게 작성하면 된다.

for 문의 구성

식	예시	설명
초기식	i := 0	조건식에서 사용하는 변수를 초기화 반복문에 진입하면 처음 한 번만 실행된다.
조건식	i < 3	반복문의 탈출 조건을 정의
증감식	i++	조건식의 대상이 되는 변수를 증감 또는 가감

다음 코드는 for 문의 기본 사용법을 보여 준다.

Do it! 기본 for 반복문　　　　　　　　　　　ch08/iterations/basic_for/basic_for.go

```go
01: package main
02:
03: import "fmt"
04:
05: func main() {
06:     for i := 0; i < 3; i++ {
07:         n := i + 1
08:         fmt.Printf("%d번째 반복문: i=%d\n", n, i)
09:     }
10: }
```

실행 결과

```
1번째 반복문: i=0
2번째 반복문: i=1
3번째 반복문: i=2
```

06행에서 for 예약어로 반복문을 작성했다. 반복문의 기본 원리는 조건식을 비교해 참이면 블록 안쪽 실행문을 실행하고, 조건식이 거짓이면 반복문을 빠져나온다. for 예약어 다음에 오는 문법은 세미콜론(;)을 기준으로 크게 3가지로 구분할 수 있다.

```
         초기식      조건식     증감식
          ↑          ↑         ↑
for i := 0; i < 3; i++ {
    n := i + 1
    fmt.Printf("%d번째 반복문: i=%d\n", n, i)            반복문 몸체
}
```

for 문의 구조

예에서 작성한 반복문의 동작을 정리해 보면, 맨 처음에 i 변수를 0으로 초기화하고 조건식에서 i 변수가 3보다 작은지 비교한다. 그 결과가 참이면 블록 안쪽의 실행문(몸체)을 모두 실행한다. 그런 다음 i를 1만큼 증가시키고 다시 반복 조건을 만족하는지 비교한다. 조건에 만족하면 다시 반복을, 그렇지 않으면 반복문에서 탈출한다.

이때 반복 조건의 대상이 되는 변수 i는 **인덱스 변수**index variable라고 한다. 인덱스 변수는 일반적으로 숫자 0부터 시작한다. 하지만 출력할 때는 사람이 보기 편하도록 인덱스 변수 i에 1을 더해 n이라는 변수에 정의했다. 따라서 사람이 평소에 숫자를 세는 것처럼 n 변수는 1부터 출력된다.

반복이 진행됨에 따라 각 변숫값이 어떻게 변하는지를 살펴보면 다음과 같다.

변숫값 변화

조건식	변숫값	출력
0 < 3 → true	i=0, n=1	1번째 반복문 i=0
1 < 3 → true	i=1, n=2	2번째 반복문 i=1
2 < 3 → true	i=2, n=3	3번째 반복문 i=2
3 < 3 → false(반복문 탈출)	i=3	-

> **아하! 그렇구나! 표현식과 구문의 차이**
>
> 프로그래밍 언어에서 표현식(expression)과 구문(statement)은 차이가 있다. 표현식은 값을 만들어 내는 코드 조각을 의미하며 항상 값을 반환한다. 그리고 다른 표현식 안에도 사용할 수 있다. 반면에 구문은 동작이나 명령을 수행하는 코드를 의미하며 값을 반환하지 않는다. 그리고 단독으로 사용한다. 예를 들면 다음과 같다.
>
> - 표현식: 1 + 2, a * 2, f(2), "hello" + "world"
> - 구문: if, switch, for, x = 10
>
> 앞에서 for 문의 3가지 요소를 설명할 때 '초기식', '조건식', '증감식' 이라고 표현했지만, 엄밀히 말하면 조건식만 표현식에 해당하며 나머지는 구문에 속한다. 특히 Go 언어에서 ++ 같은 증감 연산자는 값을 반환하지 않는다. 예를 들어 x = i++ 같은 코드는 오류다. 따라서 i++는 표현식이 아닌 구문이다.

▶ 무한 반복

만약 다음처럼 조건식을 무조건 참(true)이 되도록 작성하고 실행하면 어떻게 될까?

Do it! 무한 반복문 ch08/iterations/forever_for/forever_for.go

```go
01: package main
02: 
03: import "fmt"
04: 
05: func main() {
06:     // 조건식이 무조건 참(true)이 되도록 수정
07:     for i := 0; true; i++ {
08:         n := i + 1
09:         fmt.Printf("%d번째 반복문: i=%d\n", n, i)
10:     }
11: }
```

> Go에서 무한 반복의 관용구는 for { ... } 형식으로 작성하지만, 여기에서는 이해하기 쉽도록 풀어서 나타냈다.

실행 결과

```
1번째 반복문: i=0
2번째 반복문: i=1
3번째 반복문: i=2
4번째 반복문: i=3
5번째 반복문: i=4
...
48378번째 반복문: i=48377
... (무한 반복) ...
```

이렇게 하면 반복문의 조건식이 무조건 참이므로 무한 반복되어 숫자가 끝없이 증가하고 프로그램이 종료되지 않는다. 따라서 반복문을 작성할 때는 반드시 반복을 끝낼 조건식을 적절하게 설정해 줘야 한다. 만약 프로그램이 무한 반복에 빠졌다면 Ctrl+C를 눌러 프로그램을 강제로 종료한다.

▶ for 문 응용하기

for 문의 초기식과 증감식에는 여러 변수를 넣을 수 있다. 다음 코드에서 06행에는 i와 j 변수를 초기화하고 증감식에 이를 사용했다. 따라서 반복할 때마다 i 변수는 1씩 증가하고, j 변수는 1씩 감소한다. i 변수가 j 변수보다 값이 크거나 같아지면 반복이 끝나도록 구현했다.

Do it! for 문 응용하기 · ch08/iterations/multi_variable_for/multi_variable_for.go

```go
01: package main
02:
03: import "fmt"
04:
05: func main() {
06:     for i, j := 0, 5; i < j; i, j = i + 1, j - 1 {
07:         fmt.Printf("i=%d, j=%d\n", i, j)
08:     }
09: }
```

실행 결과
```
i=0, j=5
i=1, j=4
i=2, j=3
```

다음 표는 예에서 반복이 진행됨에 따라 i와 j 변숫값이 어떻게 변하는지 보여 준다.

변수의 상태 변화

조건식	메모리	출력
0 < 5 → ture	i=0, j=5	i=0, j=5
1 < 4 → true	i=1, j=4	i=1, j=4
2 < 3 → true	i=2, j=3	i=2, j=3
3 < 2 → false(반복문 탈출)	i=3, j=2	-

08-2 | 반복문 제어하기

반복문은 초기식과 증감식을 이용해 변숫값을 정하고 이 값을 조건식에 지정해 반복 수행을 한다. 하지만 때로는 여러 조건을 복합해서 반복문을 제어해야 하는 상황이 있다. 예를 들어 다음과 같은 요구 사항을 만족하는 프로그램을 구현한다고 가정해 보자.

1. 사용자에게 정수형 숫자를 입력받는다.
2. 숫자가 0이면 반복을 종료한다.
3. 숫자가 0보다 작거나 128보다 크면 '숫자를 다시 입력하세요.'라는 메시지를 출력하고 다시 받는다.
4. 숫자 재입력을 세 번 이상 반복하면 '프로그램을 다시 실행해 주세요.'를 출력하고 반복을 종료한다.

첫 번째 사용자 입력을 제외하면 반복문에 포함할 요구 사항은 총 3가지다. 또한 상황에 따라 특정한 메시지를 출력해야 하므로 반복을 제어할 조건식 하나만으로는 3가지 요구 사항을 모두 만족하는 프로그램을 만들 수가 없다.

이 프로그램을 구현하려면 반복문의 조건식과 별개로 실행 흐름을 제어해 주어야 한다. Go 언어에서는 반복문의 실행 흐름을 제어하는 break, continue, goto라는 3가지 예약어를 제공하며 각각의 기능은 다음과 같다.

반복문을 제어하는 예약어

예약어	의미	설명
break	탈출	이 예약어를 포함한 가장 가까운 반복문을 탈출한다.
continue	즉시 반복	이 예약어를 포함한 가장 가까운 반복문을 즉시 다시 반복한다.
goto	이동	사용자가 미리 지정한 특정 레이블로 이동한다.

▶ break 문 사용하기

다음 코드는 반복문에 break 문을 사용한 예를 보여 준다.

> **Do it!** 반복문에 break 문 사용하기　　　　　　　　　　ch08/iterations/basic_break/basic_break.go

```
01: package main
02:
03: import "fmt"
```

```
04:
05: func main() {
06:     for i := 0; i < 5; i++ {
07:         break
08:         fmt.Printf("%d번째 반복문\n", i)
09:     }
10: }
```

07행에 break 예약어를 작성했다. 이 외에는 이전까지 배웠던 반복문의 형태와 크게 다르지 않다. 만약 07행이 없다면 이 반복문은 i가 0~4까지 총 5번 반복해서 실행된다. 하지만 실행해 보면 break 문 때문에 아무것도 출력되지 않는다. 그림을 보며 그 이유를 알아보자.

```
for i := 0; i < 5; i++ {
    break
    fmt.Printf("%d번째 반복문\n", i)     반복 구간
}
    → 반복문 탈출
```

break 문으로 for 문 탈출

break 예약어는 반복문을 즉시 탈출하는 기능을 한다. break 문을 만나면 가장 가까운 반복문의 반복을 중단하고 벗어난다. 앞선 코드에서 07행에 break 문이 있으므로 08행으로 넘어가지 않고 반복문을 탈출한다. 따라서 10행으로 넘어가 프로그램이 종료된다.

▶ continue 문 사용하기

다음 코드는 반복문에 continue 문을 사용한 예를 보여 준다. continue 문은 가장 가까운 반복문의 현재 반복을 중단하고 실행 흐름을 다음 번 반복, 즉 증감식으로 즉시 이동시킨다.

Do it! 반복문에 continue 문 사용하기   ch08/iterations/basic_continue/basic_continue.go

```
01: package main
02:
03: import "fmt"
04:
05: func main() {
```

```
06:     for i := 0; i < 5; i++ {
07:         if i % 2 == 0 {
08:             continue
09:         }
10:         fmt.Printf("%d번째 반복문\n", i)
11:     }
12: }
```

실행 결과
1번째 반복문
3번째 반복문

08행에 continue 예약어를 작성했다. 이전 코드와 비슷해 보이지만 07행에 if 문이 등장한다는 차이점이 있다. if 문의 조건식에서 i % 2는 변수 i에서 2를 나눈 나머지를 의미하는데, 이 값이 상수 0과 같은지 비교한다. 결국 변수 i가 짝수인지 검사하는 표현이다.

실행 결과를 보면 i 변수가 0~4까지 총 5번 반복하지만, 0, 2, 4번째 반복문은 메시지가 출력되지 않는다. 07행의 if 조건에 해당하는 상황에서 08행의 continue 문을 만나 현재 반복 흐름을 건너뛰고 증감식으로 즉시 이동하기 때문이다.

예를 들어 i가 0일 때는 if 문의 조건식이 참이므로(짝수이므로) continue 문을 만나 10행의 메시지를 출력하는 코드를 건너뛴다. 그리고 증감식으로 i가 1이 되면 if 문의 조건식이 거짓이므로 출력문이 실행된다. 결국 i가 0~4까지 반복되는 동안 짝수일 때만 continue 문을 만나 출력문을 건너뛰고, 홀수 일 때는 출력문이 실행된다.

```
for i := 0; i < 5; i++ {
    if i % 2 == 0 {
        continue
    }
    fmt.Printf("%d번째 반복문\n", i)
}
```
반복 구간

continue 문으로 for 문 재진입

▶ 중첩 반복문 탈출하기

지금까지 break문과 continue문의 차이를 알아봤다. break 문은 반복문 자체를 종료하지만, continue 문은 반복 주기만 한 단계 건너뛴다. 그런데 break와 continue 문으로 반복을 제어할 수 없는 상황도 있다. 다음 코드를 보자.

Do it! break 문의 한계　　ch08/iterations/break_limitation/break_limitation.go

```go
01: package main
02:
03: import "fmt"
04:
05: func main() {
06:     for i := 0; i < 5; i++ {
07:         for j := 0; j < 3; j++ {
08:             fmt.Printf("i=%d, j=%d\n", i, j)
09:             if j == 1 {
10:                 break
11:             }
12:         }
13:     }
14: }
```

실행 결과

```
i=0, j=0
i=0, j=1
i=1, j=0
i=1, j=1
... (생략) ...
i=4, j=0
i=4, j=1
```

이번 코드에서는 2개의 반복문을 중첩해서 사용했다. 이처럼 반복문이 중첩된 형태에서 반복 횟수를 구하려면 각 반복문의 반복 횟수를 곱하면 된다. 06행 반복문에서 5번(i 변수 0~4까지), 07행 반복문에서 3번(j 변수 0~2까지) 반복하므로 전체 반복 횟수는 5 × 3 = 15회다. 그런데 09행에서 j 변수가 1일 때 break 문으로 반복문을 탈출하도록 if 문을 작성했다.

break 문은 반복문을 탈출하는 기능을 하지만, 모든 반복문을 탈출하지는 않고 가장 가까이 정의된 반복문을 탈출한다. 따라서 10행의 break 문은 07행의 안쪽 반복문을 탈출하지만, 06행의 바깥쪽 반복문은 탈출하지 못한다. 따라서 바깥쪽 반복문이 반복 주기를 다시 실행하므로 전체 반복 횟수는 10회(바깥쪽 반복문 5번, 안쪽 반복문 2번) 반복한다.

그렇다면 j 변수가 1일 때 전체 반복문을 탈출하려면 어떻게 해야 할까? 코드를 다음처럼 작성해 보자.

Do it! break 문 2회 사용   ch08/iterations/double_break/double_break.go

```go
01: package main
02:
03: import "fmt"
04:
05: func main() {
06:     for i := 0; i < 5; i++ {
07:         for j := 0; j < 3; j++ {
08:             fmt.Printf("i=%d, j=%d\n", i, j)
09:             if j == 1 {
10:                 // 07행의 안쪽 반복문 탈출
11:                 break
12:
13:                 // 06행의 바깥쪽 반복문 탈출
14:                 break
15:             }
16:         }
17:     }
18: }
```

11행에 작성한 break 문으로 안쪽 반복문을 탈출하고, 14행에 작성한 break 문으로 바깥쪽 반복문을 탈출하도록 의도했다. 하지만 이 코드를 실행해 보면 이전과 똑같이 출력된다.

```
for i := 0; i < 5; i++ {
    for j := 0; j < 3; j++ {
        fmt.Printf("i=%d, j=%d\n", i, j)
        if j == 1 {
            break
            break    이미 반복문을 탈출해서
                     이 영역의 코드는 실행되지 않음
        }
    } 안쪽 반복문 탈출
}
```

안쪽 반복 구간 / 바깥쪽 반복 구간

break 문으로 반복문을 탈출해 건너뛴 코드

첫 번째 break 문에서 반복문을 탈출하기 때문에 두 번째 break 문이 실행되지 않는다. 그렇다면 첫 번째 반복문(바깥쪽)을 두 번째 반복문(안쪽)에서 탈출하려면 어떻게 해야 할까?

Do it! 레이블을 이용한 반복문 탈출　　ch08/iterations/labeled_break/labeled_break.go

```go
01: package main
02:
03: import "fmt"
04:
05: func main() {
06: loop:
07:     for i := 0; i < 5; i++ {
08:         for j := 0; j < 3; j++ {
09:             fmt.Printf("i=%d, j=%d\n", i, j)
10:             if j == 1 {
11:                 break loop
12:             }
13:         }
14:     }
15: }
```

실행 결과

```
i=0, j=0
i=0, j=1
```

드디어 모든 반복문을 탈출했다. Go 언어에서는 소스 코드에서 특정 위치를 별도의 **레이블**label로 표시할 수 있는데, 06행에서 loop라는 이름의 레이블을 지정했다. 이렇게 하면 loop라는 레이블이 그다음에 오는 중첩된 반복문 2개를 모두 포함하는 영역 표시자가 된다.

그리고 11행에서 break 문의 대상을 loop로 지정했으므로 탈출 대상은 지정한 영역이 된다. 결국, i가 0, j가 1이 되는 순간 모든 반복문을 탈출하여 반복문이 총 2번 실행되고 프로그램이 종료된다.

▶ goto 문 사용하기

Go 언어는 다른 프로그래밍 언어와는 다르게 제어문에 독특한 예약어를 제공하는데, 바로 goto이다. 앞선 코드에서 break 예약어를 goto로 바꿔 보자.

Do it! 반복문에 goto 문 사용하기   ch08/iterations/labeled_goto/labeled_goto.go

```go
01: package main
02:
03: import "fmt"
04:
05: func main() {
06: loop:
07:     for i := 0; i < 5; i++ {
08:         for j := 0; j < 3; j++ {
09:             fmt.Printf("i=%d, j=%d\n", i, j)
10:             if j == 1 {
11:                 goto loop
12:             }
13:         }
14:     }
15: }
```

실행 결과

```
i=0, j=0
i=0, j=1
i=0, j=0
i=0, j=1
i=0, j=0
... (무한 반복) ...
```

이 코드는 이전의 labeled_break.go 소스에서 break 예약어를 goto로 바꾼 것이다. 실행 결과를 보면 메시지가 끊임없이 반복해서 출력되는 것을 볼 수 있다. 단지 break에서 goto로 바꾼 것뿐인데 동작에 이렇게 큰 차이를 보이는 이유는 무엇일까?

▫ 프로그램이 끝나지 않으니 만약 코드를 실행했다면 Ctrl + C 를 눌러 강제로 종료하자.

goto 문은 반복문을 탈출하거나 건너뛰는 것이 아니라 특정 구간으로 이동하는 명령이기 때문이다. 다음 그림을 보자.

```
loop:
  for i := 0; i < 5; i++ {
      for j := 0; j < 3; j++ {
          fmt.Printf("i=%d, j=%d\n", i, j)
          if j == 1 {
              goto loop
          }            loop라는 이름의 레이블 영역으로 이동
      }
  }
```

안쪽 반복 구간 / 바깥쪽 반복 구간

레이블을 이용한 순서 제어 예시

그림처럼 goto 문을 만나면 실행 흐름이 지정한 레이블로 이동한다. 예에서는 goto 다음에 loop라는 레이블을 지정했으므로 해당 위치로 이동한다. 그런데 loop라는 레이블은 첫 번째 반복문 앞에 지정했다. 따라서 goto 문으로 loop 레이블로 이동한 후 for 문이 다시 실행되어 i 변수가 0으로 초기화된다. 즉, 반복문의 탈출 조건을 절대로 만족하지 못하므로 반복문이 끝나지 않게 된다.

한 가지 예를 더 보자. 다음 코드는 goto 문을 사용하여 관심사를 물어보는 프로그램을 작성한 예다. 08행과 19행, 33행에는 각각 askYesOrNo, askProgramExit, exit라는 레이블이 있다. 코드를 실행해 보면 사용자에게 입력을 받고 그에 따라 프로그램을 즉시 종료하거나 질문의 내용을 바꿔 가며 입력받는다.

Do it! goto 문 활용하기   ch08/iterations/basic_goto/basic_goto.go

```go
01: package main
02:
03: import "fmt"
04:
05: func main() {
06:     var answer, name string
07:
08: askYesOrNo:
09:     fmt.Print("혹시 관심 있는 연예인이나 가수가 있나요? (네/아니요): ")
10:     fmt.Scanf("%s\n", &answer)
11:
12:     if answer == "아니요" {
13:         goto askProgramExit
14:     }
15:
16:     fmt.Print("이름이 무엇인가요?: ")
17:     fmt.Scanf("%s\n", &name)
18:
19: askProgramExit:
20:     if name == "" || name == "아니요" {
21:         var programExitAnswer string
22:         fmt.Print("그러면 프로그램을 끝낼까요? (네/아니요): ")
23:         fmt.Scanf("%s\n", &programExitAnswer)
24:
25:         if programExitAnswer == "네" {
26:             goto exit
27:         }
```

```
28:            goto askYesOrNo
29:        }
30:
31:        fmt.Printf("%s님이군요. 관심사를 알려 주어 고마워요!\n", name)
32:
33: exit:
34: }
```

실행 결과

혹시 관심 있는 연예인이나 가수가 있나요? (네/아니요): 아니요 Enter
그러면 프로그램을 끝낼까요? (네/아니요): 아니요 Enter
혹시 관심 있는 연예인이나 가수가 있나요? (네/아니요): 네 Enter
이름이 무엇인가요?: 아이유 Enter
아이유님이군요. 관심사를 알려 주어 고마워요!

goto는 반복문이 아니어도 사용할 수 있다. 다만 코드의 흐름 자체를 바꾸기 때문에 남용하면 코드를 읽고 실행 흐름을 파악하기가 어려워진다. 따라서 goto 문은 신중하게 사용하는 것이 좋다.

goto 문을 사용할 수 없는 제약도 있다. 다음 코드를 살펴보자.

Do it! goto 문 사용 제약 ch08/iterations/goto_limitation/goto_limitation.go

```
01: package main
02:
03: import "fmt"
04:
05: func main() {
06:     fmt.Println("10번째 행로 이동")
07:     goto inside_loop
08:
09:     for i := 0; i < 5; i++ {
10: inside_loop:
11:         fmt.Printf("%d번째 반복문\n", i)
12:     }
13: }
```

> **실행 결과**
>
> 오류 메시지: goto inside_loop jumps into block starting

07행에서 goto 문을 이용해 10행인 for 문 안쪽으로 이동하도록 했다. 그러나 이 프로그램은 오류가 발생한다. 오류 메시지를 보면 goto 문으로 이동할 곳이 09행에서 시작하는 블록의 안쪽이라서 이동할 수 없다는 의미다.

정리하면 goto 문은 바깥에서 블록의 안쪽에 있는 코드로 진입하려고 할 때 오류가 발생한다.

08-3 | 구구단 프로그램 만들기

지금까지 break와 continue, goto 문의 특징과 차이점을 배웠다. 또한 중첩 반복문을 정의해서 반복문을 응용할 수 있는 코드를 살펴보았는데, 이를 이용해서 구구단을 출력하는 프로그램을 작성해 보자.

구구단 출력기의 동작을 정리하면 다음과 같다.

- 사용자에게 정수형 숫자를 입력받는다.
- 만약 숫자가 0이면 프로그램을 종료한다.
- 만약 숫자가 2~9 범위이면 해당 단을 출력하고, 아니면 2~9단을 모두 출력한다.

이렇게 동작하는 프로그램을 작성해 보자. 다음은 필자가 작성해 본 예다. 자신이 작성한 것과 비교해 보자.

Do it! 구구단 출력기   ch08/iterations/basic_nested_for/basic_nested_for.go

```go
01: package main
02:
03: import "fmt"
04:
05: // 특정 단 출력 함수
06: func displayMultiplicationTableAt(tableIndex int) {
07:     for i := 1; i <= 9; i++ {
08:         fmt.Printf("%dx%d = %d\n", tableIndex, i, tableIndex*i)
09:     }
10: }
11:
12: // 2~9단 출력 함수
13: func displayMultiplicationTableAll() {
14:     for i := 2; i <= 9; i++ {
15:         displayMultiplicationTableAt(i)
16:         fmt.Print("\n")
17:     }
18: }
19:
20: func main() {
21:     // 사용자에게 입력받은 정수를 저장할 변수
```

```
22:     var tableStartIndex int
23:
24:     // 프로그램 시작 문구
25:     fmt.Println("================")
26:     fmt.Println("구구단 프로그램")
27:     fmt.Println("================")
28:
29:     // 사용자에게 몇 단을 출력할지 묻는 문구
30:     fmt.Print("몇 번째 구구단을 출력할까요? ")
31:     fmt.Print("(0: 프로그램 종료): ")
32:
33:     // 사용자에게 정수 입력받기
34:     fmt.Scanf("%d\n", &tableStartIndex)
35:
36:     // 입력받은 정수가 0이면 프로그램 종료
37:     if tableStartIndex == 0 {
38:         fmt.Println("프로그램을 종료합니다.")
39:         return
40:     }
41:
42:     if tableStartIndex >= 2 && tableStartIndex <= 9 {
43:         // 입력받은 정수가 2~9이면 특정 단 출력
44:         displayMultiplicationTableAt(tableStartIndex)
45:     } else {
46:         // 입력받은 정수가 2~9 이외이면 전체 구구단 출력
47:         displayMultiplicationTableAll()
48:     }
49: }
```

main() 함수 외에 2가지 함수를 작성했다. 먼저 2단, 5단처럼 특정 단을 출력하는 `displayMultiplicationTableAt()` 함수(이하 '특정 단 출력 함수')와 2~9단까지 전체 구구단을 출력하는 `displayMultiplicationTableAll()` 함수(이하 '전체 단 출력 함수')이다.

34행에서 사용자에게 정수형 숫자를 입력받고 `tableStartIndex` 변수에 저장한다. 이 값이 0이면 37행의 `if` 문 안쪽 코드를 실행하며, 39행의 `return` 문을 만나 프로그램을 종료한다. `return` 예약어는 가장 가까운 함수를 종료하고 함수를 호출한 함수(부모 함수)에 값을 반환한다. 39행에서는 `return` 문에 별다른 값을 지정하지 않았으므로 값을 반환하지는 않는다. 또한 `main()` 함수를 호출한 부모 함수는 없으므로 프로그램이 종료된다.

만약 사용자가 2~9 사이의 값을 입력하면 42행 `if` 문의 안쪽 코드가 실행되어 특정 단 출력 함수가 호출된다. 이때 사용자에게 입력받은 값을 인자로 넘긴다. 06행에 정의된 특정 단 출력 함수는 `tableIndex`라는 매개변수로 인자를 넘겨받고 총 9번 반복하는 반복문으로 해당하는 단을 출력한다.

만약 사용자가 2~9 이외의 값을 입력하면 47행이 실행되어 전체 단 출력 함수가 호출된다. 이 함수는 매개변수가 없으므로 호출할 때 인자를 전달하지 않는다. 13행에 정의된 전체 단 출력 함수는 2~9까지 모든 단을 출력해야 하는데 이때 특정 단 출력 함수를 활용한다. 즉, 2~9까지 반복하면서 해당 값을 인자로 특정 단 출력 함수를 호출한다. 그런데 특정 단 출력 함수에도 반복문이 있으므로 반복문이 중첩되는 효과가 있다. 전체 단 출력 함수의 반복 횟수는 2~9까지 8번, 특정 단 출력 함수의 반복 횟수는 1~9까지 9번이므로 총 72(8×9)번 반복하여 모든 단을 출력한다.

실행 결과

```
================
구구단 프로그램
================
몇 번째 구구단을 출력할까요? (0: 프로그램 종료): 3 [Enter]
3x1 = 3
3x2 = 6
3x3 = 9
3x4 = 12
3x5 = 15
3x6 = 18
3x7 = 21
3x8 = 24
3x9 = 27
```

실행 결과

```
================
구구단 프로그램
================
몇 번째 구구단을 출력할까요? (0: 프로그램 종료): 10 [Enter]
2x1 = 2
... (생략) ...
9x9 = 81
```

사용자가 2~9 이외의 값(10)을 입력했으므로 전체 단 출력

아하! 그렇구나! Go 언어는 while 문을 지원하지 않는다

Go에서는 C나 C++, 자바처럼 다른 프로그래밍 언어에서 제공하는 while 반복문을 제공하지 않는다. 대신 for 문을 조건문만 있는 형태로 작성할 수 있다. 예를 들어 다음 코드는 for 문을 다른 언어의 while 문처럼 사용한 예다. Go 언어는 이처럼 for 문 하나만으로도 충분해서 다른 반복문을 지원하지 않는다.

```
i := 0
for i < 5 {
    fmt.Println(i)
    i++
}
```

이 장의 핵심 요약

이번 장에서는 반복문을 활용하여 프로그램의 실행 흐름을 제어하는 방법을 살펴봤다. 또한 여러 변수를 동시에 다루거나 반복 중 특정 조건에 따라 break나 continue 문을 사용해 반복을 제어하는 방법도 함께 살펴봤다.

이어서 중첩 반복문에서는 레이블을 활용해 바깥쪽 반복문까지 한꺼번에 탈출하는 기법과 goto 문을 사용할 때 주의 사항도 알아봤다. 마지막으로 구구단 출력 프로그램을 작성해 보면서 사용자의 입력에 따라 특정 단이나 전체 구구단을 출력하도록 조건문과 반복문을 조합했다.

둘째마당

실무에서 자주 쓰는 Go의 기능과 구조

09 ▸▸ 자료구조
10 ▸▸ 객체지향 프로그래밍
11 ▸▸ 입출력 프로그래밍
12 ▸▸ 오류 처리
13 ▸▸ 동시성 프로그래밍
14 ▸▸ 동시성 제어 기법
15 ▸▸ 제네릭

09
자료구조

자료구조는 자료를 효율적으로 관리하고 저장하는 방법을 의미한다. Go 언어는 다른 프로그래밍 언어와 마찬가지로 다양한 자료구조를 구현할 수 있는 유용한 함수들을 제공한다. 이번 장에서는 Go 언어가 제공하는 여러 가지 자료구조를 살펴보고, 이를 활용하여 프로그램을 구현해 보자.

09-1 ▶ 배열
09-2 ▶ 슬라이스
09-3 ▶ 맵
09-4 ▶ 구조체

09-1 | 배열

프로그래밍을 진행하다 보면 같은 유형의 값을 여러 개 저장해야 할 때가 있다. 예를 들어 5명의 이름을 저장하고 그중에서 무작위로 한 명을 선택하여 점심값을 낼 사람을 결정하는 프로그램을 만든다고 가정해 보자.

Do it! 개별 변수로 구현하기 ch09/data_structures/basic_array/basic_array.go

```go
01: package main
02:
03: import (
04:     "fmt"
05:     "math/rand"
06: )
07:
08: func main() {
09:     var name1, name2, name3, name4, name5 string
10:
11:     for i := 0; i < 5; i++ {
12:         var name string
13:         fmt.Printf("%d번째 사람의 이름을 입력해주세요: ", i + 1)
14:         fmt.Scanf("%s\n", &name)
15:         switch i {
16:         case 0:
17:             name1 = name
18:         case 1:
19:             name2 = name
20:         case 2:
21:             name3 = name
22:         case 3:
23:             name4 = name
24:         case 4:
25:             name5 = name
26:         }
27:     }
28:
29:     randomNumber := rand.Intn(5)
30:
31:     var targetPeople string
```

```
32:     switch randomNumber {
33:     case 0:
34:         targetPeople = name1
35:     case 1:
36:         targetPeople = name2
37:     case 2:
38:         targetPeople = name3
39:     case 3:
40:         targetPeople = name4
41:     case 4:
42:         targetPeople = name5
43:     }
44:
45:     fmt.Print("\n")
46:     fmt.Printf("이번 점심값은 %s님이 냅니다!\n", targetPeople)
47: }
```

> **실행 결과**
>
> 1번째 사람의 이름을 입력해주세요: 손나은 `Enter`
> 2번째 사람의 이름을 입력해주세요: 박초롱 `Enter`
> 3번째 사람의 이름을 입력해주세요: 윤보미 `Enter`
> 4번째 사람의 이름을 입력해주세요: 정은지 `Enter`
> 5번째 사람의 이름을 입력해주세요: 김남주 `Enter`
>
> 이번 점심값은 박초롱님이 냅니다!

사용자에게 5명의 이름을 입력받아 저장해야 하므로 각각을 문자열 변수로 선언했다. 이후 12~26행에서 임시 변수 name을 이용해 사용자에게 이름을 입력받고 switch 문을 통해 각 변수에 저장했다. 이 작업은 5명의 이름을 입력받을 때까지 반복된다.

31행에서는 무작위 수를 생성하는데, rand 패키지를 활용했다. rand.Intn() 함수는 '0~인자로 전달한 수 − 1'의 범위 내에서 무작위 정수를 반환한다. 예를 들어 rand.Intn(5)처럼 호출하면 0~4까지의 정수를 생성한다. 이렇게 만든 무작위 수를 randomNumber 변수에 저장하고, 32~43행에서는 switch 문으로 점심값을 낼 사람의 이름을 targetPeople 변수에 저장한 후 48행에서 출력했다.

그런데 이 소스는 변수를 여러 개 선언해야 하고 비슷한 패턴의 코드가 반복되므로 비효율적이다. 이는 배열을 사용함으로써 간단하게 개선할 수 있다. 배열을 활용하면 중복되는 코드를 줄이고 데이터 관리와 접근이 훨씬 간편해진다. 다음 코드는 앞선 프로그램을 배열을 사용해 개선해 본 것이다. 실행 결과는 같다.

Do it! 배열로 구현하기 ch09/data_structures/array_version/array_version.go

```go
01: package main
02:
03: import (
04:     "fmt"
05:     "math/rand"
06: )
07:
08: func main() {
09:     var nameArray [5]string
10:
11:     for i := 0; i < 5; i++ {
12:         fmt.Printf("%d번째 사람의 이름을 입력해주세요: ", i + 1 )
13:         fmt.Scanf("%s\n", &nameArray[i])
14:     }
15:
16:     randomNumber := rand.Intn(len(nameArray))
17:
18:     fmt.Print("\n")
19:     fmt.Printf("이번 점심값은 %s님이 냅니다!\n", nameArray[randomNumber])
20: }
```

앞선 소스와 비교해 확연히 간결해졌음을 알 수 있다. 먼저 배열을 선언하는 방법은 다음과 같다. var 예약어 다음에 배열의 이름을 작성하고 배열에 저장할 데이터의 개수, 즉 배열의 크기를 나타내는 정수형 숫자를 대괄호로 감싼다. 마지막에는 저장할 데이터의 자료형을 명시한다.

배열 선언 형식

var 이름 [크기]자료형

09행에서 nameArray 변수를 [5]string 형태로 선언했다. 이 배열에는 5개의 문자열을 저장할 수 있다. 배열은 메모리 공간이 고정되며 이후에 크기를 변경할 수 없다.

13행에서 사용자가 입력한 문자열을 nameArray 변수에 저장한다. 배열의 인덱스는 0부터 시작하며 nameArray[i]와 같은 표현으로 배열의 i번째에 있는 값을 참조할 수 있다. &nameArray[i]는 nameArray 배열의 i번째 위치의 메모리 주소를 나타내며, 이곳에 사용자로부터 입력받은 값을 저장한다.

16행에서는 rand.Intn() 함수의 인자로 상수가 아닌 len(nameArray) 함수를 사용한다. len() 함수는 배열의 길이를 반환하며 여기서는 5를 반환한다. 이 값을 사용하여 0~4까지의 무작위 정수를 생성하고 이를 randomNumber 변수에 저장한다.

마지막으로 19행에서는 배열의 인덱스를 사용하여 점심값을 낼 사람의 이름을 출력한다. nameArray[randomNumber] 코드는 randomNumber에 해당하는 배열의 값을 참조한다. 이처럼 배열은 인덱스를 이용해 배열의 특정 위치에 값을 저장하거나 참조할 수 있다.

아하! 그렇구나! 배열의 인덱스

배열에서 특정 위치를 나타내는 번호를 인덱스(index)라고 한다. 배열에 저장된 값은 '배열[인덱스]' 형태로 접근할 수 있으며, 인덱스는 0부터 시작한다. 인덱스에는 정수나 정수형 변수를 사용할 수 있다.

09-2 | 슬라이스

슬라이스slice는 앞 절에서 다룬 배열과 더불어 Go 언어에서 자주 활용하는 자료구조다. 슬라이스는 같은 자료형의 여러 값을 저장할 수 있는 동적 배열이다. 둘은 유사한 점이 많지만 슬라이스는 배열과 달리 크기를 유연하게 조정할 수 있으며 배열을 참조하거나 배열의 일부분을 조작하는 데 사용한다.

▶ 배열과 슬라이스의 차이점

앞 절에서 배운 것처럼 배열은 고정된 크기로 같은 자료형의 요소를 연속해서 저장하는 자료구조다. 배열의 크기는 배열을 선언할 때 정해지며 이후에는 변경할 수 없다. 배열의 메모리 공간은 연속해서 할당되며 각 요소는 인덱스로 접근할 수 있다.

다음 코드는 크기가 6인 정수 배열을 선언하고 각 요소를 1~6까지 초기화한다.

T 배열 선언과 초기화

```
var arr [6]int = [6]int{1, 2, 3, 4, 5, 6}
또는
arr := [6]int{1, 2, 3, 4, 5, 6}
```

이렇게 선언한 arr 배열은 6개의 정수를 연속해서 저장하며 각 요소는 인덱스 0~5로 접근할 수 있다.

arr[0]	arr[1]	arr[2]	arr[3]	arr[4]	arr[5]
1	2	3	4	5	6

arr 배열 구조

반면에 슬라이스는 배열의 부분 집합을 동적으로 참조하는 자료구조다. 슬라이스는 내부 포인터를 이용해 배열의 특정 부분을 가리키며 배열의 원소를 가변으로 다룰 수 있다. 이를 통해 배열의 데이터를 효율적으로 관리하고 조작할 수 있다.

다음 코드는 1~6까지의 정수를 가지는 슬라이스를 선언한다.

슬라이스 선언과 초기화
`slice := []int{1, 2, 3, 4, 5, 6}`

이렇게 선언한 슬라이스는 내부적으로 다음과 같은 구조를 가진다.

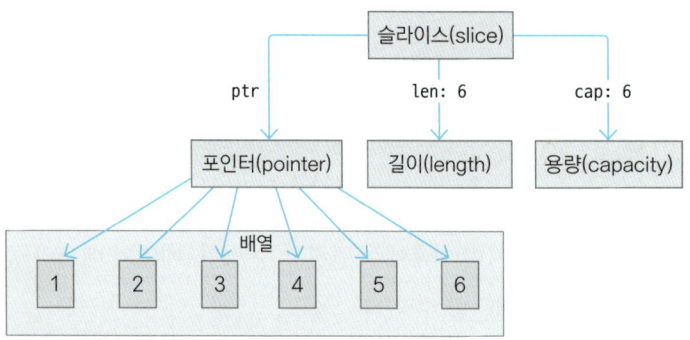

슬라이스의 메모리 구조

- **슬라이스의 요소**: 슬라이스는 내부 배열을 참조하여 값을 저장한다. []int{1, 2, 3, 4, 5, 6}으로 초기화한 슬라이스는 값이 1, 2, 3, 4, 5, 6인 배열을 참조한다.
- **포인터**: 슬라이스는 배열의 시작 주소를 가리키는 포인터를 가지고 있다. 이 주소를 통해 슬라이스는 배열의 실제 데이터를 참조할 수 있다.
- **길이**: 길이는 슬라이스의 요소 수를 나타낸다. 이 예에서 길이는 6으로, 슬라이스가 6개의 요소를 포함하고 있음을 의미한다. 슬라이스의 길이는 인덱스로 접근할 수 있는 범위를 정의한다. 예를 들어 slice[0]에서 slice[5]까지 접근할 수 있으며, slice[6] 같은 인덱스 접근은 범위를 벗어나므로 오류가 발생한다.
- **용량**: 용량은 슬라이스가 참조하는 배열의 총 요소 수를 나타낸다. 슬라이스는 이 용량만큼 배열을 참조할 수 있다. []int{1, 2, 3, 4, 5, 6}처럼 리터럴 값으로 직접 초기화한 슬라이스는 선언할 때 길이와 용량이 같다는 특징이 있으며 예에서는 용량이 6으로 길이와 같다.

다음은 앞 절에서 작성한 소스에서 배열을 슬라이스로 변경한 것이다. 09행에서 `make([]string, 5)` 코드는 문자열 5개를 저장할 수 있는 슬라이스를 생성한다. 실행 결과는 배열을 사용할 때와 같다.

> **Do it!** 슬라이스 구현하기   ch09/data_structures/slice_version/slice_version.go

```go
01: package main
02:
03: import (
04:     "fmt"
05:     "math/rand"
06: )
07:
08: func main() {
09:     nameSlice := make([]string, 5)
10:
11:     for i := 0; i < 5; i++ {
12:         fmt.Printf("%d번째 사람의 이름을 입력해주세요: ", i + 1)
13:         fmt.Scanf("%s\n", &nameSlice[i])
14:     }
15:
16:     randomNumber := rand.Intn(len(nameSlice))
17:
18:     fmt.Print("\n")
19:     fmt.Printf("이번 점심값은 %s님이 냅니다!\n", nameSlice[randomNumber])
20: }
```

▶ make() 함수로 슬라이스 초기화하기

make()는 슬라이스, 맵map, 그리고 채널channel을 초기화하는 내장 함수다. 보통 슬라이스 변수를 정의할 때는 make() 함수를 이용한다. make() 함수는 다음처럼 정의되어 있다. 여기서 첫 번째 매개변수는 할당할 자료형이고, 두 번째 매개변수는 정수형 타입의 크기를 받는다. size ...IntegerType에서 ... 형태의 접두어가 붙었는데, 이는 매개변수를 개수에 제한 없이 받을 수 있다는 의미다.

---

make() 함수

```
func make(t Type, size ...IntegerType) Type
```

그러나 `make()` 함수를 이용해 슬라이스를 초기화할 때는 형식이 조금 다르다. 앞의 정의는 슬라이스 외에도 맵과 채널을 초기화하기 위해 범용으로 사용하는 형태이며, 슬라이스를 정의할 때는 다음과 같은 형태로 사용된다.

슬라이스용 make() 함수 호출 형식
`make([]T, length, capacity)`

여기서 T는 슬라이스에 담을 요소의 자료형이고, `length`는 슬라이스의 길이, `capacity`는 슬라이스의 용량(선택 사항)이다.

예를 들어 길이와 용량이 10인 정수형 슬라이스를 초기화하려면 다음처럼 사용한다.

길이와 용량이 10인 정수형 슬라이스 초기화
`s := make([]int, 10)`

또는 다음처럼 용량을 명시할 수도 있다.

길이가 10 용량이 20인 정수형 슬라이스 초기화
`s := make([]int, 10, 20)`

▶ 슬라이스 동적 확장

슬라이스는 배열과 달리 동적으로 크기를 조절할 수 있다. 다음은 슬라이스의 동적 확장 기능을 활용한 예다.

Do it! 슬라이스의 동적 확장 기능 ch09/data_structures/slice_version_only/
slice_version_only.go

```
01: package main
02:
03: import (
04:     "fmt"
05:     "math/rand"
06: )
07:
```

```go
08: func main() {
09:     var nameSlice []string
10:     var name string
11:
12:     for i := 0; name != "exit"; i++ {
13:         fmt.Printf("%d번째 사람의 이름을 입력해주세요: ", i + 1)
14:         fmt.Scanf("%s\n", &name)
15:         if name == "exit" {
16:             break
17:         }
18:         nameSlice = append(nameSlice, name)
19:     }
20:
21:     randomNumber := rand.Intn(len(nameSlice))
22:
23:     fmt.Print("\n")
24:     fmt.Printf("이번 점심값은 %s님이 냅니다!\n", nameSlice[randomNumber])
25: }
```

실행 결과

```
1번째 사람의 이름을 입력해주세요: 박초롱 [Enter]
2번째 사람의 이름을 입력해주세요: 윤보미 [Enter]
... (생략) ...
6번째 사람의 이름을 입력해주세요: 오하영 [Enter]
7번째 사람의 이름을 입력해주세요: exit [Enter]

이번 점심값은 손나은님이 냅니다!
```

기존에는 5개로 고정된 공간에 5명의 이름을 입력받았지만, 이 소스는 이름을 입력받을 때마다 빈 슬라이스를 확장하면서 사용자가 원하는 양만큼 슬라이스에 저장한다.

09행 코드를 보면 []string처럼 배열을 정의할 때 사용하는 형식에서 대괄호 안에 크기를 지정하지 않은 것을 볼 수 있다. 이런 형태를 빈 슬라이스empty slice라고 한다. 이 상태에서는 변수를 담을 수 있는 메모리 공간이 아직 할당되지 않는다.

그리고 18행에서 append()라는 내장 함수를 사용하는데, 이 함수는 첫 번째 매개변수로 전달받은 슬라이스에 두 번째 매개변수로 전달받은 값을 추가한 후 확장된 슬라이스를 반환한다. 여기서는 nameSlice에 name 문자열 변수를 추가한 슬라이스를 다시 nameSlice에 저장하는 형태로 슬라이스 공간을 늘리고 있다.

이로써 실행 결과를 보면 이름을 5개 이상으로 입력할 수 있다. 사용자가 exit라는 문자열을 입력하기 전까지 이름을 계속 입력할 수 있다. 이처럼 슬라이스는 배열과 다르게 처음에 정의한 공간보다 더 확장해서 사용할 수 있다.

▶ 슬라이싱

슬라이스는 배열의 시작점과 길이를 조정하여 부분 집합을 참조하거나 전체를 참조할 수 있다. 이러한 특징을 이용하여 **슬라이스의 부분 집합에 해당하는 서브 슬라이스를 만들 수 있다.** 이를 슬라이싱slicing이라고 한다. 이때 시작 인덱스와 끝 인덱스를 지정하여 원하는 범위의 요소를 가져올 수 있다.

예를 들어 길이가 6인 슬라이스에서 요소를 3개 추출하여 새로운 변수를 정의하려면 다음처럼 작성할 수 있다.

Do it! 슬라이싱　　　　　　　　　　　　　　　　　ch09/data_structures/slicing/slicing.go

```go
01: package main
02:
03: import "fmt"
04:
05: func main() {
06:     // 6 길이를 가지는 리터럴 슬라이스
07:     original := []int{1, 2, 3, 4, 5, 6}
08:
09:     // 두 번째 요소부터 네 번째 요소까지의 값을 슬라이싱
10:     slicing := original[1:4]
11:
12:     fmt.Println("==========================================")
13:     fmt.Println("[original]")
14:     fmt.Printf("len: %d, cap: %d\n", len(original), cap(original))
15:     fmt.Printf("value: %v\n", original)
16:     fmt.Println("==========================================")
17:     fmt.Print("\n")
18:
19:     fmt.Println("==========================================")
20:     fmt.Println("[slicing]")
21:     fmt.Printf("len: %d, cap: %d\n", len(slicing), cap(slicing))
22:     fmt.Printf("value: %v\n", slicing)
23:     fmt.Println("==========================================")
24: }
```

> **실행 결과**
>
> ```
> ==========================================
> [original]
> len: 6, cap: 6
> value: [1 2 3 4 5 6]
> ==========================================
>
> ==========================================
> [slicing]
> len: 3, cap: 5
> value: [2 3 4]
> ==========================================
> ```

이 소스에서 original[1:4] 코드는 original 슬라이스의 두 번째 요소부터 네 번째 요소까지를 포함하는 서브 슬라이스를 생성한다. 따라서 인덱스 1~3까지의 원소가 포함되며, slicing의 값은 [2, 3, 4]가 된다.

14행과 21행의 출력문에 사용한 len()과 cap() 함수는 각각 슬라이스의 길이와 용량을 반환한다. 출력 결과를 보면 slicing의 길이는 3이며 용량은 5다. 용량이 5인 이유는 슬라이스가 원본 배열의 1번 인덱스부터 배열의 끝까지를 참조하기 때문이다. 즉, original 배열의 1~5번째 원소까지를 참조하므로 용량은 5가 된다.

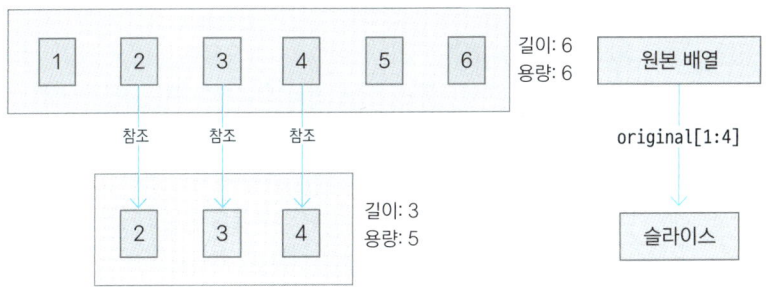

메모리 관점에서 슬라이스 길이와 용량 차이

슬라이스 slicing := original[1:4]를 선언할 때 slicing은 원본 배열의 1번 인덱스에 해당하는 메모리 주소를 참조하게 된다. 이 슬라이스의 용량은 포인터 시작 지점부터 배열의 끝까지를 포함한다. 따라서 original 배열의 인덱스 2~6까지를 포함하여 총 용량은 5다. 따라서 슬라이스의 길이는 3, 용량은 5다.

이러한 슬라이스의 메모리 참조와 용량 계산 방식은 효율적인 메모리 사용을 이해하는 데 중요하다.

▶ range 예약어 사용하기

Go 언어에서 range 예약어를 사용하면 슬라이스와 반복문을 함께 사용할 때 코드를 더 간결하고 직관적으로 작성할 수 있다. 다음은 5개 과목의 점수를 입력받아 평균을 내는 코드다. range 예약어를 사용하지 않았을 때와 사용했을 때를 비교해 보자.

Do it! range 예약어 사용 전   ch09/data_structures/without_range/without_range.go

```go
01: package main
02:
03: import "fmt"
04:
05: func main() {
06:     score := make([]int, 5)
07:
08:     // 사용자에게 5 과목의 점수 입력
09:     for i := 0; i < len(score); i++ {
10:         fmt.Printf("%d번째 과목 점수를 입력하세요: ", i + 1)
11:         fmt.Scanf("%d\n", &score[i])
12:     }
13:     fmt.Println("===========================")
14:
15:     // 모든 슬라이스 요소를 반복하며 평균 점수 계산
16:     sumScore := 0
17:     for i := 0; i < len(score); i++ {
18:         sumScore += score[i]
19:     }
20:     meanScore := float64(sumScore) / float64(len(score))
21:     fmt.Printf("당신의 점수 평균은 %.2f입니다.\n", meanScore)
22: }
```

> **실행 결과**
>
> 1번째 과목 점수를 입력하세요: 94 [Enter]
> 2번째 과목 점수를 입력하세요: 90 [Enter]
> 3번째 과목 점수를 입력하세요: 92 [Enter]
> 4번째 과목 점수를 입력하세요: 90 [Enter]
> 5번째 과목 점수를 입력하세요: 91 [Enter]
> ===========================
> 당신의 점수 평균은 91.40입니다.

이 코드에서 09행의 for 문은 슬라이스 score의 각 요소를 반복하며 사용자에게 값을 입력받아 해당 요소에 저장한다. score는 길이 5의 정수형 슬라이스로 선언했으므로 반복문은 총 5번 실행된다. 모든 요소에 입력이 완료되면 17행에서 또 다른 for 문으로 각 요소의 값을 누적해 평균 점수를 계산한다. 이때 int형으로 나누면 소수점 자리가 손실될 수 있으므로 float64형으로 변환해서 나눗셈을 수행한다. 그리고 21행에서 평균값을 소수점 두 자리까지 출력한다.

다음은 같은 프로그램을 range 예약어를 사용하는 꼴로 변경한 것이다. 실행 결과는 같으므로 생략했다.

Do it! range 예약어 사용 ch09/data_structures/basic_range/basic_range.go

```go
01: package main
02:
03: import "fmt"
04:
05: func main() {
06:     score := make([]int, 5)
07:
08:     // 사용자에게 5 과목의 점수 입력
09:     for i := range score {
10:         fmt.Printf("%d번째 과목 점수를 입력하세요: ", i + 1)
11:         fmt.Scanf("%d\n", &score[i])
12:     }
13:     fmt.Println("===========================")
14:
15:     // 모든 슬라이스 요소를 반복하며 평균 점수 계산
16:     sumScore := 0
17:     for _, scoreItem := range score {
18:         sumScore += scoreItem
```

```
19:     }
20:     meanScore := float64(sumScore) / float64(len(score))
21:     fmt.Printf("당신의 점수 평균은 %.2f입니다.\n", meanScore)
22: }
```

09행에서 for 문에 range 예약어를 사용했다. 이렇게 하면 슬라이스 score의 길이만큼 자동으로 반복하면서 인덱스를 i에 할당하여 사용할 수 있다. 이 방법은 기존의 for 문보다 더 간결하고 직관적이다. 17행의 for 문에서도 range 예약어를 사용한다. 이때 블록에서는 인덱스를 사용하지 않으므로 첫 번째 할당 변수명은 밑줄(_)을 사용하여 무시한다.

range 예약어를 활용하면 반복문을 더 간결하게 작성할 수 있으며 특히 슬라이스나 맵의 값을 처리할 때 유용하다.

> **아하! 그렇구나! 빈 식별자**
>
> Go 언어에서 밑줄(_)은 빈 식별자(blank identifier)라고 하며, 값을 의도적으로 무시하거나 버릴 때 사용한다. Go 언어는 코드가 명시적이어야 한다는 철학이 있어서 선언된 모든 변수가 코드 내에서 사용되어야 한다. 따라서 변수를 선언만 하고 사용하지 않으면 'xxx declared but not used'라는 오류가 발생한다.
> 하지만 때로는 함수가 여러 값을 반환하거나 for range 문처럼 여러 값(예 인덱스와 값)을 제공하면서 일부 값만 필요하고 나머지는 필요 없을 때가 있다. 이때 필요 없는 값을 받아야 하는 위치에 밑줄(_)을 사용하면 해당 값을 할당 즉시 버린다. 따라서 Go 컴파일러는 이 변수(_)가 사용되지 않았다고 오류를 발생시키지 않는다.

▶ append() 함수로 값 추가하기

슬라이스와 배열의 가장 큰 차이점 중 하나는 배열의 경우 크기가 한 번 정의되면 변경할 수 없다는 점이다. 반면에 슬라이스는 append() 함수를 통해 이미 정의된 슬라이스에 값을 추가하여 길이를 늘릴 수 있다.

Do it! append() 함수로 요소 추가   ch09/data_structures/append_caps/append_caps.go

```
01: package main
02:
03: import "fmt"
04:
```

```go
05: func main() {
06:     // nil 슬라이스 선언
07:     var sliceValue []int
08:
09:     fmt.Println("===============================================")
10:     fmt.Printf("요소 추가 전 sliceValue의 len: %d, cap: %d\n",
11:         len(sliceValue), cap(sliceValue))
12:     fmt.Println("===============================================")
13:
14:     var itemNumber int
15:     fmt.Print("배열에 요소 몇 개를 추가할까요?: ")
16:     fmt.Scanf("%d\n", &itemNumber)
17:
18:     for i := 0; i < itemNumber; i++ {
19:         // append 함수를 이용해서 슬라이스에 요소 추가
20:         sliceValue = append(sliceValue, i)
21:
22:         fmt.Printf("%d번 요소 추가, len: %d, cap: %d\n",
23:             i, len(sliceValue), cap(sliceValue))
24:     }
25:
26:     fmt.Println("===============================================")
27:     fmt.Printf("요소 추가 후 sliceValue의 len: %d, cap: %d\n",
28:         len(sliceValue), cap(sliceValue))
29:     fmt.Println("===============================================")
30: }
```

실행 결과

```
=========================================
요소 추가 전 sliceValue의 len: 0, cap: 0
=========================================
배열에 요소 몇 개를 추가할까요?: 20 [Enter]
0번 요소 추가, len: 1, cap: 1
1번 요소 추가, len: 2, cap: 2
... (생략) ...
18번 요소 추가, len: 19, cap: 32
19번 요소 추가, len: 20, cap: 32
=========================================
요소 추가 후 sliceValue의 len: 20, cap: 32
=========================================
```

16행에서 사용자가 입력한 숫자에 따라 슬라이스에 요소를 추가한다. 처음 `sliceValue`의 길이(len)와 용량(cap)은 모두 0이다. 사용자가 20을 입력하면 슬라이스에 20개의 요소가 추가되며, 길이는 20으로 증가한다. 그러나 용량은 초기 0에서 첫 요소가 추가될 때 1이 되고 이후 필요에 따라 일반적으로 2배씩 증가한다.

슬라이스의 용량은 슬라이스가 저장할 수 있는 요소의 개수를 의미하므로 길이보다 크거나 같아야 한다. append() 함수로 요소를 추가할 때마다 슬라이스의 길이와 용량이 함께 확장되며, 용량이 가득 차면 현재 용량의 2배로 증가한다. 예를 들어 용량이 1일 때 요소를 추가하면 길이와 용량 모두 2로 증가하고, 이후 추가된 요소에 따라 용량은 일반적으로 2배씩 증가한다.

> 이는 용량이 커질수록 그 폭이 작아지며 보통 1024보다 작은 크기일 때는 대체로 2배씩 늘어나는 경향이 있다.

append() 함수는 첫 번째 매개변수에 대상이 되는 슬라이스를, 두 번째 매개변수부터는 추가할 요소를 전달받는다. 추가할 요소를 여러 개 전달하면 한꺼번에 슬라이스에 추가할 수 있다. 다음 코드를 보자.

Do it! 요소를 한꺼번에 추가
ch09/data_structures/append_multiple/append_multiple.go

```go
01: package main
02:
03: import "fmt"
04:
05: func main() {
06:     // nil 슬라이스 sliceValue 변수 선언
07:     var sliceValue []int
08:
09:     // sliceValue 변수에 4가지 요소를 추가
10:     sliceValue = append(sliceValue, 1, 2, 3, 4)
11:
12:     // sliceValue 변숫값 출력
13:     fmt.Printf("sliceValue len: %d, cap: %d, value: %v\n",
14:         len(sliceValue), cap(sliceValue), sliceValue)
15: }
```

실행 결과
```
sliceValue len: 4, cap: 4, value: [1 2 3 4]
```

10행은 append() 함수를 사용하여 한 번에 여러 요소를 슬라이스에 추가한다. 이때 슬라이스의 길이는 추가된 요소의 개수인 4가 되며 용량도 똑같이 4로 설정된다. append() 함수는 첫 번째 매개변수로 대상 슬라이스를 받고, 그 뒤의 매개변수로 추가할 요소를 전달받으므로 여러 요소를 동시에 추가할 수 있다.

▶ copy() 함수로 복사하기

copy() 함수는 슬라이스의 내용을 다른 슬라이스로 복사하는 데 사용한다. 슬라이스를 단순히 다른 변수에 할당하는 것과는 달리, copy() 함수는 슬라이스의 요소들을 실제로 복사한다. 이 기능이 필요한 이유는 슬라이스를 대입 연산자로 할당하면 **얕은 복사**shallow copy를 수행하기 때문이다.

다음 코드는 단순히 대입 연산자로 슬라이스를 복사한 예다.

Do it! 대입 연산자로 슬라이스 복사(얕은 복사)   ch09/data_structures/copy_reference/copy_reference.go

```go
01: package main
02:
03: import "fmt"
04:
05: func main() {
06:     original := []int{1, 2, 3}
07:     reference := original
08:
09:     original[0] = 5
10:
11:     fmt.Println("=============================================")
12:     fmt.Println("[original]")
13:     fmt.Printf("len: %d, cap: %d\n", len(original), cap(original))
14:     fmt.Printf("value: %v\n", original)
15:     fmt.Println("=============================================")
16:     fmt.Print("\n")
17:
18:     fmt.Println("=============================================")
19:     fmt.Println("[reference]")
20:     fmt.Printf("len: %d, cap: %d\n", len(reference), cap(reference))
21:     fmt.Printf("value: %v\n", reference)
22:     fmt.Println("=============================================")
23: }
```

> 실행 결과

```
==========================================
[original]
len: 3, cap: 3
value: [1 2 3]
==========================================

==========================================
[reference]
len: 3, cap: 3
value: [1 2 3]
==========================================
```

이 코드에서는 reference 변수를 original로 할당했다. 이때 reference는 original 슬라이스와 같은 메모리 공간을 참조하므로 reference의 값은 original과 같다. 이처럼 슬라이스를 다른 변수에 할당할 때는 실제 데이터를 복사하는 것이 아니라, 원본 슬라이스와 같은 데이터 참조를 생성한다.

슬라이스를 다른 변수에 할당할 때 수행되는 복사는 얕은 복사다. 얕은 복사에서는 새로운 슬라이스가 원본 슬라이스와 같은 데이터 참조를 공유한다. 이로 인해 08행처럼 원본 슬라이스의 데이터가 변경되면 참조된 슬라이스의 데이터도 함께 변경된다.

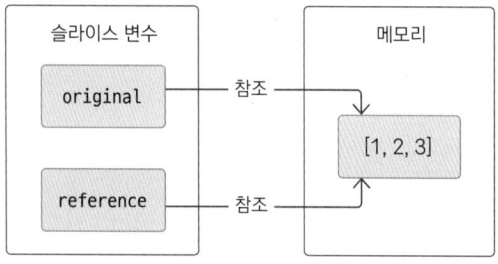

반면에 **깊은 복사**^{deep copy}는 슬라이스의 내용을 완전히 복사하여 서로 독립적인 두 슬라이스를 생성한다. 이때 두 슬라이스는 서로 다른 메모리 공간을 참조하게 되며, 하나의 슬라이스에서 데이터가 변경되더라도 다른 슬라이스에는 영향을 미치지 않는다.

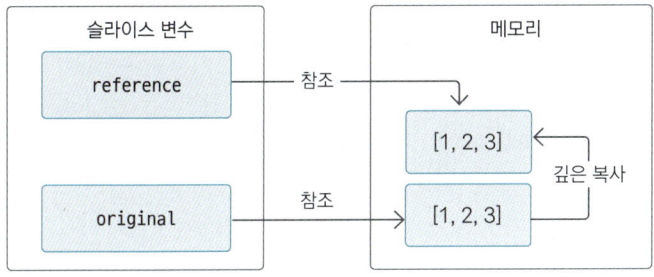

얕은 복사와 깊은 복사 차이

이름	의미	설명
얕은 복사	포인터 복사	복사 대상이 가리키는 메모리 주소를 복사하여 같은 메모리를 참조한다.
깊은 복사	값 복사	복사 대상이 가리키는 주소의 값을 참조하여 새로운 메모리 공간에 복사한다.

깊은 복사로 두 슬라이스를 독립적으로 만들려면 슬라이스의 내용을 새로운 슬라이스로 복사해야 한다. 깊은 복사는 원본 슬라이스의 데이터를 새로운 메모리 공간에 복사하여 참조하므로 두 슬라이스는 서로 독립적이다.

이처럼 슬라이스를 대상으로 깊은 복사를 수행하려면 copy() 함수를 사용한다. copy() 함수는 첫 번째 매개변수 dst가 복사 대상이고, 두 번째 매개변수 src가 복사해 올 객체다. copy() 함수는 복사된 요소의 개수를 정수형 숫자로 반환한다.

copy() 함수

```
func copy(dst, src []Type) int
```

다음은 깊은 복사를 수행하는 코드다.

Do it! copy() 함수로 슬라이스 복사(깊은 복사)　　ch09/data_structures/copy_solve/copy_solve.go

```
01: package main
02:
03: import "fmt"
04:
05: func main() {
06:     original := []int{1, 2, 3}
07:     reference := make([]int, len(original))
```

```go
08:
09:     // original에 있는 요소 값을
10:     // reference에 깊은 복사(deep copy)
11:     copy(reference, original)    // copy() 함수 사용
12:
13:     original[0] = 5
14:
15:     fmt.Println("==================================================")
16:     fmt.Println("[original]")
17:     fmt.Printf("len: %d, cap: %d\n", len(original), cap(original))
18:     fmt.Printf("value: %v\n", original)
19:     fmt.Println("==================================================")
20:     fmt.Print("\n")
21:
22:     fmt.Println("==================================================")
23:     fmt.Println("[reference]")
24:     fmt.Printf("len: %d, cap: %d\n", len(reference), cap(reference))
25:     fmt.Printf("value: %v\n", reference)
26:     fmt.Println("==================================================")
27: }
```

실행 결과

```
==========================================
[original]
len: 3, cap: 3
value: [5 2 3]
==========================================

==========================================
[reference]
len: 3, cap: 3
value: [1 2 3]
==========================================
```

이 소스에서는 copy() 함수를 사용하여 original 슬라이스의 데이터를 reference로 깊은 복사를 수행했다. 이로 인해 original의 값이 변경되더라도 reference에는 영향을 미치지 않는다. copy() 함수는 원본 슬라이스의 데이터를 새로운 슬라이스에 복사함으로써 두 슬라이스가 독립적인 메모리 공간을 참조하도록 만들어 데이터의 일관성을 유지할 수 있다.

09-3 | 맵

맵map은 배열이나 슬라이스와는 구조가 다르다. 맵은 키key와 값value 쌍으로 데이터를 저장하며 검색과 저장이 매우 효율적이다. 다음 소스를 통해 맵 자료구조의 기본 사용법을 살펴보자.

Do it! 맵 기본 사용법 ch09/data_structures/basic_map/basic_map.go

```go
01: package main
02:
03: import "fmt"
04:
05: func getRank(score int) string {
06:     switch {
07:     case score > 90:
08:         return "A"
09:     case score > 80:
10:         return "B"
11:     case score > 70:
12:         return "C"
13:     default:
14:         return "F"
15:     }
16: }
17:
18: func main() {
19:     // map 자료구조는 make(map[키_자료형]값_자료형) 형태로 할당할 수 있다.
20:     // 키는 값을 얻기 위해 사용하는 인덱스
21:     // 값은 키를 인덱스로 넣었을 때 반환하는 값
22:     mapScore := make(map[string]int)
23:
24:     for i := 0; i < 3; i++ {
25:         var subjectName string
26:         var subjectScore int
27:
28:         fmt.Print("과목 이름을 입력해주세요: ")
29:         fmt.Scanf("%s\n", &subjectName)
30:
31:         fmt.Printf("%s의 점수를 입력해주세요: ", subjectName)
32:         fmt.Scanf("%d\n", &subjectScore)
33:
```

```
34:            mapScore[subjectName] = subjectScore
35:        }
36:
37:        fmt.Print("\n")
38:        fmt.Print("============================")
39:        fmt.Print("\n")
40:
41:        // map 자료구조를 range를 이용해서 순회하면
42:        // 키와 값을 각각 name, score에 할당하여 반복한다
43:        for name, score := range mapScore {
44:            fmt.Printf("%s 과목의 등급은 %s 입니다!\n", name, getRank(score))
45:        }
46: }
```

실행 결과

```
과목 이름을 입력해주세요: 수학 [Enter]
수학의 점수를 입력해주세요: 85 [Enter]
과목 이름을 입력해주세요: 영어 [Enter]
영어의 점수를 입력해주세요: 92 [Enter]
과목 이름을 입력해주세요: 과학 [Enter]
과학의 점수를 입력해주세요: 78 [Enter]

============================
수학 과목의 등급은 B 입니다!
영어 과목의 등급은 A 입니다!
과학 과목의 등급은 C 입니다!
```

이 소스에서 mapScore 변수는 make() 함수로 생성한 맵으로, string형 키와 int형 값을 저장할 수 있다. 34행에서는 mapScore에 과목 이름을 키로, 점수를 값으로 저장했다. 슬라이스나 배열은 인덱스로 문자열을 사용할 수 없지만, 맵은 map[string]int 형태로 선언하므로 문자열 키를 사용할 수 있다.

43행의 반복문에서는 range 예약어를 사용하여 mapScore의 키와 값을 각각 name과 score 변수에 할당한 후 44행에서 등급을 출력했다. 24행의 반복문에서 키·값 쌍 총 3개가 mapScore에 저장되므로 43행의 반복문은 3회 실행된다.

맵을 정의할 때 make() 함수를 이용하지 않고 고정값을 넣는 리터럴^{literal} 형태로 정의할 수도 있다.

Do it! 키와 값을 리터럴로 정의 · ch09/data_structures/literal_map/literal_map.go

```go
01: package main
02: 
03: import "fmt"
04: 
05: func main() {
06:     literalMap := map[string]string {
07:         "Apple":    "Fruit",
08:         "Orange":   "Fruit",
09:         "Tomato":   "Vegetable",
10:         "Onion":    "Vegetable",
11:         "Cucumber": "Cumberbatch",
12:     }
13: 
14:     for name, category := range literalMap {
15:         fmt.Printf("| %-10s | %-15s |\n", name, category)
16:     }
17: }
```

▼

실행 결과

```
| Apple      | Fruit           |
| Orange     | Fruit           |
| Tomato     | Vegetable       |
| Onion      | Vegetable       |
| Cucumber   | Cumberbatch     |
```

14행의 range 문을 사용하여 literalMap의 각 항목을 name과 category 변수에 할당한 후 각 항목을 출력한다. 출력 서식을 맞추기 위해 fmt.Printf() 함수에서 서식 문자인 %-10s와 %-15s를 사용했다. 이는 문자열의 너비를 보기 좋게 조절하기 위한 방법이다.

주의할 점은 map 자료구조는 요소의 순서를 보장하지 않는다. 따라서 14행의 반복문에서 출력되는 순서는 맵을 정의할 때의 순서와 다를 수 있다. 예를 들어 Apple이 먼저 출력되지 않고 Orange가 먼저 출력될 수 있다. 이는 맵 자료구조가 순회할 때 내부적으로 순서를 보장하지 않기 때문이다.

맵은 키와 값을 쌍으로 저장하는 해시 테이블hash table 구조를 갖추고 있다. 이 구조는 키를 이용해 빠르게 값을 검색하도록 최적화되어 있으며 메모리 할당이 복잡하게 이뤄진다.

▶ 해시 테이블

해시 테이블hash table은 맵 자료구조의 내부 구현 방식 중 하나로, 데이터를 빠르게 검색할 수 있게 설계되었다. 해시 테이블의 핵심 개념은 해시 함수hash function와 충돌 처리collision handling다. 이 두 가지 개념을 이해하면 해시 테이블이 어떻게 작동하는지 명확하게 알 수 있다.

해시 함수

해시 함수는 입력된 데이터를 고정된 크기의 해시값으로 변환하는 함수다. 이 해시값은 데이터를 저장할 인덱스를 결정하는 데 사용된다. 예를 들어 문자열을 해시 함수에 넣으면 숫자 형태의 해시값이 출력된다. 이 숫자는 해시 테이블의 배열 인덱스로 사용된다. 다음 예시를 보자.

"Apple" → 해시 함수 → 3

예시에서 문자열 "Apple"이 해시 함수를 거쳐 숫자 3으로 변환된다면, "Apple"이라는 키는 해시 테이블의 3번 인덱스에 저장된다.

충돌 처리

해시 함수는 입력된 데이터를 해시값으로 바꿔 데이터를 빠르게 찾을 수 있는 고윳값으로 사용하지만, 간혹 2개 이상의 서로 다른 값이 같은 해시값으로 변환될 수 있다. 입력 데이터의 크기에는 제한이 없지만, 변환된 해시값은 고정된 크기의 값으로 나타내야 하므로 이런 충돌이 발생한다. 해시 충돌이 생긴다고 해서 데이터의 무결성 문제가 발생하지는 않으나 겹치는 영역에서 순차 탐색으로 정밀하게 찾게 된다. 이때 알고리즘 성능상 비효율이 발생하여 충돌이 자주 발생하지 않는 것이 좋다.

이러한 충돌을 해결하고자 다음과 같은 방법을 주로 사용한다.

- 체이닝(chaining): 충돌이 발생한 인덱스에 여러 값을 저장할 수 있는 리스트를 사용한다. 즉, 같은 인덱스에 충돌된 데이터들을 연결 리스트로 관리하여 해결한다.
- 오픈 어드레싱(open addressing): 충돌이 발생하면 해시 테이블 내에서 다른 빈 슬롯을 찾아 데이터를 저장하는 방식이다. 이 방법은 충돌 시 빈 자리를 찾아 데이터를 저장한다.

맵 자료구조는 해시 테이블로 구현되었으므로 해시 테이블의 장점과 단점은 맵 자료구조의 장점과 단점에 해당하며 각각 다음과 같다.

[해시 테이블의 장점]
- **빠른 데이터 검색**: 해시 테이블은 평균 O(1) 시간 복잡도로 데이터를 검색할 수 있다. 이는 해시값을 통해 직접 접근하기 때문이다.
- **효율적인 삽입과 삭제**: 해시 테이블은 삽입과 삭제 작업도 평균적으로 O(1) 시간 복잡도로 처리할 수 있다.

[해시 테이블의 단점]
- **메모리 사용**: 해시 테이블은 보통 일정량의 메모리를 미리 할당하고, 충돌 처리로 인해 실제로 사용하는 메모리보다 많은 공간을 차지할 수 있다.
- **순서 보장 없음**: 해시 테이블은 요소의 순서를 보장하지 않는다. 따라서 요소가 삽입된 순서와 상관없이 반복문을 돌릴 때 순서가 불규칙할 수 있다.

해시 테이블은 빠른 데이터 검색과 효율적인 데이터 관리를 가능하게 하는 강력한 자료구조다. 이 때문에 많은 프로그래밍 언어에서 맵과 같은 자료구조를 구현하는 데 사용된다. 해시 테이블의 기본 원리를 이해하면 맵의 작동 방식과 성능을 더욱 잘 이해할 수 있다.

아하! 그렇구나! 시간 복잡도

시간 복잡도(time complexity)는 알고리즘의 성능을 나타내는 척도 중 하나로, 입력 데이터의 크기(보통 'n'으로 표시)가 증가함에 따라 알고리즘 실행 시간이 어떻게 변하는지를 나타낸다. 즉, 알고리즘의 효율성을 표현하는 방식이다.

- **O(1)**: 상수 시간(constant time), 즉 입력 데이터의 크기(n)와 관계없이 실행 시간이 항상 일정한 때를 의미한다. 즉, 데이터가 아무리 많아져도 처리 시간은 거의 변하지 않는다. 해시 테이블에서 해시 충돌이 없는 이상적인 경우에 검색, 삽입, 삭제가 O(1)에 해당하며 가장 빠른 성능을 보여 준다.
- **O(n)**: 선형 시간(linear time), 즉 입력 데이터의 크기(n)와 실행 시간이 정비례할 때를 의미한다. 데이터가 2배 늘어나면 실행 시간도 대략 2배로 늘어난다. 배열이나 리스트에서 특정 값을 찾기 위해 모든 요소를 처음부터 끝까지 하나씩 확인하는 경우가 대표적인 O(n)이다. 해시 테이블에서 최악의 충돌이 발생하면 성능이 O(n)에 가까워질 수 있다.

09-4 | 구조체

구조체는 여러 가지 자료형을 하나의 자료형으로 묶어 정의할 수 있는 자료구조다. 구조체에서 각 자료는 **필드**field라고 하며, 각 필드는 서로 다른 자료형일 수 있다. 구조체는 서로 다른 자료형으로 구성된 필드의 집합체로 볼 수 있다.

구조체를 사용하면 관련된 데이터를 하나의 단위로 묶어 관리할 수 있어 코드의 가독성과 유지 보수성을 높이는 데 유용하다.

Do it! 구조체 기본 사용법 ch09/data_structures/basic_struct/basic_struct.go

```go
01: package main
02:
03: import "fmt"
04:
05: func main() {
06:     type Student struct {
07:         Name       string
08:         Age        int
09:         Department string
10:         Score      map[string]int
11:     }
12:
13:     student := Student{"김철수", 20, "컴퓨터공학", map[string]int{
14:         "과학": 92,
15:         "수학": 94,
16:         "영어": 95,
17:     }}
18:
19:     fmt.Printf("구조체 student: %v\n", student)
20:     fmt.Println("===========================================")
21:     fmt.Printf("name: %s\n", student.Name)
22:     fmt.Printf("age: %d\n", student.Age)
23:     fmt.Printf("department: %s\n", student.Department)
24:     fmt.Println("===========================================")
25:     fmt.Println("[과목 점수]")
26:     for name, score := range student.Score {
27:         fmt.Printf("%s: %d\n", name, score)
28:     }
29:     fmt.Println("===========================================")
30: }
```

> **실행 결과**
>
> 구조체 student: {김철수 20 컴퓨터공학 map[과학:92 수학:94 영어:95]}
> ==
> name: 김철수
> age: 20
> department: 컴퓨터공학
> ==
> [과목 점수]
> 과학: 92
> 수학: 94
> 영어: 95
> ==

06~11행에서 Student라는 구조체를 정의했다. 이 구조체의 필드는 다음과 같다.

- **Name:** 학생의 이름을 저장하는 문자열 필드
- **Age:** 학생의 나이를 저장하는 정수 필드
- **Department:** 학생이 소속 학과를 저장하는 문자열 필드
- **Score:** 과목과 점수를 저장하는 맵 필드

13~17행에서는 Student 구조체를 이용해 student라는 변수를 생성한다. 그리고 이 변수에 담을 값, 즉 Student 구조체의 각 필드값을 초기화한다. 이때 초깃값을 나열하는 순서는 구조체의 필드를 정의한 순서와 일치해야 한다. 만약 순서와 상관없이 초기화하려면 다음처럼 필드명을 명시해야 한다.

> **구조체 필드명으로 초기화(순서 상관없음)**
>
> ```
> s := Student{
>     Score: map[string]int{
>         "Math":    95,
>         "English": 88,
>         "Go":      100,
>     },
>     Department: "Computer Science",
>     Age:        21,
>     Name:       "Kim Minsoo",
> }
> ```

그리고 19행처럼 `fmt.Printf()` 함수를 사용하여 구조체 전체를 출력할 수 있으며, '**구조체_변수명.필드명**' 형식으로 접근하여 특정 필드를 출력할 수도 있다.

구조체는 이러한 방식으로 데이터를 논리적으로 묶어서 관리할 수 있게 해주며, 특히 여러 개의 관련 데이터를 하나의 단위로 묶을 때 유용하다.

일반적으로 Go 언어에서는 구조체를 응용하여 복잡한 로직을 구성한다. 구조체는 객체지향 프로그래밍에서 클래스와 유사하게 사용할 수 있다. 예를 들어 구조체에 메서드를 추가하거나 구조체를 포함하는 다른 구조체를 정의함으로써 더 복잡한 데이터 구조와 동작을 정의할 수 있다. 이러한 구조체 응용은 Go 언어의 객체지향적 특성을 활용하여 코드의 재사용성과 모듈성을 높이는 데 기여한다.

객체지향 프로그래밍에 관해서는 다음 장에서 자세히 알아본다.

📝 이 장의 핵심 요약

이번 장에서는 Go의 다양한 자료구조를 살펴봤다. 자료구조란 프로그래밍에서 자료를 효율적으로 저장하고 관리하기 위한 개념으로 특히 배열, 슬라이스, 맵, 그리고 구조체에 관해 자세히 알아봤다.

배열은 같은 자료형의 값을 고정된 크기로 연속해서 저장하는 자료구조다. 배열은 선언할 때 크기가 결정되며 이후 변경할 수 없으므로 같은 유형의 데이터를 일정 개수로 다뤄야 할 때 유용하다. 그러나 배열은 변수 선언과 유사한 패턴을 반복해야 하므로 코드가 길어지고 관리가 어려워질 수 있다.

이를 보완하기 위해 슬라이스라는 개념을 소개했다. 슬라이스는 배열과 유사하지만 크기를 동적으로 확장할 수 있어 유연하게 데이터를 저장할 수 있다. 슬라이스는 내부적으로 배열을 참조하며 길이와 용량 개념을 통해 메모리 사용을 최적화한다. 또한 슬라이싱 기법으로 기존 슬라이스의 일부분을 손쉽게 참조하는 방법도 알아봤다.

이어서 맵 자료구조를 알아보았는데, 맵은 키와 값의 쌍으로 데이터를 저장하여 빠른 검색과 삽입, 삭제가 가능한 자료구조다. 내부적으로는 해시 테이블을 기반으로 동작하며, 키로 문자열 같은 다양한 자료형을 사용할 수 있으나 요소의 순서를 보장하지 않는 특징이 있다.

마지막으로 구조체를 통해 서로 다른 자료형의 필드를 하나의 단위로 묶어서 관리하는 방법을 살펴봤다. 구조체는 관련 데이터를 하나로 통합하여 코드의 가독성과 유지·보수성을 높이며, 객체지향 프로그래밍의 클래스와 유사한 역할을 수행할 수 있다.

10
객체지향 프로그래밍

객체지향 프로그래밍은 프로그램의 기능과 데이터를 하나의 단위로 묶어서 관리하는 설계 방법이다. 복잡한 시스템을 체계적으로 구성하고 유지·보수하기 위해 각 기능을 객체라는 개념으로 분리하며, 객체 간의 상호 작용을 통해 전체 시스템이 동작하도록 한다. 이번 장에서는 구조체를 활용하여 객체를 구현하는 방법을 알아보고 인터페이스로 공통된 기능을 추상화하는 기법, 리시버로 메서드와 객체를 연결하는 방법, 그리고 구조체 임베딩을 응용하여 상속을 구현하는 방법을 알아보자.

10-1 ▶ 객체지향 개념 잡기
10-2 ▶ 메서드
10-3 ▶ 인터페이스
10-4 ▶ 리시버
10-5 ▶ 상속과 구조체 임베딩

10-1 | 객체지향 개념 잡기

프로그램을 개발하다 보면 기능이 많아질수록 서로 조건을 가지고 상호 작용하는 것이 어려워진다. 또한 기능을 확장하려고 할 때 고려해야 할 사항이 많아진다. 이러한 문제를 해결하기 위해 다양한 프로그래밍 방법론이 등장했다.

객체지향 프로그래밍 Object Oriented Programming, OOP은 프로그램 설계를 위한 방법론으로, 기능들을 묶어 하나의 객체로 관리하는 방식이다. 객체지향 프로그래밍을 통해 객체가 서로 메시지를 주고받으며 상호 작용하도록 설계하면 대규모 프로젝트에서 효율적으로 개발할 수 있다.

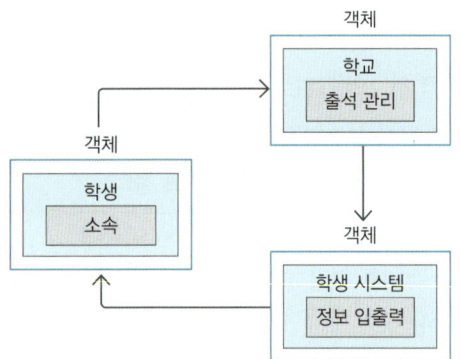

객체지향 프로그래밍에서 객체 관계

Go는 C++나 자바와 같은 전통적인 객체지향 언어와는 구별되는 접근 방식을 이용한다. Go는 메서드 오버로딩, 추상 클래스 같은 기능을 별도의 문법으로 제공하지 않으며, 대신 구조체와 메서드라는 더 단순하고 명료한 도구를 조합하여 객체지향 프로그래밍을 구현할 수 있다. 또한 Go 1.18 버전 이후부터는 타입 범용성을 위한 제네릭generics 기능도 지원하여 코드를 더 유연하게 작성할 수 있다.

▶ 객체란?

객체object는 객체지향 프로그래밍에서 프로그램을 구성하는 기본 단위로, 데이터와 이를 처리하는 기능을 함께 묶어서 관리하는 개념이다. 객체는 다음과 같은 두 가지 주요 요소를 포함한다.

- **속성(attribute)**: 객체가 가지는 데이터나 상태를 나타낸다. 예를 들어 커피라는 객체는 이름, 가격, 분류, 맛과 같은 속성을 가질 수 있다. 속성은 객체의 상태를 표현하며 객체가 가진 정보들을 저장한다.
- **메서드(method)**: 객체가 수행할 수 있는 행동이나 기능을 정의한다. 메서드는 객체의 속성을 사용하여 객체의 상태를 변경하거나 특정 기능을 구현한다. 예를 들어 커피라는 객체에는 커피를 제조하는 '커피 만들기'라는 메서드를 정의할 수 있다.

객체를 사용하면 데이터(속성)와 기능(메서드)을 하나의 단위로 묶어서 관리할 수 있어 프로그램을 더 구조적이고 관리하기 쉽게 만든다. 이를 통해 코드의 재사용성과 유지·보수성을 높일 수 있으며 복잡한 시스템을 설계하고 개발할 때 매우 유용하다.

▶ 구조체와 객체의 관계

Go 언어에서 객체는 구조체로 만든다. 구조체는 데이터 구조를 나타내는 설계도이고 이를 바탕으로 만든 실제 데이터 객체를 **인스턴스**instance라고 한다. 인스턴스란, 메모리에 실제 데이터 공간을 생성한 구체적인 객체로 이해하면 쉽다.

> 이 책에서는 객체와 인스턴스를 엄밀히 구분할 때도 있지만, 대부분의 경우에는 객체라는 단어로 통일해서 사용했다.

Go 언어에서 객체를 생성하려면 먼저 구조체를 정의한 다음 new() 함수에 전달하는 방법을 주로 사용한다. new() 함수는 매개변수로 자료형을 전달받아 메모리를 할당하고 그 주소를 가리키는 포인터를 반환한다. new() 함수에 구조체를 전달하면 함수가 반환하는 포인터로 객체에 접근할 수 있다.

new() 함수 원형

```
func new(Type) *Type
```

다음 코드는 new() 함수로 객체를 생성하는 예를 보여 준다.

Do it! new() 함수로 객체 생성 · ch10/oop/new/new.go

```
01: package main
02:
03: import "fmt"
04:
05: type Taste string
06:
07: const (
```

```
08:        Sweet        Taste = "SWEET"
09:        Bitter       Taste = "BITTER"
10:        FruitFlavor  Taste = "FRUIT"
11:        Heavy        Taste = "HEAVY"
12: )
13:
14: type Coffee struct {
15:        Name      string
16:        Price     int
17:        Category  string
18:        Taste     Taste
19: }
20:
21: func main() {
22:        coffee := new(Coffee)
23:        fmt.Println("===========================================")
24:        fmt.Printf("객체 coffee: %v\n", coffee)
25:        fmt.Println("===========================================")
26:        fmt.Printf("name: %s\n", coffee.Name)
27:        fmt.Printf("price: %d\n", coffee.Price)
28:        fmt.Printf("category: %s\n", coffee.Category)
29:        fmt.Printf("taste: %s\n", coffee.Taste)
30:        fmt.Println("===========================================")
31: }
```

실행 결과

```
===========================================
객체 coffee: &{  0   }
===========================================
name:
price: 0
category:
taste:
===========================================
```

05행의 **type**은 사용자 정의 자료형을 만드는 예약어다. 즉, `type Taste string` 코드는 문자열을 나타내는 Taste 타입을 만든다. Go 언어에서 숫자나 문자열 같이 범용으로 쓰이는 값이 아니라, 커피 맛(달콤, 씀, 과일, 무거움) 또는 소속(회사원, 학생, 무소속)처럼 특정한 값을 표현하기 위해 별도의 타입을 정의해서 사용할 수 있다. 07~12행에서 Taste 타입으로 표현할 수 있는 값을 상수(const)로 정의했다. 이러한 데이터 형태를 **열거형**enumeration이라고 한다.

14행에서는 Coffee라는 이름으로 구조체를 정의했다. 이 구조체는 이름, 가격, 구분, 맛 등의 필드를 가진다. 이렇게 정의한 구조체를 22행에서 new() 함수에 전달하고 그 반환값을 coffee라는 변수에 저장했다. new() 함수는 전달받은 자료형의 메모리를 할당하고 그 포인터를 반환하므로 여기서는 Coffee 구조체의 메모리를 할당하고 그 포인터(주솟값)를 coffee에 저장한다.

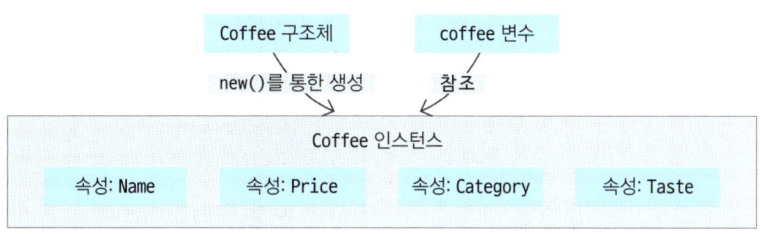

객체 메모리 할당과 포인터 참조

24행은 자료형에 따라 기본 형식으로 출력해 주는 서식 문자 %v를 이용해 coffee 객체를 출력한다. 이처럼 객체를 그대로 출력하면 &{필드값_나열} 형태로 보여 준다. 실행 결과를 보면 &{ 0 }으로 출력되었는데, 이는 22행에서 coffee 객체를 new() 함수로 생성했기 때문이다. new() 함수는 객체를 구성하는 각 필드의 데이터 형식에 따라 기본값으로 초기화해 준다. 그리고 객체의 필드값을 나열한 중괄호 {} 앞에 & 기호는 실제 coffee에 저장된 값이 메모리 주소임을 나타낸다.

▫ int는 0, string은 "", bool은 false, 포인터는 nil이다.

26~29행은 coffee 객체를 구성하는 각 필드값을 출력한다. 객체의 필드값은 **객체명.필드명** 형태로 간단하게 얻을 수 있다.

▶ 객체를 초기화하는 생성자

이번에는 객체의 각 필드를 특정 값으로 초기화하는 방법을 보자. 이전 소스 코드에 New Coffee() 함수를 추가하고, main() 함수의 내용을 수정해야 한다. NewCoffee() 함수는 객체를 생성하면서 필드값을 초기화하는 역할을 한다. NewCoffee() 함수는 Coffee 구조체의 객체를 생성하고 매개변수로 전달받은 값을 각 필드에 설정한 후 객체의 포인터를 반환한다.

NewCoffee() 함수 정의 추가

```
func NewCoffee(name string, price int, category string, taste Taste) *Coffee {
    coffee := new(Coffee)
    coffee.Name = name
    coffee.Price = price
    coffee.Category = category
    coffee.Taste = taste
    return coffee
}
```

그리고 main() 함수의 coffee 선언문에서 new() 함수 대신 NewCoffee() 함수를 호출하도록 수정한다.

coffee 선언문 수정

```
coffee := NewCoffee("아메리카노", 3000, "블랜딩 커피", Bitter)
```

변경한 전체 코드는 다음과 같다. 자신이 작성한 코드와 비교하면서 잘 변경했는지 확인해 보자.

Do it! 초기화 함수 추가　　　　　　　　　　　　　　　　　ch10/oop/coffee/coffee.go

```
01: package main
02:
03: import "fmt"
04:
05: type Taste string
06:
07: const (
08:     Sweet       Taste = "SWEET"
09:     Bitter      Taste = "BITTER"
10:     FruitFlavor Taste = "FRUIT"
11:     Heavy       Taste = "HEAVY"
12: )
13:
14: type Coffee struct {
15:     Name     string
16:     Price    int
17:     Category string
18:     Taste    Taste
19: }
```

```go
20: 
21: func NewCoffee(
22:     name string,
23:     price int,
24:     category string,
25:     taste Taste) *Coffee {
26:     coffee := new(Coffee)
27:     coffee.Name = name
28:     coffee.Price = price
29:     coffee.Category = category
30:     coffee.Taste = taste
31:     return coffee
32: }
33: 
34: func main() {
35:     coffee := NewCoffee("아메리카노", 3000, "블랜딩 커피", Bitter)
36:     fmt.Println("=============================================")
37:     fmt.Printf("객체 coffee: %v\n", coffee)
38:     fmt.Println("=============================================")
39:     fmt.Printf("name: %s\n", coffee.Name)
40:     fmt.Printf("price: %d\n", coffee.Price)
41:     fmt.Printf("category: %s\n", coffee.Category)
42:     fmt.Printf("taste: %s\n", coffee.Taste)
43:     fmt.Println("=============================================")
44: }
```

실행 결과

```
=============================================
객체 coffee: &{아메리카노 3000 블랜딩 커피 BITTER}
=============================================
name: 아메리카노
price: 3000
category: 블랜딩 커피
taste: BITTER
=============================================
```

객체를 생성할 때 필드값을 초기화하는 작업은 매우 중요하다. 이 소스에서 추가한 New Coffee() 함수는 name, price, category, taste 정보를 매개변수로 전달받아 Coffee 구조체로 만든 coffee 객체의 필드를 초기화한 후 그 객체를 가리키는 포인터를 반환한다. 25행에서 *Coffee 는 NewCoffee() 함수가 반환하는 값의 타입이 Coffee 구조체의 포인터라는 의미이다.

객체지향 프로그래밍에서 NewCoffee()처럼 객체를 생성하고 초기화하는 작업을 수행하는 함수를 **생성자**constructor라고 한다. 생성자는 객체의 초기 상태를 설정할 뿐만 아니라 객체를 생성하는 과정을 단순하게 해주므로 코드의 가독성과 유지·보수성을 높이는 역할을 한다.

다음 코드는 생성자를 이용해 여러 유형의 데이터를 독립적으로 관리하는 방법을 보여 준다.

Do it! 생성자를 활용한 객체 생성과 초기화 · ch10/oop/coffee_variations/coffee_variations.go

```go
01: package main
02:
03: import "fmt"
04:
05: type Taste string
06:
07: const (
08:     Sweet       Taste = "SWEET"
09:     Bitter      Taste = "BITTER"
10:     FruitFlavor Taste = "FRUIT"
11:     Heavy       Taste = "HEAVY"
12: )
13:
14: type Coffee struct {
15:     Name     string
16:     Price    int
17:     Category string
18:     Taste    Taste
19: }
20:
21: func NewCoffee(
22:     name string,
23:     price int,
24:     category string,
25:     taste Taste) *Coffee {
26:     coffee := new(Coffee)
27:     coffee.Name = name
28:     coffee.Price = price
29:     coffee.Category = category
30:     coffee.Taste = taste
31:     return coffee
32: }
33:
34: func main() {
35:     americano := NewCoffee("아메리카노", 3000, "블랜딩 커피", Bitter)
36:     latte := NewCoffee("카페라떼", 3500, "블랜딩 커피", Sweet)
37:     cafeMocha := NewCoffee("카페모카", 4000, "디저트 커피", Sweet)
```

```
38:     dripCoffee := NewCoffee("드립커피", 7000, "원두 커피", FruitFlavor)
39:     dutchCoffee := NewCoffee("더치커피", 5000, "더치 커피", Bitter)
40:
41:     fmt.Printf("americano: %v\n", americano)
42:     fmt.Printf("latte: %v\n", latte)
43:     fmt.Printf("cafeMocha: %v\n", cafeMocha)
44:     fmt.Printf("dripCoffee: %v\n", dripCoffee)
45:     fmt.Printf("dutchCoffee: %v\n", dutchCoffee)
46: }
```

실행 결과

```
americano: &{아메리카노 3000 블랜딩 커피 BITTER}
latte: &{카페라떼 3500 블랜딩 커피 SWEET}
cafeMocha: &{카페모카 4000 디저트 커피 SWEET}
dripCoffee: &{드립커피 7000 원두 커피 FRUIT}
dutchCoffee: &{더치커피 5000 더치 커피 BITTER}
```

Coffee 구조체는 객체를 생성하기 위한 구조를 정의하며 NewCoffee() 함수는 생성한 객체의 초깃값을 설정한다. 각 객체는 독립적인 속성과 메모리를 가지며 이는 다양한 객체를 효율적으로 관리할 수 있게 해준다. 예를 들어 아메리카노, 카페라떼, 카페모카, 드립커피, 더치커피는 모두 Coffee라는 구조체를 사용하지만, 서로 다른 객체로 생성하여 관리할 수 있다.

이처럼 객체를 이용하면 구조체의 특성을 응용하여 복잡한 자료구조를 독립적인 개념으로 추상화하여 구현할 수 있다.

> **아하! 그렇구나! Go에서는 객체를 포인터 형태로 초기화할 수 있다**
>
> Go에서는 new() 함수를 쓰지 않고도 객체를 포인터 형태로 초기화할 수 있다. 바로 리터럴 초기화와 & 연산자를 함께 쓰는 방법이다. 예를 들어 다음처럼 초기화할 수 있다. 이 방식은 Coffee 객체를 생성한 뒤 그 주소를 반환하므로 new(Coffee)와 동일하게 포인터 타입을 얻을 수 있다.

```
latte := &Coffee{
    Name:     "카페라떼",
    Price:    4000,
    Category: "Hot",
    Taste:    Taste{Sweet: 2, Bitter: 2, Sour: 1},
}
```

▶ 객체지향 프로그래밍의 장단점

객체지향 프로그래밍은 복잡한 시스템을 더 효율적으로 관리하고 확장할 수 있는 강력한 방법론이다. 이 접근 방식은 코드의 재사용성과 유지·보수성을 높이며, 프로그램의 구조를 명확하게 정의할 수 있게 해준다. 하지만 객체지향 프로그래밍에는 몇 가지 단점도 있으므로 이를 이해하고 적절하게 활용하는 것이 중요하다.

객체지향 프로그래밍의 장점

모듈화 — 데이터를 메서드와 함께 묶어 독립적인 모듈로 구성할 수 있다. 이를 통해 프로그램의 기능을 분리하고 관리할 수 있으며 유지·보수가 쉽다.

재사용성 — 구조체와 메서드를 정의한 후 이를 다양한 상황에서 재사용할 수 있다. 예를 들어 Coffee 구조체를 다양한 커피 종류를 표현하는 데 재사용할 수 있다. 이는 코드의 중복을 줄이고 개발 효율성을 높인다.

확장성 — 기존 구조체를 기반으로 새로운 구조체를 정의하여 기능을 확장할 수 있다.

캡슐화 — 객체의 내부 상태는 메서드를 통해서만 접근할 수 있도록 하여 데이터의 무결성을 유지하고 코드의 안정성을 높일 수 있다.

추상화 — 복잡한 시스템을 단순화하여 사용자에게 필요한 기능만을 제공할 수 있다.

다형성 — 다양한 구조체가 같은 인터페이스로 공통된 작업을 수행할 수 있어 코드의 유연성과 재사용성을 높인다.

객체지향 프로그래밍의 단점

복잡성 증가 — 객체의 관계가 복잡해질 수 있으며 프로그램의 구조를 이해하는 데 시간이 걸릴 수 있다. 복잡한 구조는 객체 간의 상호 작용을 파악하기 어렵게 한다.

성능 문제 — 메모리와 실행 시간 측면에서 비효율적일 수 있다. 많은 객체 간의 상호 작용이 성능 저하를 초래할 수 있으며 대규모 시스템에서는 성능 최적화가 필요할 수 있다.

학습 곡선 — 객체지향 개념을 이해하고 적용하는 데 시간이 필요할 수 있다. 특히 객체지향 프로그래밍에 익숙하지 않은 개발자는 초기 학습 과정에서 어려움을 겪을 수 있다.

결국 객체지향 프로그래밍은 장점을 최대한 활용하고 단점을 보완하는 설계와 구현이 중요하다. Go 언어의 구조체와 인터페이스를 이용하면 객체지향의 원칙을 적용하면서 유연하고 효율적인 코드를 작성할 수 있다.

10-2 | 메서드

구조체가 new() 함수로 인스턴스화될 때 정보를 보관하는 필드를 **멤버 변수**member variable라고 한다. 그런데 객체에는 정보를 저장하는 멤버 변수 외에도 어떤 동작과 관련된 기능을 하는 함수를 정의할 수 있는데 이것을 **메서드**method라고 한다. 메서드는 객체 각각에 의존적이고 객체마다 독립적으로 관리되는 멤버 변수에 접근할 수 있다.

▶ 커피 상점 프로그램 만들기

가상의 프로젝트를 진행해 보면서 메서드를 이해해 보자. 커피를 판매하는 상점을 위한 프로그램을 개발한다고 가정해 보자. 앞 절에서 만든 커피 객체와 더불어 다음과 같은 객체를 추가로 정의해야 한다.

[상품(Product) 객체]
- 판매할 상품에 대한 정보: Coffee
- 판매할 상품의 재고 수량: int

[상점(Store) 객체]
- 판매할 상품 배열: []*Product
- 현재 상점의 자산: int

다음 소스는 Product와 Store 구조체를 추가하여 각각의 객체를 설계하고 이를 이용해 완성한 커피 상점 프로그램이다.

Do it! 커피 상점 프로그램   ch10/oop/method/method.go

```
01: package main
02:
03: import "fmt"
04:
05: type Taste string
06:
07: const (
08:     Sweet      Taste = "SWEET"
09:     Bitter     Taste = "BITTER"
```

```
10:     FruitFlavor Taste = "FRUIT"
11:     Heavy       Taste = "HEAVY"
12: )
13:
14: type Coffee struct {
15:     Name     string
16:     Price    int
17:     Category string
18:     Taste    Taste
19: }
20:
21: func NewCoffee(
22:     name string,
23:     price int,
24:     category string,
25:     taste Taste) *Coffee {
26:     coffee := new(Coffee)
27:     coffee.Name = name
28:     coffee.Price = price
29:     coffee.Category = category
30:     coffee.Taste = taste
31:     return coffee
32: }
33:
34: const dividerBar = "============================================"
35:
36: type Product struct {
37:     Item     *Coffee
38:     Quantity int
39: }
40:
41: type Store struct {
42:     Money    int
43:     Products []*Product
44: }
45:
46: // Product 객체의 생성자
47: func NewProduct(item *Coffee, quantity int) *Product {
48:     product := new(Product)
49:     product.Item = item
50:     product.Quantity = quantity
51:     return product
52: }
53:
```

```go
54: // Store 객체의 생성자
55: func NewStore(money int, products []*Product) *Store {
56:     store := new(Store)
57:     store.Money = money
58:     store.Products = products
59:     return store
60: }
61:
62: // 특정 상품을 원하는 수량만큼 판다.
63: // productName 이름의 상품을 quantity만큼 팔고
64: // 수익을 Store 객체의 Money 멤버 변수에 더하는 함수
65: func (s *Store) SellProduct(productName string, quantity int) {
66:     product := s.GetProduct(productName)
67:     product.Quantity -= quantity
68:     s.Money += product.Item.Price * quantity
69: }
70:
71: // 모든 상품 객체 목록을 가져 온다.
72: func (s *Store) GetProducts() []*Product {
73:     return s.Products
74: }
75:
76: // 특정 이름의 상품 객체를 가져 온다.
77: func (s *Store) GetProduct(productName string) *Product {
78:     for _, product := range s.Products {
79:         if product.Item.Name == productName {
80:             return product
81:         }
82:     }
83:     return nil
84: }
85:
86: // 특정 이름의 상품이 원하는 수량만큼 있는지 확인한다.
87: // 수량이 있음: true, 수량이 모자름: false
88: func (s *Store) CheckProductQuantity(
89:     productName string, quantity int) bool {
90:     product := s.GetProduct(productName)
91:     return product.Quantity >= quantity
92: }
93:
94: // 사용자에게 구매 상품과 수량을 입력받는 함수
95: func HandleChoiceProduct(myStore *Store) (exit bool) {
96:     for {
97:         var choice string
```

```go
 98:
 99:         fmt.Println(dividerBar)
100:         fmt.Print("구매할 상품의 이름을 알려주세요 (나가기 exit): ")
101:         fmt.Scanln(&choice)
102:
103:         if choice == "exit" {
104:             fmt.Println("이용해주셔서 감사합니다!")
105:             fmt.Println(dividerBar)
106:             fmt.Printf("최종 가게 보유 자금 %d원\n", myStore.Money)
107:             return true
108:         }
109:
110:         product := myStore.GetProduct(choice)
111:         if product == nil {
112:             fmt.Printf("우리 매장에는 %s 라는 이름의 상품은 없네요.\n",
113:                 choice)
114:             continue
115:         } else if product.Quantity == 0 {
116:             fmt.Printf("%s의 재고 수량이 떨어졌네요...\n", choice)
117:             continue
118:         }
119:
120:         var quantity int
121:         fmt.Print("몇 개를 구매하시겠어요?: ")
122:         fmt.Scanln(&quantity)
123:
124:         isExists := myStore.CheckProductQuantity(
125:             product.Item.Name,
126:             quantity)
127:         if !isExists {
128:             fmt.Printf("%s의 재고 수량이 떨어졌네요...\n", choice)
129:             continue
130:         }
131:
132:         myStore.SellProduct(product.Item.Name, quantity)
133:         fmt.Println("우리 매장을 이용해주셔서 감사합니다!")
134:         break
135:     }
136:
137:     return false
138: }
139:
140: func main() {
141:     // 커피 종류 정의
```

```go
142:     americano := NewCoffee("아메리카노", 3000, "블랜딩 커피", Bitter)
143:     latte := NewCoffee("카페라떼", 3500, "블랜딩 커피", Sweet)
144:     cafeMocha := NewCoffee("카페모카", 4000, "디저트 커피", Sweet)
145:     dripCoffee := NewCoffee("드립커피", 7000, "원두 커피", FruitFlavor)
146:     dutchCoffee := NewCoffee("더치커피", 5000, "더치 커피", Bitter)
147:
148:     // 판매할 제품 수량을 Product 객체로 생성
149:     productAmericano := NewProduct(americano, 5)
150:     productLatte := NewProduct(latte, 2)
151:     productCafeMocha := NewProduct(cafeMocha, 3)
152:     productDripCoffee := NewProduct(dripCoffee, 4)
153:     productDutchCoffee := NewProduct(dutchCoffee, 6)
154:
155:     // 제품을 판매할 상점을 Store 객체로 생성
156:     // 처음 자금은 0원
157:     // 판매 제품은 아까 정의한 Product 객체를 배열로 제공
158:     myStore := NewStore(0, []*Product{
159:         productAmericano,
160:         productLatte,
161:         productCafeMocha,
162:         productDripCoffee,
163:         productDutchCoffee})
164:     fmt.Printf("store: %v\n", myStore)
165:
166:     for {
167:         fmt.Println(dividerBar)
168:         fmt.Println("우리 매장을 찾아와주셔서 감사합니다!")
169:         fmt.Printf("현재 매장 보유 자금: %d원\n", myStore.Money)
170:         fmt.Println(dividerBar)
171:         fmt.Println("우리 매장 상품 리스트입니다.")
172:         for i, product := range myStore.GetProducts() {
173:             fmt.Printf("%d. %s 상품: %d원, (재고: %d개)\n",
174:                 i+1,
175:                 product.Item.Name,
176:                 product.Item.Price,
177:                 product.Quantity)
178:         }
179:
180:         isExit := HandleChoiceProduct(myStore)
181:         if isExit {
182:             return
183:         }
184:     }
185: }
```

36행과 41행에서 Product와 Store 구조체를 정의하고 47행과 55행에서 각각의 생성자 함수를 정의했다. NewProduct() 함수에서는 상품 객체를 생성하고 커피 정보와 수량을 위해 *Coffee형 Item과 int형 Quantity 멤버 변수를 초기화한다. NewStore() 함수에서는 상점 객체를 생성하고 보유 자산과 상품들을 위해 int형 Money와 []*Product형 Products 멤버 변수를 초기화한다.

147~151행에서 커피 종류별로 객체를 만들고 154~158행에서는 커피 종류와 수량 정보를 기입하여 상품 정보를 정리한다. 마지막으로 163~168행에서는 상품 객체들과 상점의 잔고를 통해 상점 객체 myStore를 생성한다.

▶ 사용한 메서드 살펴보기

이제 메서드들을 살펴보자. 메서드는 동작을 나타낸다. 상점에서 상품을 판매하기 위해 Store 구조체에 다음처럼 4가지 메서드를 작성했다. 참고로 HandleChoiceProduct() 함수는 메서드가 아니라 일반 함수다.

- 상품 판매: SellProduct()
- 모든 상품 종류와 잔고 확인: GetProducts()
- 특정 상품 종류와 잔고 확인: GetProduct()
- 특정 상품 재고 여부 체크: CheckProductQuantity()

메서드를 정의할 때는 일반 함수를 정의하는 것처럼 func 예약어로 시작하지만, 메서드의 소속을 알려 줘야 한다. 앞선 코드에서 65행, 72행, 77행, 88행, 95행 코드가 이렇게 정의한 메서드다.

메서드 정의 형식

func (객체_포인터_변수명 객체_포인터_자료형) 메서드명(매개변수명 자료형) 반환_자료형
{
    // 함수 본문
}

SellProduct() 메서드

각 메서드를 자세히 살펴보자. 먼저 SellProduct() 메서드는 productName과 quantity 매개변수를 전달받아 상품을 판매하는 기능을 한다. 66행에서 GetProduct() 메서드를 호출하여

productName과 일치하는 상품을 찾는다. 67행에서 재고를 감소시키고 68행에서는 판매로 얻은 수익을 Money 멤버 변수에 추가한다.

SellProduct() 메서드

```
65: func (s *Store) SellProduct(productName string, quantity int) {
66:     product := s.GetProduct(productName)
67:     product.Quantity -= quantity
68:     s.Money += product.Item.Price * quantity
69: }
```

호출 예시

```
store.SellProduct("Laptop", 3)
```

GetProducts() 메서드

GetProducts() 메서드는 Store 객체의 Products 멤버 변수를 반환하여 모든 상품 객체 목록을 제공한다.

GetProducts() 메서드

```
72: func (s *Store) GetProducts() []*Product {
73:     return s.Products
74: }
```

호출 예시

```
products := store.GetProducts()
```

GetProduct() 메서드

GetProduct() 메서드는 productName과 일치하는 상품 객체를 반환한다. 78행에서 Products 목록을 순회하며 79행에서 이름을 비교하여 일치하는 상품이 있으면 80행에서 해당 상품의 객체 포인터를 반환한다. 일치하는 상품이 없으면 83행에서 nil을 반환한다.

GetProduct() 메서드

```
77: func (s *Store) GetProduct(productName string) *Product {
78:     for _, product := range s.Products {
79:         if product.Item.Name == productName {
80:             return product
81:         }
82:     }
83:     return nil
84: }
```

호출 예시

```
product := store.GetProduct("Laptop")
```

CheckProductQuantity() 메서드

CheckProductQuantity() 메서드는 productName과 quantity를 매개변수로 전달받아 재고가 충분한지 확인한다. 90행에서 GetProduct() 메서드를 호출하여 상품을 찾고 91행에서 재고가 요구 수량 이상인지 판단하여 true나 false를 반환한다.

91행을 보면 product.Quantity 필드에 바로 접근한다. 이는 GetProduct() 함수의 반환값이 nil이 아닐 것을 가정하고 있다. 그런데 만약 GetProduct() 함수에서 nil이 반환되면(해당하는 이름의 상품이 없을 때) 91행에서 런타임 오류(nil pointer dereference)가 발생하여 프로그램이 비정상으로 종료될 수 있다. 이런 문제를 예방하려면 별도로 예외 처리를 해줘야 한다. 이에 관해서는 12장에서 자세히 다루겠다.

CheckProductQuantity() 메서드

```
88: func (s *Store) CheckProductQuantity(
89:     productName string, quantity int) bool {
90:     product := s.GetProduct(productName)
91:     return product.Quantity >= quantity
92: }
```

호출 예시

```
hasStock := store.CheckProductQuantity("Laptop", 2)
```

마지막으로 HandleChoiceProduct() 함수에서는 지금까지 정의한 구조체와 메서드들을 바탕으로 상품 구매 등의 처리 로직을 추가하는 코드를 작성했다.

다음은 이 프로그램의 실행 결과다.

실행 결과

```
store: &{0 [0xc0000721e0 0xc0000721f0 0xc000072200 0xc000072210 0xc000072220]}
===========================================
우리 매장을 찾아와주셔서 감사합니다!
현재 매장 보유 자금: 0원
===========================================
우리 매장 상품 리스트입니다.
1. 아메리카노 상품: 3000원, (재고: 5개)
2. 카페라떼 상품: 3500원, (재고: 2개)
3. 카페모카 상품: 4000원, (재고: 3개)
4. 드립커피 상품: 7000원, (재고: 4개)
5. 더치커피 상품: 5000원, (재고: 6개)
===========================================
구매할 상품의 이름을 알려주세요 (나가기 exit): 아메리카노 Enter
몇 개를 구매하시겠어요?: 3 Enter
우리 매장을 이용해주셔서 감사합니다!
===========================================
우리 매장을 찾아와주셔서 감사합니다!
현재 매장 보유 자금: 9000원
===========================================
우리 매장 상품 리스트입니다.
1. 아메리카노 상품: 3000원, (재고: 2개)
2. 카페라떼 상품: 3500원, (재고: 2개)
3. 카페모카 상품: 4000원, (재고: 3개)
4. 드립커피 상품: 7000원, (재고: 4개)
5. 더치커피 상품: 5000원, (재고: 6개)
===========================================
구매할 상품의 이름을 알려주세요 (나가기 exit): 카페라떼 Enter
몇 개를 구매하시겠어요?: 3 Enter
카페라떼의 재고 수량이 떨어졌네요...
===========================================
구매할 상품의 이름을 알려주세요 (나가기 exit): 더치커피 Enter
몇 개를 구매하시겠어요?: 1 Enter
우리 매장을 이용해주셔서 감사합니다!
===========================================
우리 매장을 찾아와주셔서 감사합니다!
현재 매장 보유 자금: 14000원
```

```
============================================
우리 매장 상품 리스트입니다.
1. 아메리카노 상품: 3000원, (재고: 2개)
2. 카페라떼 상품: 3500원, (재고: 2개)
3. 카페모카 상품: 4000원, (재고: 3개)
4. 드립커피 상품: 7000원, (재고: 4개)
5. 더치커피 상품: 5000원, (재고: 5개)
============================================
구매할 상품의 이름을 알려주세요 (나가기 exit):   프라프치노 Enter
우리 매장에는 프라프치노 라는 이름의 상품은 없네요.
============================================
구매할 상품의 이름을 알려주세요 (나가기 exit): exit Enter
이용해주셔서 감사합니다!
============================================
최종 가게 보유 자금 14000원
```

이번 절에서 만든 커피 상점 프로그램은 객체 간의 상호 작용으로 프로그램의 동작을 어떻게 처리하는지 보여 준다. 객체지향 프로그래밍을 통해 복잡한 기능을 객체로 분리하고 객체에 메서드를 정의하여 기능을 단순화했다.

10-3 | 인터페이스

인터페이스interface는 구조체가 구현해야 할 메서드 집합을 정의하는 구조이다. Go 언어에서는 인터페이스를 사용하여 특정 메서드 집합을 명세하고, 구조체에서는 해당 인터페이스에 정의된 모든 메서드를 구현해야 한다. 인터페이스를 활용하면 코드의 유연성을 높이고 다양한 객체들을 일관된 방식으로 처리할 수 있다.

예를 들어 다음 코드는 Item이라는 인터페이스를 정의한 것이다.

인터페이스 정의
```
type Item interface {
    Make() error
    Package() error
    Pick() error
}
```

Item 인터페이스는 Make(), Package(), Pick() 메서드를 포함한다고 명시했으므로, Item 인터페이스를 사용하는 객체는 이 3개의 메서드를 반드시 정의해야 한다. 이렇게 하면 여러 구조체가 있더라도 Item 인터페이스를 사용하는 코드는 Make(), Package(), Pick() 메서드가 반드시 존재한다는 사실을 전제로 해서 작성할 수 있다. 인터페이스는 구조체의 사용 매뉴얼 역할을 한다.

앞서 구현한 커피 상점 프로그램을 예로 들어 보자. Coffee 구조체는 커피의 이름, 가격, 종류 등을 공개 필드로 관리하고 있다. 여기에 Make(), Package(), Pick() 메서드를 추가하여 커피를 만들고, 포장하고, 서빙하는 기능을 구현할 수 있다. 이로써 커피의 상태를 관리하고 오류를 처리하는 설계를 단순화할 수 있다.

- Make(): 커피 만들기
- Package(): 커피 포장
- Pick(): 커피 서빙

▶ 새로운 구조체와 인터페이스 정의하기

이제 Coffee 구조체는 커피를 만들고 포장하고 서빙할 수 있는 하나의 제품(ProductItem)으로 생각할 수 있다. Coffee를 만들고 — Make(), 포장하고 — Package(), 서빙하는 — Pick() 과정을 메서드로 구현하지만, Product 관점에서는 이 3가지 동작이 반드시 포함되어야 한다고 알려 줘야 한다. 이때 인터페이스를 활용할 수 있다. Coffee는 객체로, ProductItem은 인터페이스로 각각 정의하고 활용한다.

또한 Coffee에는 현재 어떤 상태인지를 나타내는 State 타입의 state 멤버 변수를 추가한다. 그리고 맛을 나타내는 Taste 타입과 각 상수도 그대로 활용한다. 이때 코드를 확장하기 쉽게 각각의 용도에 맞춰 파일을 분리하여 정의한다. 커피와 관련한 동작은 coffee.go 파일에, 커피의 멤버 변수 타입들은 각각 state.go, taste.go에 정의해 보자.

Do it! State 타입 정의　　　　　　　　　　　　　　　　📄 ch10/oop/interface/state.go

```go
01: package main
02:
03: type State string
04:
05: const (
06:     Waiting     State = "WAITING"
07:     MakeDone    State = "MAKE_DONE"
08:     PackageDone State = "PACKAGE_DONE"
09:     Done        State = "DONE"
10: )
```

Do it! Taste 타입 정의　　　　　　　　　　　　　　　　📄 ch10/oop/interface/taste.go

```go
01: package main
02:
03: type Taste string
04:
05: const (
06:     Sweet       Taste = "SWEET"
07:     Bitter      Taste = "BITTER"
08:     FruitFlavor Taste = "FRUIT"
09:     Heavy       Taste = "HEAVY"
10: )
```

Do it! 커피 객체 정의 ch10/oop/interface/coffee.go

```go
01: package main
02: 
03: import "fmt"
04: 
05: type Coffee struct {
06:     name     string
07:     price    int
08:     category string
09:     taste    Taste
10:     state    State
11: }
12: 
13: func NewCoffee(
14:     name string,
15:     price int,
16:     category string,
17:     taste Taste,
18:     state State) *Coffee {
19:     coffee := new(Coffee)
20:     coffee.name = name
21:     coffee.price = price
22:     coffee.category = category
23:     coffee.taste = taste
24: 
25:     // 추가됨
26:     coffee.state = state
27:     return coffee
28: }
29: 
30: // 커피를 만듦
31: func (c *Coffee) Make() error {
32:     if c.state == MakeDone {
33:         return fmt.Errorf("%s 커피는 이미 만들어져 있습니다.", c.name)
34:     } else if c.state == Done {
35:         return fmt.Errorf(
36:             "%s 커피는 이미 만들어져 고객에게 서빙되었습니다.", c.name)
37:     }
38:     c.state = MakeDone
39:     return nil
40: }
41: 
42: // 커피를 포장함
43: func (c *Coffee) Package() error {
```

```
44:     if c.state == Waiting {
45:         return fmt.Errorf("%s 커피는 아직 준비되지 않았습니다.", c.name)
46:     } else if c.state == PackageDone {
47:         return fmt.Errorf("%s 커피는 이미 포장이 완료되었습니다.", c.name)
48:     } else if c.state == Done {
49:         return fmt.Errorf(
50:             "%s 커피는 이미 고객에게 서빙되었습니다.", c.name)
51:     }
52:     c.state = PackageDone
53:     return nil
54: }
55:
56: // 커피를 서빙함
57: func (c *Coffee) Pick() error {
58:     if c.state == Waiting {
59:         return fmt.Errorf("%s 커피는 아직 준비되지 않았습니다.", c.name)
60:     } else if c.state == MakeDone {
61:         return fmt.Errorf("%s 커피는 아직 포장되지 않았습니다.", c.name)
62:     } else if c.state == Done {
63:         return fmt.Errorf(
64:             "%s 커피는 이미 고객에게 서빙되었습니다.", c.name)
65:     }
66:     c.state = Done
67:     return nil
68: }
69:
70: func (c *Coffee) Name() string {
71:     return c.name
72: }
73:
74: func (c *Coffee) Price() int {
75:     return c.price
76: }
77:
78: func (c *Coffee) Category() string {
79:     return c.category
80: }
81:
82: func (c *Coffee) Taste() Taste {
83:     return c.taste
84: }
85:
86: func (c *Coffee) State() State {
87:     return c.state
88: }
```

커피 객체의 동작을 ProductItem 인터페이스에 포함하여 다음처럼 정의한다.

Do it! 제품 인터페이스 정의   ch10/oop/interface/product_item.go

```go
01: package main
02:
03: // Coffee, Juice, Tea 객체의 인터페이스
04: // Make(), Package(), Pick() 메서드 정의
05: type ProductItem interface {
06:     Make() error
07:     Package() error
08:     Pick() error
09:
10:     // 멤버 변숫값을 가져오는 게터 함수 정의
11:     Name() string
12:     Price() int
13:     Category() string
14:     Taste() Taste
15:     State() State
16: }
```

ProductItem 인터페이스는 제품을 만들고 포장하고 서빙하는 메서드와 이름, 가격, 카테고리, 맛, 상태 정보를 가져오는 메서드를 포함한다는 사실을 알 수 있다. 또한 각 메서드의 입력과 출력 타입을 알 수 있는데, 인터페이스는 이처럼 각 제품에 어떤 기능을 포함해야 하는지를 알려 주는 명세서 같은 기능을 한다.

▶ 게터 함수의 역할과 기능

구조체의 필드값을 반환하는 메서드를 게터getter라고 하는데, Go는 다른 언어와 달리 메서드 이름에 접두어 'Get'을 붙이지 않고, 필드 이름을 그대로 메서드 이름으로 사용하는 것이 일반적이다. 예를 들어 Name() 메서드는 구조체의 name 필드값을 반환한다.

메서드로 제품의 이름 가져오기

```go
americano := NewCoffee("아메리카노", 3000, "블랜딩 커피", Bitter, Waiting)
americano.Name()    // "아메리카노"
```

객체의 필드에 접근할 때 americano.name처럼 직접 접근하지 않고 게터를 활용하는 이유는 **객체의 내부 상태를 안전하게 관리하고 나중에 변경하기 쉽게 할 수 있기 때문**이다. 구체적으로 알아보자.

데이터 캡슐화

게터 메서드는 객체의 내부 데이터에 대한 접근을 제어할 수 있다. 예를 들어 커피 객체의 name 필드에 직접 접근하는 대신 Name() 메서드를 사용하면 객체의 내부 구조가 변경되더라도 외부 코드에는 영향을 미치지 않는다. 만약 name 필드의 데이터 저장 방식을 변경해야 할 경우 Name() 메서드만 수정하면 되므로 코드의 유지·보수가 편리하다.

즉, 구조체를 담당하는 내부 개발자와 구조체를 활용하는 외부 개발자의 경계를 주어 내부 필드명이 변경되더라도 외부 개발자는 게터를 활용하므로 변경에 대응할 필요가 없게 된다.

변경 사항에 대처가 쉬움

```
// 직접 필드 접근
// 직접 접근은 나중에 문제가 발생할 수 있음
fmt.Println(americano.name)

// 게터 메서드 사용
// 내부 구현 변경에 유연함
fmt.Println(americano.Name())

// 만약 americano 구조체의 name이 display_name으로 변경 시

// 직접 필드 접근
// 직접 접근한 모든 코드들을 찾아 다음처럼 display_name으로 수정해야 함
fmt.Println(americano.display_name)

// 게터 메서드 사용
// Name() 메서드 내부에 name 필드를 display_name으로 변경하면
// 사용하는 위치에서는 수정할 코드가 없고
// 내부 필드명이 수정된 사실을 모르더라도 문제 없이 사용 가능
fmt.Println(americano.Name())
```

데이터 변환 과정 추상화

게터 메서드는 데이터를 변환하거나 추가적인 처리를 수행하는 데 유용하다. 예를 들어 Price() 가격을 반환할 때 할인율 개념을 추가해야 한다고 가정해 보자. 할인율을 계산하고자 discount 필드를 추가하고 매번 판매 금액에 할인율을 곱해서 최종 금액을 계산한다면 얼마나 불편하겠는가? 이러한 처리를 게터 메서드 내부에서 수행하면 데이터의 일관성을 유지하면서 외부 코드에서 복잡한 처리를 피할 수 있다.

> **데이터에 추가 작업을 할 수 있음**
>
> ```
> func (c *Coffee) Price() int {
>     // 가격에 할인 적용
>     return c.price - (c.price * c.discount / 100)
> }
> ```

불변성

객체의 필드값을 직접 수정하는 것은 종종 문제가 될 수 있다. 게터 메서드를 통해 필드값을 읽기만 할 수 있게 하면 객체의 불변성immutability 유지에 도움을 줄 수 있다. 예를 들어 `State()` 메서드를 호출하여 커피의 상태를 조회할 수 있지만, 직접 변경하지는 못한다. 이로써 객체의 상태가 예상치 않게 변경되는 것을 막는다.

> **불변성을 유지하는 데 유리함**
>
> ```
> // 상태 조회만 가능, 변경은 불가
> fmt.Println(americano.State())    // "WAITING"
> americano.State() = "DONE"        // 오류 발생
>
> // 공개 필드로 두면 외부에서 직접 수정 가능
> fmt.Println(americano.State)      // "WAITING"
> americano.State = "DONE"          // 값이 바뀜
> ```

▶ 새로운 객체 만들기

`Store` 객체는 상품을 관리하고 판매하는 기능을 포함한다. `Product` 객체에 `Serve()` 메서드를 추가하여 상품을 서빙하는 기능을 구현한다. 또한 `Product`는 추상적인 관점에서는 커피를 포함해서 상품을 판매하는 역할을 하므로 기존의 `Coffee` 구조체를 직접 사용하지 않고 `ProductItem` 인터페이스를 `Item` 멤버 변수로 활용하도록 정의한다.

> **Do it! 상점 객체 정의**   ch10/oop/interface/store.go
>
> ```
> 001: package main
> 002:
> 003: import "fmt"
> 004:
> 005: const dividerBar = "============================================"
> ```

```
006:
007: type Product struct {
008:     Item     ProductItem
009:     Quantity int
010: }
011:
012: type Store struct {
013:     Money    int
014:     Products []*Product
015: }
016:
017: // Product 객체의 생성자
018: func NewProduct(item ProductItem, quantity int) *Product {
019:     product := new(Product)
020:     product.Item = item
021:     product.Quantity = quantity
022:     return product
023: }
024:
025: // Product 상품을 고객에게 서빙
026: func (p *Product) Serve() error {
027:     // 상품을 만듦
028:     err := p.Item.Make()
029:
030:     // 상품을 만드는 과정에 오류가 있을 때 오류를 부모 함수에 전파
031:     if err != nil {
032:         return err
033:     }
034:
035:     // 상품을 포장함
036:     err = p.Item.Package()
037:
038:     // 상품을 포장하는 과정에 오류가 있을 때 오류를 부모 함수에 전파
039:     if err != nil {
040:         return err
041:     }
042:
043:     // 상품을 집고 건넴
044:     err = p.Item.Pick()
045:
046:     // 상품을 집는 과정에 오류가 있을 때 오류를 부모 함수에 전파
047:     if err != nil {
048:         return err
049:     }
```

```
050:
051:        // 모든 과정에 문제가 없으면 오류는 nil로 반환
052:        return nil
053: }
054:
055: // Store 객체의 생성자
056: func NewStore(money int, products []*Product) *Store {
057:        store := new(Store)
058:        store.Money = money
059:        store.Products = products
060:        return store
061: }
062:
063: // 특정 상품을 원하는 수량 만큼 판다
064: // productName 이름의 상품을 quantity만큼 팔고
065: // 수익을 Store 객체의 Money 멤버 변수에 더하는 함수
066: func (s *Store) SellProduct(productName string, quantity int) {
067:        product := s.GetProduct(productName)
068:
069:        // 상품을 고객에게 서빙함
070:        err := product.Serve()
071:        if err != nil {
072:            fmt.Printf("상품을 판매하는 과정 중 문제가 발생했습니다. %v\n",
073:                err)
074:            return
075:        }
076:
077:        product.Quantity -= quantity
078:        s.Money += product.Item.Price() * quantity
079: }
080:
081: // 모든 상품 객체 목록을 가져온다
082: func (s *Store) GetProducts() []*Product {
083:        return s.Products
084: }
085:
086: // 특정 이름의 상품 객체를 가져온다
087: func (s *Store) GetProduct(productName string) *Product {
088:        for _, product := range s.Products {
089:            if product.Item.Name() == productName {
090:                return product
091:            }
092:        }
093:        return nil
```

```go
094: }
095:
096: // 특정 이름의 상품이 원하는 수량만큼 있는지 확인한다
097: // 수량이 있음: true, 수량이 모자름: false
098: func (s *Store) CheckProductQuantity(
099:     productName string, quantity int) bool {
100:     product := s.GetProduct(productName)
101:     return product.Quantity >= quantity
102: }
103:
104: // 사용자에게 구매 상품과 수량을 입력받는 함수
105: func HandleChoiceProduct(myStore *Store) (exit bool) {
106:     for {
107:         var choice string
108:
109:         fmt.Println(dividerBar)
110:         fmt.Print("구매할 상품의 이름을 알려주세요 (나가기 exit): ")
111:         fmt.Scanln(&choice)
112:
113:         if choice == "exit" {
114:             fmt.Println("이용해주셔서 감사합니다!")
115:             fmt.Println(dividerBar)
116:             fmt.Printf("최종 가게 보유 자금 %d원\n", myStore.Money)
117:             return true
118:         }
119:
120:         product := myStore.GetProduct(choice)
121:         if product == nil {
122:             fmt.Printf("우리 매장에는 %s 라는 이름의 상품은 없네요.\n",
123:                 choice)
124:             continue
125:         } else if product.Quantity == 0 {
126:             fmt.Printf("%s의 재고 수량이 떨어졌네요...\n", choice)
127:             continue
128:         }
129:
130:         var quantity int
131:         fmt.Print("몇 개를 구매하시겠어요?: ")
132:         fmt.Scanln(&quantity)
133:
134:         isExists := myStore.CheckProductQuantity(
135:             product.Item.Name(),
136:             quantity)
137:         if isExists == false {
```

```go
138:            fmt.Printf("%s의 재고 수량이 떨어졌네요...\n", choice)
139:            continue
140:        }
141:
142:        myStore.SellProduct(product.Item.Name(), quantity)
143:        fmt.Println("우리 매장을 이용해주셔서 감사합니다!")
144:        break
145:    }
146:
147:    return false
148: }
149:
150: func main() {
151:    // 커피 종류를 정의
152:    americano := NewCoffee(
153:        "아메리카노", 3000, "블랜딩 커피", Bitter, Waiting)
154:    latte := NewCoffee(
155:        "카페라떼", 3500, "블랜딩 커피", Sweet, Waiting)
156:    cafeMocha := NewCoffee(
157:        "카페모카", 4000, "디저트 커피", Sweet, Waiting)
158:    dripCoffee := NewCoffee(
159:        "드립커피", 7000, "원두 커피", FruitFlavor, Waiting)
160:    dutchCoffee := NewCoffee(
161:        "더치커피", 5000, "더치 커피", Bitter, Waiting)
162:
163:    // 주스 종류를 정의
164:    orangeJuice := NewJuice(
165:        "오렌지 주스", 3000, "과일 주스", Sweet, Waiting)
166:    aloeJuice := NewJuice(
167:        "알로에 주스", 3000, "건강 주스", FruitFlavor, Waiting)
168:
169:    // 차 종류를 정의
170:    milk := NewTea(
171:        "우유", 3000, "우유", Sweet, Waiting)
172:    hotChoco := NewTea(
173:        "핫초코", 3000, "핫초코", Sweet, Waiting)
174:
175:    // 판매할 상품 수량을 Product 객체로 생성
176:    productAmericano := NewProduct(americano, 5)
177:    productLatte := NewProduct(latte, 2)
178:    productCafeMocha := NewProduct(cafeMocha, 3)
179:    productDripCoffee := NewProduct(dripCoffee, 4)
180:    productDutchCoffee := NewProduct(dutchCoffee, 6)
181:    productOrangeJuice := NewProduct(orangeJuice, 8)
182:    productAloeJuice := NewProduct(aloeJuice, 3)
```

```
183:        productMilk := NewProduct(milk, 3)
184:        productHotChoco := NewProduct(hotChoco, 5)
185:
186:        // 상품을 판매할 상점을 Store 객체로 생성
187:        // 처음 자금은 0원
188:        // 판매 상품은 이전에 정의한 Product 객체를 배열로 제공
189:        myStore := NewStore(0, []*Product{
190:            productAmericano,
191:            productLatte,
192:            productCafeMocha,
193:            productDripCoffee,
194:            productDutchCoffee,
195:            productOrangeJuice,
196:            productAloeJuice,
197:            productMilk,
198:            productHotChoco,
199:        })
200:        fmt.Printf("store: %v\n", myStore)
201:
202:        for {
203:            fmt.Println(dividerBar)
204:            fmt.Println("우리 매장을 찾아와주셔서 감사합니다!")
205:            fmt.Printf("현재 매장 보유 자금: %d원\n", myStore.Money)
206:            fmt.Println(dividerBar)
207:            fmt.Println("우리 매장 상품 리스트입니다.")
208:            for i, product := range myStore.GetProducts() {
209:                fmt.Printf("%d. %s 상품: %d원, (재고: %d개)\n",
210:                    i+1,
211:                    product.Item.Name(),
212:                    product.Item.Price(),
213:                    product.Quantity)
214:            }
215:
216:            isExit := HandleChoiceProduct(myStore)
217:            if isExit {
218:                return
219:            }
220:        }
221: }
```

이 코드는 앞서 구현한 커피 상점 프로그램에 인터페이스 개념을 도입하여 리팩토링한 전체 모습이다. 핵심 목표는 커피 외에 주스, 차 등 다양한 상품 유형을 일관된 방식으로 처리하여 프로그램의 유연성과 확장성을 높이는 데에 있다.

주목할 점은 07~10행에 정의한 Product 구조체다. 08행을 보면 기존에는 구체적인 *Coffee 타입을 가졌던 Item 필드가 이제는 ProductItem 인터페이스 타입을 가지도록 수정되었다. 이는 Product가 커피든 주스든 어떤 음료든지 ProductItem 인터페이스 명세를 만족하는 어떠한 상품 객체라도 담을 수 있게 됨을 의미한다. 이러한 변경에 맞춰 18~23행의 상품 객체를 생성하는 NewProduct() 함수 역시 첫 번째 매개변수로 ProductItem 인터페이스 타입을 받도록 수정했다.

상품의 실제 동작을 캡슐화하고 인터페이스의 장점을 활용하기 위해 26~53행의 Product 타입에 Serve() 메서드를 새로 추가했다. 이 메서드는 Product가 담고 있는 Item(실제로는 Coffee, Juice 등)의 Make(), Package(), Pick() 메서드를 인터페이스를 통해 차례로 호출한다. 여기서 p.Item.Make()와 같은 호출은 인터페이스 변수에 어떤 구체적인 타입의 객체가 담겨 있든 상관없이 해당 객체의 Make() 메서드를 실행하는 다형성의 핵심을 보여 준다. 또한 단계마다 오류를 확인하여 상위 호출자에게 전달하는 오류 전파 로직을 포함하고 있다.

12~15행의 Store 구조체 자체는 변경하지 않았지만, 66~79행의 상품 판매 로직을 담당하는 SellProduct() 메서드는 인터페이스 도입에 따라 중요한 변경을 거쳤다. 이제 단순히 재고를 차감하고 금액을 계산하는 대신, 70행에서 product.Serve()를 먼저 호출하여 상품을 준비하는 전체 과정을 위임한다. 이 서빙 과정을 성공하면 77행에서 비로소 재고를 차감하고, 가격 정보는 78행에서 product.Item.Price() 인터페이스 메서드로 구하여 수익을 계산한다.

87~94행에서 이름으로 상품을 찾는 Product() 메서드 역시 89행에서 product.Item.Name() 인터페이스 메서드를 사용하여 이름을 비교하도록 수정했다.

> 단, CheckProductQuantity() 메서드에는 이전처럼 GetProduct() 메서드가 nil을 반환할 때 런타임 오류가 발생할 가능성이 있다. 이는 12장에서 다룰 오류 처리에서 쉽게 처리하는 방법을 다룬다.

155~226행의 main() 함수는 이러한 인터페이스 기반의 설계를 실제로 활용하는 모습을 보여 준다. 다양한 상품(Coffee, Juice, Tea) 객체를 각각의 생성자로 생성하고(Juice, Tea 객체는 바로 이후 단락에서 정의할 예정이다), 이 객체들을 181~204행에서 ProductItem 인터페이스 타입으로 받는 NewProduct() 함수를 통해 Product 객체로 감싸 Store에 일괄적으로 추가한다. 이는 Store가 다양한 종류의 상품을 관리할 수 있음을 보여 준다. 이후 207~225행의 반복문에서는 상품 목록을 출력할 때 각 Product가 담고 있는 Item의 Name(), Price() 메서드를 인터페이스를 통해 호출한다. 이는 Store나 main() 함수가 개별 상품의 구체적인 타입을 알 필요 없이, ProductItem이라는 추상화된 규격만으로 상호 작용함을 보여 준다.

이제 프로그램을 완성하기 위해 ProductItem 명세를 따르는 각종 음료 객체를 정의해 보자.

▶ 객체 추가하기

이제 커피 외에도 주스와 차를 추가할 수 있다. Juice와 Tea 객체를 정의하고 각 객체에 Make(), Package(), Pick() 메서드와 각종 게터를 구현하면 된다.

주스 객체

Do it! 주스 객체 정의 · ch10/oop/interface/juice.go

```go
01: package main
02:
03: import "fmt"
04:
05: type Juice struct {
06:     name     string
07:     price    int
08:     category string
09:     taste    Taste
10:     state    State
11: }
12:
13: func NewJuice(
14:     name string,
15:     price int,
16:     category string,
17:     taste Taste,
18:     state State) *Juice {
19:     juice := new(Juice)
20:     juice.name = name
21:     juice.price = price
22:     juice.category = category
23:     juice.taste = taste
24:     juice.state = state
25:     return juice
26: }
27:
28: // 주스를 만듦
29: func (j *Juice) Make() error {
30:     if j.state == MakeDone {
```

```
31:         return fmt.Errorf("%s 주스는 이미 만들어져 있습니다.", j.name)
32:     } else if j.state == Done {
33:         return fmt.Errorf(
34:             "%s 주스는 이미 만들어져 고객에게 서빙되었습니다.", j.name)
35:     }
36:     j.state = MakeDone
37:     return nil
38: }
39:
40: // 주스를 포장함
41: func (j *Juice) Package() error {
42:     if j.state == Waiting {
43:         return fmt.Errorf("%s 주스는 아직 준비되지 않았습니다.", j.name)
44:     } else if j.state == PackageDone {
45:         return fmt.Errorf("%s 주스는 이미 포장이 완료되었습니다.", j.name)
46:     } else if j.state == Done {
47:         return fmt.Errorf(
48:             "%s 주스는 이미 고객에게 서빙되었습니다.", j.name)
49:     }
50:     j.state = PackageDone
51:     return nil
52: }
53:
54: // 주스를 서빙함
55: func (j *Juice) Pick() error {
56:     if j.state == Waiting {
57:         return fmt.Errorf("%s 주스는 아직 준비되지 않았습니다.", j.name)
58:     } else if j.state == MakeDone {
59:         return fmt.Errorf("%s 주스는 아직 포장되지 않았습니다.", j.name)
60:     } else if j.state == Done {
61:         return fmt.Errorf(
62:             "%s 주스는 이미 고객에게 서빙되었습니다.", j.name)
63:     }
64:     j.state = Done
65:     return nil
66: }
67:
68: func (j *Juice) Name() string {
69:     return j.name
70: }
71:
72: func (j *Juice) Price() int {
73:     return j.price
```

```
74: }
75:
76: func (j *Juice) Category() string {
77:     return j.category
78: }
79:
80: func (j *Juice) Taste() Taste {
81:     return j.taste
82: }
83:
84: func (j *Juice) State() State {
85:     return j.state
86: }
```

차 객체

Do it! 차 객체 정의   ch10/oop/interface/tea.go

```
01: package main
02:
03: import "fmt"
04:
05: type Tea struct {
06:     name     string
07:     price    int
08:     category string
09:     taste    Taste
10:     state    State
11: }
12:
13: func NewTea(
14:     name string,
15:     price int,
16:     category string,
17:     taste Taste,
18:     state State) *Tea {
19:     tea := new(Tea)
20:     tea.name = name
21:     tea.price = price
22:     tea.category = category
23:     tea.taste = taste
```

```go
24:     tea.state = state
25:     return tea
26: }
27:
28: // 차를 만듦
29: func (t *Tea) Make() error {
30:     if t.state == MakeDone {
31:         return fmt.Errorf("%s 차는 이미 만들어져 있습니다.", t.name)
32:     } else if t.state == Done {
33:         return fmt.Errorf(
34:             "%s 차는 이미 만들어져 고객에게 서빙되었습니다.", t.name)
35:     }
36:     t.state = MakeDone
37:     return nil
38: }
39:
40: // 차를 포장함
41: func (t *Tea) Package() error {
42:     if t.state == Waiting {
43:         return fmt.Errorf("%s 차는 아직 준비되지 않았습니다.", t.name)
44:     } else if t.state == PackageDone {
45:         return fmt.Errorf("%s 차는 이미 포장이 완료되었습니다.", t.name)
46:     } else if t.state == Done {
47:         return fmt.Errorf(
48:             "%s 차는 이미 고객에게 서빙되었습니다.", t.name)
49:     }
50:     t.state = PackageDone
51:     return nil
52: }
53:
54: // 차를 서빙함
55: func (t *Tea) Pick() error {
56:     if t.state == Waiting {
57:         return fmt.Errorf("%s 차는 아직 준비되지 않았습니다.", t.name)
58:     } else if t.state == MakeDone {
59:         return fmt.Errorf("%s 차는 아직 포장되지 않았습니다.", t.name)
60:     } else if t.state == Done {
61:         return fmt.Errorf(
62:             "%s 차는 이미 고객에게 서빙되었습니다.", t.name)
63:     }
64:     t.state = Done
65:     return nil
66: }
```

```
67:
68: func (t *Tea) Name() string {
69:     return t.name
70: }
71:
72: func (t *Tea) Price() int {
73:     return t.price
74: }
75:
76: func (t *Tea) Category() string {
77:     return t.category
78: }
79:
80: func (t *Tea) Taste() Taste {
81:     return t.taste
82: }
83:
84: func (t *Tea) State() State {
85:     return t.state
86: }
```

지금까지 추가한 각 파일은 다음과 같다. 이 파일들은 모두 ch10/oop/interface 폴더에 있다.

- **state.go**: 음료의 상태를 의미하는 나열 값
- **taste.go**: 음료의 맛을 의미하는 나열 값
- **productItem.go**: 제품의 인터페이스
- **store.go**: 판매 및 관리를 위한 객체
- **coffee.go**: 커피
- **juice.go**: 주스
- **tea.go**: 차

이처럼 여러 파일로 구성된 프로그램을 컴파일하고 실행하는 방법은 간단하다. Go는 기본적으로 패키지 단위로 작동하므로 같은 패키지에 속하는 여러 파일은 한 번에 컴파일되고 실행된다. 앞선 실습은 모두 main 패키지로 작성했으므로 ch10/oop/interface 폴더에서 다음 명령으로 컴파일 후 실행할 수 있다.

> 단, interface 폴더에 go.mod 파일이 있어야 한다. 이 파일을 생성하는 방법은 「02-3」절을 참고하자.

폴더 내 모든 파일 컴파일 후 실행하기

C:\go_lang\ch10\oop\interface> go run .

▼

실행 결과

store: &{0 [0xc000010200 0xc000010210 0xc000010220 0xc000010230 0xc000010240]}
==
우리 매장을 찾아와주셔서 감사합니다!
현재 매장 보유 자금: 0원
==
우리 매장 상품 리스트입니다.
1. 아메리카노 상품: 3000원, (재고: 5개)
2. 카페라떼 상품: 3500원, (재고: 2개)
3. 카페모카 상품: 4000원, (재고: 3개)
4. 드립커피 상품: 7000원, (재고: 4개)
5. 더치커피 상품: 5000원, (재고: 6개)
==
구매할 상품의 이름을 알려주세요 (나가기 exit): 카페라떼 [Enter]
몇 개를 구매하시겠어요?: 2 [Enter]
우리 매장을 이용해주셔서 감사합니다!
==
우리 매장을 찾아와주셔서 감사합니다!
현재 매장 보유 자금: 7000원
==
우리 매장 상품 리스트입니다.
1. 아메리카노 상품: 3000원, (재고: 5개)
2. 카페라떼 상품: 3500원, (재고: 0개)
3. 카페모카 상품: 4000원, (재고: 3개)
4. 드립커피 상품: 7000원, (재고: 4개)
5. 더치커피 상품: 5000원, (재고: 6개)
==
구매할 상품의 이름을 알려주세요 (나가기 exit): 카페모카 [Enter]
몇 개를 구매하시겠어요?: 1 [Enter]
우리 매장을 이용해주셔서 감사합니다!
==
우리 매장을 찾아와주셔서 감사합니다!
현재 매장 보유 자금: 11000원
==
우리 매장 상품 리스트입니다.
1. 아메리카노 상품: 3000원, (재고: 5개)
2. 카페라떼 상품: 3500원, (재고: 0개)

```
3. 카페모카 상품: 4000원, (재고: 2개)
4. 드립커피 상품: 7000원, (재고: 4개)
5. 더치커피 상품: 5000원, (재고: 6개)
=================================================
구매할 상품의 이름을 알려주세요 (나가기 exit): exit Enter
이용해주셔서 감사합니다!
=================================================
최종 가게 보유 자금 11000원
```

코드가 오류 없이 실행되었다면 인터페이스와 구조체를 잘 정의하고 구현한 것이다. 만약 오류가 발생했다면 각 단락에서 설명한 파일 중 누락한 것이 있는지 확인하거나 필자가 온라인에 제공한 코드를 내려받아 실행해 보기 바란다.

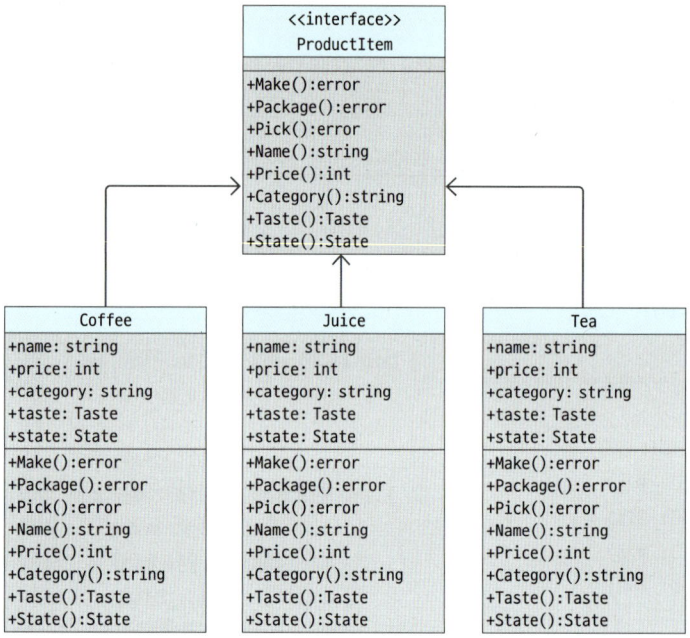

ProductItem 인터페이스로 추상화된 음료

그림처럼 ProductItem을 통해 Coffee, Juice, Tea의 동작을 추상화하고 메서드의 공통 사항을 인터페이스 명세에 포함했다. 이제 ProductItem의 구성만 알면 이를 따르는 각 음료 구조체의 동작을 추상화하여 한 줄의 코드로도 사용할 수 있다.

10-4 | 리시버

Go 언어에서 메서드는 **특정 타입의 값을 수신할 수 있도록 설정**된다. 이를 리시버receiver라고 한다. 리시버는 메서드를 정의하는 타입과 연결된다. 리시버는 다음과 같은 형태로 정의한다.

> **리시버 정의**
>
> func (리시버_변수 자료형) 메서드명(매개변수명 자료형) 반환_자료형

앞에서 객체의 메서드를 정의할 때 'func (객체_포인터_변수명 객체_포인터_자료형)...' 형태로 작성했다. 하지만 Go 언어 메서드 정의의 핵심은 func 예약어와 메서드 이름 사이에 오는 리시버 선언 부분이다. 이 리시버 선언이 함수를 특정 타입에 속한 메서드로 만들어 주는 역할을 한다.

Go 언어는 객체지향 프로그래밍을 지원하기 위해 메서드를 리시버로 구현한다. 다음 코드를 살펴보자.

Do it! 리시버 정의　　　　　　　　　　　ch10/oop/basic_receiver/basic_receiver.go

```go
01: package main
02:
03: import "fmt"
04:
05: type Building struct {
06:     Status string
07: }
08:
09: func NewBuilding() *Building {
10:     return new(Building)
11: }
12:
13: // Building 객체의 Open() 메서드 정의
14: func (b *Building) Open() {
15:     b.Status = "OPEN"
16: }
17:
18: func main() {
19:     building := NewBuilding()
```

```
20:        fmt.Printf("building status: %s\n", building.Status)
21:
22:        building.Open()
23:        fmt.Printf("building status: %s\n", building.Status)
24: }
```

실행 결과
```
building status:
building status: OPEN
```

리시버는 구조체의 메서드를 정의하는 기능으로, 일반 함수와는 다르게 리시버 대상인 구조체를 func 예약어 다음에 명시한다. 14행에서 (b *Building) 코드는 Building 객체의 포인터를 리시버로 정의한 것이다.

리시버로는 구조체의 포인터뿐만 아니라 구조체 자체를 사용할 수도 있다. 다음 소스에서 13행을 보면 (r Rectangle)으로 포인터를 사용하지 않고 구조체 리시버를 정의했다. 이런 리시버를 값 리시버라고 한다.

Do it! 구조체를 리시버로 정의 ch10/oop/struct_receiver/struct_receiver.go

```
01: package main
02:
03: import "fmt"
04:
05: type Rectangle struct {
06:     x, y int
07: }
08:
09: func NewRectangle() *Rectangle {
10:     return new(Rectangle)
11: }
12:
13: func (r Rectangle) Draw() {
14:     fmt.Println("사각형을 그립니다!")
15: }
16:
17: func main() {
18:     rectangle := NewRectangle()
19:     rectangle.Draw()
20: }
```

실행 결과
```
사각형을 그립니다!
```

이처럼 리시버는 구조체의 메서드를 정의하는 데 사용되며 Go 언어에서는 값 리시버와 포인터 리시버 두 가지 형태의 리시버를 지원한다.

값 리시버와 포인터 리시버 차이

리시버	설명	정의
값 리시버	구조체를 복사하여 메서드를 실행	(s Struct)
포인터 리시버	구조체의 메모리 주소를 참조하여 메서드를 실행	(s *Struct)

▶ 값 리시버

값 리시버value receiver는 **구조체의 값을 복사하여 메서드를 호출**한다. 구조체의 메서드에서 값을 변경하더라도 원본 구조체에는 영향이 없다. 다음 코드를 보자.

Do it! 값 리시버   ch10/oop/value_receiver/value_receiver.go

```go
01: package main
02:
03: import "fmt"
04:
05: type Rectangle struct {
06:     x, y int
07: }
08:
09: func NewRectangle(x int, y int) *Rectangle {
10:     return &Rectangle{x, y}
11: }
12:
13: // 값 리시버로 메서드 정의
14: func (r Rectangle) Draw(x int, y int) {
15:     fmt.Printf("변경 전 x, y: %d, %d\n", r.x, r.y)
16:     r.x = x
17:     r.y = y
18:     fmt.Printf("변경 후 x, y: %d, %d\n", r.x, r.y)
19: }
20:
21: func main() {
22:     rectangle := NewRectangle(5, 5)
23:     rectangle.Draw(10, 20)
24:     fmt.Printf("원본 Rectangle x, y: %d, %d\n",
25:         rectangle.x, rectangle.y)
26: }
```

> **실행 결과**
>
> 변경 전 x, y: 5, 5
> 변경 후 x, y: 10, 20
> 원본 Rectangle x, y: 5, 5

▶ 포인터 리시버

포인터 리시버pointer receiver는 **구조체의 메모리 주소를 참조하여 메서드를 호출**한다. 따라서 메서드 내에서 값을 변경하면 원본 구조체의 값도 변경된다.

Do it! 포인터 리시버 ch10/oop/pointer_receiver/pointer_receiver.go

```go
01: package main
02:
03: import "fmt"
04:
05: type Rectangle struct {
06:     x, y int
07: }
08:
09: func NewRectangle(x int, y int) *Rectangle {
10:     return &Rectangle{x, y}
11: }
12:
13: // 포인터 리시버를 사용하여 메서드 정의
14: func (r *Rectangle) Draw(x int, y int) {
15:     fmt.Printf("변경 전 x, y: %d, %d\n", r.x, r.y)
16:     r.x = x
17:     r.y = y
18:     fmt.Printf("변경 후 x, y: %d, %d\n", r.x, r.y)
19: }
20:
21: func main() {
22:     rectangle := NewRectangle(5, 5)
23:     rectangle.Draw(10, 20)
24:     fmt.Printf("원본 Rectangle x, y: %d, %d\n",
25:         rectangle.x, rectangle.y)
26: }
```

실행 결과

```
변경 전 x, y: 5, 5
변경 후 x, y: 10, 20
원본 Rectangle x, y: 10, 20
```

사실 Go 언어에는 '객체'라는 개념이 별도로 존재하지 않고 구조체에 리시버를 이용하여 객체와 유사한 개념으로 사용한다. 이는 Go 언어의 독특한 특징으로, 리시버를 활용하면 복잡한 로직을 추상화하여 간결하게 처리할 수 있다.

10-5 | 상속과 구조체 임베딩

상속inheritance은 객체지향 프로그래밍에서 널리 쓰이는 중요한 개념으로, **공통된 기능을 부모 (상위) 객체에 정의하고 자식(하위) 객체가 이를 물려받아 활용**하는 방식이다. 상속은 코드 중복을 줄이고 복잡한 로직을 추상화한다. 전통적인 언어에서는 클래스 상속을 통해 이러한 구조를 자연스럽게 표현한다.

그러나 Go 언어는 클래스 기반 상속을 지원하지 않는다. 그대신 구조체 임베딩(합성)을 통해 상속과 유사한 효과를 얻는다. 한 구조체 안에 다른 구조체를 포함하면 포함된 구조체의 필드와 메서드가 승격되어 마치 상속처럼 사용할 수 있다. 이 방법은 다중 상속 문제를 피하고 필요한 기능만 유연하게 조합할 수 있다는 점에서 전통적인 상속보다 단순하고 직관적이다.

▶ 구조체 임베딩으로 상속 구현하기

예를 들어 학생, 엔지니어, 기자는 모두 사람이라는 큰 범주에 속한다. 따라서 사람이 가지는 공통된 특징을 Person 객체로 정의하고, 이를 상속받아 Student, Engineer, Reporter를 정의할 수 있다. 이때 Person은 부모 객체라고 하고, 이를 상속받은 Student, Engineer, Reporter는 자식 객체라고 한다. 상속을 활용하면 공통된 기능을 부모 객체에서 정의하고 이를 자식 객체에서 재사용하거나 확장하여 활용할 수 있다.

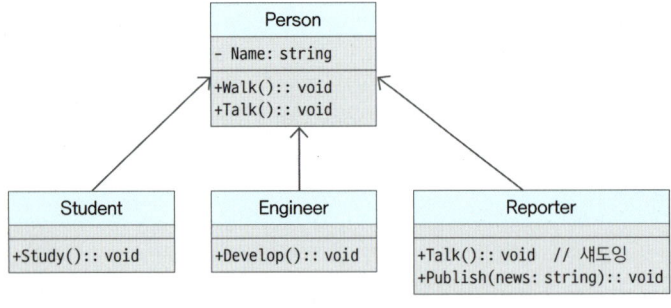

상속 구조 예시

Go 언어는 이러한 상속 개념을 문법적으로 직접 지원하지 않는 대신 구조체 안에 다른 구조체를 포함embed하여 상속과 유사한 기능을 구현한다. 이 방식을 **임베딩**embedding 또는 **합성**composition이라고 한다. 구조체 임베딩은 코드의 중복을 줄이고 기능을 유연하게 조합할 수 있게 한다.

다음 코드는 Go에서 구조체 임베딩을 활용해 상속과 비슷한 효과를 내는 예를 보여 준다.

Do it! 상속 구현　　　　　　　　　　ch10/oop/basic_inheritance/basic_inheritance.go

```go
01: package main
02:
03: import "fmt"
04:
05: type Person struct {
06:     Name string
07: }
08:
09: func (p Person) Walk() {
10:     fmt.Println("걷고 있습니다.")
11: }
12:
13: func (p Person) Talk() {
14:     fmt.Printf("안녕하세요 제 이름은 %s 입니다.\n", p.Name)
15: }
16:
17: type Student struct {
18:     Person
19: }
20:
21: func (s Student) Study() {
22:     fmt.Println("공부하고 있습니다.")
23: }
24:
25: type Engineer struct {
26:     Person
27: }
28:
29: func (e Engineer) Develop() {
30:     fmt.Println("개발하고 있습니다.")
31: }
32:
33: type Reporter struct {
34:     Person
35: }
36:
37: func (r Reporter) Talk() {    // Person의 Talk() 메서드 섀도잉
38:     fmt.Printf("안녕하세요 저는 보도국 기자 %s 입니다.\n", r.Name)
39: }
40:
```

```
41: func (r Reporter) Publish(news string) {
42:     fmt.Printf("%s라는 최신 보도가 있습니다.", news)
43: }
44:
45: func main() {
46:     person := Person{Name: "홍길동"}
47:     student := Student{Person: Person{Name: "김철수"}}
48:     engineer := Engineer{Person: Person{Name: "리누스 토발즈"}}
49:     reporter := Reporter{Person: Person{Name: "박민수"}}
50:
51:     person.Talk()
52:     student.Talk()
53:     engineer.Talk()
54:     reporter.Talk()   // Reporter에 섀도잉한 Talk() 메서드 호출
55: }
```

실행 결과

```
안녕하세요 제 이름은 홍길동 입니다.
안녕하세요 제 이름은 김철수 입니다.
안녕하세요 제 이름은 리누스 토발즈 입니다.
안녕하세요 저는 보도국 기자 박민수 입니다.
```

18, 26, 34행을 보면 Student, Engineer, Reporter 구조체를 정의하면서 Person 구조체를 필드명 없이 포함embedding했다. 이렇게 구조체를 익명으로 임베딩하면 Go 언어의 '필드 및 메서드 승격promotion'이라는 과정에 따라 포함된 Person 구조체의 내보내진exported 필드(Name 등)와 메서드(Walk(), Talk() 등)가 외부 구조체(Student 등)에서 직접 접근할 수 있는 멤버가 된다.

그 결과 Student 객체 등은 Person의 필드와 메서드를 마치 자신의 멤버인 것처럼(student.Name 또는 student.Talk()처럼) 점(.) 연산자로 직접 접근하여 사용할 수 있다. 이것이 Go 언어에서 임베딩으로 상속과 유사한 코드 재사용성을 얻는 방법이다.

51~54행을 보면 각각의 객체는 Person에 정의된 Talk() 메서드를 그대로 활용한다. 그런데 Reporter 객체는 37행에서 별도로 Talk() 메서드를 정의했다. 이렇게 하면 Person에 있던 Talk() 메서드는 호출되지 않고 Reporter에 정의된 메서드를 우선시하는데, 이러한 현상을 메서드 섀도잉이라고 한다.

▶ 메서드 섀도잉

메서드 섀도잉method shadowing은 **임베딩된 구조체의 메서드와 똑같은 이름으로 외부 구조체에 메서드를 정의했을 때 이 외부 메서드를 우선해서 호출하는 현상**을 말한다. 이러한 현상은 전통적인 객체지향 언어의 오버라이딩overriding처럼 보일 수 있지만, Go에서는 단순히 이름 우선 규칙에 의해 내부 메서드가 가려지는 것이다. 다음 예시를 보자.

Do it! 메서드 섀도잉 — ch10/oop/basic_shadowing/basic_shadowing.go

```go
01: package main
02:
03: import "fmt"
04:
05: type Animal struct {
06:     Name string
07: }
08:
09: func (a Animal) Speak() {
10:     fmt.Println("Animal speaks")
11: }
12:
13: type Dog struct {
14:     Animal
15: }
16:
17: func (d Dog) Speak() {
18:     fmt.Println("Dog barks")
19: }
20:
21: func main() {
22:     animal := Animal{Name: "Generic Animal"}
23:     dog := Dog{Animal: Animal{Name: "Buddy"}}
24:
25:     animal.Speak()    // 출력: Animal speaks
26:     dog.Speak()       // 출력: Dog barks
27: }
```

실행 결과

```
Animal speaks
Dog barks
```

이 코드에서 Dog 구조체는 Animal 구조체의 Speak() 메서드와 똑같은 이름으로 메서드를 새로 정의했다. 그러므로 Dog에서 호출하면 Dog의 메서드가 실행된다.

인터페이스로 다형성 구현하기

Go에서 다형성은 인터페이스로 구현할 수 있다. 인터페이스는 특정 메서드 집합을 정의하고 구체적인 구조체들이 이 메서드를 구현하도록 강제한다. 같은 인터페이스를 만족하는 여러 타입은 같은 방식으로 다룰 수 있으며, 실제로 어떤 메서드가 호출될지는 인터페이스 변수가 참조하는 구체적인 타입에 따라 결정된다. 이러한 방식으로 하나의 인터페이스를 통해 각각의 객체들이 서로 다른 동작을 수행하게 하는 것이 바로 다형성이다.

> **Do it!** 다형성을 구현한 예시　　　　　　　　　ch10/oop/polymorphism/polymorphism.go

```go
01: package main
02:
03: import "fmt"
04:
05: type Shape interface {
06:     Draw()
07: }
08:
09: type Circle struct{}
10:
11: func (c Circle) Draw() {
12:     fmt.Println("Drawing a Circle")
13: }
14:
15: type Square struct{}
16:
17: func (s Square) Draw() {
18:     fmt.Println("Drawing a Square")
19: }
20:
21: func main() {
22:     var shape Shape
23:
24:     shape = Circle{}    // Circle 객체 참조
25:     shape.Draw()
26:
27:     shape = Square{}    // Square 객체 참조
28:     shape.Draw()
29: }
```

실행 결과

```
Drawing a Circle
Drawing a Square
```

이 코드에서 Shape 인터페이스는 Draw() 메서드를 정의한다. Circle과 Square 구조체는 각각 Draw() 메서드를 구현함으로써 Shape 인터페이스를 만족한다. 24행에서 shape 변수는 Circle 객체를 참조하고 있으므로 25행에서는 Circle.Draw() 메서드가 실행된다. 이후 27행에서 shape 변수에 Square 객체를 대입하면 28행에서는 Square.Draw() 메서드가 실행된다.

즉, 같은 Draw() 메서드를 호출하더라도 shape가 참조하는 구체적인 타입에 따라 결과가 달라진다. 이것이 바로 Go 언어에서 인터페이스를 통한 다형성의 대표적인 예다.

이 장의 핵심 요약

이번 장에서는 객체지향 프로그래밍의 핵심 원리와 이를 구현하는 방법을 심도 있게 다뤘다. 객체지향 프로그래밍의 모듈화, 재사용성, 확장성, 캡슐화, 추상화, 다형성의 원리를 Go 언어의 구조체, 메서드, 인터페이스, 리시버를 중심으로 상세히 설명했으며, 복잡한 시스템을 효율적으로 설계하고 구현하는 데 필요한 기초를 다졌다.

- **객체**: 객체는 데이터를 나타내는 속성과 이를 처리하는 기능인 메서드를 하나로 묶은 단위이고 구조체를 이용해 이러한 객체를 정의한다. 생성자 함수를 통해 객체를 생성하고 초기 상태를 설정한다.
- **메서드**: 메서드는 객체가 자신의 속성에 접근하고 이를 활용하여 동작을 수행하는 방법을 제공한다. 메서드는 리시버(receiver)를 통해 구조체와 연결되며, 값 리시버와 포인터 리시버는 객체의 상태 변화에 미치는 영향이 다르다. 값 리시버는 객체의 복사본에서 동작하여 원본에 영향을 주지 않지만, 포인터 리시버는 메모리에 직접 접근함으로써 객체의 상태를 변경할 수 있다.
- **인터페이스**: 인터페이스는 객체가 반드시 구현해야 할 메서드 집합을 명세함으로써 다양한 타입의 객체들이 공통의 동작을 수행하도록 강제하는 도구다. 인터페이스를 통해 코드의 유연성과 다형성을 확보할 수 있다. 인터페이스를 기반으로 추상 개념을 정의하여 여러 객체들이 일관된 방식으로 처리될 수 있음을 실습으로 확인했다.
- **구조체 임베딩**: Go에서는 전통적인 의미의 클래스 상속을 지원하지 않는다. 대신 구조체에 다른 구조체를 임베딩하여 상속과 유사한 기능을 구현할 수 있다. 이를 통해 공통 기능을 재사용하거나 외부 구조체에서 같은 이름의 메서드를 정의해 기존 메서드를 가릴 수 있다.

# 11

입출력 프로그래밍

지금까지 자료형, 함수, 제어문, 자료구조와 객체지향 프로그래밍 등 Go 언어의 기본 문법을 배웠다. 이것으로도 적절하게 동작하는 프로그램을 만들 수 있지만, 데이터를 저장소에 저장해 두었다가 불러오려면 입출력 기능을 공부해야 한다.

이번 장에서는 표준 입출력과 파일 입출력을 다룬다. Go 언어에서는 입출력을 수행하는 다양한 함수를 제공한다. 이러한 함수를 통해 텍스트나 이미지, 기타 파일을 저장 장치에 쓰거나 불러오는 방법을 알아보자.

11-1 ▶ 입출력이란?
11-2 ▶ 표준 입출력
11-3 ▶ 파일 입출력

11-1 | 입출력이란?

지금까지 배운 문법을 바탕으로 프로그램을 개발해도 충분하다. 하지만 실제 서비스는 고객의 정보를 입력받거나 저장하고 필요에 따라서는 파일을 쓰거나 읽는 등의 기능이 필요하다. 이때 필요한 개념이 입출력이다.

입출력Input/Output, I/O은 프로그램이 외부와 데이터를 주고받는 과정을 의미한다. 프로그램이 제대로 동작하려면 사용자에게 입력을 받고 그 결과를 출력하거나 프로그램 내부에서 처리한 데이터를 저장하고 불러오는 과정이 필요하다. 입출력은 이러한 데이터의 흐름을 관리하는 기능이다.

입출력의 기본 개념은 입력과 출력 두 가지로 나눌 수 있다.

- **입력** — 프로그램이 외부에서 데이터를 가져오는 과정이다. 사용자가 키보드로 입력한 값이나 파일에서 읽어 온 데이터가 여기에 해당한다. 입력은 프로그램이 동작하는 데 필요한 정보를 제공하는 중요한 과정이다.
- **출력** — 프로그램이 처리한 데이터를 외부로 전달하는 과정이다. 출력은 화면에 결과를 표시하거나 파일에 데이터를 저장하는 방식으로 이루어진다.

다음 표는 Go 언어에서 다룰 수 있는 다양한 입출력 범위와 그에 관련된 패키지를 정리한 것이다.

입출력 관련 주요 패키지

입출력 범위	설명	주요 패키지
표준 입출력	프로그램과 사용자 간의 기본적인 데이터 입출력 작업을 처리	`fmt`
파일 입출력	파일 시스템에서 데이터를 읽고 쓰는 작업을 처리	`os, io`
네트워크 입출력	네트워크를 통해 데이터를 송수신하는 작업을 처리	`net, http`
버퍼 입출력	데이터를 효율적으로 읽고 쓰기 위해 버퍼를 사용하는 작업을 처리	`bufio`

Go 언어에서는 표준 입출력 기능을 제공하는 다양한 패키지와 함수를 제공한다. 예를 들어

fmt 패키지는 표준 입출력을 쉽게 다룰 수 있는 함수들을 제공하며, os 패키지는 파일 입출력을 위한 함수들을 지원한다. 이러한 기능을 활용하여 데이터를 효과적으로 주고받고 저장할 수 있다.

다음은 Go 언어에서 입출력을 사용하는 간단한 예다. 이 코드는 사용자가 이름을 입력하면 그 이름을 출력한다.

Do it! 간단한 입출력 예 · ch11/standard_io/basic/basic.go

```go
01: package main
02:
03: import (
04:     "fmt"
05: )
06:
07: func main() {
08:     var name string
09:
10:     // 사용자에게 이름을 입력받는다.
11:     fmt.Print("이름을 입력해주세요: ")
12:     fmt.Scanf("%s\n", &name)
13:
14:     // 입력받은 이름을 출력한다.
15:     fmt.Printf("안녕하세요, %s님!\n", name)
16: }
```

실행 결과

```
이름을 입력해주세요: 홍길동 [Enter]
안녕하세요, 홍길동님!
```

이 코드에서 fmt.Print() 함수는 화면에 메시지를 출력하고, fmt.Scanf() 함수는 사용자에게 입력을 받는다. 사용자가 입력한 값은 name 변수에 저장되며, 이후 fmt.Printf() 함수를 통해 입력받은 이름을 출력한다.

11-2 | 표준 입출력

표준 입력과 출력은 Go 언어에서 가장 기본인 입출력 작업을 수행하는 방법이다. 이 기능들은 프로그램이 사용자와 상호 작용할 수 있게 해주며 데이터를 입력받고 결과를 출력하는 데 필수다. 이 절에서는 Go 언어에서 표준 입력과 출력을 어떻게 사용하는지 살펴보자.

▶ 표준 입출력의 필요성

표준 입출력 기능은 사용자와 상호 작용할 기본 인터페이스를 제공하며 데이터의 입력과 출력을 관리하는 중요한 역할을 한다. 예를 들어 콘솔에서 사용자에게 입력을 받거나 계산 결과를 화면에 출력하는 등의 작업이 이에 해당한다.

표준 입출력 기능은 다음과 같은 상황에서 필요하다.

- **사용자와의 상호 작용:** 프로그램이 사용자에게 입력을 받고 결과를 화면에 출력할 수 있도록 한다.
- **데이터 기록과 분석:** 프로그램의 실행 결과를 파일에 기록하거나 다른 프로그램과의 데이터 교환을 가능하게 한다.
- **디버깅:** 프로그램의 상태를 출력하여 문제를 분석하고 해결하는 데 도움을 준다.

예를 들어 표준 입출력 기능이 없다고 가정해 보자. 표준 입출력은 사용자와 상호 작용하는 방법을 알려 주는 역할도 하는데, 만약 표준 입출력 기능이 없다면 프로그램은 각 장치에 대해 직접 입출력 로직을 구현해야 한다. 그러면 입력과 출력을 처리하기 위해 프로그램이 특정 형식으로 데이터를 주고받아야 하며 프로그램은 장치와 상호 작용을 직접 관리해야 한다.

지금까지 사용한 `fmt.Print()`는 표준 출력 함수다. 표준 출력은 콘솔 화면에 데이터를 출력해 주는데 이것이 사용자와의 상호 작용에 해당한다. 만약 표준 출력을 사용하지 않는다면 각 플랫폼(윈도우, 리눅스 등)에 따라 출력 위치를 직접 지정해 줘야 한다.

다음 코드는 표준 출력을 사용하지 않고 터미널에 직접 출력하는 방법을 보여 준다. POSIX 기반의 플랫폼을 고려했으므로 리눅스나 macOS 또는 리눅스용 윈도우 하위 시스템(WSL)의 터미널 환경에서는 구동되지만, 그밖의 환경에서는 오류가 발생하거나 출력 메시지가 보이지 않을 수 있다. 이러한 제약 사항은 표준 입출력을 사용하지 않을 때의 문제점을 잘 보여 준다. 터미널에 직접 쓰는 것은 운영체제와의 상호 작용이 복잡하고 모든 플랫폼에서 일관되게 동작하지 않을 수 있다.

> **Do it!** 표준 출력을 사용하지 않고 터미널에 직접 출력하기
>
> ◆ ch11/standard_io/without_std_io/without_std_io.go

```go
01: package main
02:
03: import (
04:     "fmt"
05:     "os"
06: )
07:
08: func main() {
09:     // 현재 터미널에 직접 출력하기
10:     // tty 세션 파일을 직접 열어서 출력
11:     file, err := os.OpenFile("/dev/tty", os.O_WRONLY, 0600)
12:     if err != nil {
13:         fmt.Println("Error opening /dev/tty:", err)
14:         return
15:     }
16:     defer file.Close()
17:
18:     // 터미널에 메시지 쓰기
19:     _, err = file.WriteString("Hello, this is a message sent directly to the terminal!\n")
20:     if err != nil {
21:         fmt.Println("Error writing to terminal:", err)
22:         return
23:     }
24: }
```

> **실행 결과**
>
> Hello, this is a message sent directly to the terminal!

코드에서 defer 예약어와 err 변수를 사용한 부분은 예기치 않은 오류를 처리하는 로직이다. 이처럼 오류가 발생한 상황에서 별도의 처리로 오류 상황을 통제하는 것을 **오류 처리**error handling라고 한다. 이 코드에서는 오류가 발생하면 fmt.Println() 함수를 통해 오류 메시지를 출력하고 프로그램을 종료하도록 작성했다.

▣ defer 예약어와 오류 처리는 12장에서 자세히 살펴본다.

▶ 표준 입출력의 종류

Go 언어에서 표준 입출력 기능은 다음처럼 3가지 주요 범주로 나눌 수 있다. 각 기능은 프로그램이 사용자와 효과적으로 상호 작용하고 데이터와 오류를 관리하는 데 필수다.

- **표준 입력(standard input):** 사용자가 프로그램에 데이터를 입력하는 방법을 제공한다. Go 언어에서는 fmt 패키지의 함수들(Scan, Scanf, Scanln)을 사용하여 표준 입력을 처리할 수 있다.
- **표준 출력(standard output):** 프로그램이 데이터를 화면에 출력하는 방법을 제공한다. Go 언어에서는 fmt 패키지의 함수들(Print, Println, Printf)을 사용하여 표준 출력을 처리할 수 있다.
- **표준 오류(standard error):** 프로그램에서 발생한 오류 메시지를 출력하는 방법을 제공한다. Go 언어에서는 fmt 패키지의 Fprintf 함수와 log 패키지를 사용하여 표준 오류를 처리할 수 있다.

표준 출력

표준 출력은 프로그램이 데이터를 화면에 출력하는 방법을 의미한다. Go 언어에서는 `fmt` 패키지를 사용하여 출력 작업을 수행할 수 있다. `fmt` 패키지에는 데이터를 형식화하여 출력하는 다양한 함수가 포함되어 있다. 주요 표준 출력 함수를 살펴보면 다음과 같다.

- `fmt.Print()`: 데이터를 형식 없이 출력한다.
- `fmt.Println()`: 데이터를 출력한 후 자동으로 줄 바꿈을 추가한다.
- `fmt.Printf()`: 형식 문자열을 사용하여 데이터를 출력한다.

다음은 표준 출력을 사용하는 간단한 예다.

Do it! 표준 출력   ch11/standard_io/std_out/std_out.go

```go
01: package main
02:
03: import "fmt"
04:
05: func main() {
06:     name := "Alice"
07:     age := 30
08:
09:     // 기본 출력
10:     fmt.Print("Name: ")
11:     fmt.Print(name)
12:     fmt.Print("\n")
13:
```

```
14:        // 자동 줄 바꿈
15:        fmt.Println("Age:", age)
16:
17:        // 형식화된 출력
18:        fmt.Printf("Name: %s, Age: %d\n", name, age)
19: }
```

▼

실행 결과

```
Name: Alice
Age: 30
Name: Alice, Age: 30
```

이 코드에서 `fmt.Print()`는 문자열과 변수를 출력하며 줄 바꿈이 없다. 반면에 `fmt.Println()`은 문자열과 변수를 출력한 후 자동으로 줄 바꿈을 추가한다. `fmt.Printf()`는 형식 문자열을 사용하여 출력 형식을 세밀하게 조정할 수 있다.

표준 입력

표준 입력은 사용자가 프로그램에 데이터를 입력하는 방법을 의미한다. Go 언어에서 표준 입력을 처리하기 위해 `fmt` 패키지의 `Scanf()`, `Scanln()`, `Scan()` 함수를 사용할 수 있다.

- `fmt.Scan()`: 공백으로 구분된 항목들을 입력받는다.
- `fmt.Scanf()`: 형식 문자열을 사용하여 입력받는다.
- `fmt.Scanln()`: 입력이 끝난 후 줄 바꿈 문자가 입력 버퍼에 남지 않도록 처리된다.

다음은 표준 입력을 사용하는 간단한 예다.

Do it! 표준 입력   ch11/standardIO/std_in.go

```
01: package main
02:
03: import "fmt"
04:
05: func main() {
06:     var name string
```

```
07:     var age int
08:
09:     // 사용자에게 입력받기
10:     fmt.Print("Enter your name: ")
11:     fmt.Scanln(&name)
12:
13:     fmt.Print("Enter your age: ")
14:     fmt.Scanf("%d\n", &age)
15:
16:     // 입력받은 데이터 출력하기
17:     fmt.Printf("Name: %s, Age: %d\n", name, age)
18: }
```

실행 결과

```
Enter your name: DoIt
Enter your age: 30
Name: DoIt, Age: 30
```

이 코드에서는 fmt.Scanln()과 fmt.Scanf() 함수를 사용하여 사용자에게 입력을 받는다. fmt.Scanln() 함수는 공백을 기준으로 입력값을 분리하고 입력을 처리한 후 입력 버퍼에 남은 개행 문자를 제거한다. fmt.Scanf() 함수는 서식 문자열을 사용하여 지정한 형식의 입력값을 처리하며 개행 문자를 입력 버퍼에 남긴다.

표준 오류

표준 오류는 프로그램에서 발생한 오류 메시지를 출력하는 방법이다. 표준 오류는 표준 출력과 비슷하지만, 사용자에게 오류 정보를 제공하는 데 사용한다. Go 언어에서는 log나 fmt 패키지의 Fprintf() 함수와 같은 다양한 방법으로 표준 오류를 처리할 수 있다.

표준 오류는 다음과 같은 상황에서 유용하다.

- **오류 메시지 출력**: 프로그램이 잘못된 입력을 처리할 때 오류 메시지를 출력한다.
- **디버깅**: 개발 도중에 발생한 문제를 추적하고 분석하는 데 도움을 준다.

다음은 표준 오류를 사용하는 간단한 예다.

Do it! 표준 오류 — ch11/standard_io/std_err/std_err.go

```
01: package main
02:
03: import (
04:     "fmt"
05:     "os"
06: )
07:
08: func main() {
09:     if _, err := fmt.Println("This is a standard error message"); err != nil {
10:         fmt.Fprintf(os.Stderr, "Error occurred: %v\n", err)
11:     }
12:
13:     // 의도적으로 오류 발생
14:     if _, err := os.Open("nonexistentfile.txt"); err != nil {
15:         fmt.Fprintf(os.Stderr, "Failed to open file: %v\n", err)
16:     }
17: }
```

9행 주석: Go 언어의 if, for, switch 문에서 허용하는 '초기화문+조건식' 형태다. 세미콜론을 기준으로 앞은 초기화 구문, 뒤는 조건식이다.

실행 결과

```
This is a standard error message
Failed to open file: open nonexistentfile.txt: no such file or directory
```

Fprintf() 함수의 첫 번째 매개변수는 어디에 출력할지를 나타내는 출력 대상(파일, 버퍼 등), 두세 번째 매개변수는 Printf() 함수처럼 형식 문자열과 출력할 값이다. 예에서 첫 번째 매개변수로 전달한 os.Stderr은 Go 언어에서 표준 오류 스트림을 나타내는 전역 변수다.

14행에서 파일 열기를 시도했지만 해당 파일이 없어서 실패하고 오류 메시지가 err 변수에 전달된다. 15행에서 이 메시지를 표준 오류 스트림으로 보내 콘솔 화면에 출력한다.

다음 표는 표준 오류 스트림을 사용하는 두 가지 방법을 보여 준다. log 패키지를 사용하면 오류 메시지를 표준 오류로 직접 출력할 수 있고, fmt.Fprintf() 함수를 사용하면 os.Stderr 같은 특정 출력 스트림으로 오류 메시지를 출력할 수 있다. 두 방법 모두 오류 처리를 명확하게 하며 사용자에게 문제를 효과적으로 전달하는 데 유용하다.

표준 오류 종류

방법	설명
log 패키지	오류 메시지를 표준 오류로 출력
fmt.Fprintf()	특정 출력 스트림(예: os.Stderr)으로 오류 메시지 출력

> **아하! 그렇구나! 표준 오류 스트림**
>
> 표준 오류 스트림은 오류 메시지를 출력하는 특별한 경로이다. 프로그램에서 문제가 발생했을 때 이 스트림을 통해 사용자에게 오류를 전달할 수 있다. 표준 오류 스트림은 표준 출력 스트림과 분리되어 있어 오류와 정상 출력을 명확히 구분할 수 있다. 예를 들어 Go 언어에서 다음처럼 작성하면 오류 메시지를 표준 오류로 출력할 수 있다. 이를 통해 프로그램의 문제를 더 효과적으로 관리하고 추적할 수 있다.
>
> ```
> fmt.Fprintf(os.Stderr, "오류 발생: %s\n", err)
> ```

▶ 입력 버퍼

앞서 소개한 표준 입력 함수 Scan(), Scanf(), Scanln()은 입력 버퍼를 다루는 방식에 차이가 있다. 입력 버퍼는 사용자가 입력한 데이터를 임시로 저장하는 공간이다. 사용자가 키보드로 입력한 값은 입력 버퍼에 저장된 다음에 프로그램이 이를 읽어서 처리한다. 이 과정에서 각각의 입력 함수는 입력 버퍼에 남아 있는 데이터를 다루는 방식이 다르다.

예를 들어 Scanln() 함수는 입력값을 한 줄 단위로 처리하며 입력 버퍼에 남은 개행 문자(\n)까지 처리한다. 덕분에 이후 입력 처리에 문제가 발생하지 않는다. 반면에 Scan() 함수는 입력값만 읽고 개행 문자는 입력 버퍼에 남겨 둔다.

다음은 주요 입력 함수의 동작 방식과 특징을 정리한 표다.

주요 입력 함수

함수명	특징	입력 버퍼 처리 방식
Scan()	• 공백을 기준으로 여러 값을 읽음 • 입력값만 처리하고 개행 문자는 유지	개행 문자(\n) 입력 버퍼에 남김
Scanln()	• 한 줄 단위로 값을 읽고 개행 문자에서 입력 종료 • 버퍼를 비움	개행 문자 포함하여 입력 버퍼 정리
Scanf()	• 지정된 서식에 따라 입력값을 처리	개행 문자 입력 버퍼에 남김
bufio.Reader()	• 입력값을 버퍼 단위로 처리 • 복잡한 입력이나 대량 데이터 처리에 적합	입력 버퍼를 명시적으로 관리 가능

입력 처리에서 각 함수가 입력 버퍼를 어떻게 다루는지는 프로그램의 동작에 큰 영향을 미친다. 예를 들어 다음 코드는 입력 버퍼가 정리되지 않아 예상치 못한 결과를 초래한다.

Do it! 입력값 처리를 잘못한 예   ch11/buffer/input_buffer_error/input_buffer_error.go

```go
01: package main
02:
03: import "fmt"
04:
05: func main() {
06:     var a, b int
07:
08:     fmt.Print("첫 번째 숫자를 입력하세요: ")
09:     fmt.Scan(&a)        // 개행 문자가 입력 버퍼에 남음
10:
11:     fmt.Print("두 번째 숫자를 입력하세요: ")
12:     fmt.Scanln(&b)      // 이전 입력의 개행 문자로 인해 입력 처리 종료
13:
14:     fmt.Printf("입력된 값: %d, %d\n", a, b)
15: }
```

실행 결과

```
첫 번째 숫자를 입력하세요: 1 Enter
두 번째 숫자를 입력하세요: 입력된 값: 1, 0
```
↑ 두 번째 숫자 입력을 건너뜀

코드의 실행 결과를 보면 사용자가 첫 번째 숫자를 입력하고 Enter 를 누른 순간 두 번째 숫자 입력 차례를 건너뛰고 곧바로 1, 0이 출력되는 것을 볼 수 있다. 첫 번째 입력에서 Scan()이 입력값만 읽고 개행 문자(\n)를 입력 버퍼에 남기기 때문에 이후에 호출된 Scanln()이 개행 문자를 읽고 입력을 완료하면서 정상으로 동작하지 않는다.

> 단, 리눅스나 macOS 환경에서는 개행 문자 처리 방식이 달라서 오류가 발생하지 않는다.

입력 버퍼의 상태 변화

단계	사용자 입력	입력 버퍼의 상태	처리 함수	처리 결과
초기 상태	-	빈 상태 ("")	-	-
1단계: fmt.Scan 호출	1 Enter	"\n"만 남음	fmt.Scan(&a)	a = 1
2단계: fmt.Scanln 호출	-	"\n"만 남음	fmt.Scanln(&b)	입력 종료, b = 0

이 문제를 해결하려면 Scanf()처럼 입력 서식을 직접 지정할 수 있는 함수를 사용하는 방법이 있다. %d, %s와 같은 서식 문자는 출력뿐 아니라 입력에서도 사용된다. Scanf() 함수는 지정된 서식에 따라 입력값을 처리하므로 복잡한 입력 처리를 간단하게 할 수 있다.

예를 들어 다음 코드는 이름과 나이를 입력받는 예다.

Do it! 서식 지정으로 입력 처리   ch11/buffer/formatting/formatting.go

```go
01: package main
02:
03: import "fmt"
04:
05: func main() {
06:     var name string
07:     var age int
08:
09:     fmt.Print("이름과 나이를 입력하세요 (예: 홍길동 30): ")
10:     fmt.Scanf("%s %d\n", &name, &age)    // 서식 문자열 사용
11:     fmt.Printf("입력된 이름: %s, 나이: %d\n", name, age)
12: }
```

실행 결과

```
이름과 나이를 입력하세요 (예: 홍길동 30): 김철수 26 Enter
입력된 이름: 김철수, 나이: 26
```

이름(문자열)과 나이(정수)를 각각 서식 문자 %s와 %d로 받고 그 사이를 공백 문자로 구분하도록 서식을 지정했다.

그런데 Scanf() 함수는 입력값 뒤의 개행 문자(\n)를 버퍼에 남긴다. 따라서 그다음 입력 처리에 영향을 줄 수 있다. 다음 예시를 보자.

Do it! 개행 문자를 버퍼에 남기는 예
  ch11/buffer/newline_error/newline_error.go

```go
01: package main
02:
03: import "fmt"
04:
05: func main() {
06:     var name string
07:     var age int
08:     var message string
09:
10:     fmt.Scanf("%s %d", &name, &age)
11:     fmt.Scanln(&message)    // 남은 개행 문자로 인해 입력 없이 종료
12: }
```

실행 결과

김철수 26 [Enter] 두 번째 입력을 대기하지 않고 프로그램이 종료된다. 단, 리눅스나 macOS 환경에서는 개행 문자 처리 방식이 달라서 오류가 발생하지 않는다.

이러한 문제를 올바르게 처리하려면 첫 번째 입력 서식에 개행 문자를 포함해야 한다.

입력 서식에 개행 문자를 포함하여 올바르게 처리한 예

```go
fmt.Scanf("%s %d\n", &name, &age)
```

그밖에 버퍼 문제를 해결하려면 `bufio.Reader`로 개행 문자를 포함한 입력을 읽거나 입력 버퍼를 명시적으로 정리할 수도 있다. 다음 코드는 `bufio.Reader`를 사용하여 개행 문자까지 포함된 입력값을 읽고 이를 깔끔하게 정리하는 방법을 보여 준다.

Do it! bufio.Reader 사용 예
  ch11/buffer/bufio_reader/bufio_reader.go

```go
01: package main
02:
03: import (
04:     "bufio"
05:     "fmt"
06:     "os"
```

```
07:        "strings"
08: )
09:
10: func main() {
11:     reader := bufio.NewReader(os.Stdin)
12:
13:     fmt.Print("문장을 입력하세요: ")
14:     text, _ := reader.ReadString('\n')    // 개행 문자 포함 입력 읽기
15:     text = strings.TrimSpace(text)         // 불필요한 공백 제거
16:     fmt.Printf("입력된 문장: %s\n", text)
17: }
```

실행 결과

문장을 입력하세요: 김철수 26 [Enter]
입력된 문장: 김철수 26

이 코드에서 bufio.NewReader(os.Stdin)은 운영체제에서 제공하는 표준 입력에서 데이터를 읽을 수 있는 bufio.Reader 객체를 생성한다. 이후 buReadString('\n') 메서드는 입력값을 개행 문자까지 읽어 들이고, strings.TrimSpace() 함수는 입력값에서 앞뒤 공백과 개행 문자를 제거한다.

참고로 14행에서 밑줄(_)은 reader.ReadString() 함수가 반환하는 두 번째 값, 즉 오류를 무시한다는 의미다.

11-3 | 파일 입출력

파일 입출력은 프로그램이 데이터를 영구 저장하거나 외부 데이터를 읽어 오는 데 필수인 기능이다. 표준 입출력이 콘솔과 사용자 간의 상호 작용을 다루는 것이라면, 파일 입출력은 파일 시스템과 상호 작용하여 데이터를 관리하는 역할을 한다.

파일 입출력 기능은 다음과 같은 상황에서 필요하다. 파일 입출력은 메모리만으로는 처리할 수 없는 데이터를 다루는 데 중요한 역할을 한다. 예를 들어 대량의 데이터나 중요한 설정 파일 등을 다룰 때 파일 입출력은 필수다.

- **데이터 영구 저장:** 프로그램 실행 중에 생성된 데이터를 영구 저장하여 프로그램 종료 후에도 데이터가 유지되도록 한다.
- **데이터 읽기:** 프로그램이 외부에서 제공되는 데이터를 읽어 와서 처리하거나 분석하는 데 사용한다.
- **로그 기록:** 프로그램의 실행 결과나 오류 정보를 파일에 기록하여 나중에 분석하거나 디버깅에 활용한다.

▶ File 구조체

파일 입출력 작업은 파일을 열고 원하는 작업(읽기, 쓰기 등)을 수행한 후에 파일을 닫는 작업으로 끝난다. 파일을 열 때는 주로 `os.OpenFile()` 함수를 사용하는데, 이 함수에 파일 경로와 열기 모드, 권한 등을 넘기면 `os.File` 구조체의 포인터를 반환해 준다.

`os.File` 구조체는 Go 언어에서 파일 작업을 담당하는 핵심이다. 이 구조체는 os 패키지에 다음처럼 정의돼 있다. 여기서 `*file`은 비공개 구조체 포인터로, 운영체제마다 별도의 파일로 구현돼 있다(`file_unix.go`, `file_windows.go`).

File 구조체 정의
```
type File struct {
    *file   // 내부 구현(비공개 구조체)
}
```

File 구조체에 포함된 주요 메서드는 다음 표와 같다. 이 메서드를 이용해 파일 읽기, 쓰기, 닫기 등의 작업을 수행한다.

File 구조체 주요 메서드

메서드	설명
Read(p []byte)	파일에서 데이터를 읽음
Write(p []byte)	파일에 데이터를 씀
Seek(offset int64, whence int)	파일 포인터 위치 이동
Close()	파일 닫기(자원 해제)
Name()	파일 이름 반환
Stat()	파일 상태 정보 반환(os.FileInfo)
Sync()	디스크에 데이터 강제 반영

다음은 간단한 파일 입출력 예다. 이 프로그램은 사용자에게 이름과 전화번호를 입력받아 파일에 저장하고 프로그램을 재실행할 때 저장된 데이터를 불러오는 기능을 한다.

Do it! 파일 입출력 ch11/file_io/file_io/file_io.go

```go
01: package main
02:
03:
04: import (
05:     "fmt"
06:     "os"
07:     "strings"
08: )
09:
10:
11: func loadData() (name string, phone string) {
12:     file, err := os.OpenFile("output.txt",
                         os.O_CREATE|os.O_RDONLY, os.FileMode(0644))
13:     if err != nil {
14:         fmt.Println(err)
15:         return "", ""
16:     }
17:     defer file.Close()
18:
19:     f, err := file.Stat()
20:     if err != nil {
21:         fmt.Println(err)
22:         return "", ""
```

```go
23:     }
24:
25:     data := make([]byte, f.Size())
26:     _, err = file.Read(data)
27:     if err != nil {
28:         fmt.Println(err)
29:         return "", ""
30:     }
31:
32:     value := string(data)
33:     if value == "" {
34:         return "", ""
35:     }
36:
37:     splitValues := strings.SplitN(value, ",", 2)
38:     if len(splitValues) < 2 {
39:         return "", ""
40:     }
41:     return splitValues[0], splitValues[1]
42: }
43:
44: func saveData(name string, phone string) {
45:     file, err := os.OpenFile("output.txt",
                      os.O_CREATE|os.O_RDWR|os.O_TRUNC, os.FileMode(0644))
46:     if err != nil {
47:         fmt.Println(err)
48:         return
49:     }
50:     defer file.Close()
51:
52:     value := fmt.Sprintf("%s,%s", name, phone)
53:     _, err = file.Write([]byte(value))
54:     if err != nil {
55:         fmt.Println(err)
56:     }
57: }
58:
59: func main() {
60:     name, phone := loadData()
61:
62:     if name == "" {
63:         fmt.Print("혹시 성함이 어떻게 되시나요?: ")
64:         fmt.Scanf("%s\n", &name)
65:     }
```

```
66:
67:        if phone == "" {
68:            fmt.Printf("연락처는 어떻게 되세요?: ")
69:            fmt.Scanf("%s\n", &phone)
70:        }
71:
72:        fmt.Println("=================================================")
73:        fmt.Printf("Name:  %s\n", name)
74:        fmt.Printf("Phone: %s\n", phone)
75:        fmt.Println("=================================================")
76:
77:        saveData(name, phone)
78: }
```

실행 결과

```
혹시 성함이 어떻게 되시나요?: DoIt  Enter
연락처는 어떻게 되세요?: 010-1234-1234  Enter
=================================================
Name:  DoIt
Phone: 010-1234-1234
=================================================
```

12행에서 `os.OpenFile()` 함수를 사용하여 output.txt 파일을 읽기 전용 모드로 연다. 만일 해당 파일이 없으면 새로 생성한다. 이때 `os.OpenFile()` 함수가 반환하는 `File` 구조체 포인터를 가지고 파일 읽기, 쓰기, 닫기 등의 작업을 수행한다.

19행에서 `file.Stat()` 함수로 파일의 정보를 얻고, 25행에서 파일의 내용을 읽기 위해 바이트 슬라이스를 생성한다. 26행에서 `file.Read()` 함수로 바이트 슬라이스에 데이터를 읽어 온 후 32행에서 이를 문자열로 변환한다. 변환된 문자열을 37행에서 쉼표로 분리하여 이름과 전화번호를 추출한다. 이 과정에서 오류가 발생하면 14행, 21행, 28행에서 적절한 오류 메시지를 출력하고 빈 문자열을 반환하여 문제를 처리한다.

45행에서 `os.OpenFile()` 함수를 사용하여 output.txt 파일을 쓰기 모드로 열면서 기존 파일의 내용을 덮어쓰기 위해 `os.O_TRUNC` 플래그를 설정한다. 52행에서 입력된 이름과 전화번호를 형식 문자열로 만든 다음에 53행에서 파일에 기록한다. 파일 쓰기 과정에서 오류가 발생하면 47행에서 오류 메시지를 출력하여 문제를 알리고 함수의 처리를 중단한다.

참고로 64행에서 `fmt.Scanf("%s\n", &name)`는 입력값 뒤에 반드시 개행 문자(\n)가 따라야 함을 지정한 서식 문자열이다. 서식 문자열 끝에 있는 문자 \n은 입력값 뒤의 개행 문자를 의미한다. 이를 통해 입력 버퍼에 개행 문자까지 소비하고 입력 버퍼에 남지 않게 되어 이후 69행의 입력 함수가 정상으로 동작한다.

파일 입출력 과정에서 발생할 수 있는 오류를 처리하기 위해 `err` 값을 확인하고, 오류가 발생하면 적절한 메시지를 출력하여 함수의 처리를 중단하는 방식으로 오류 처리를 수행한다. 이를 통해 파일 입출력 작업이 안정적으로 진행되며 오류 상황에 적절히 대응할 수 있다.

▶ 파일 열기

파일 입출력 프로그램에 사용한 `os.OpenFile()` 함수의 매개변수는 다음과 같다.

os.OpenFile() 함수의 매개변수

이름	자료형	설명
name	string	불러올 파일의 이름 또는 경로
flag	int	파일을 불러오는 방식 플래그
perm	FileMode	파일을 저장할 때 사용할 권한

첫 번째 매개변수에는 불러올 파일의 경로를 전달한다. 두 번째 매개변수에는 파일을 불러오는 방식을 의미하는 플래그를 전달한다. 이 플래그 값은 파일의 읽기/쓰기 모드와 생성 여부 등을 정의한다.

다음은 `os.OpenFile()` 함수에서 사용할 수 있는 플래그의 종류다.

os.OpenFile() 함수에 사용할 수 있는 플래그

플래그	기능
O_RDONLY	읽기 전용으로 파일을 불러옴
O_WRONLY	쓰기 전용으로 파일을 불러옴
O_RDWR	읽기와 쓰기 모두 가능하도록 파일을 불러옴
O_APPEND	파일을 쓸 때 가장 마지막 줄부터 이어서 쓰기
O_CREATE	만약 파일이 없으면 새로 만듦

O_EXCL	O_CREATE 플래그와 함께 사용할 수 있으며 오직 파일이 없을 때 새로 파일을 만듦
O_SYNC	동기 입출력을 위해 불러옴
O_TRUNC	파일이 있다면 파일을 불러오고 나서 내용을 삭제

플래그 변수들은 일반적으로 int형이며 여러 개의 플래그 정보를 함께 제공하고자 할 때는 논리합 비트 연산자(|)를 사용한다.

앞선 코드에서 12행은 파일 입출력을 위해 파일을 불러오는 os.OpenFile() 함수를 호출한다. 두 번째 인자로 os.O_CREATE|os.O_RDONLY를 사용했는데 이는 경로에 파일이 없으면 새 파일을 만들어 읽기 전용으로 불러온다.

```
12: file, err := os.OpenFile("output.txt", os.O_CREATE|os.O_RDONLY, os.FileMode(0644))
```

만약 os.O_CREATE 플래그를 지정하지 않고 os.OpenFile() 함수를 호출하면 프로그램을 실행한 경로에 output.txt 파일이 없을 때 error를 반환한다.

os.OpenFile() 호출문이 포함된 loadData()는 파일을 읽어 name과 phone 정보를 가져오는 함수이므로 os.OpenFile()에 os.O_RDONLY 플래그를 전달하여 읽기 전용으로 파일을 불러온다.

그리고 os.OpenFile() 함수에서 반환하는 두 값을 각각 file과 err 변수에 할당한다. file에는 File 구조체 포인터가, err에는 error 값이 담긴다. 만약 os.OpenFile() 함수를 문제없이 처리했다면 err 변수는 nil이다.

os.OpenFile() 함수의 반환

자료형	설명
*File	불러온 파일의 구조체 포인터
error	파일을 불러오는 과정이 실패하면 전달하는 오류 정보

아하! 그렇구나! 플래그 변수

프로그램에서 특정 동작(예: 파일 열기 옵션)의 수행 여부를 결정하는 간단한 정보 단위를 플래그(flag)라고 한다. 종종 이러한 플래그는 1bit의 켜짐(1)/꺼짐(0)으로 표현할 수 있다. 여러 개의 플래그 옵션을 효율적으로 관리해야 할 때 각 플래그를 정수 내의 특정 비트 위치에 대응시킨 후 플래그 변수(flag variable)라는 하나의 정수형 변수에 그 정보를 모아 저장하는 방식을 사용한다.

예를 들어 4개의 서로 다른 옵션 플래그는 4bits 공간만 있으면 모두 표현할 수 있다.

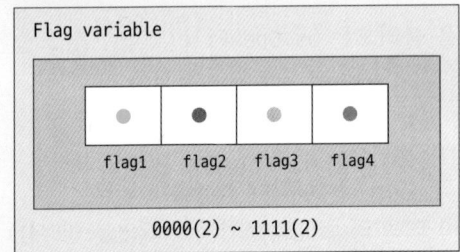

플래그 변수의 구조

이렇게 여러 플래그 옵션을 하나의 정수 값으로 결합할 때는 주로 비트 OR 연산자(|)를 사용한다. 이 연산자는 두 정수의 각 비트 자리를 비교하여, 둘 중 하나라도 1이면 결과 비트를 1로 만든다. os 패키지에 정의된 파일 열기 플래그 상수들(os.O_RDONLY, os.O_CREATE, os.O_WRONLY 등)은 내부적으로 서로 다른 비트 값을 가지는 정수다. 따라서 비트 OR 연산자를 사용하면 여러 옵션을 하나의 int 값으로 조합할 수 있다.

각 플래그 상수는 내부적으로 특정 비트 위치만 1이고 나머지는 모두 0인 정수 값(예 이진수 0001, 0010, 0100은 각각 십진수 1, 2, 4에 해당)으로 정의되는 경우가 많다. 비트 OR 연산자는 두 피연산자의 같은 위치 비트 중 하나라도 1이면 결과 비트를 1로 만든다.

예를 들어 '생성' 옵션을 나타내는 플래그 값이 이진수 0100이고, '읽기 전용' 옵션을 나타내는 플래그 값이 0001이라고 가정해 보자. 이 두 옵션을 동시에 적용하고 싶을 때 비트 OR 연산을 다음처럼 사용한다.

```
  0100   ← 생성 플래그
  0001   ← 읽기 전용 플래그
  ────
  0101   ← 결합된 플래그값
```

결괏값 0101은 생성과 읽기 전용 옵션이 모두 활성화되었음을 하나의 정수 값으로 표현하게 된다. 이런 식으로 비트 연산자를 활용하면 몇 가지 비트만으로 다양한 옵션을 표현할 수 있어 메모리 공간을 효율적으로 사용할 수 있다. Go 언어의 os.OpenFile() 함수는 이러한 방식으로 조합된 플래그 값을 두 번째 매개변수로 받는다.

파일 권한 지정하기

시스템에서 파일의 권한은 소유자, 그룹, 그외 사용자별로 따로 관리한다. 그리고 각 사용자에게 제공할 수 있는 권한으로는 읽기, 쓰기, 실행 등 3가지가 있다.

파일 권한의 대상

구분	설명
소유자	파일의 소유자. 파일을 새로 생성하면 사용자가 소유자가 된다.
그룹	여러 소유자의 단위. 소유자에 해당하지 않는 사용자다.
그 외의 사용자	소유자와 그룹에 해당하지 않는 모든 사용자다.

파일 권한의 항목

구분	설명
읽기	파일을 읽을 수 있는 권한. 이 권한이 없으면 파일의 내용을 확인할 수 없다.
쓰기	파일을 쓸 수 있는 권한. 이 권한이 없으면 파일의 내용을 변경하거나 추가할 수 없다.
실행	파일을 실행할 수 있는 권한. 이 권한이 없으면 해당 스크립트나 프로그램을 실행할 수 없다.

`os.OpenFile()` 함수의 세 번째 매개변수인 perm은 파일의 권한permission을 의미한다. 예에서는 `os.FileMode(0644)`를 전달했다. `os.FileMode` 타입의 값으로 8진수 리터럴을 사용하면 그에 해당하는 파일의 권한을 지정해 준다. 이때 팔진수를 뜻하는 0을 제외한 나머지 세 자리 숫자는 순서대로 소유자, 그룹, 그 외의 사용자 권한을 의미한다.

사용자별 파일 권한

사용자	범위	설명
소유자	0~7	0: 권한 없음, 1: 실행 권한, 2: 쓰기 권한, 4: 읽기 권한
그룹	0~7	0: 권한 없음, 1: 실행 권한, 2: 쓰기 권한, 4: 읽기 권한
그 외의 사용자	0~7	0: 권한 없음, 1: 실행 권한, 2: 쓰기 권한, 4: 읽기 권한

`os.FileMode`를 이용하면 권한 대상마다 3가지 권한 항목을 조합해서 제공할 수 있다. 예를 들어 읽기(4)와 쓰기(2) 권한을 제공하고 싶다면 6(4 + 2)으로 지정한다. 권한을 7로 지정하면 읽기(4), 쓰기(2), 실행(1) 권한을 모두 합친 권한(4 + 2 + 1)을 파일에 지정할 수 있다.

따라서 앞선 코드(12행)에서 `os.OpenFile()` 함수에 세 번째 매개변수로 전달한 `os.FileMode(0644)`는 소유자 권한 6(읽기와 쓰기), 그룹 권한 4(읽기), 그 외의 사용자 권한 4(읽기)로 파일을 생성한다.

파일 정보 가져오기

19행에서는 `file.Stat()` 함수를 호출하여 파일의 정보를 가져온다. 만약 파일 정보를 가져오다 오류가 발생하면 오류 메시지를 보여 주고 `loadData()` 함수를 즉각 종료(return)한다.

파일 정보 가져오기

```
19:     f, err := file.Stat()
20:     if err != nil {
21:         fmt.Println(err)
22:         return "", ""
23:     }
```

`File` 구조체의 포인터 리시버 함수인 `Stat()`는 다음처럼 정의되어 있다. 매개변수가 없고 파일 정보를 담은 구조체 `FileInfo`와 오류 정보를 담은 `error`를 반환한다.

Stat() 함수 정의

```
func (f *File) Stat() (FileInfo, error)
```

Stat() 함수의 반환

자료형	설명
FileInfo	불러온 파일 정보 구조체
error	파일 정보를 불러오는 과정이 실패하면 전달하는 오류 정보

파일 읽기

25행에서는 `make()` 함수를 사용하여 불러온 파일 크기와 같은 크기의 `[]byte` 슬라이스를 생성한다. `byte`형은 바이너리 데이터를 저장하는 데 적합하다. 이 슬라이스는 파일의 내용을 저장할 버퍼 역할을 한다.

파일 내용 저장하기

```
25:     data := make([]byte, f.Size())
26:     _, err = file.Read(data)
27:     if err != nil {
28:         fmt.Println(err)
29:         return "", ""
30:     }
```

26행에서는 `file.Read()` 함수를 호출하여 파일 내용을 슬라이스에 읽어 온다. `file.Read()` 함수는 파일에서 데이터를 읽어서 첫 번째 매개변수로 전달한 슬라이스에 저장한다. 만약 읽기 작업에서 오류가 발생하면 27행에서 오류를 확인하고 오류 메시지를 출력한 후 빈 문자열을 반환한다.

이 과정을 통해 파일의 내용을 data 슬라이스에 안전하게 읽어 오고 오류가 발생할 때 적절한 처리를 수행한다. 다음은 Read() 함수의 정의다.

Read() 함수 정의

```
func (f *File) Read(b []byte) (n int, err error)
```

Read() 함수는 파일을 읽어서 []byte형 매개변수 b에 저장한다. 그리고 읽은 파일의 크기와 읽는 중 발생한 오류를 반환한다.

Read() 함수의 매개변수

이름	자료형	설명
b	[]byte	읽어 온 파일 데이터를 저장할 []byte 슬라이스

Read() 함수의 반환

이름	자료형	설명
n	int	읽어 온 파일 데이터의 크기
err	error	파일을 읽어 오는 과정이 실패할 때 반환하는 오류 정보

읽어 온 데이터 처리하기

이제 파일에서 읽어 온 데이터를 처리하는 32~42행을 살펴보자.

```
파일에서 읽어 온 데이터 처리
32:     value := string(data)
33:     if value == "" {
34:         return "", ""
35:     }
36:
37:     splitValues := strings.SplitN(value, ",", 2)
38:     if len(splitValues) < 2 {
39:         return "", ""
40:     }
41:     return splitValues[0], splitValues[1]
42: }
```

32행에서는 data 슬라이스에 저장된 바이너리 데이터를 string형으로 변환한다. 이것으로 []byte 형태의 데이터를 문자열로 변환할 수 있으며, 이는 파일에서 읽어 온 텍스트 정보를 문자열 변수로 관리할 수 있게 한다.

33행에서는 변환된 문자열 value가 빈 문자열인지 확인한다. 빈 문자열이면 34행에서 name과 phone의 값을 빈 문자열로 반환하고 함수를 종료한다. 빈 문자열이 아니면 이후의 코드가 계속 실행된다.

37행에서는 strings.SplitN() 함수를 사용하여 문자열 value를 분리한다. strings 패키지는 문자열을 조작하는 유용한 함수들을 제공하는데, SplitN() 함수는 특정 구분자를 기준으로 문자열을 나누어 슬라이스 형태로 반환한다. strings.SplitN() 함수의 정의는 다음과 같다.

```
SplitN() 함수 정의
func SplitN(s, sep string, n int) []string
```

SplitN() 함수의 첫 번째 매개변수는 분리할 전체 문자열을, 두 번째 매개변수는 구분자 문자열을, 세 번째 매개변수는 최대 분리 횟수를 나타낸다. 이 함수는 분리된 문자열을 슬라이스로 반환하며, 만약 문자열이 구분자에 의해 지정된 횟수만큼 나눠지 않을 때에 나머지 문자열은 마지막 요소로 반환한다.

38행에서는 splitValues 슬라이스의 길이를 확인하여 요소가 2개 미만이면 39행에서 빈 문자열을 반환하고 함수를 종료한다. 요소가 충분하면 41행에서 splitValues 슬라이스의 첫 번째 요소를 name으로, 두 번째 요소를 phone으로 반환한다.

strings.SplitN() 함수의 매개변수

이름	자료형	설명
s	string	분리 대상이 되는 문자열
sep	string	분리 기준이 되는 문자열
n	int	분리를 진행할 횟수

strings.SplitN() 함수의 반환

자료형	설명
[]string	분리된 요소를 포함한 []string 슬라이스

strings.SplitN() 함수를 사용하는 예를 하나 더 보자. 다음 코드는 "hello world"라는 문자열에서 공백(" ")을 기준 삼아 두 개로 분리한다.

Do it! 문자열 분리하기 ch11/strings/split_n/split_n.go

```go
01: package main
02:
03: import (
04:     "fmt"
05:     "strings"
06: )
07:
08: func main() {
09:     original := "hello world"
10:     separator := " "
11:     result := strings.SplitN(original, separator, 2)
12:
13:     fmt.Printf("기존 문자열: '%s'\n", original)
14:     fmt.Printf("분리 기준 문자열: '%s'\n", separator)
15:
16:     fmt.Println("==============================================")
17:     fmt.Printf("분리된 문자열 슬라이스: %v\n", result)
18: }
```

실행 결과

```
기존 문자열: 'hello world'
분리 기준 문자열: ' '
==============================================
분리된 문자열 슬라이스: [hello world]
```

▶ 파일 쓰기

이번에는 데이터를 파일에 저장하는 파일 쓰기 기능을 알아보자. file_io.go 소스 파일에서 saveData() 함수를 정의한 44~57행을 살펴보자.

파일에 데이터 쓰기

```
44: func saveData(name string, phone string) {
45:     file, err := os.OpenFile("output.txt", os.O_CREATE|os.O_RDWR|os.O_TRUNC,
                        os.FileMode(0644))
46:     if err != nil {
47:         fmt.Println(err)
48:         return
49:     }
50:     defer file.Close()
51:
52:     value := fmt.Sprintf("%s,%s", name, phone)
53:     _, err = file.Write([]byte(value))
54:     if err != nil {
55:         fmt.Println(err)
56:     }
57: }
```

44행부터 정의한 saveData() 함수는 name과 phone 두 문자열을 매개변수로 받아 파일에 저장하는 기능을 수행한다. 45행에서는 os.OpenFile() 함수를 사용하여 output.txt 파일을 열거나 생성하고 쓰기 작업을 준비한다. 여기서 os.O_CREATE 플래그는 파일이 없을 때 새로 생성하고, os.O_RDWR는 읽기와 쓰기 모드로 파일을 열며, os.O_TRUNC는 파일이 이미 존재할 때 기존 내용을 지우고 새로 쓴다.

46행에서 os.OpenFile() 함수를 호출하여 반환된 오류를 검사하고 오류가 발생했으면 오류 메시지를 출력한 후 함수를 중단한다. 이는 파일 열기 과정에서 발생할 수 있는 오류를 처리하는 기본 방식이므로 하나의 코드 패턴으로 익히면 좋다.

50행의 defer file.Close()는 파일 작업이 완료된 후에 파일을 닫는다. defer 예약어는 함수가 종료될 때에 호출할 함수를 예약해 준다. 이로써 파일 작업 중 오류가 발생하더라도 파일이 적절히 닫히도록 한다. 이는 파일 리소스를 안전하게 관리하기 위한 중요한 방법으로, defer 예약어와 관련한 내용은 12장에서 자세히 다룬다.

52행에서는 `fmt.Sprintf()` 함수를 사용하여 `name`과 `phone` 변수를 쉼표로 구분하여 형식 문자열을 생성한다. `fmt.Sprintf()` 함수는 형식에 맞게 문자열을 생성하고 그 결과를 반환하여 변수에 할당한다. 이는 터미널에 출력하는 `fmt.Printf()` 함수와 다르게, 문자열을 반환하여 저장하거나 다른 용도로 사용할 수 있게 한다.

53행에서 `value` 변수에 저장된 문자열을 `[]byte` 슬라이스로 변환하여 54행에서 `Write()` 함수 호출로 파일에 저장한다. `Write()` 함수는 `[]byte` 형태의 데이터를 파일에 기록하며 성공했는지를 확인하기 위해 오류를 검사한다. `Write()` 함수는 다음처럼 정의돼 있다.

Write() 함수 정의

```
func (f *File) Write(b []byte) (n int, err error)
```

`Write()` 함수는 파일에 저장할 데이터를 `[]byte` 슬라이스 형태로 입력받는다. 파일 시스템은 기본적으로 바이너리 데이터를 처리하므로 문자열 데이터를 저장할 때도 이를 바이트 형태로 변환하여 제공해야 한다.

따라서 53행에서 `string`형 문자열 데이터를 `[]byte` 슬라이스로 변환한 다음에 `Write()` 함수에 전달했다. `Write()` 함수는 파일에 데이터를 기록한 후 저장된 바이트 수를 `n`으로 반환하며, 기록 중 오류가 발생하면 해당 오류를 `err`로 반환한다. 이러한 반환값을 통해 파일에 저장된 데이터의 양과 저장 과정에서 발생한 문제를 확인할 수 있다.

Write() 함수의 매개변수

이름	자료형	설명
b	[]byte	저장할 파일의 내용

Write() 함수의 반환

이름	자료형	설명
n	int	저장한 파일 데이터의 크기
err	error	파일을 저장하는 과정이 실패할 경우 반환하는 오류 정보

▶ 파일 디스크립터

파일 입출력은 프로그램이 운영체제의 파일 시스템에 있는 자원을 불러오고 편집하는 과정이다. 이 과정에서 운영체제는 시스템 호출(syscall)을 통해 요청을 처리한다. 파일 입출력이 실제 컴퓨터에서 어떻게 동작하는지 좀 더 깊이 살펴보자.

컴퓨터 시스템은 크게 사용자 공간과 커널 공간으로 나눌 수 있다. 사용자 공간은 Go 언어로 작성된 프로그램과 같은 애플리케이션이 실행되는 영역이다. 반면에 커널 공간은 운영체제만 접근하고 제어할 수 있는 영역으로 메모리 관리, 스레드 스케줄링, 파일 입출력 등을 포함한다. 파일 입출력은 커널이 관리하는 자원이므로 사용자 공간의 프로그램이 커널 공간에 요청을 보내야 한다.

다음 표는 사용자 공간과 커널 공간을 비교한다.

사용자 공간과 커널 공간 비교

영역	설명	예시 및 역할
사용자 공간	애플리케이션과 서비스가 실행되는 영역. 사용자 코드와 애플리케이션이 포함됨	- Go 언어로 작성된 프로그램 - 브라우저, 텍스트 편집기
	파일 입출력 작업. 사용자 공간에서 프로그램이 파일을 읽거나 쓰기 위해 커널에 요청을 보냄	- os.OpenFile() 함수 호출로 파일 열기 - fmt.Println() 함수 호출로 콘솔 출력
커널 공간	운영체제의 핵심 부분으로 하드웨어 자원 관리, 시스템 호출 처리, 보안 등을 담당	- 파일 시스템 관리 - 메모리 관리 - 스레드 스케줄링
	파일 입출력 작업. 커널이 파일 테이블과 Inode 테이블을 관리하며 사용자 공간의 요청을 처리	- 파일 디스크립터 생성 - 실제 디스크에서 파일 읽기/쓰기

사용자 공간에서 프로그램은 직접 하드웨어와 상호 작용할 수 없으므로 파일을 열거나 데이터를 읽고 쓰는 작업을 할 때는 반드시 커널을 통해야 한다. 커널 공간은 하드웨어와 직접 소통하며 이를 통해 안전하고 효율적으로 자원을 관리한다.

다음 그림은 Go 언어로 작성된 프로그램에서 output.txt 파일을 여는 과정을 시스템에서 어떻게 처리하는지를 나타낸 것이다. 리눅스를 기준으로 설명했지만, 다른 운영체제에서도 기본 개념은 유사하다.

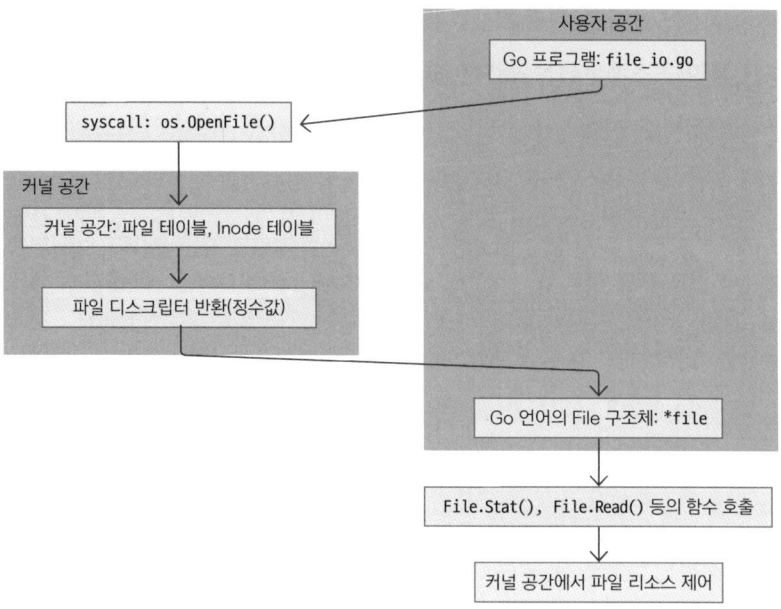

파일 열기 처리 과정

그림에서 오른쪽 부분은 Go 언어로 작성된 프로그램(file_io.go)이 사용자 공간에서 실행되고 있음을 보여 준다. 프로그램이 `os.OpenFile()` 함수를 호출할 때 파일 입출력을 위한 시스템 호출이 발생하며, 커널 공간에서 파일 리소스를 요청한다. 예를 들어 `os.O_RDONLY` 플래그를 사용하여 파일을 읽기 전용 모드로 열면 커널은 파일 테이블file table에 읽기 권한으로 기록하고, Inode 테이블에 output.txt의 경로를 관리한다.

이러한 커널 공간의 정보는 사용자 공간에서 직접 접근할 수 없기 때문에 사용자 공간의 프로그램은 파일 디스크립터를 통해 커널의 리소스에 접근한다. **파일 디스크립터**file descripter는 커널이 파일을 식별하고 관리하기 위해 사용하는 양의 정숫값이다. 사용자 공간에서는 이 값을 통해 파일에 접근할 수 있으며 이는 파일을 다루는 모든 작업의 기본 키 역할을 한다.

파일 디스크립터는 Go 언어의 `File` 구조체에 저장된다. 예를 들어 `File.Stat()`나 `File.Read()` 등의 함수를 호출할 때 `File` 구조체에 저장된 파일 디스크립터와 함께 시스템 호출을 보내 파일 리소스를 제어하거나 추가 정보를 가져올 수 있다.

앞에서 살펴본 것처럼 `File` 구조체는 `*file`이라는 구조체 포인터를 내장하고 있다. `file`은 커널 공간에서 반환하는 정보들을 포함하는 구조체로서 운영체제 영역과 밀접하게 관련이 있다. 따라서 운영체제별로 코드가 존재한다.

다음 코드는 유닉스 운영체제의 파일 입출력을 위한 구조체다. 02행에 정의된 `pfd`는 파일 디스크립터에 대한 정보를 가진 구조체 `poll.FD` 타입으로 정의되어 있으며, 이 필드가 파일 디스크립터 정보를 보관하는 멤버 변수다.

파일 구조체 정의(유닉스)

```
01: type file struct {
02:     pfd       poll.FD
03:     name      string
04:     dirinfo   *dirInfo     // 디렉터리를 읽는 중이 아니면 nil
05:     nonblock  bool         // 논블로킹 설정 여부
06: }
```

윈도우 운영체제에서도 `pfd`가 정의되어 있으며 `poll.FD` 구조체 타입을 사용한다.

파일 구조체 정의(윈도우)

```
01: type file struct {
02:     pfd       poll.FD
03:     name      string
04:     dirinfo   *dirInfo     // 디렉터리를 읽는 중이 아니면 nil
05: }
```

다음 코드에서 `Sysfd`는 `int`로 정의되어 있다. 시스템에서 반환하는 파일 디스크립터는 이곳에서 관리되며, `int`형으로 정의되었지만 0보다 큰 양의 정숫값을 사용한다. Go 언어는 파일 입출력에 대한 제어 함수를 호출할 때 이 파일 디스크립터 고윳값을 확인하고 커널 공간에 자원 제어를 요청하는 형식으로 파일 입출력 명령을 수행한다.

파일 디스크립터 구조체 정의

```
01: type FD struct {
02:         // 시스템 파일 디스크립터. 닫기 전까지는 변경할 수 없음
03:         Sysfd int
04:
05:         // UDP 소켓과 같은 패킷 기반 디스크립터가 아닌,
06:         // 스트리밍 디스크립터인지 여부. 불변임
07:         IsStream bool
08:
```

```
09:        // 0바이트 읽기가 EOF를 나타내는지 여부.
10:        // 메시지 기반 소켓 연결일 때 이 값은 거짓
11:        ZeroReadIsEOF bool
12:        // 필터링되었거나 내보내지지 않은 필드가 포함되어 있음
13: }
```

파일 디스크립터 확인하기

파일 디스크립터는 파일 입출력 작업에서 중요한 역할을 한다. 실제로 Go 언어에서 표준 파일 입출력 함수들도 파일 디스크립터를 활용하여 구현되었다. 예를 들어 os.OpenFile()이나 File.Read() 함수는 내부적으로 파일 디스크립터를 사용하여 파일을 열고 읽는 작업을 수행한다.

다음 코드는 파일을 열 때 시스템이 할당하는 파일 디스크립터의 값을 직접 확인하는 예다.

Do it! 파일 디스크립터 가져오기 · ch11/file_io/fd/fd.go

```
01: package main
02:
03: import (
04:     "fmt"
05:     "os"
06:     "syscall"
07: )
08:
09: func main() {
10:     // 파일 열기
11:     file, err := os.OpenFile("example.txt", os.O_CREATE|os.O_RDWR, 0644)
12:     if err != nil {
13:         fmt.Println(err)
14:         return
15:     }
16:     defer file.Close()
17:
18:     // 파일 디스크립터 가져오기
19:     fd := int(file.Fd())
20:     fmt.Printf("File Descriptor: %d\n", fd)
21:
22:     // 파일의 상태 확인
23:     info, err := file.Stat()
24:     if err != nil {
```

```
25:        fmt.Println(err)
26:        return
27:    }
28:
29:    fmt.Println("File Name:", info.Name())
30:
31:    // 시스템 호출을 통한 파일 상태 확인
32:    var stat syscall.Stat_t
33:    if err := syscall.Fstat(fd, &stat); err != nil {
34:        fmt.Println(err)
35:        return
36:    }
37:
38:    fmt.Printf("File Size: %d bytes\n", stat.Size)
39: }
```

실행 결과

```
File Descriptor: 3
File Name: example.txt
File Size: 0 bytes
```

11행에서 `os.OpenFile()` 함수는 파일을 열고 내부적으로 파일 디스크립터를 생성하여 파일을 식별한다. 19행처럼 `file.Fd()` 함수를 사용하면 파일 디스크립터를 직접 가져올 수 있다. 이 값은 실제로 커널이 파일을 관리하는 데 사용하는 정수다. 33행에서는 `syscall.Fstat()` 함수를 사용하여 파일의 상태를 직접 확인한다. 이 함수는 파일 디스크립터를 매개변수로 전달받아 파일의 메타데이터를 가져오는 시스템 호출을 수행한다. 단, `syscall` 패키지는 운영체제에 의존적인 저수준 기능이므로 특별한 경우가 아니라면 이식성을 고려해 os 패키지의 함수를 사용하는 것이 좋다.

이처럼 파일 디스크립터는 파일 작업의 근본적인 부분으로, Go 언어의 파일 입출력 함수들은 내부적으로 파일 디스크립터를 사용하여 실제 파일 시스템 자원에 접근하고 작업을 수행한다. 따라서 파일 디스크립터의 역할을 이해하는 것은 파일 입출력의 동작 원리를 이해하고 시스템 자원을 효율적으로 관리하는 데 필수다.

🖊 이 장의 핵심 요약

이번 장에서는 Go 언어의 다양한 입출력 기능을 알아보았다. 프로그램이 외부 데이터와 상호 작용하는 방법과 이를 구현하기 위한 Go 언어의 다양한 패키지, 함수를 살펴보았는데 이후 실습에서 입출력 기능을 활용할 예정이다.

이번에 배운 입출력의 주요 내용은 다음과 같다.

- **입출력 개념**: 프로그램과 사용자 간의 데이터 교환을 담당하는 입출력의 기본 개념과 이를 Go 언어에서 처리하는 방법을 살펴보았다.
- **표준 입출력**: 표준 입력, 출력, 오류 스트림을 처리하는 방법을 배우고 Go 언어의 fmt 패키지를 사용하여 사용자와 상호 작용을 구현하는 방법을 익혔다.
- **파일 입출력**: 파일을 열고 읽고 쓰는 과정과 관련된 Go 언어의 os, io 패키지를 활용하여 데이터 저장과 읽기 작업을 처리하는 방법을 설명하였다. 파일 입출력 중 발생할 수 있는 오류 처리 방법도 다루었다.

12

오류 처리

프로그램이 실행 중에 잘못된 포인터 접근, 부적절한 형 변환, 네트워크 통신의 데이터 처리와 같은 다양한 원인으로 인해 오류가 발생할 수 있다. 또한 유효성 검사에서 개발자가 의도적으로 오류를 발생시키는 경우도 있다. 이처럼 실행 중에 발생하는 런타임 오류를 효과적으로 처리하는 방법을 알아보자.

12-1 ▶ Go의 독특한 오류 처리 방식
12-2 ▶ 패닉 상태 만들기
12-3 ▶ 패닉 복구하기

12-1 | Go의 독특한 오류 처리 방식

프로그래밍 언어에서 오류error와 예외exception는 모두 프로그램이 실행 도중에 문제가 발생했음을 의미하지만, 엄밀히 따지면 차이가 있다. 먼저 오류는 개발자가 의도하지 않았던 심각한 문제로, 프로그램이 정상으로 계속 실행될 수 없다. 문법이나 자료형 불일치 같은 컴파일 오류, 논리적 실수나 잘못된 연산, 시스템 자원 부족 같은 런타임 오류가 이에 속한다. 반면에 예외는 프로그램이 실행 도중에 발생할 수 있는 '예상 가능한 문제'로, 예외 처리를 통해 복구하거나 대체 로직을 수행할 수 있다.

그런데 Go는 이러한 전통적인 의미의 오류와 예외를 다르게 구분하며 처리 방식에도 차이가 있다. Go는 문제 상황을 오류와 패닉panic으로 구분한다. **오류는 '예상 가능한 실패 상황'을 의미**하며, 함수에서 오류가 발생할 가능성을 오류 값으로 반환하는 등 사용자가 오류를 명시적으로 확인(if err != nil)하고 처리하는 것을 원칙으로 한다. 반면에 **패닉은 '예기치 않거나 치명적인 오류 상황'을 의미**하며, 오직 recover() 함수로만 복구할 수 있다.

Go 언어의 오류 처리 특징을 요약하면 다음과 같다.

명시적 오류 반환 — Go 언어는 함수가 오류를 반환할 수 있도록 하고 함수를 호출할 때 오류가 발생할 수 있음을 명시적으로 처리하도록 강제한다. 이는 함수의 반환값으로 오류를 포함해야 함을 의미하며, 호출자는 항상 오류 처리를 고려해야 한다. 이는 런타임에 발생할 수 있는 다양한 문제를 사전에 방지하고 코드의 신뢰성을 높인다.

패닉과 복구 — Go 언어에서는 패닉panic과 복구recover 메커니즘을 통해 심각한 오류 상황에 대응할 수 있다. 패닉은 프로그램의 실행을 중단시키며, 복구는 패닉 상태에서 벗어나는 방법을 제공한다. 그러나 이러한 메커니즘은 일반적인 오류 처리가 아니라 비정상인 상황에서 사용해야 한다.

오류 메시지의 명확성 — Go 언어는 오류 메시지를 간결하고 명확하게 작성할 것을 권장한다. 이는 디버깅할 때 문제의 원인을 빠르게 파악하고 해결하는 데 도움을 주며, 코드를 읽기 쉽고 하고 유지·보수성을 높이는 데 기여한다.

Go 언어에서 오류 처리는 error 인터페이스를 통해 수행된다. error 인터페이스는 오류 정보를 담는 타입으로, 프로그램 코드에서 발생한 오류의 구체적인 내용을 전달하는 데 사용한다. error 인터페이스의 구조는 다음과 같다.

> **error 인터페이스의 구조**
>
> ```
> type error interface {
>     Error() string
> }
> ```

error 인터페이스는 Error()라는 단일 메서드를 제공한다. Error() 메서드는 오류에 대한 설명을 문자열 형태로 반환한다. Go 언어의 오류 처리 방식은 단순하고 명확하며 개발자가 오류를 어떻게 처리할지 스스로 결정할 수 있도록 한다. 이러한 설계는 Go 언어가 제공하는 오류 처리를 강력하고 유연하게 만든다.

▶ 다른 언어와의 차이점

Go 언어의 오류 처리 메커니즘은 다른 프로그래밍 언어들과 비교할 때 몇 가지 중요한 차이점이 있다. 특히 recover() 함수를 사용하여 패닉 상태를 처리하는 방식은 Go 언어의 독특한 철학을 반영한다.

파이썬에서 오류 처리

파이썬에서는 try, except, else, finally 블록을 사용하여 예외를 처리한다. 예외가 발생하면 try 블록의 실행이 중단되고 except 블록으로 제어가 이동하여 예외를 처리한다. 만약 try 블록에서 예외가 발생하지 않으면 else 블록이 실행된다. finally 블록은 예외 발생 여부와 상관없이 항상 실행된다.

> **파이썬의 오류 처리**
>
> ```
> try:
>     # 예외가 발생할 수 있는 코드
> except Exception as e:
>     # try 블록에서 예외가 발생했을 때 실행할 코드
> finally:
>     # 예외 발생 여부와 상관없이 항상 실행할 코드
> ```

파이썬은 이처럼 try~except 블록 등으로 예외 상황을 처리한다. 이는 함수가 오류를 값(error)으로 직접 반환하고, 호출자가 if err != nil 구문으로 확인하여 처리하는 Go 언어의 방식과 다르다. Go는 오류 처리를 위한 특별한 제어 구조 대신, 명시적인 조건 검사를 통해 오류를 다루는 것을 선호한다.

자바에서 오류 처리

자바는 try, catch, finally 블록을 사용하여 예외를 처리한다. try 블록 내에서 예외가 발생하면 catch 블록에서 예외를 처리하고 finally 블록은 예외 발생 여부와 상관없이 항상 실행된다. 자바의 예외 처리 모델은 강력한 타입 시스템을 특징으로 하며, Checked 예외와 Unchecked 예외로 구분한다. Checked 예외는 컴파일러가 그 처리를 강제하여 프로그램의 안정성을 확보하도록 유도한다.

이런 특징은 모든 오류를 error 타입의 값으로 반환하고, 호출자에서 명시적으로 확인(if err != nil)하는 Go 언어의 방식과 차이가 있다. Go는 컴파일러가 오류 처리를 강제하지 않는다. 대신 함수의 반환값으로 오류를 전달하고 이를 if 문 등으로 확인하는 접근법을 채택하여 코드의 단순성과 명료성을 높이는 동시에 프로그램의 안정성을 확보한다.

자바의 오류 처리

```
try {
    // 예외가 발생할 수 있는 코드
} catch (Exception e) {
    // 예외 처리 코드
} finally {
    // 항상 실행할 코드
}
```

Go의 오류 처리

Go 언어에서는 오류를 값으로 처리하며 error 타입으로 오류를 반환한다. 또한 defer 예약어와 recover() 함수를 사용하여 패닉 상태를 처리할 수 있다. Go의 오류 처리 방식은 명시적인 오류 점검을 강조하며 패닉과 복구 메커니즘은 주로 프로그램의 비정상 종료를 막기 위해 사용된다.

Go는 기존 언어의 전통적인 예외 처리 방식에서 벗어나 함수에서 오류를 반환하고 호출자가 이를 처리하는 방식을 채택한다.

> **Go의 오류 처리**
> ```
> func riskyFunction() error {
>     // 위험한 코드
>     return nil
> }
>
> func main() {
>     if err := riskyFunction(); err != nil {
>         fmt.Println("오류 발생:", err)
>     }
> }
> ```

Go는 다른 언어보다 패닉과 오류 처리를 명확하게 구분한다. 패닉은 예기치 못한 상황을 나타내며 주로 프로그램이 정상으로 실행될 수 없는 상황에서 사용한다. 반면에 오류는 함수의 반환값으로 처리되며 예상할 수 있는 문제를 관리하는 데에 초점을 맞춘다. 이러한 차별화된 접근 방식은 Go 언어의 간결성, 명확성이라는 특징과 어울려 프로그램을 안정적으로 작성하도록 지원한다.

▶ 오류 스택 트레이스와 디버깅

오류 스택 트레이스stack trace란 **오류가 발생한 경로를 함수 호출 스택에 나열한 것**으로 각 줄은 함수 호출, 파일 이름, 줄 번호 등의 정보를 담고 있으며 디버깅이나 로그 분석처럼 오류 원인을 파악할 때 도움을 준다.

Go 언어는 오류 처리를 명시적으로 다루는 것을 강조하며, 스택 트레이스와 같은 디버깅 정보를 직접 제공하지 않는다. 따라서 Go 개발자들은 오류 메시지를 통해 문제를 진단해야 하며, 로그를 남기거나 `fmt.Errorf`와 `errors.Wrap` 같은 패키지를 활용하여 오류에 추가 정보를 덧붙일 수 있다.

Go 언어에서 디버깅할 때 오류 스택 트레이스를 얻으려면 `runtime/debug` 패키지를 사용하여 프로그램의 스택 트레이스를 수동으로 생성할 수 있다. `debug.PrintStack()` 함수는 현재의 스택 트레이스를 출력하여 문제를 추적하는 데 도움을 준다. 이러한 접근 방식은 오류가 발생할 때 스택 정보를 포함하도록 코드를 수정하거나 문제를 재현하여 디버깅하는 방식으로 활용된다.

Go 개발자는 오류 메시지와 로그를 통해 문제를 진단하고 해결해야 하며, 스택 트레이스와 같은 추가 정보를 얻으려면 별도의 도구나 접근 방식을 사용해야 한다.

다음은 checkBoolString() 함수에 입력된 문자열이 true나 false인지 확인하고 그렇지 않으면 사용자 정의 오류를 반환하는 예다.

Do it! 간단한 오류 처리 예 · ch12/errors/error_handling/error_handling.go

```go
01: package main
02:
03: import "fmt"
04:
05: type ValueError struct {
06:     message string
07: }
08:
09: func (e ValueError) Error() string {
10:     return e.message
11: }
12:
13: func checkBoolString(boolString string) error {
14:     if boolString == "true" || boolString == "false" {
15:         return nil
16:     }
17:
18:     return ValueError{
19:         fmt.Sprintf("'%s'는 논리형 문자열이 아닙니다.", boolString)}
20: }
21:
22: func main() {
23:     values := []string{"true", "false", "hello"}
24:     for _, value := range values {
25:         err := checkBoolString(value)
26:         if err != nil {
27:             fmt.Println(err.Error())
28:         }
29:     }
30: }
```

> **실행 결과**
>
> 'hello'는 논리형 문자열이 아닙니다.

05행에서 ValueError라는 구조체를 정의한다. 이 구조체는 오류 메시지를 담기 위한 message 필드를 가지고 있다. 09~11행까지 ValueError 구조체는 Error() 메서드를 구현하여 error 인터페이스를 만족시킨다. 이 메서드는 오류 메시지를 반환한다.

13행에서 정의한 checkBoolString() 함수는 입력된 문자열이 true나 false일 때는 오류를 발생시키지 않고 nil을 반환한다. 그러나 입력된 문자열이 이 두 가지 값이 아니면 18행에서 ValueError를 생성하여 오류 메시지를 반환한다. 이 메시지는 19행에서 fmt.Sprintf() 함수를 사용하여 형식화된 문자열로 생성된다.

main() 함수는 문자열 배열 values를 순회하며 각 요소를 대상으로 check BoolString() 함수를 호출한다. 25행에서 반환된 오룟값을 err 변수에 저장하고, 26~28행에서 오류가 있으면 fmt.Println() 함수로 오류 메시지를 출력한다.

▶ 오류 전파

오류 전파는 일반적으로 **하위 함수에서 발생한 오류를 상위 함수가 처리하도록 하는 방식**이다. 상위 함수는 하위 함수에서 반환된 오류를 검사하고 필요에 따라 오류를 처리하거나 호출자에 다시 전달할 수 있다. 이러한 방식은 프로그램의 오류 처리를 일관되게 하고 각 함수가 자신이 직접 처리할 수 없는 오류를 상위 함수로 전달하여 오류 처리가 분산되지 않도록 한다.

다음 코드를 통해 오류 전파의 개념을 살펴보자.

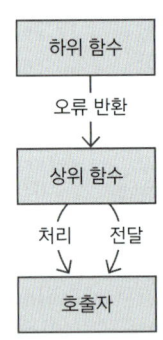

오류 전파의 개념도

> **Do it!** 오류 전파 예시   ch12/errors/error_propagation/error_propagation.go

```
01: package main
02:
03: import (
04:     "fmt"
05:     "errors"
```

```go
06: )
07:
08: type ValueError struct {
09:     message string
10: }
11:
12: func (e ValueError) Error() string {
13:     return e.message
14: }
15:
16: func validateNumber(number int) error {
17:     if number < 0 {
18:         return ValueError{"숫자는 음수일 수 없습니다."}
19:     }
20:     return nil
21: }
22:
23: func processNumber(number int) error {
24:     err := validateNumber(number)
25:     if err != nil {
26:         return fmt.Errorf("processNumber에서 오류 발생: %w", err)
27:     }
28:     return nil
29: }
30:
31: func main() {
32:     numbers := []int{5, -1, 7}
33:     for _, number := range numbers {
34:         err := processNumber(number)
35:         if err != nil {
36:             fmt.Println(err)
37:         }
38:     }
39: }
```

실행 결과

processNumber에서 오류 발생: 숫자는 음수일 수 없습니다.

코드에서 validateNumber() 함수는 숫자가 유효한지 검사하여 유효하지 않으면 Value Error를 반환한다. processNumber() 함수는 이 오류를 받아서 형식화한 후에 다시 반환하고, main() 함수는 processNumber() 함수에서 반환된 오류를 검사하고 출력한다. 이 과정에서 오류는 각 함수에서 상위 함수로 전파되며 각 함수는 자신이 처리할 수 없는 오류를 호출자에 전달하여 오류 처리가 일관되게 이루어진다.

이는 다른 언어의 try~catch 구조와는 다르게 오류를 즉시 처리하거나 상위 함수로 전파하는 방식으로, 코드의 명확성과 안정성을 높인다.

12-2 | 패닉 상태 만들기

Go 언어에서 패닉panic은 **프로그램이 예기치 않은 상황에 직면했을 때 프로그램의 실행을 즉시 중단시키는 방법**이다. 이때 사용하는 panic() 함수는 일반적인 오류 처리 방식인 error와는 다르게 프로그램의 흐름을 중단시키며 비정상인 상황을 만든다.

panic() 함수는 프로그램의 상태가 심각하게 손상되었거나 일관성을 유지하기 위해 즉시 종료해야 할 필요가 있을 때 사용한다. 패닉 상태에서는 오류 메시지와 함께 스택 트레이스가 출력되며 이를 통해 문제의 발생 위치를 쉽게 파악할 수 있다.

Do it! 패닉 상태 만들기 · ch12/panic/panic/panic.go

```go
package main

import (
    "os"
)

func openFile(filePath string) {
    _, err := os.OpenFile(filePath, os.O_RDONLY, os.FileMode(0644))
    if err != nil {
        panic(err)    // 파일을 열 수 없으면 패닉 상태로 전환
    }
}

func main() {
    filePath := "noFile"
    openFile(filePath)    // 존재하지 않는 파일이므로 패닉 발생
}
```

실행 결과

```
panic: open noFile: The system cannot find the file specified.

goroutine 1 [running]:
```

```
main.openFile(...)
        C:/golang/ch12/panic/panic/panic.go:10
main.main()
        C:/golang/ch12/panic/panic/panic.go:16 +0x3e
exit status 2
```

이 코드에서 openFile() 함수는 주어진 파일 경로로 파일을 열려고 시도한다. 파일을 열 수 없을 때 panic() 함수를 호출하여 프로그램을 즉시 중단시킨다. 실행 결과를 보면 'panic: ⟨오류 메시지⟩' 형태로 출력된 다음에 스택 트레이스가 출력된다. 스택 트레이스는 패닉이 발생한 위치와 호출된 함수들을 나열하여 문제의 원인을 추적하는 데 도움을 준다.

▶ 스택 트레이스

스택 트레이스stack trace는 프로그램이 **패닉 상태에 빠졌을 때 오류가 발생한 지점까지의 함수 호출 스택을 출력하는 정보**다. 이 정보는 각 함수 호출의 순서를 나열하며 패닉이 발생한 위치와 그 호출 경로를 추적할 수 있도록 돕는다.

스택 트레이스는 프로그램을 디버깅할 때 문제의 원인을 신속하게 파악하는 데 유용하며, 오류의 근본 원인과 프로그램의 흐름을 이해하는 데 중요한 역할을 한다. 각 항목은 파일명과 줄 번호를 포함하여 개발자가 정확한 위치에서 문제를 찾을 수 있도록 지원한다.

Go 언어의 스택 트레이스는 패닉이 발생했을 때 프로그램의 실행 흐름을 자세히 나타내며 다음과 같은 정보를 포함한다.

- **패닉 메시지**: 패닉을 유발한 오류 메시지. ㉑ panic: open noFile: The system cannot find the file specified.
- **고루틴 정보**: 패닉이 발생한 고루틴(goroutine)의 아이디와 상태. ㉑ goroutine 1 [running]:
- **함수 호출 스택**: 패닉이 발생한 지점까지의 함수 호출 경로를 나열

함수 호출 스택에서 각 함수의 호출 정보는 파일명, 줄 번호, 함수명, 메모리 주소(선택), 호출 경로로 구성된다. 각 호출이 함수 호출 스택에서 어떻게 연결되었는지를 나타내며 패닉이 발생하기 전의 모든 호출을 나열한다. 이 정보는 문제의 발생 지점을 추적하고 패닉이 발생한 정확한 위치와 호출 경로를 파악하는 데 도움을 준다.

```
함수 호출 스택 예

main.openFile(...)                                    가장 최근 호출된 함수(main 패키지의 openFile() 함수)
C:/golang/ch12/panic/panic/panic.go:10                위 함수에서 코드의 위치(panic.go 파일의 10번 줄)
main.main()                                           openFile() 함수를 호출한 함수(main 패키지의 main() 함수)
C:/golang/ch12/panic/panic/panic.go:16 +0x3e          main() 함수에서 openFile()을 호출한 위치
                                                      (+0x3e는 세부적인 오프셋 정보)
```

▶ 시스템 종료 코드

패닉으로 프로그램이 종료되면 시스템에 비정상 종료 코드가 반환된다. **정상으로 종료된 프로그램은 0을 반환하지만, 패닉으로 종료된 프로그램은 0이 아닌 값을 반환**한다. 마지막으로 실행된 프로그램의 종료 코드는 윈도우 파워셸 환경에서는 `$LASTEXITCODE` 변수로, POSIX 환경(리눅스, macOS, WSL 등)에서는 `echo $?` 명령어로 확인할 수 있다. 다음은 앞의 프로그램을 실행한 후 각 환경에서 시스템에 반환된 종료 코드를 확인하는 예다.

T 파워셸에서 마지막 시스템 반환값 확인

```
> $LASTEXITCODE
1
```

T POSIX 환경(리눅스, macOS, WSL 등)에서 마지막 시스템 반환값 확인

```
> echo $?
1
```

여기서 결과로 출력된 1은 시스템 커널이 프로그램을 실행하고 종료할 때 반환한 값이다. 0이 아니므로 프로그램이 정상으로 종료되지 않았음을 의미한다. 즉, 패닉으로 인해 종료된 프로그램은 정상적인 종료 단계를 거치지 않는다는 것을 알 수 있다.

패닉이 발생하면 기본적으로 0이 아닌 종료 코드를 가지지만, `os.Exit()` 함수를 이용하면 종료 코드를 명시적으로 설정할 수 있다. 예를 들어 `os.Exit(1)`은 비정상 종료를 나타내며 종료 코드는 1로 설정된다. 이는 프로그램이 정상으로 종료되지 않았음을 의미한다.

> **Do it!** 종료 코드 설정　　　　　　　　　　　　　　　ch12/panic/exit/exit.go

```go
01: package main
02:
03: import (
04:     "fmt"
05:     "os"
06: )
07:
08: func main() {
09:     if err := doSomething(); err != nil {
10:         fmt.Println("오류 발생:", err)
11:         os.Exit(1)    // 비정상 종료 코드 1을 설정
12:     }
13:     os.Exit(0)        // 정상 종료 코드 0을 설정
14: }
15:
16: func doSomething() error {
17:     // 오류를 발생시키는 가상 함수
18:     return fmt.Errorf("문제가 발생했습니다.")
19: }
```

▼

> **실행 결과**
>
> 오류 발생: 문제가 발생했습니다.
> exit status 1

`os.Exit()` 함수는 호출 즉시 프로그램을 강제로 종료한다. 즉, `defer`로 예약된 함수를 실행하지 않으므로 주의해서 사용해야 한다.

12-3 | 패닉 복구하기

▶ defer 예약어 사용하기

defer 예약어는 **함수가 종료될 때 실행할 코드를 정의하는 데 사용**한다. defer는 함수가 실행되면서 나중에 종료될 때까지 미뤄둔 작업을 수행할 때 유용하다. 특히 defer는 패닉이 발생하더라도 항상 실행되며 이를 통해 자원을 적절히 해제하고 코드가 정상으로 종료될 수 있도록 보장한다. defer는 일반적으로 파일을 닫거나 잠금을 해제하는 작업에 사용한다.

다음은 defer의 사용 예를 보여 주는 코드다.

Do it! defer 사용   ch12/panic/defer/defer.go

```go
01: package main
02:
03: import (
04:     "fmt"
05:     "os"
06: )
07:
08: func appendText() {
09:     f, _ := os.OpenFile(
10:         "/tmp/appendFile", os.O_WRONLY|os.O_CREATE|os.O_APPEND,
11:         os.FileMode(0644))
12:
13:     // 함수가 종료될 때 반드시 File 리소스를 반환하도록 함
14:     defer func() {
15:         fmt.Println("defer 발생!")
16:         f.Close()
17:     }()
18:
19:     panic("의도적으로 패닉 발생")
20: }
21:
22: func main() {
23:     appendText()
24: }
```

> **실행 결과**
> ```
> defer 발생!
> panic: 의도적으로 패닉 발생
> 
> goroutine 1 [running]:
> main.appendText()
>         C:/golang/ch12/panic/defer/defer.go:19 +0x68
> main.main()
>         C:/golang/ch12/panic/defer/defer.go:23 +0xf
> exit status 2
> ```

14~17행에서 defer를 사용하여 파일 리소스를 반환하는 작업을 정의했다. defer 블록은 함수가 종료될 때 호출되며 코드가 정상으로 실행되든, 패닉이 발생하든 상관없이 실행된다.

출력 결과를 보면 "defer 발생!" 메시지가 먼저 출력되고 나서 패닉 오류가 출력된다. 이는 defer가 패닉이 발생하더라도 함수가 종료되기 전에 실행되는 것을 확인할 수 있다. 즉, defer는 패닉 상태에서도 자원 해제와 같은 중요한 작업을 수행할 수 있도록 보장하고 파일을 닫거나 리소스를 반환하는 등의 마무리 작업으로 프로그램을 안전하게 끝낼 수 있도록 도와준다.

▶ recover() 함수로 패닉 벗어나기

Go 언어에서는 패닉 상태를 처리할 때 recover() 함수를 사용할 수 있다. 패닉이 발생하면 프로그램 실행이 즉시 중단되며 호출 스택을 따라 상위 함수로 패닉 상태가 전파된다. 이때 **defer 예약어로 정의한 함수에서 recover() 함수를 호출하면 패닉 상태를 복구**할 수 있다. recover() 함수는 패닉 상태에서 벗어나 프로그램을 정상 흐름으로 돌아가게 돕는다.

패닉이 발생하면 프로그램은 다음과 같은 순서로 처리한다.

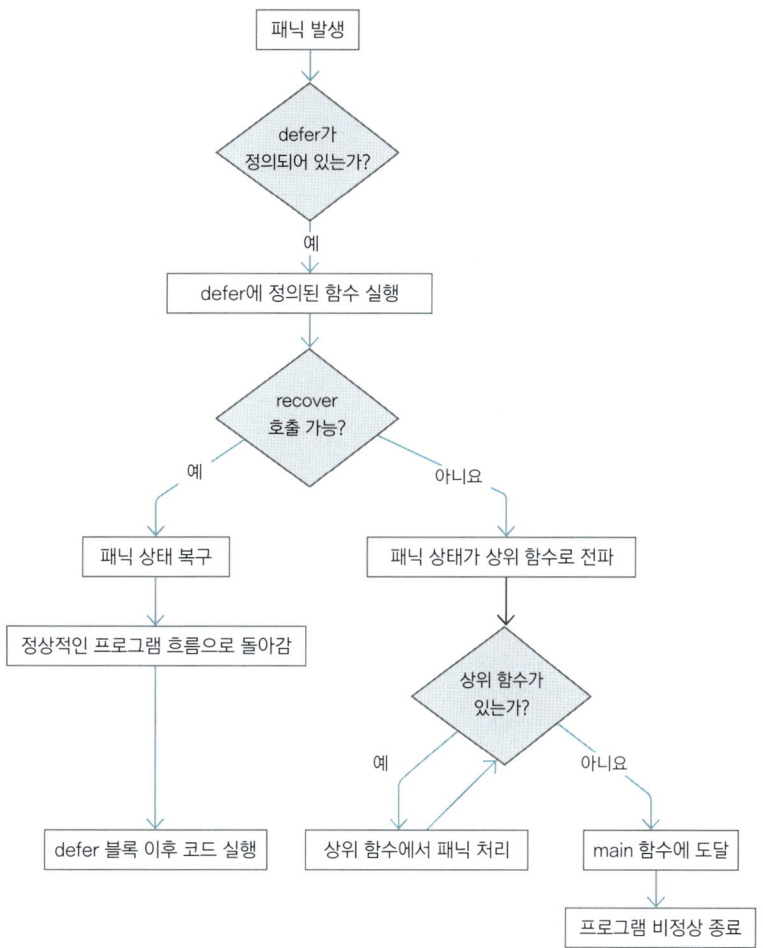

패닉 발생 시 처리 흐름

❶ 패닉이 발생한 위치의 함수에서 defer 예약어로 정의된 함수가 있는지 확인한다. 패닉이 발생하면 해당 함수의 defer 블록이 실행될 기회를 얻는다.
❷ defer 블록 내에서 recover() 함수를 호출함으로써 패닉 상태를 복구할 수 있다. recover() 함수는 패닉 상태가 발생한 원인을 반환하고 프로그램이 정상 흐름으로 복구할 수 있게 한다.
❸ recover() 함수가 패닉을 복구하면 프로그램은 정상 흐름으로 돌아가고 defer 블록 이후의 코드가 실행된다.
❹ 만약 recover() 함수가 호출되지 않거나 패닉 상태가 복구되지 않으면 패닉 상태는 호출 스택의 상위 함수로 전파된다.
❺ 호출 스택의 가장 상위 함수인 main() 함수에 도달하면 프로그램은 비정상으로 종료된다. 이때 main() 함수는 종료 코드로 0이 아닌 값을 반환한다.

다음 코드는 패닉 상태를 복구하고자 할 때 recover() 함수를 사용하는 방법을 보여 준다.

Do it! 패닉 상태 복구 ch12/panic/recover/recover.go

```go
01: package main
02:
03: import (
04:     "fmt"
05:     "os"
06: )
07:
08: func appendText() {
09:     f, _ := os.OpenFile(
10:         "/tmp/appendFile", os.O_WRONLY|os.O_CREATE|os.O_APPEND,
11:         os.FileMode(0644))
12:
13:     defer func() {
14:         fmt.Println("defer 발생!")
15:         f.Close()
16:         if r := recover(); r != nil {
17:             fmt.Printf("패닉 상태 복구! recover: %v\n", r)
18:         }
19:     }()
20:
21:     panic("의도적으로 패닉 발생")
22: }
23:
24: func main() {
25:     appendText()
26: }
```

실행 결과

```
defer 발생!
패닉 상태 복구! recover: 의도적으로 패닉 발생
```

이 코드에서 recover() 함수는 패닉 상태가 발생한 경우에만 호출되며, 패닉 상태를 복구한 후 프로그램은 정상 흐름으로 돌아가고 defer 블록의 나머지 코드가 실행된다. 이 코드에서는 패닉이 의도적으로 발생했고, recover() 함수를 통해 패닉 상태가 성공적으로 복구되었음을 확인할 수 있다.

여기서 defer 예약어는 함수가 종료될 때(설령 예기치 못한 패닉으로 종료되더라도) 실행할 코드 블록을 정의하는 것으로 생각하면 된다.

이러한 방식으로 defer와 recover() 함수를 조합하여 Go 프로그램의 오류 처리와 자원 관리를 더 효과적으로 할 수 있다. defer는 함수가 종료될 때 무조건 실행되는 코드 블록을 제공하며, recover() 함수는 패닉 상태를 복구하여 프로그램이 정상 흐름을 유지하도록 돕는다.

▶ defer는 언제 사용할까?

defer를 활용하면 프로그램의 안정성을 높이고 코드를 읽기 쉽게 작성할 수 있다. 몇 가지 활용 사례를 알아보자.

자원 해제

파일, 네트워크 연결, 데이터베이스 연결 등과 같은 자원을 사용할 때 defer를 사용하여 자원 해제를 보장할 수 있다. 자원을 적절하게 해제하지 않으면 메모리 누수나 시스템 자원 고갈 문제를 일으킬 수 있기 때문에 중요하다.

자원을 해제할 때 defer 활용

```
01: package main
02:
03: import (
04:     "fmt"
05:     "os"
06: )
07:
08: func readFile() {
09:     f, err := os.Open("/tmp/somefile")
10:     if err != nil {
11:         fmt.Println("파일 열기 실패:", err)
12:         return
13:     }
14:     defer f.Close()    // 파일을 함수가 종료될 때 닫는다.
15:
16:     // 파일을 읽는 코드
17: }
```

잠금 해제

defer는 잠금을 해제하는 데도 유용하다. 예를 들어 동시성 프로그래밍에서 sync.Mutex를 사용할 때 defer를 사용하여 잠금을 해제할 수 있다. 이와 관련해서는 13~14장에서 자세히 다룬다.

동시성 프로그래밍에서 잠금을 해제할 때 defer 활용

```
01: package main
02:
03: import (
04:     "sync"
05: )
06:
07: var mu sync.Mutex
08:
09: func criticalSection() {
10:     mu.Lock()
11:     defer mu.Unlock()   // 잠금 해제를 보장
12:
13:     // 임계 영역 코드
14: }
```

연결 종료

데이터베이스 연결, 네트워크 소켓 등의 연결을 종료할 때 defer를 사용하여 종료 작업을 보장할 수 있다.

데이터베이스 연결을 종료할 때 defer 활용

```
01: package main
02:
03: import (
04:     "database/sql"
05:     _ "github.com/go-sql-driver/mysql"
06:     "fmt"
07: )
08:
09: func queryDatabase() {
10:     db, err := sql.Open("mysql", "user:password@/dbname")
11:     if err != nil {
12:         fmt.Println("데이터베이스 연결 실패:", err)
13:         return
```

```
14:     }
15:     defer db.Close()    // 데이터베이스 연결 종료를 보장
16:
17:     // 데이터베이스 질의 코드
18: }
```

스택 트레이스 기록

패닉이 발생할 때 스택 트레이스를 기록하는 데도 defer를 사용할 수 있다.

스택 트레이스를 기록할 때 defer 활용

```
01: package main
02:
03: import (
04:     "fmt"
05:     "runtime/debug"
06: )
07:
08: func safeOperation() {
09:     defer func() {
10:         if r := recover(); r != nil {
11:             fmt.Println("패닉 발생:", r)
12:             fmt.Println("스택 트레이스:", string(debug.Stack()))
13:         }
14:     }()
15:
16:     // 패닉을 발생시킬 수 있는 코드
17: }
```

▶ defer 사용 시 주의할 점

앞에서 알아본 것처럼 defer는 여러 가지 유용한 용도로 사용되지만, 잘못 사용하면 프로그램의 성능이나 유지·보수에 문제를 일으킬 수 있다. 특히 panic() 함수와 함께 사용하거나 오류 처리를 대신할 때 주의가 필요하다.

defer 남용과 성능 문제

defer는 호출할 때마다 함수 호출 스택에 쌓이므로 defer를 남용하면 성능이 떨어질 수 있다. 특히 반복문이나 성능에 민감한 프로그램에서는 defer 사용을 주의해야 한다. 예를 들어 다음

코드에서 defer는 반복문 내에 작성했으므로 반복할 때마다 새로운 defer 호출이 쌓인다. 이 때문에 프로그램의 성능이 떨어질 수 있다.

defer 남용으로 성능이 떨어질 수 있는 사례

```go
01: package main
02:
03: import (
04:     "fmt"
05: )
06:
07: func processItems(items []int) {
08:     for _, item := range items {
09:         defer func(i int) {
10:             fmt.Printf("처리 완료: %d\n", i)
11:         }(item)
12:     }
13: }
14:
15: func main() {
16:     processItems([]int{1, 2, 3, 4, 5})
17: }
```

오류 처리와 defer 혼용

defer는 패닉과 자원 해제에 유용하지만, 일반적인 오류를 처리하기 위해 사용해서는 안 된다. 앞에서 알아본 것처럼 오류 처리는 반환값을 통해 수행해야 하며, 패닉과 defer는 비정상인 상황을 처리할 때만 사용한다.

defer를 오류 처리 대용으로 사용하지 않는다

```go
01: package main
02:
03: import (
04:     "fmt"
05:     "errors"
06: )
07:
08: func doSomething() error {
09:     // 오류 발생
10:     return errors.New("문제가 발생했습니다")
11: }
```

```
12:
13: func main() {
14:     // 오류 처리
15:     if err := doSomething(); err != nil {
16:         fmt.Println("오류 처리:", err)
17:         return
18:     }
19:
20:     // 오류 처리 대신 defer 사용은 권장하지 않음
21:     defer func() {
22:         if r := recover(); r != nil {
23:             fmt.Println("패닉 복구:", r)
24:         }
25:     }()
26: }
```

이 코드에는 일반적인 오류 처리(if err != nil) 로직과 함께 defer/recover 블록이 포함되어 있다. 그러나 이 defer/recover 구조를 doSomething() 함수가 반환하는 일반적인 error 값을 처리할 목적으로 사용하는 것은 바람직하지 않다. 오류는 함수에서 직접 반환하고 호출자가 이를 확인하여 처리해야 하며, defer와 recover는 본래 용도(패닉 복구 등 비정상 상황 처리)에 맞게 사용해야 한다.

이처럼 defer는 적절하게 활용하면 프로그램의 안정성을 높일 수 있지만 주의가 필요하다. 자원 해제와 패닉 복구 등 중요한 작업에 사용하고 성능과 오류 처리에 신경 써야 한다.

> ### 📝 이 장의 핵심 요약
>
> 이번 장에서는 오류를 효과적으로 처리하는 방법과 예상치 못한 상황에 대응하는 방법을 다루었다. Go는 오류를 값으로 취급하는 error 인터페이스를 사용하며, 각 함수는 오류가 발생할 때 error 타입의 값을 반환하여 호출자가 이를 명시적으로 처리하도록 강제한다. 이러한 방식은 오류가 발생한 지점에서 바로 확인하고 적절한 조치를 취할 수 있게 해주어 코드의 신뢰성을 높인다.
>
> 또한 프로그램이 실행되는 도중에 심각한 문제나 예상치 못한 상황이 발생하면 panic 함수를 호출하여 즉시 실행을 중단할 수 있다. 패닉은 스택 트레이스를 함께 출력하여 문제의 발생 경로를 파악할 수 있게 도와주지만, 일반적인 오류 처리와는 달리 프로그램의 비정상 종료를 야기한다. 이를 보완하기 위해 defer와 recover() 함수를 활용하는데, defer는 함수가 종료될 때 반드시 실행되는 코드를 지정하여 자원 해제나 잠금 해제와 같은 후처리 작업을 보장하고, recover()는 panic 상태를 복구하여 프로그램이 정상 흐름으로 돌아갈 수 있도록 지원한다.
>
> 이번 장에서 다룬 명시적 오류 반환, 패닉과 복구, 그리고 defer를 통한 후처리 기법을 잘 활용한다면 향후 프로그램에서 문제가 발생하더라도 신속하게 대응하고 코드의 품질을 유지할 수 있다.

13

동시성 프로그래밍

이번 장에서는 동시성 프로그래밍의 기본 개념과 Go 언어에서 동시성 작업을 어떻게 처리하는지를 살펴본다. 동시성 프로그래밍은 여러 작업을 동시에 수행하여 프로그램의 성능을 높이는 기법이다. Go 언어는 고루틴과 채널을 통해 동시성 프로그래밍을 효과적으로 지원한다. 고루틴은 이번 장에서 다루고 채널은 다음 장에서 살펴본다.

13-1 ▶ 동시성 프로그래밍의 필요성
13-2 ▶ 고루틴이란?
13-3 ▶ 뉴스레터 크롤러 만들기
13-4 ▶ 고루틴 사용 시 주의 사항

13-1 | 동시성 프로그래밍의 필요성

▶ 왜 동시성 프로그래밍이 중요할까?

오늘날 컴퓨팅 기술은 급격히 발전하여 많은 시스템이 멀티 코어 CPU를 채택하고 있다. 멀티 코어 CPU는 여러 개의 프로세서가 동시에 여러 작업을 처리할 수 있다. 이러한 하드웨어 발전에 따라 소프트웨어 개발에서도 동시성 프로그래밍이 필요하게 되었다.

동시성concurrency **프로그래밍은 여러 작업을 동시에 처리할 수 있도록 돕는 기법**으로, 시스템 자원을 효율적으로 활용하고 응답성과 성능을 높이는 데 중요한 역할을 한다. 특히 멀티 코어 환경에서는 각 코어가 독립적으로 작업을 처리할 수 있게 해서 성능을 극대화할 수 있다.

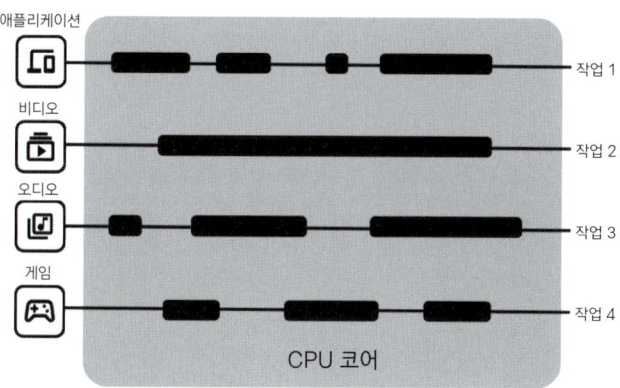

CPU 코어에서 동시성 처리

각 분야에서 동시성 프로그래밍이 어떻게 활용되는지 간략히 살펴보자.

스마트폰에서 동시성

멀티 코어 CPU를 갖춘 최신 스마트폰에서는 여러 앱을 동시에 실행할 수 있다. 예를 들어 하나의 코어가 이메일 앱을 처리하는 동안에 다른 코어는 음악 스트리밍을 수행하고 또 다른 코어는 웹 브라우징을 처리한다. 이러한 방식으로 멀티 코어 CPU는 여러 작업을 병렬로 처리하여 사용자 경험을 매끄럽고 응답성 좋게 만들어 준다.

웹 서버에서 동시성

또한 멀티 코어 CPU의 장점은 웹 서버와 같은 서버 환경에서도 두드러지게 나타난다. 예를 들어 대형 전자상거래 사이트는 수많은 사용자가 동시에 웹 페이지를 요청하는데, 멀티 코어 시스템에서는 각 코어가 독립적으로 요청을 처리함으로써 사이트의 응답 속도를 높인다. 만약 동시성 프로그래밍이 제대로 이루어지지 않는다면 웹 서버는 하나의 요청을 처리하는 동안 다른 요청을 처리하지 못하는 상황이 발생할 수 있다.

게임에서 동시성

게임 개발 분야에서도 멀티코어 CPU의 이점을 활용할 수 있다. 현대 게임은 복잡한 그래픽과 물리 엔진을 처리해야 하며 멀티 코어 CPU는 이러한 요소를 병렬로 처리할 수 있게 한다. 하나의 코어는 물리 엔진을 처리하고 다른 코어는 AI 계산을 수행하며 또 다른 코어는 그래픽 렌더링을 담당한다. 이러한 병렬 처리는 게임의 성능을 높여 플레이어에게 더 부드럽고 몰입감 있는 경험을 제공한다.

데이터 분석에서 동시성

데이터 분석 분야에서도 멀티 코어 CPU는 중요한 역할을 한다. 예를 들어 금융 분야에서는 실시간으로 거래 데이터를 분석하는 시스템이 필요하다. 동시성 프로그래밍을 통해 여러 데이터 스트림을 동시에 처리하고 분석 결과를 신속하게 제공할 수 있다. 멀티 코어 CPU는 데이터를 병렬로 처리하여 분석 속도를 높이는 데 기여한다.

이처럼 멀티 코어 CPU의 도입으로 동시성 프로그래밍은 소프트웨어 개발에서 필수가 되었다. 동시성 프로그래밍은 시스템 자원을 최대한 활용하고 성능과 응답성을 높이는 등 현대의 복잡한 컴퓨팅 환경에서 매우 중요한 역할을 한다.

▶ 동시성 프로그래밍의 원리

그렇다면 동시성은 어떻게 동작하는 것일까? 그 원리를 이해해 보자. 예를 들어 프로세스 A, B, C가 하나의 CPU 코어에서 번갈아 가며 실행된다고 상상해 보자. 이 과정에서 CPU는 각 프로세스에 짧은 시간 동안만 CPU 자원을 할당하고 곧 다른 프로세스에 자원을 넘긴다. 이러한 방식은 여러 프로세스가 동시에 실행되는 것처럼 보이지만, 실제로는 스위칭을 빠르게 반복하는 것이다. 이 과정을 **스케줄링**scheduling이라고 한다.

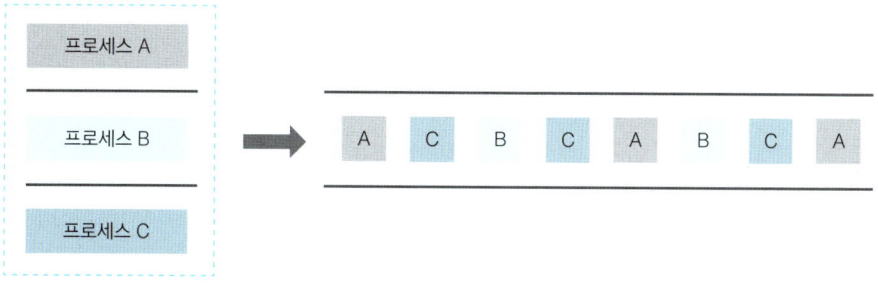

멀티 프로세스에서 스케줄링

다음 그림은 동시성 프로그래밍에서 스케줄러가 각 작업자worker에게 CPU 시간을 어떻게 할당하는지를 보여 준다.

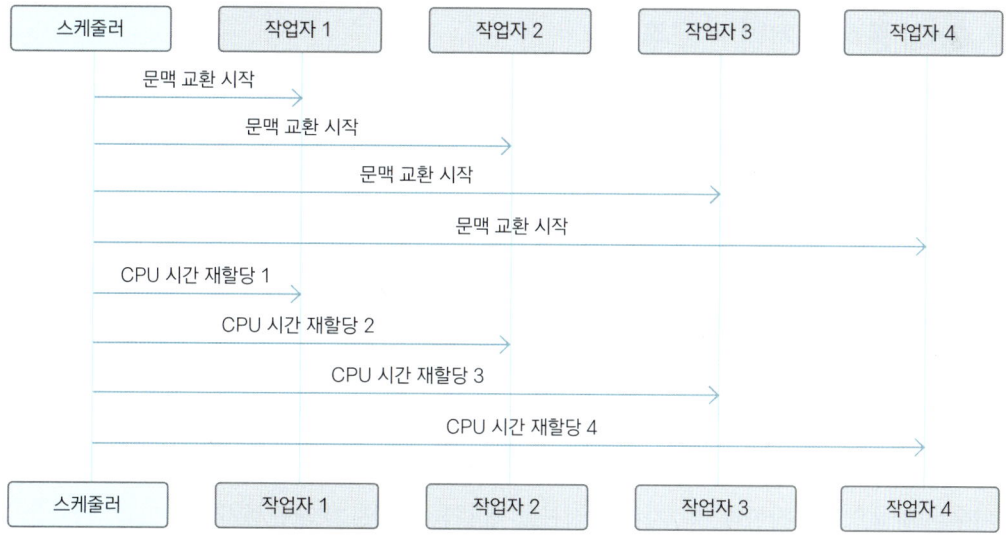

동시성 프로그래밍에서 스케줄러와 작업자

스케줄러는 각 작업자에게 CPU 시간을 할당하여 작업을 수행하도록 한다. 각 작업자는 할당된 시간을 이용하여 작업을 처리하며, 특정 조건이 발생하면(주어진 시간 만료, 작업 완료, 입출력 대기 등) 스케줄러에 제어를 넘긴다. 각 작업자는 처리가 완료되면 스케줄러에 알린다. 이때 CPU의 문맥 전환context switching이 발생한다. 스케줄러는 현재 작업자의 상태를 저장하고 다음 작업자의 상태를 불러온다. 이 과정을 반복하면서 모든 작업자가 CPU를 공평하게 사용할 수 있도록 보장한다.

> **아하! 그렇구나! 문맥 전환**
>
> 문맥 전환은 한 CPU에서 여러 작업을 번갈아 실행하기 위한 핵심 과정이다. 문맥(Context)이란 작업을 중단했다가 나중에 그 상태 그대로 이어가기 위해 필요한 정보(다음 실행 명령어 위치, 레지스터 상태 등)를 의미한다. 다른 작업자에게 CPU 제어권을 넘길 때 운영체제는 현재 작업의 문맥을 저장하고 다음 작업의 문맥을 불러오는 과정을 수행한다.
>
> 이러한 문맥 저장과 복원 작업에는 오버헤드(overhead)가 발생한다. 즉 CPU 시간이 소요된다. 문맥 전환이 너무 빈번하면 이 비용으로 인해 실제 작업 처리 효율이 떨어질 수 있다. 따라서 문맥 전환은 동시성 구현에 필수지만, 그 비용을 고려해야 한다. 다음 절에서 다룰 Go 언어의 고루틴은 운영체제 스레드 간의 문맥 전환보다 훨씬 적은 비용으로 전환할 수 있어 효율적인 동시성 처리에 유리하다.

▶ Go의 동시성 처리 – 고루틴

Go 언어는 동시성 프로그래밍을 효율적으로 처리하기 위해 **고루틴**goroutine이라는 개념을 사용한다. 고루틴은 Go 언어의 핵심 동시성 기법으로 여러 작업을 동시에 실행할 수 있게 한다. 개발자는 고루틴을 통해 동시성 프로그래밍을 더 쉽게 구현할 수 있다.

> 고루틴은 다음 절에서 자세히 살펴본다.

전통적인 프로그래밍 언어에서는 **스레드**thread를 사용하여 동시성을 구현한다. 스레드는 운영체제의 커널이 직접 관리하는 작업 단위로, 여러 스레드가 동시에 실행되면서 동시성 문제를 해결한다. 하지만 스레드를 사용하려면 잠금lock이나 뮤텍스mutex와 같은 메커니즘이 필요하다. 이러한 메커니즘은 여러 스레드가 동시에 자원에 접근할 때 충돌을 방지하기 위해 자물쇠를 채우는 방식으로 동작한다. 즉, 자원에 접근할 때 다른 스레드가 접근하지 못하도록 막는 것이다. 하지만 이 방법은 복잡하고 여러 스레드가 자원에 접근할 때 문제를 일으킬 수 있다.

Go 언어는 **CSP**communicating sequential processes라는 개념을 사용하여 동시성을 처리한다. CSP는 여러 프로세스가 서로 메시지를 주고받으며 협력하는 방식으로, 각각의 프로세스가 독립적으로 작업을 수행하면서 서로 통신한다. Go 언어는 CSP 개념을 구현하기 위해 **채널**channel이라는 기능을 제공한다. 채널은 고루틴 간의 통신을 간편하게 처리할 수 있도록 돕는다. 고루틴이 작업을 수행하고 결과를 채널을 통해 다른 고루틴에 전달하면 서로 메시지를 주고받으며 협력할 수 있다. 채널을 사용하면 고루틴 간의 동시성 문제를 효과적으로 관리할 수 있다.

> 채널은 14장에서 자세히 살펴본다.

Go 언어 역시 전통적인 잠금과 뮤텍스의 개념을 지원한다. 그러나 Go 언어는 채널을 통해 CSP 방식의 동시성 프로그래밍을 권장한다. 채널을 사용하는 방법이 더 직관적이며 동시성 문제를 해결하는 데 유리하지만, 프로젝트의 요구 사항에 따라 적절한 방법을 선택하여 사용할 수 있다.

Go 언어는 고루틴과 채널을 통해 동시성 프로그래밍을 매우 효율적으로 처리하며, 개발자는 복잡한 스레드 관리나 잠금 메커니즘에 신경 쓰지 않고도 동시성 문제를 효과적으로 다룰 수 있다.

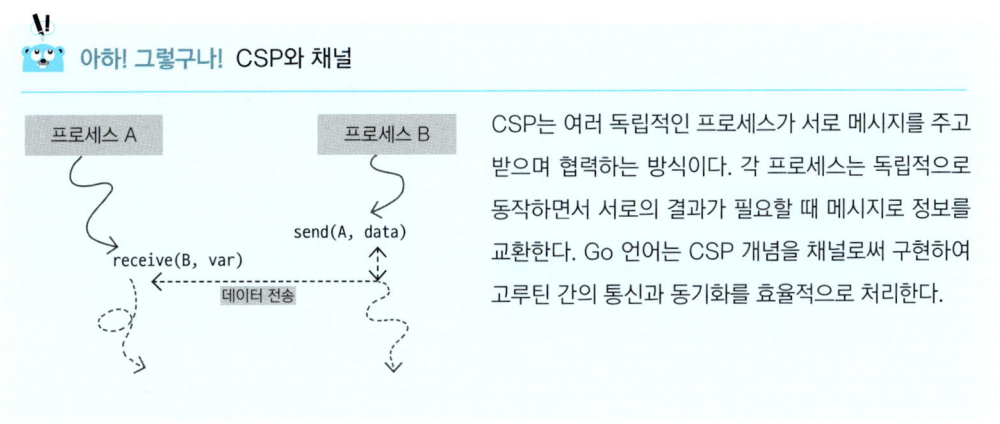

아하! 그렇구나! CSP와 채널

CSP는 여러 독립적인 프로세스가 서로 메시지를 주고받으며 협력하는 방식이다. 각 프로세스는 독립적으로 동작하면서 서로의 결과가 필요할 때 메시지로 정보를 교환한다. Go 언어는 CSP 개념을 채널로써 구현하여 고루틴 간의 통신과 동기화를 효율적으로 처리한다.

▶ 동시성과 병렬성의 차이점

동시성concurrency과 **병렬성**parallelism은 서로 다른 개념이다. 간혹 동시성을 병렬성과 혼동하는 경우가 있으므로 이 둘을 비교하고 넘어가자.

동시성은 여러 작업이 동시에 실행되는 것처럼 보이는 방식이다. 실제로는 하나의 CPU가 여러 작업을 빠르게 전환하며 처리한다. 즉, 동시성에서는 단일 CPU 코어가 여러 작업을 빠르게 전환하면서 작업을 처리한다. 작업이 겹쳐서 진행되는 것이 아니라 CPU가 작업을 차례대로 빠르게 전환하며 처리한다. 따라서 엄밀히 말하면 매우 짧은 시간이 할당된 구간에서는 단 하나의 작업만 처리된다. 다만 이는 매우 짧은 시간이므로 마치 동시간에 여러 동작이 처리되는 것으로 보인다.

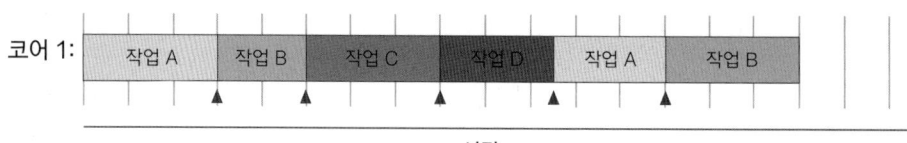

동시성 개념도

반면에 병렬성은 여러 작업이 실제로 동시에 실행되는 방식이다. 여러 CPU 코어가 있을 때 각 코어가 독립적으로 여러 작업을 동시에 처리한다. 병렬성에서는 작업이 물리적으로 동시에 실행되며 CPU 코어들이 각각의 작업을 독립적으로 처리한다.

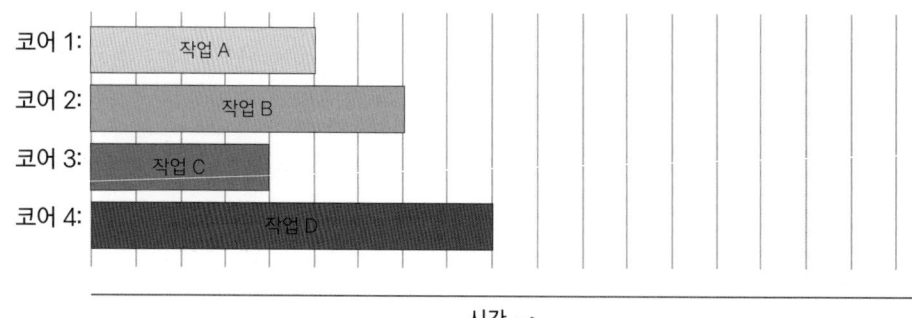

병렬성 개념도

요약하자면 동시성은 작업이 동시에 진행되는 것처럼 보이지만 실제로는 CPU가 작업을 빠르게 전환하며 처리하는 것이고, 병렬성은 여러 작업이 실제로 동시에 실행되는 것을 의미한다. Go는 고루틴으로 높은 동시성을 제공하지만, CPU 코어 수가 많을수록 더 많은 고루틴이 실제로 병렬 실행되어 성능이 향상된다.

13-2 | 고루틴이란?

고루틴^{goroutine}은 Go 언어에서 동시성 프로그래밍을 위한 강력한 기능으로, 다른 언어에서 스레드라고 부르는 개념과 유사하다. 그러나 고루틴은 전통적인 스레드와는 다른 방식으로 동작한다. 전통적인 스레드는 운영체제 커널이 직접 관리하지만, 고루틴은 Go 런타임에서 관리된다. 고루틴은 가볍고 효율적인 동시성 처리를 위해 설계되었으며 이러한 특성 때문에 '경량 스레드$^{lightweight\ thread}$'라고도 한다.

> **아하! 그렇구나!** 스레드와 경량 스레드
>
> 스레드는 운영체제에서 제공하는 기본적인 동시성 처리 단위이다. 각 스레드는 독립적인 실행 흐름을 가지며 이를 통해 여러 작업을 동시에 수행할 수 있다. 스레드는 운영체제의 커널이 직접 관리하며 스레드 간의 자원 공유와 통신을 위해 복잡한 동기화 메커니즘을 사용한다. 따라서 전통적인 스레드는 생성과 전환이 비교적 무겁고 메모리와 CPU 자원을 많이 소모하므로 스레드를 많이 사용하면 성능 저하와 자원 낭비가 발생할 수 있다.
>
> 경량 스레드는 전통적인 스레드보다 훨씬 가볍고 효율적인 동시성 처리 단위이다. 경량 스레드는 운영체제가 직접 관리하지 않고 런타임 환경에서 관리된다. 이들은 메모리와 CPU 자원을 적게 사용하며 생성과 전환이 빠르고 비용이 적다. 이러한 특성 덕분에 수천 개의 경량 스레드를 동시에 실행할 수 있다. Go 언어의 고루틴이 대표적인 예로, 경량 스레드는 동시성 프로그래밍의 효율성을 크게 향상시킨다.

▶ 고루틴 사용하기

Go 언어에서 고루틴을 사용하면 복잡한 스레드 관리 없이도 효율적인 동시성 프로그래밍이 가능하다. 고루틴을 생성하려면 함수 호출 앞에 **go**라는 예약어를 붙이면 된다. 그러면 함수가 비동기^{asynchronous}로 실행되며 여러 고루틴이 동시에 실행될 수 있다. 다음 코드를 보자.

Do it! 고루틴 사용 방법   ch13/goroutines/counting/counting.go

```
01: package main
02:
03: import (
04:     "fmt"
05:     "time"
```

```
06: )
07:
08: func counting1() {
09:     for i := 0; i < 5; i++ {
10:         fmt.Printf("counting1: %d번째 인덱스\n", i)
11:         time.Sleep(1 * time.Nanosecond)
12:     }
13: }
14:
15: func counting2() {
16:     for i := 0; i < 5; i++ {
17:         fmt.Printf("counting2: %d번째 인덱스\n", i)
18:         time.Sleep(1 * time.Nanosecond)
19:     }
20: }
21:
22: func main() {
23:     go counting1()
24:     counting2()
25: }
```

▶ 실행 결과

```
counting2: 0번째 인덱스
counting1: 0번째 인덱스
counting1: 1번째 인덱스
counting1: 2번째 인덱스
counting1: 3번째 인덱스
counting1: 4번째 인덱스
counting2: 1번째 인덱스
counting2: 2번째 인덱스
counting2: 3번째 인덱스
counting2: 4번째 인덱스
```

이 코드는 counting1(), counting2() 함수를 정의하고 이 중 counting1() 함수는 go 예약어를 사용하여 비동기로 호출했다. 실행 결과를 보면 각 함수의 실행 순서가 일정하지 않은 것을 확인할 수 있다. 이는 couting1() 함수를 고루틴으로 호출해서 비동기로 실행되기 때문이다. 고루틴의 동작 순서는 Go 런타임의 스케줄러가 조정하므로 함수 호출 순서는 실행 환경에 따라 다르게 나타날 수 있다.

다만 24행에서 main() 함수가 counting2() 함수의 실행을 마친 후에 counting1() 고루틴의 완료를 기다리지 않고 종료할 수 있다. 따라서 실행 환경에 따라 counting1() 함수의 출력이 중간에 끊길 수도 있으며, 모든 고루틴의 실행을 보장하려면 별도의 동기화 메커니즘이 필요하다. 이에 관해서는 14장 동시성 제어 기법에서 자세히 다룰 예정이다.

▶ 고루틴과 스레드의 차이점

고루틴은 전통적인 스레드와 비교하여 여러 면에서 장점이 있다. 고루틴은 스레드와 비슷하게 메모리에서 데이터, 코드, 힙 영역은 공유하나 별도의 독립적인 스택 영역을 가진다. 다만 고루틴은 스레드와 비교하더라도 더 적은 자원을 소모하며 스레드 간의 문맥 전환 비용이 낮아서 높은 동시성을 지원한다. 고루틴은 Go 런타임에서 스케줄링되므로 개발자는 복잡한 스레드 관리를 하지 않고도 동시성 작업을 쉽게 구현할 수 있다.

고루틴이 이처럼 스레드보다 가볍고 효율적으로 동작하는 배경을 이해하려면 프로그램의 메모리 구조와 각 실행 단위(고루틴/스레드)가 상태 정보를 저장하는 방식(특히 스택 영역 활용)을 알아야 한다. 프로그램의 4가지 주요 메모리 영역은 다음과 같다.

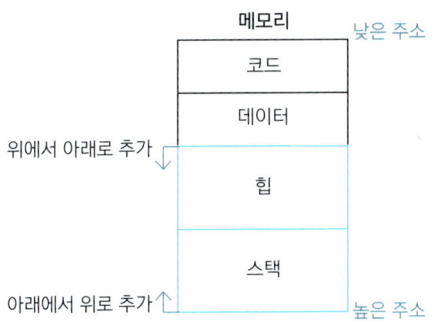

영역 이름	할당 대상	설명
코드	프로그램 코드	실행할 프로그램의 명령어 할당
데이터	전역 변수	전역 변수 할당
힙	동적 데이터	동적 할당, 사용자가 직접 반환 관리
스택	지역 변수, 매개변수	지역 변수와 함수가 사용하는 인자, 매개변수 할당

메모리의 각 영역

스레드는 운영체제에서 제공하는 개념으로 커널 공간에서 제공받아 활용하지만, 고루틴은 Go 언어 런타임에서 구성되어 사용자 공간에서 사용된다는 차이점이 있다.

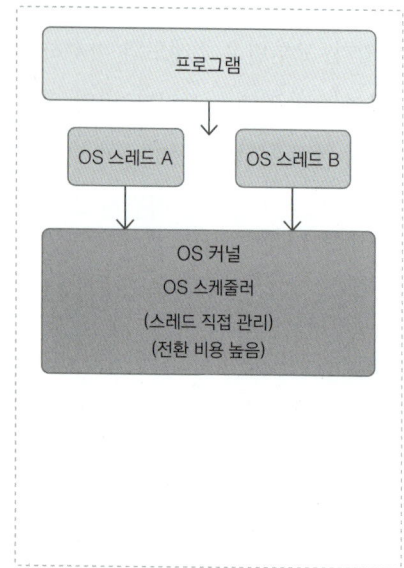

전통적인 스레드 모델과 고루틴 모델 차이

고루틴은 이처럼 사용자 공간에서 Go 런타임에 의해 관리되므로 적은 스택 메모리로 독립적인 실행 흐름을 가지며, 커널이 개입하지 않고도 문맥을 빠르게 전환할 수 있다. 다음 표를 보면 이러한 고루틴과 스레드의 차이점을 명확히 이해할 수 있으며 고루틴이 더 효율적이고 경량화된 동시성 처리 단위임을 알 수 있다.

고루틴과 전통적인 스레드 비교

특성	스레드	고루틴
스택 크기	보통 수 메가바이트 정도로 크며 고정 크기	기본 수 킬로바이트에서 동적으로 크기 조절 가능
생성 비용	상대적으로 높은 메모리와 CPU 자원 소모	매우 낮은 메모리와 CPU 자원 소모
스케줄링	운영체제 커널에서 관리하며 문맥 전환 발생	Go 런타임에서 관리하며 더 효율적인 스케줄링
메모리 공유	프로세스와 메모리 공유	같은 프로세스 내에서 메모리 공유
동시성 제어	직접적인 스레드 동기화 메커니즘이 필요	Go의 채널과 select 문으로 간편하게 동시성 제어

13-3 | 뉴스레터 크롤러 만들기

고루틴을 활용하면 대기 시간을 줄이고 시스템 자원을 효율적으로 활용할 수 있다. 이를 실습으로 살펴보자. 뉴스레터를 가져오는 프로그램을 작성하여 고루틴의 장점을 확인해 보자. 이 프로그램은 웹 페이지에서 정보를 긁어 오는 크롤러crawler 역할을 한다. 뉴스레터는 GeekNews(news.hada.io)라는 개발/기술/스타트업 뉴스 서비스에서 가져오도록 구성할 것이다.

이번 절에서 만들 프로그램은 크게 두 가지 핵심 동작으로 나뉜다.

- **뉴스 인덱스 정보 가져오기**: 뉴스의 인덱스 페이지를 요청하여 뉴스 링크 정보를 수집한다. 이 작업을 인덱싱(indexing)이라고 한다. 인덱스 페이지는 뉴스 내용에 접근할 수 있는 링크 정보가 포함되어 있다.
- **뉴스 내용 가져오기**: 인덱싱한 정보를 바탕으로 각각의 링크에 HTTP 요청을 보내 뉴스 내용을 가져온다.

> **아하! 그렇구나! 크롤링**
>
> 크롤링(crawling)은 웹 페이지에서 정보를 자동으로 수집하는 작업을 말한다. 이 과정은 웹 페이지의 HTML을 분석하여 필요한 데이터를 추출하는 방식으로 진행된다. 크롤러는 주기적으로 웹 페이지를 방문하여 최신 정보를 업데이트하거나 특정 키워드에 대한 데이터를 수집할 수 있다. 크롤링을 통해 얻은 데이터는 분석, 통계, 검색 엔진 최적화 등 다양한 용도로 활용할 수 있다. 웹 크롤링은 데이터를 자동으로 수집하는 데 유용하지만 과도한 요청은 웹 서버에 부담을 줄 수 있으므로 주의가 필요하다.

▶ 웹 페이지 분석기 만들기

먼저 웹 페이지 분석기를 만든다. `ParseIndex()` 함수는 정규 표현식을 사용하여 뉴스 링크와 제목을 추출하고 이를 `urlTitlePair`라는 이중 슬라이스에 저장한다.

> **Do it!** 웹 페이지 분석기 ch13/goroutines/crawler/parser.go

```go
01: package main
02:
03: import (
04:     "regexp"
05: )
06:
07: func ParseIndex(data []byte) [][]string {
08:     regexpString := `<div class=topictitle><a href='(https://[^']*)'[^>]*>
09:                      <h1>(.*?)</h1></a>`
10:     re := regexp.MustCompile(regexpString)
11:     content := string(data)
12:     matches := re.FindAllStringSubmatch(content, -1)
13:     urlTitlePair := make([][]string, len(matches))
14:     for i, value := range matches {
15:         urlTitlePair[i] = []string{value[1], value[2]}
16:     }
17:     return urlTitlePair
18: }
```

정규 표현식regular expression은 문자열에서 특정 패턴을 찾는 도구다. 이 실습에서는 HTML 문서에서 뉴스 기사에 해당하는 HTML 태그 영역만을 추출하는 데 사용했다. 정규 표현식의 각 부분을 자세히 살펴보자.

`<div class=topictitle>`은 `<div>` 태그 중 class 속성이 `topictitle`로 설정된 요소를 찾는다. 즉, 뉴스 제목이 담긴 `<div>` 요소를 찾기 위한 시작점을 지정한다.

`<a href='(https://[^']*)'`은 `<a>` 태그의 href 속성값을 추출한다. https://로 시작하는 URL을 찾기 위해 사용된다. `[^']*`는 작은따옴표(')를 제외한 모든 문자를 대상으로 0회 이상의 반복을 의미한다. 따라서 이 패턴은 URL 전체를 갈무리한다.

`[^>]*`은 `<a>` 태그의 href 속성 외에 다른 속성까지 포함할 수 있는 부분을 의미한다. `[^>]`는 > 문자를 제외한 모든 문자를 대상으로 0회 이상의 반복을 의미한다. 즉, `<a>` 태그의 속성을 무시하고 태그의 끝을 찾는다.

`<h1>(.*?)</h1>`은 `<h1>`과 `</h1>` 태그 사이의 내용을 갈무리한다. `(.*?)`는 비탐욕적 방식으로, 가능한 한 적은 문자 수를 갈무리하여 제목 부분을 추출한다. 이 부분이 뉴스 제목을 포함한다.

마지막으로 `</a>`는 `<a>` 태그의 끝을 나타낸다.

이 정규 표현식은 뉴스 제목 페이지에서 URL과 제목을 추출한다. `regexp.MustCompile()` 함수로 정규 표현식을 컴파일하고 `FindAllStringSubmatch()` 메서드로는 HTML 문자열에서 일치하는 모든 부분을 찾는다. 그러면 각 뉴스 항목의 URL과 제목이 이중 슬라이스에 저장되고 `ParseIndex()` 함수는 이를 반환한다.

> **아하! 그렇구나! 정규 표현식**
>
> 정규 표현식은 문자열에서 특정한 패턴을 검색하거나 교체하는 데 사용하는 도구다. 이는 다양한 문자의 조합으로 패턴을 정의하고 이 패턴에 맞는 문자열을 찾아낼 수 있다. 정규 표현식은 메타 문자와 특수 문자를 사용하여 복잡한 검색 조건을 설정할 수 있으며, 문자열의 유효성 검사나 패턴 기반의 추출 작업에 유용하다. 예를 들어 이메일 주소나 전화번호와 같은 특정 형식을 검증할 때 자주 사용된다. 또한 HTML, XML 같은 마크업 언어에서 정보를 추출하는 데도 활용된다.

▶ 뉴스 링크와 제목 추출하기

다음으로 뉴스 링크와 제목을 추출하는 `Indexing()` 함수를 작성한다. 이 함수는 `ITNewsURIs`에 정의된 URL 목록을 순회하며 HTTP 요청을 보내고, 응답으로 받은 HTML 데이터를 앞에서 작성한 `ParseIndex()` 함수로 분석하여 뉴스 링크와 제목을 추출한다. 추출된 뉴스 정보는 `NewsIndex` 구조체에 추가한다.

Do it! 뉴스 링크와 제목 추출 · ch13/goroutines/crawler/index.go

```go
01: package main
02:
03: import (
04:     "io"
05:     "net/http"
06: )
07:
08: var ITNewsURIs = []string{
09:     "https://news.hada.io/",
10:     "https://news.hada.io/past",
11:     "https://news.hada.io/new",
12: }
13:
14: type NewsLink struct {
15:     URI     string
```

```
16:        Title    string
17:        Content string
18: }
19:
20: type NewsIndex struct {
21:        Link []NewsLink
22: }
23:
24: func Indexing() (newsIndex NewsIndex, err error) {
25:        index := NewsIndex{[]NewsLink{}}
26:        for _, url := range ITNewsURIs {
27:            resp, err := http.Get(url)
28:            if err != nil {
29:                return NewsIndex{}, err
30:            }
31:            defer resp.Body.Close()
32:            body, err := io.ReadAll(resp.Body)
33:            titleUrlPair := ParseIndex(body)
34:            for _, pair := range titleUrlPair {
35:                index.Link = append(index.Link, NewsLink{
36:                    URI:   pair[0],
37:                    Title: pair[1],
38:                })
39:            }
40:        }
41:        return index, nil
42: }
```

▶ 뉴스 내용 추출하기

이제 `NewsIndex` 구조체에 담긴 뉴스 링크에서 내용을 가져오는 `Crawler()` 함수를 작성한다. `useGoroutine` 매개변수에 따라 고루틴을 사용할지를 결정하며, 고루틴을 사용할 경우 각 뉴스 링크에 대해 비동기로 `GetContent()` 함수를 호출하여 뉴스 내용을 가져온다.

`sync.WaitGroup`은 여러 고루틴이 작업을 모두 마칠 때까지 기다려야 하는 동시성 코드에서 사용되는 동기화 도구다. 이와 관련해서는 14장에서 자세히 다룰 예정이다. 간단하게 기능을 설명하자면 `Add()` 메서드로 기다릴 고루틴의 수를 등록하고, 각 고루틴은 작업이 완료될 때 `Done()` 메서드를 호출한다. 그리고 `Wait()` 메서드는 모든 고루틴이 `Done()`을 호출하여 내부 카운터가 0이 될 때까지 대기하도록 동작한다.

Do it! 뉴스 내용 가져오기   ch13/goroutines/crawler/crawler.go

```go
01: package main
02:
03: import (
04:     "io/ioutil"
05:     "net/http"
06:     "sync"
07: )
08:
09: const UserAgent = "Mozilla/5.0 (Macintosh; Intel Mac OS X 10_14_6)" +
10:     " AppleWebKit/537.36 (KHTML, like Gecko)" +
11:     " Chrome/79.0.3945.130 Safari/537.36"
12:
13: func Crawler(index NewsIndex, useGoroutine bool) error {
14:     var wg sync.WaitGroup
15:     for i, link := range index.Link {
16:         wg.Add(1)
17:         if useGoroutine {
18:             go GetContent(link.URI, &index.Link[i], &wg)
19:         } else {
20:             err := GetContent(link.URI, &index.Link[i], &wg)
21:             if err != nil {
22:                 return err
23:             }
24:         }
25:     }
26:     wg.Wait()
27:     return nil
28: }
29:
30: func GetContent(
31:     url string, link *NewsLink, wg *sync.WaitGroup) error {
32:     client := &http.Client{}
33:     req, err := http.NewRequest("GET", url, nil)
34:     req.Close = true
35:     req.Header.Add("User-Agent", UserAgent)
36:     resp, err := client.Do(req)
37:     if err != nil {
38:         wg.Done()
39:         return err
40:     }
41:     defer resp.Body.Close()
42:     body, err := io.ReadAll(resp.Body)
```

```
43:      if err != nil {
44:          wg.Done()
45:          return err
46:      }
47:      link.Content = string(body)
48:      wg.Done()
49:      return nil
50: }
```

GetContent() 함수는 주어진 URL에 대해 HTTP GET 요청을 보내 뉴스 내용을 가져온다. 가져온 내용은 `NewsLink` 구조체의 `Content` 필드에 저장한다. `Done()` 함수는 비동기 작업이 완료된 시점을 알린다. `GetContent()` 함수는 HTTP 요청을 보낼 때 `User-Agent`라는 헤더를 추가하여 서버가 요청을 허용하도록 한다.

▶ 메인 함수 작성하기

이제 앞에서 정의한 `Indexing()`과 `Crawler()` 함수를 이용하는 `main()` 함수를 작성한다. `main()` 함수는 사용자에게 고루틴 사용 여부를 묻고 `Indexing()` 함수를 호출하여 뉴스 링크 정보를 가져온 다음에 `Crawler()` 함수를 호출하여 각 뉴스 링크의 내용을 가져온다. 고루틴 사용 여부에 따라 동기 또는 비동기로 크롤링을 수행한다. 뉴스 기사 정보를 출력하고 전체 소요 시간을 측정하여 출력한다.

Do it! 동기 또는 비동기로 크롤링하기 · ch13/goroutines/crawler/main.go

```
01: package main
02:
03: import (
04:     "fmt"
05:     "strings"
06:     "time"
07: )
08:
09: const divideBar = "============================================="
10:
11: func main() {
12:     var confirm string
13:     useGoroutine := false
```

```
14:     fmt.Print("고루틴을 사용하시겠습니까? (y/N): ")
15:     fmt.Scanf("%s\n", &confirm)
16:
17:     if strings.ToUpper(confirm) == "y" {
18:         useGoroutine = true
19:     }
20:
21:     index, err := Indexing()
22:     if err != nil {
23:         panic(err)
24:     }
25:
26:     fmt.Println(divideBar)
27:     fmt.Printf("총 %d건의 뉴스 기사를 찾았습니다.\n", len(index.Link))
28:     fmt.Println("뉴스 내용을 불러옵니다.")
29:
30:     start := time.Now()
31:     err = Crawler(index, useGoroutine)
32:     if err != nil {
33:         panic(err)
34:     }
35:     elapsed := time.Since(start)
36:     fmt.Println("모든 뉴스 내용을 불러왔습니다.")
37:     fmt.Println(divideBar)
38:     for _, link := range index.Link {
39:         fmt.Printf("TITLE  : %v\n", link.Title)
40:         fmt.Printf("LINK   : %v\n", link.URI)
41:         fmt.Printf("CONTENT: %d 글자의 내용\n", len(link.Content))
42:         fmt.Println(divideBar)
43:     }
44:     fmt.Printf("소요시간: %v\n", elapsed)
45: }
```

▶ 동기 또는 비동기로 실행하기

이제 앞에서 작성한 Go 소스 파일 4개를 컴파일하고 실행해 보자. 여러 Go 파일을 통합하여 하나의 프로그램으로 실행해야 하므로 ch13\goroutines\crawler 디렉터리에서 다음 명령어로 모듈을 초기화하고 실행한다.

```
> go mod init crawler
> go run .
```

먼저 고루틴을 사용하지 않도록 설정하면 GetContent() 함수는 순차적으로 실행된다. 각 뉴스 기사를 가져오는 동안 네트워크 입출력 대기 시간이 발생하며 이 때문에 30초 이상 소요된다. 각 요청이 완료될 때까지 기다리는 동안 CPU는 유휴 상태에 놓인다.

```
실행 결과 | 고루틴을 사용하지 않는 경우

고루틴을 사용하시겠습니까? (y/N): N [Enter]
======================================================
총 50건의 뉴스 기사를 찾았습니다.
뉴스 내용을 불러옵니다.
모든 뉴스 내용을 불러왔습니다.
======================================================
TITLE   : 아인슈타인의 더 나은 삶을 위한 7가지 규칙
LINK    : https://bigthink.com/starts-with-a-bang/einstein-rules-better-life/
CONTENT: 173521 글자의 내용
======================================================
...
======================================================
TITLE   : 인텔, 13세대 및 14세대 모바일 CPU 크래시 문제 인정하나 데스크탑 칩과 다른 버그 때문이라고 주장
LINK    : https://www.tomshardware.com/pc-components/cpus/intel-says-13th-and-14th-gen-mo
bile-cpus-are-crashing-but-not-due-to-the-same-bug-as-desktop-chips-chipmaker-blames-
common-software-and-hardware-issues
CONTENT: 710823 글자의 내용
======================================================
TITLE   : 타입을 이용하여 안전한 코딩을 위한 Type-Driven Development
LINK    : https://kciter.so/posts/type-driven-development/
CONTENT: 161084 글자의 내용
======================================================
소요시간: 30.437235826s
```

반면에 고루틴을 사용하면 각 뉴스 링크의 내용을 비동기로 가져온다. 여러 요청이 동시에 처리되므로 전체 소요 시간이 크게 단축된다. 필자의 컴퓨터에서는 약 3.7초가 소요되었다. 프로세서의 코어 수와 환경에 따라 다르겠지만, 고루틴을 사용했을 때 소요 시간이 현저하게 줄어들 것이다. 고루틴으로 작성한 덕분에 네트워크 요청 동안 CPU가 효율적으로 사용된다.

실행 결과 | 고루틴을 사용한 경우

```
고루틴을 사용하시겠습니까? (y/N): y Enter
==========================================
총 50건의 뉴스 기사를 찾았습니다.
뉴스 내용을 불러옵니다.
모든 뉴스 내용을 불러왔습니다.
==========================================
TITLE   : 아인슈타인의 더 나은 삶을 위한 7가지 규칙
LINK    : https://bigthink.com/starts-with-a-bang/einstein-rules-better-life/
CONTENT: 173521 글자의 내용
==========================================
…
==========================================
TITLE   : 인텔, 13세대 및 14세대 모바일 CPU 크래시 문제 인정하나 데스크탑 칩과 다른 버그 때문이라고 주장
LINK    : https://www.tomshardware.com/pc-components/cpus/intel-says-13th-and-14th-gen-mobile-cpus-are-crashing-but-not-due-to-the-same-bug-as-desktop-chips-chipmaker-blames-common-software-and-hardware-issues
CONTENT: 710823 글자의 내용
==========================================
TITLE   : 타입을 이용하여 안전한 코딩을 위한 Type-Driven Development
LINK    : https://kciter.so/posts/type-driven-development/
CONTENT: 161084 글자의 내용
==========================================
소요시간: 3.696605779s
```

Crawler() 함수에서 각 URL의 뉴스 내용을 차례대로 가져올 때 걸리는 시간의 합만큼 main() 함수는 대기하게 되며 모든 내용을 가져온 후에 종료된다.

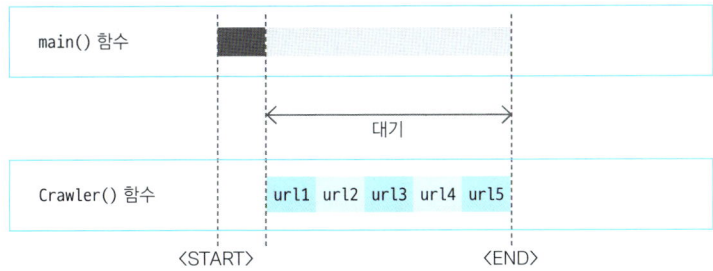

고루틴 없이 크롤링할 때 프로그램의 대기 시간

반면에 고루틴을 사용하는 경우 소요 시간을 보면 고루틴을 사용하지 않았을 때보다 **빠른 것**을 볼 수 있다. `GetContent()` 함수를 이용해 뉴스 내용을 가져오더라도 네트워크 처리가 여러 CPU 코어를 활용하여 동시에 진행되므로 자원을 효율적으로 활용한다.

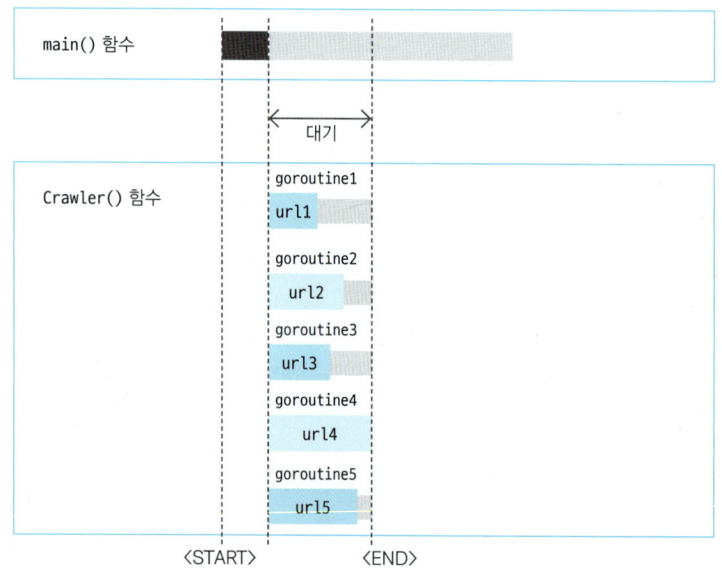

고루틴을 사용하여 크롤링할 때 프로그램의 대기 시간

이로써 고루틴을 사용한 비동기 처리 방식이 네트워크 I/O와 같은 대기 작업을 더 효율적으로 처리함을 확인할 수 있다.

▶ 고루틴은 어디서 사용할까?

고루틴은 다양한 상황에서 동시성을 구현하는 데 유용하다. 그 활용 범위는 매우 넓으며 다음처럼 여러 분야에서 효과적으로 사용할 수 있다.

웹 서버나 네트워크 프로그래밍 — 고루틴을 사용하면 여러 클라이언트의 요청을 동시에 처리할 수 있다. 이는 웹 서버나 네트워크 애플리케이션에서 매우 유용하다. 예를 들어 웹 서버는 각 클라이언트의 요청을 별도의 고루틴에서 처리하여 높은 동시성과 응답성을 유지할 수 있다.

병렬 데이터 처리 — 대량의 데이터를 처리할 때 고루틴을 사용하여 데이터를 병렬로 처리하면 성능을 크게 높일 수 있다. 데이터 분석, 이미지 처리, 비디오 인코딩 등에서 고루틴을 활용하여 작업을 병렬로 수행할 수 있다.

병렬 계산 — 고루틴은 복잡한 계산 작업을 병렬로 처리하는 데 적합하다. 예를 들어 수치 계산, 알고리즘 실행 등에서 고루틴을 사용하여 여러 계산을 동시에 진행할 수 있다.

크롤링이나 스크래핑 — 웹 크롤러와 스크래퍼는 여러 웹 페이지를 동시에 요청하고 처리해야 한다. 고루틴을 사용하여 웹 페이지의 데이터를 비동기로 가져오고 처리하면 크롤링 속도를 크게 향상시킬 수 있다.

비동기 작업 — 비동기 작업을 처리할 때 고루틴을 사용하여 작업을 병렬로 진행할 수 있다. 예를 들어 파일 다운로드, 외부 API 호출 등에서 고루틴을 활용하면 대기 시간을 줄이고 작업을 효율적으로 처리할 수 있다.

고루틴의 장점은 간단한 코드로 비동기 작업을 쉽게 구현할 수 있다는 점이다. 이를 통해 복잡한 동시성 문제를 효과적으로 해결할 수 있다.

13-4 | 고루틴 사용 시 주의 사항

고루틴을 활용할 때는 몇 가지 주의할 점이 있다. 고루틴은 컴퓨터 자원과 연산을 효율적으로 활용하고 처리하는 데 유용하지만, 동시성 프로그래밍을 잘못 활용하면 다양한 문제가 발생할 수 있다.

▶ 경쟁 상태 주의하기

경쟁 상태race condition는 **여러 고루틴이 동시에 같은 자원에 접근하고 수정하려고 할 때 발생하는 문제**를 말한다. 특히 자원에 대한 접근이 적절하게 동기화되지 않았을 때는 데이터의 일관성이 깨질 수 있다. 예를 들어 2개의 고루틴이 동시에 같은 변숫값을 증가시키려고 할 때 두 고루틴이 모두 읽고 값을 증가시키기 때문에 최종 결과가 예상과 다를 수 있다. 이러한 상황은 예기치 않은 동작이나 버그를 초래하며 프로그램의 동작을 예측하기 어렵게 한다.

다음은 경쟁 상태가 발생할 수 있는 코드이다. 이 코드에서는 여러 고루틴이 동시에 count 변수를 증가시키지만, count 변수에 대한 동기화가 없기 때문에 경쟁 상태가 발생한다. 따라서 count 변수의 최종 값이 예상보다 작은 것을 볼 수 있다.

Do it! 경쟁 상태가 발생할 수 있는 예 · ch13/goroutines/race_condition/race_condition.go

```go
01: package main
02:
03: import (
04:     "fmt"
05:     "sync"
06: )
07:
08: var (
09:     count int
10: )
11:
12: func increment() {
13:     count++
14: }
15:
```

```
16: func main() {
17:     var wg sync.WaitGroup
18:     for i := 0; i < 1000; i++ {
19:         wg.Add(1)
20:         go func() {
21:             defer wg.Done()
22:             increment()
23:         }()
24:     }
25:     wg.Wait()    // 1,000개의 고루틴이 모두 끝날 때까지 대기
26:     fmt.Println("Count:", count)
27: }
```

실행 결과

Count: 960

경쟁 상태가 발생하는 이유

경쟁 상태는 보통 메모리를 공유하는 상황에서 둘 이상의 작업자가 같은 메모리에 수정을 시도하면 생긴다. 왜 이런 문제가 생길까?

예를 들어 count++는 count를 1만큼 증가시킨다. 이 코드는 go func()으로 1,000번 실행된다. 즉, 이 상황에서 count는 1,000개의 고루틴에 공유되어 동시에 접근·수정된다.

count++ 연산이 저수준에서 어떻게 동작하는지 설명하는 것은 경쟁 상태를 이해하는 데 도움이 된다. Go 언어는 IL(intermediate language)이나 어셈블리어와 같은 저수준 코드로 컴파일된다. 다음은 증가 연산을 저수준 동작으로 설명한 것이다.

```
LOAD R1, [count]   ; 현재 count 값이 레지스터 R1에 로드
ADD R1, R1, 1      ; R1의 값을 1만큼 증가
STORE [count], R1  ; 새 값을 메모리 위치에 저장
```

여기서 LOAD는 메모리에서 count의 값을 읽어 오는 명령어, ADD는 값을 증가시키는 명령어, STORE는 증가된 값을 다시 메모리에 저장하는 명령어다. 구체적으로 count++ 연산은 다음과 같은 단계로 이루어진다.

- **불러오기**: 고루틴 A와 고루틴 B가 count의 현재 값을 메모리에서 읽어 온다. 이 단계에서 두 고루틴 모두 같은 값(예 5)을 읽을 수 있다.
- **증가**: 고루틴 A와 고루틴 B가 각각 읽어 온 값에 1을 더하여 6을 얻는다.
- **저장**: 고루틴 A와 고루틴 B가 각각 메모리에 증가된 값을 저장한다. 두 고루틴 모두 6을 메모리에 저장하므로, 실제로 count는 두 번 증가하지 않고 6으로 유지된다.

이러한 동시 접근은 데이터가 오염되며 경쟁 상태를 초래하는 원인이 된다. 이를 방지하기 위해 적절한 동기화 기법이 필요하다.

경쟁 상태 해결 방법

이러한 경쟁 상태를 예방하기 위해 Go 언어에서는 다양한 동기화 기법을 제공한다. sync.Mutex 같은 잠금lock 기법을 사용하면 자원에 대한 접근을 제어함으로써 데이터의 일관성을 유지할 수 있다. sync.Mutex는 상호 배제mutual exclusion를 구현하여 한 번에 하나의 고루틴만 자원에 접근할 수 있도록 한다.

다음은 sync.Mutex를 사용하여 경쟁 상태 문제를 해결한 예다. 이 코드에서는 여러 고루틴이 동시에 count 변수를 수정하지 못하도록 한다. mu.Lock()과 mu.Unlock() 함수로 데이터 경쟁 상태를 방지함으로써 각 고루틴이 count 변수를 안전하게 수정할 수 있게 한다.

mu.Lock()을 호출한 직후 defer mu.Unlock()을 사용하면, Lock()과 Unlock() 사이의 코드에서 패닉이 발생하더라도 항상 잠금이 해제되는 것을 보장할 수 있어 동시성을 안정적으로 제어할 수 있다.

Do it! sync.Mutex로 경쟁 상태 해결　　　　　　　　　　　　　ch13/locks/mutex/mutex.go

```
01: package main
02:
03: import (
04:     "fmt"
05:     "sync"
06: )
07:
08: var (
09:     mu sync.Mutex
10:     count int
11: )
12:
13: fuunc increment() {
14:     mu.Lock()
15:     defer mu.Unlock()   // Lock 직후 Unlock을 defer로 호출
16:     count++    // 만약 여기서 panic이 발생해도 15행에서 defer된 Unlock은 실행됨
17: }
18:
19: func main() {
20:     var wg sync.WaitGroup
```

```
21:        for i := 0; i < 1000; i++ {
22:            wg.Add(1)
23:            go func() {
24:                defer wg.Done()
25:                increment()
26:            }()
27:        }
28:        wg.Wait()
29:        fmt.Println("Count:", count)
30: }
```

실행 결과

```
Count: 1000
```

▶ 고루틴 실행 사이클 제어하기

고루틴을 사용할 때 실행 사이클을 잘 이해하고 관리하는 것은 매우 중요하다. **고루틴이 종료되지 않거나 필요 없는 고루틴이 계속 실행되면 메모리 누수와 성능 저하를 초래**할 수 있다.

일반적으로 `main()` 함수가 종료되면 Go 프로그램의 모든 고루틴도 함께 종료된다. 그러나 `main()`이 아닌 다른 함수에서 시작된 고루틴은 해당 함수의 종료와 무관하게 계속 실행될 수 있다. 이는 고루틴의 실행 사이클을 올바르게 관리하지 않으면 시스템 자원을 낭비하고 성능을 저하시킬 수 있음을 의미한다.

다음 코드는 무한 반복을 돌며 1초에 한 번씩 "Long-running task is still running..."이라는 메시지를 출력하는 `longRunningTask()` 함수를 정의한 것이다. 이 함수는 `startTask()`에서 고루틴으로 실행되며, `main()` 함수는 `startTask()`를 호출하여 이 고루틴을 시작한다. 이후 `main()` 함수는 2초 동안 대기하고 종료한다.

Do it! 고루틴이 종료되지 않는 예　　　　　　　　　　　　　　　　ch13/goroutines/flow/flow.go

```
01: package main
02:
03: import (
04:     "fmt"
05:     "time"
06: )
07:
08: // 긴 작업을 수행하는 고루틴
09: func longRunningTask() {
10:     for {
```

```
11:         // 무한 반복 실행
12:         fmt.Println("Long-running task is still running...")
13:         time.Sleep(1 * time.Second)
14:     }
15: }
16:
17: func startTask() {
18:     go longRunningTask()    // 긴 작업을 수행하는 고루틴 시작
19: }
20:
21: func main() {
22:     startTask()             // 다른 함수에서 긴 작업을 수행하는 고루틴 시작
23:
24:     // 메인 함수는 2초 후에 종료됨
25:     time.Sleep(2 * time.Second)
26:     fmt.Println("Main function ends.")
27: }
```

▼

실행 결과

```
Long-running task is still running...
Long-running task is still running...
Main function ends.
```

이 프로그램에서는 startTask() 함수가 종료된 후에도 longRunningTask() 고루틴은 계속 실행된다. 이는 startTask() 함수가 종료되었지만 startTask() 함수에서 시작된 고루틴이 계속 작업을 수행하고 있음을 보여 준다. 만약 이러한 이해 없이 startTask()가 종료될 때 해당 함수에서 실행한 모든 고루틴을 종료시키거나 타임아웃 처리로 오래 실행되고 있는 고루틴을 정리하고자 한다면 별도의 방법이 필요하다.

특히 개발자가 예상하지 못한 무한히 돌아가는 고루틴이 존재한다면 고루틴이 계속 쌓이면서 막대한 자원 낭비와 기아 starvation 상태를 유발하게 된다. 따라서 고루틴의 실행 사이클을 잘 제어하고 종료를 명확하게 관리하는 것이 중요하다.

이를 방지하기 위해 sync.WaitGroup과 같은 기법을 사용하여 모든 고루틴이 종료될 때까지 기다리는 것이 바람직하다.

> **아하! 그렇구나!** 기아 상태
>
> 기아(starvation) 상태는 시스템에서 자원을 요구하는 프로세스나 스레드가 자원을 할당받지 못하고 계속 기다리게 되는 상황을 말한다. 이는 주로 자원의 경쟁이 치열하거나 우선순위 기반 스케줄링에서 낮은 우선순위를 가진 프로세스가 자원을 계속해서 할당받지 못할 때 발생한다. 이로 인해 해당 프로세스는 충분한 실행 기회를 얻지 못하고 결국 시스템 성능 저하나 서비스의 비효율성을 초래할 수 있다.

다음은 `sync.WaitGroup`을 사용하여 고루틴의 종료를 안전하게 기다리는 코드다.

Do it! 대기 그룹으로 고루틴 종료 기다리기 · ch13/locks/wait_group/wait_group.go

```go
01: package main
02:
03: import (
04:     "fmt"
05:     "time"
06:     "sync"
07: )
08:
09: // 긴 작업을 수행하는 고루틴
10: func longRunningTask(stop chan struct{}, wg *sync.WaitGroup) {
11:     defer wg.Done()
12:     for {
13:         select {
14:         case <-stop:
15:             // 종료 신호를 받으면 반복을 종료
16:             fmt.Println("Long-running task is stopping...")
17:             return
18:         default:
19:             // 무한 반복 실행
20:             fmt.Println("Long-running task is still running...")
21:             time.Sleep(1 * time.Second)
22:         }
23:     }
24: }
25:
26: func startTask(stop chan struct{}, wg *sync.WaitGroup) {
27:     wg.Add(1)
28:     go longRunningTask(stop, wg)   // 긴 작업을 수행하는 고루틴 시작
29: }
30:
31: func main() {
```

```
32:     var wg sync.WaitGroup
33:     stop := make(chan struct{})
34:
35:     startTask(stop, &wg)    // 다른 함수에서 긴 작업을 수행하는 고루틴 시작
36:
37:     // 메인 함수는 2초 후에 종료됨
38:     time.Sleep(2 * time.Second)
39:     fmt.Println("Main function ends.")
40:
41:     // 종료 신호를 모든 고루틴에 전송
42:     close(stop)
43:
44:     // 모든 고루틴이 종료될 때까지 대기
45:     wg.Wait()
46:     fmt.Println("All tasks completed")
47: }
```

실행 결과

```
Long-running task is still running...
Long-running task is still running...
Main function ends.
Long-running task is stopping...
All tasks completed
```

이 프로그램에서는 `sync.WaitGroup`을 사용하여 모든 고루틴이 완료될 때까지 `Wait()` 메서드를 호출하여 대기한다. 이를 통해 메모리 누수와 성능 저하를 방지할 수 있다. 이 프로그램에서는 아직 배우지 않은 코드가 등장하여 분석이 어려울 수 있다. 이어지는 14장에서 채널과 `select`를 다룰 때 다시 이 코드를 다룰 예정이므로 지금은 전체적인 구조만 보고 넘어가자.

이 장의 핵심 요약

동시성이란 CPU가 각 작업에 짧은 시간 동안 자원을 할당하여 빠르게 전환하는 스케줄링 방식에 기반한 것으로, 스마트폰, 웹 서버, 게임, 데이터 분석 등 다양한 분야에서 그 필요성이 대두되고 있다.

Go 언어는 이러한 동시성 프로그래밍을 위해 고루틴이라는 경량 스레드를 제공한다. 고루틴은 전통적인 운영체제 스레드보다 훨씬 적은 메모리와 CPU 자원을 소모하며, 생성과 전환 비용이 낮아 수천 개의 고루틴을 동시에 실행할 수 있다.

이 장에서는 고루틴의 개념과 특징 그리고 스레드와의 차이점을 비교함으로써 고루틴이 동시성 프로그래밍에서 왜 강력한 도구인지를 알아보았다. 또한 뉴스 크롤링 프로그램을 만들면서 고루틴의 활용 사례를 살펴보았다. 각 링크에 대해 고루틴을 활용하여 HTTP 요청을 비동기로 처리함으로써 전체 뉴스 콘텐츠를 동시에 가져오는 방식은 네트워크 입출력 작업에서 발생하는 대기 시간을 효과적으로 줄여 준다.

14
동시성 제어 기법

13장에서 동시성 프로그래밍의 기본 개념과 고루틴을 이용하는 방법을 살펴보았다. 이번 장에서는 잠금과 대기 그룹을 활용한 동기화부터 채널과 선택문을 통한 통신 기법까지 동시성 제어와 동기화 기법을 살펴본다. 이를 통해 여러 고루틴을 동시에 실행하면서도 프로그램을 안전하고 효율적인 구조로 설계하는 방법을 알아보자

14-1 ▶ 잠금과 대기 그룹
14-2 ▶ 채널
14-3 ▶ 선택문

14-1 | 잠금과 대기 그룹

13장에서 살펴본 것 처럼 동시성 프로그래밍에서 여러 고루틴이 같은 자원에 접근할 때 데이터의 일관성을 유지하고 충돌을 방지하는 것은 매우 중요하다. Go 언어는 이를 해결하기 위해 **잠금**lock과 **대기 그룹**wait group이라는 두 가지 주요 동기화 메커니즘을 제공한다.

▶ 잠금이란?

잠금은 **여러 고루틴이 공유 자원에 동시에 접근하는 것을 방지**하여 데이터의 일관성을 유지하는 기법이다. Go 언어에서 제공하는 잠금 메커니즘은 주로 sync 패키지를 이용한다. sync 패키지는 여러 종류의 잠금 기법을 제공하는데 그중 대표적인 두 가지 잠금을 소개하면 다음과 같다.

주요 잠금 종류

잠금 종류	설명	사용 예시
뮤텍스 (Mutex)	상호 배제를 구현하여 한 번에 하나의 고루틴만 접근 허용	공유 변수에 대한 읽기/쓰기를 보호할 때 사용
세마포어 (Semaphore)	제한된 수의 고루틴만 접근 허용 Go의 golang.org/x/sync/semaphore 패키지로 구현	동시에 실행할 수 있는 고루틴의 수를 제한할 때 사용

다음은 뮤텍스를 사용하는 간단한 예다. 여기서는 여러 고루틴이 동시에 공유 자원에 접근하여 값을 증가시키는 상황을 보여 준다.

Do it! 뮤텍스 사용 방법　　　　　　　　　　　　　　　　　　 ch14/locks/count/count.go

```
01: package main
02:
03: import (
04:     "fmt"
05:     "sync"
06: )
07:
08: var (
09:     count int
```

```
10:     mu      sync.Mutex
11: )
12:
13: func increment() {
14:     mu.Lock()
15:     count++
16:     mu.Unlock()
17: }
18:
19: func main() {
20:     var wg sync.WaitGroup
21:
22:     for i := 0; i < 1000; i++ {
23:         wg.Add(1)
24:         go func() {
25:             defer wg.Done()
26:             increment()
27:         }()
28:     }
29:
30:     wg.Wait()
31:     fmt.Println("Final count:", count)
32: }
```

실행 결과

```
Final count: 1000
```

이 코드는 1,000개의 고루틴이 동시에 increment() 함수를 호출하면서 count 변수를 증가시킨다. Mutex 사용으로 count 변수에 대한 접근을 동기화하여 데이터 경쟁을 방지함으로써 정확한 값을 출력할 수 있다.

반면에 세마포어는 동시에 접근할 수 있는 고루틴의 수를 제한하는 방식이다. 세마포어는 Go의 golang.org/x/sync/semaphore 패키지를 사용하여 구현할 수 있다. 먼저 터미널에서 다음처럼 go get 명령어로 패키지를 설치한다.

T golang.org/x/sync/semaphore 패키지 설치

```
> go get golang.org/x/sync/semaphore
```

다음 코드는 세마포어를 사용하여 동시에 접근할 수 있는 고루틴의 수를 3개로 제한하는 예다.

Do it! 세마포어 사용 방법 ch14/locks/semaphore/semaphore.go

```go
01: package main
02:
03: import (
04:     "context"
05:     "fmt"
06:     "time"
07:
08:     "golang.org/x/sync/semaphore"
09: )
10:
11: const maxConcurrency = 3
12:
13: func worker(id int, sem *semaphore.Weighted) {
14:     defer sem.Release(1)
15:     fmt.Printf("Worker %d is starting\n", id)
16:     time.Sleep(2 * time.Second)
17:     fmt.Printf("Worker %d is done\n", id)
18: }
19:
20: func main() {
21:     sem := semaphore.NewWeighted(maxConcurrency)
22:
23:     for i := 1; i <= 10; i++ {
24:         if err := sem.Acquire(context.Background(), 1); err != nil {
25:             fmt.Printf("Failed to acquire semaphore: %v\n", err)
26:             return
27:         }
28:         go worker(i, sem)
29:     }
30:
31:     // 모든 고루틴이 종료될 때까지 대기
32:     time.Sleep(10 * time.Second)
33: }
```

실행 결과

```
Worker 3 is starting
Worker 1 is starting
Worker 2 is starting
```

```
Worker 2 is done
Worker 3 is done
Worker 1 is done
Worker 6 is starting
Worker 4 is starting
Worker 5 is starting
Worker 5 is done
(... 생략 ...)
Worker 4 is done
Worker 9 is starting
Worker 9 is done
Worker 7 is done
Worker 10 is starting
Worker 8 is done
Worker 10 is done
```

앞선 세마포어 예는 동시에 실행할 수 있는 고루틴의 수를 제한하는 방법을 보여 준다. 세마포어의 `Acquire()`와 `Release()` 메서드를 통해 최대 `maxConcurrency` 개수만큼의 `worker` 고루틴만 동시에 실행하도록 제어할 수 있다.

그러나 `main()` 함수에서 모든 `worker` 고루틴의 작업이 끝나기를 기다리려고 사용한 `time.Sleep(10 * time.Second)` 부분은 주의 깊게 살펴봐야 한다. 이 방식은 코드를 간결하게 보여 주려고 작성했지만, 실제 애플리케이션에서는 여러 문제를 일으킬 수 있다. 고정된 시간 동안 대기하는 것은 모든 고루틴이 해당 시간 안에 작업을 반드시 완료한다는 보장이 없으며, 실행 환경이나 작업 내용에 따라 실제 완료 시간은 달라질 수 있다. 따라서 일부 고루틴이 작업을 마치기 전에 `main()` 함수가 종료되거나 반대로 작업이 훨씬 일찍 끝났는데도 불필요하게 오래 대기하는 비효율이 발생할 수 있다.

이처럼 여러 고루틴을 병렬로 실행하고 그 모든 작업이 완료될 때까지 주 실행 흐름에서 안전하고 정확하게 기다려야 하는 상황에서는 어떻게 해야 할까? 바로 이러한 동기화 요구 사항을 충족시키기 위해 Go 언어는 대기 그룹이라는 메커니즘을 제공한다.

▶ 대기 그룹이란?

대기 그룹은 **여러 고루틴이 특정 작업이 완료될 때까지 기다리는 데 사용**된다. 대기 그룹을 사용하면 여러 고루틴의 작업이 모두 완료될 때까지 대기할 수 있으며, 주로 병렬 작업을 조정하는 데에 유용하다.

WaitGroup의 주요 메서드는 다음과 같다.

- Add(n int): 대기할 고루틴의 수를 설정한다. n은 대기할 고루틴의 개수다.
- Done(): 고루틴의 작업이 완료되었음을 알린다. Add()로 설정한 수만큼 Done이 호출되어야 WaitGroup 이 완료된다.
- Wait(): 모든 고루틴의 작업이 완료될 때까지 대기한다.

다음은 WaitGroup을 사용하는 예다. 여기서는 여러 고루틴이 동시에 작업을 수행하고 모든 작업이 완료될 때까지 대기하는 방법을 보여 준다.

Do it! 대기 그룹 사용 방법   ch14/locks/wait_group_tasks/wait_group_tasks.go

```go
01: package main
02:
03: import (
04:     "fmt"
05:     "sync"
06:     "time"
07: )
08:
09: func task(id int, wg *sync.WaitGroup) {
10:     defer wg.Done()
11:     fmt.Printf("Task %d started\n", id)
12:     time.Sleep(2 * time.Second)
13:     fmt.Printf("Task %d finished\n", id)
14: }
15:
16: func main() {
17:     var wg sync.WaitGroup
18:
19:     for i := 1; i <= 5; i++ {
20:         wg.Add(1)
21:         go task(i, &wg)
22:     }
23:
24:     wg.Wait()
25:     fmt.Println("All tasks completed")
26: }
```

실행 결과

```
Task 5 started
Task 3 started
Task 1 started
Task 2 started
Task 4 started
Task 4 finished
Task 2 finished
Task 1 finished
Task 3 finished
Task 5 finished
All tasks completed
```

이 코드는 5개의 고루틴이 task() 함수를 호출하여 작업을 수행하며, 각 작업이 완료되면 wg.Done() 함수를 호출한다. main() 함수에서는 wg.Wait() 함수를 호출하여 모든 작업이 완료될 때까지 대기한다.

▶ 잠금과 대기 그룹은 언제 활용할까?

잠금은 데이터의 일관성을 유지하고 동시에 여러 고루틴이 공유 자원에 접근할 때 발생할 수 있는 문제를 해결하는 데 필수다. 잠금이 유용한 상황을 요약하면 다음과 같다.

- 여러 고루틴이 같은 변수를 읽거나 쓸 때
- 데이터베이스와 같은 외부 자원에 대한 동시 접근을 제어할 때
- 동시 작업에서 발생할 수 있는 데이터 경쟁을 방지할 때

대기 그룹은 병렬 작업을 관리하고 모든 고루틴의 작업 완료를 기다리는 데에 유용하다. 대기 그룹이 유용한 상황을 요약하면 다음과 같다.

- 여러 고루틴이 병렬로 작업을 수행하고 모든 작업의 완료를 확인해야 할 때
- 서버에서 여러 요청을 동시에 처리하고 모든 요청이 완료될 때까지 기다려야 할 때
- 작업의 진행 상황을 조정하고 동기화가 필요할 때

잠금과 대기 그룹을 비교하면 다음과 같다.

잠금과 대기 그룹 비교

항목	잠금	대기 그룹
목적	공유 자원에 대한 동시 접근 제어, 데이터 일관성 유지	여러 고루틴의 작업 완료 대기
사용 메서드	Lock(), Unlock(), RLock(), RUnlock() 등	Add(n int), Done(), Wait()
상황	같은 자원에 대한 동시 읽기/쓰기 시 데이터 경쟁 방지	병렬로 실행된 작업의 완료를 기다릴 때
동기화 단위	특정 자원 또는 변수	고루틴의 그룹
주요 특징	- 자원의 접근을 동기화 - 데이터 경쟁 방지	- 모든 고루틴의 작업 완료 대기 - 병렬 작업 조정
적용 예	- 공유 변수의 안전한 읽기/쓰기 - 데이터베이스 동시 접근 제어	- HTTP 요청의 병렬 처리 - 대규모 작업의 동기화

이러한 동기화 메커니즘을 적절히 활용하면 고루틴을 이용한 동시성 프로그래밍에서 발생할 수 있는 여러 가지 문제를 효과적으로 해결할 수 있으며 안정적이고 효율적인 프로그램을 작성할 수 있다.

14-2 채널

Go 언어는 동시성 프로그래밍을 지원하기 위해 CSP^{Communicating Sequential Processes} 모델을 채택하고 있다. 이 모델에서 채널은 데이터의 흐름을 제어하는 중요한 도구로, 고루틴 간에 데이터가 안전하게 전달될 수 있도록 도와준다. 채널은 마치 데이터가 흐르는 파이프라인처럼 작동하며 송수신이 별도의 개념으로 존재한다.

채널^{channel}은 데이터가 흐르는 통로로, **고루틴 간의 통신을 단순화하고 동기화하는 역할**을 한다. Go 언어에서는 `make()` 함수를 사용하여 채널을 생성할 수 있다. 주요 채널로는 버퍼 채널^{buffered channel}과 언버퍼 채널^{unbuffered channel}이 있다. 각 채널을 비교하면서 자세히 알아보자.

버퍼 채널과 언버퍼 채널 비교

특징	버퍼 채널	언버퍼 채널
버퍼링	버퍼가 있어 데이터를 일정량 저장할 수 있음	버퍼가 없어 송수신이 동시에 이뤄져야 함
송신 동작	버퍼가 가득 차지 않으면 송신자는 대기하지 않음	수신자가 있어야만 송신이 완료
수신 동작	버퍼에서 데이터를 꺼내는 방식으로 수신	송신자가 데이터를 보내면 수신이 완료됨
교착 상태	송수신이 즉시 동기화되지 않아도 되므로 특정 유형의 교착 상태 발생 가능성이 언버퍼 채널보다 낮음	송수신이 동시에 이뤄져야 하므로 교착 상태가 발생할 수 있음
사용 예	여러 고루틴이 동시에 데이터를 송신할 때 유용	간단한 통신에서 송신과 수신이 바로 이루어질 때 유용

▶ 버퍼 채널

버퍼 채널^{buffered channel}은 일정량의 데이터를 저장할 수 있는 버퍼를 가지며 `make()` 함수의 두 번째 매개변수로 버퍼의 크기를 지정한다. 버퍼 채널은 송신과 수신이 비동기로 일어날 수 있게 해준다. 버퍼에 여유 공간이 있는 한 송신자는 대기하지 않고 즉시 채널에 값을 보내는데, 이는 비동기 송신으로 볼 수 있다. 송신자가 대기하는 경우는 버퍼가 가득 찼을 때이며, 이때는 수신자가 채널에서 값을 꺼내 버퍼에 빈 공간이 생길 때까지 송신 작업은 대기하게 된다.

Do it! 버퍼 채널 사용 방법

`ch14/channels/buffered/buffered.go`

```go
01: package main
02:
03: import "fmt"
04:
05: func main() {
06:     // 최대 2개의 값을 저장할 수 있는 버퍼 채널 생성
07:     channel := make(chan int, 2)
08:
09:     // 채널에 값을 송신
10:     channel <- 1
11:     channel <- 2
12:
13:     // 채널을 닫음
14:     close(channel)
15:
16:     // 채널에서 값을 수신
17:     fmt.Printf("첫 번째 채널: %d\n", <-channel)
18:     fmt.Printf("두 번째 채널: %d\n", <-channel)
19:
20:     // 채널이 비었어도 값을 꺼내면 기본값(zero value)이 반환됨
21:     fmt.Printf("세 번째 채널: %d\n", <-channel)
22: }
```

실행 결과

첫 번째 채널: 1
두 번째 채널: 2
세 번째 채널: 0

채널은 버퍼를 가지며 송신된 값을 최대 2개까지 저장한다. 수신은 FIFO(First-In, First-Out) 순서로 처리된다. 버퍼가 비어 있고 채널이 열려 있으면 수신은 새 값이 올 때까지 대기한다. 채널이 닫힌 뒤 버퍼까지 소진되면 수신은 해당 타입의 제로 값(zero value)과 함께 `ok = false`를 즉시 반환한다. `ok`는 채널 상태를 알려 주는 값으로 이어서 자세히 설명할 예정이다.

실행 결과를 보면 21행의 `fmt.Printf()`가 0을 출력한 것을 볼 수 있다. 이는 채널에서 값을 수신(`<-channel`)할 때 단순히 채널이 버퍼 채널인지 언버퍼 채널인지 뿐만 아니라, 채널의 상태(열려 있는지 또는 닫혀 있는지)와 버퍼의 상태에 따라 동작이 달라지기 때문이다.

채널 상태에 따른 수신 동작

채널에서 값을 수신하는 `<-ch` 연산은 채널의 현재 상태에 따라 다르게 동작한다. 특히 채널이 열려 있는지 또는 닫혀 있는지, 그리고 버퍼에 수신할 값이 남아 있는지가 중요한 판단 기준이 된다. 이러한 상태 조합에 따른 동작 방식을 정확히 이해해야 채널을 올바르게 활용할 수 있다.

먼저 채널이 열려 있는 상태를 먼저 살펴보자. 채널 버퍼에 수신할 값이 있으면 `<-ch` 연산은 즉시 해당 값을 반환하며 완료된다. 하지만 열린 채널의 버퍼가 빈 상태라면 `<-ch` 연산은 새로운 값이 해당 채널로 송신될 때까지 대기한다. 이는 채널을 통해 앞으로도 계속 값이 전달될 수 있음을 전제하는 동작이다.

다음으로 채널이 `close()` 함수에 의해 닫힌 상태일 때 동작을 보자. 채널이 닫혔다는 것은 더 이상 새로운 값이 해당 채널로 송신되지 않음을 의미한다. 그러나 채널이 닫히는 시점에 버퍼에 아직 값이 남아 있었다면 `<-ch` 연산은 이 값들을 정상으로 수신할 수 있다. 버퍼의 마지막 값까지 수신된 후, 즉 닫힌 채널의 버퍼마저 완전히 빈 상태에서 다시 `<-ch` 연산을 시도하면 특별한 방식으로 동작한다. 이때 연산은 대기하지 않고 즉시 종료되며, 결과로 해당 채널 요소 타입의 기본값과 함께 채널이 닫혔고 더 이상 값이 없음을 나타내는 상태 정보를 반환한다.

Go는 채널 수신 시 이 상태 정보를 명시적으로 확인하는 방법을 제공한다. 수신 연산에서 두 개의 변수로 결과를 받는 것이다.

> **채널 수신 상태 확인**
>
> ```
> value, ok := <-ch
> ```

여기서 두 번째 변수 `ok`가 바로 채널의 상태 정보를 담는다. `ok`가 `true`이면 `value`는 채널에서 수신한 실제 값이다. 이는 채널이 열렸거나 닫혔더라도 버퍼에 값이 남은 경우다. 반대로 `ok`가 `false`이면 채널이 닫혔고 버퍼도 완전히 비었음을 의미한다. 이때 `value`는 해당 타입의 기본값이다.

개발자는 이 `ok` 값을 검사함으로써 채널에서 모든 값을 소진했는지를 판단하고 이에 따라 반복문 종료 등의 제어 흐름을 안전하게 구현할 수 있다. 앞선 코드에서 마지막 수신 결과로 0이 출력된 것은 `int` 채널이 닫히고 빈 상태에서 수신을 시도하여 `ok`가 `false`가 되고 `value`에 기본값 0이 담긴 상황에 해당한다. 지금까지 배운 채널 상태를 정리하면 다음과 같다.

채널 상태

채널 상태	버퍼 상태	수신 시 동작(<-ch)	수신 결과(value, ok := <-ch)
열림	값이 있음	즉시 값 수신	value: 수신된 값, ok: true
	비었음	대기	대기 상태
닫힘	값이 있음	즉시 값 수신	value: 수신된 값, ok: true
	비었음	즉시 기본값 반환(비동기)	value: 채널 타입의 기본값, ok: false

- **열린 채널:** 버퍼에 값이 있으면 즉시 수신하고(ok는 true), 버퍼가 비어 있으면 새로운 값이 송신될 때까지 대기한다.
- **닫힌 채널:** 버퍼에 값이 남아 있으면 정상적으로 수신한다(ok는 true). 버퍼마저 비면 대기하지 않고 즉시 채널 타입의 기본값과 함께 ok 값으로 false를 반환한다.

▶ 언버퍼 채널

언버퍼 채널unbuffered channel은 버퍼가 없으며, 송신자는 수신자가 값을 꺼낼 때까지 대기하게 된다. 즉, 송신과 수신이 동시에 이뤄져야 한다. 송신자는 수신자가 없으면 데이터를 전송할 수 없으며, 수신자는 송신자가 데이터를 보내기 전까지 대기하게 된다. 이로 인해 **교착 상태**dead lock가 발생할 수 있다.

Do it! 언버퍼 채널 사용 방법(교착 상태 발생)   ch14/channels/unbuffered/unbuffered.go

```go
01: package main
02:
03: import "fmt"
04:
05: func main() {
06:     // 언버퍼 채널 생성
07:     unbufferedChannel := make(chan int)
08:
09:     // 채널에 값을 송신
10:     unbufferedChannel <- 1
11:
12:     // 채널에서 값을 수신
13:     fmt.Println(<-unbufferedChannel)
14: }
```

실행 결과

```
fatal error: all goroutines are asleep - deadlock!

goroutine 1 [chan send]:
main.main()
        C:/golang/ch14/channels/unbuffered/unbuffered.go:10 +0x36
exit status 2
```

이 코드의 10행에서 언버퍼 채널에 값을 보내려 한다(unbufferedChannel <- 1). 언버퍼 채널은 송신자와 수신자가 동시에 준비돼야 통신이 성립하는데, 현재 코드에서는 값을 즉시 받을 준비가 된 다른 고루틴이 없으므로 이 송신 처리는 영원히 대기 상태에 빠진다.

프로그램 내 유일한 활성 고루틴인 main◼이 대기하면서 더 이상 진행할 수 없게 되므로 Go 런타임은 이를 교착 상태로 감지하고 프로그램을 종료한다. 따라서 13행 수신 코드는 실행되지 않는다.

◼ Go 프로그램이 시작될 때 Go 런타임은 main 패키지의 main() 함수를 실행하기 위한 기본 고루틴(main)을 생성하고 그 안에서 main() 함수를 실행하는 방식으로 동작한다.

> **아하! 그렇구나! 교착 상태란?**
>
> 교착 상태(deadlock)는 두 개 이상의 고루틴이 서로의 작업이 완료되기를 기다리면서 발생한다. 예를 들어 고루틴 A가 채널에 값을 송신하고, 고루틴 B가 같은 채널에서 값을 수신하려고 할 때 두 고루틴이 서로의 작업을 기다리면서 진행이 멈추는 경우를 말한다. 이 때문에 프로그램은 더 이상 진행하지 못하고 멈추며, 일반적으로 Go 런타임은 이를 감지하여 명시적인 오류(fatal error: deadlock!)를 발생시키고 프로그램을 종료한다. 고루틴과 채널을 적절히 관리하지 않으면 교착 상태가 발생할 수 있으므로 설계에 신중해야 한다.

교착 상태를 해결하기 위해 고루틴을 사용하여 송신 작업을 별도의 실행 흐름에서 수행하도록 할 수 있다. 다음은 고루틴을 사용하여 교착 상태를 해결한 코드다.

Do it! 교착 상태 해결 코드   ch14/channels/unbuffered_solution/unbuffered_solution.go

```go
01: package main
02:
03: import "fmt"
04:
05: func sendValue(value int, channel chan int) {
06:     channel <- value
07: }
08:
09: func main() {
10:     // 언버퍼 채널 생성
11:     unbufferedChannel := make(chan int)
12:
13:     // 고루틴을 이용해 채널에 값을 송신
14:     go sendValue(1, unbufferedChannel)
```

```
15:
16:     // 채널에서 값을 수신
17:     fmt.Println(<-unbufferedChannel)
18: }
```

실행 결과
1

14행에서 sendValue() 함수를 별도의 고루틴으로 실행했다. 따라서 main() 고루틴의 수신 연산(<-unbufferedChannel)과 sendValue() 고루틴의 송신 연산(channel <- value)이 동시에 준비되어 언버퍼 채널의 통신이 성공적으로 이루어지며 교착 상태가 해결되었다.

▶ 단방향 채널

채널은 기본적으로 양방향으로 데이터를 송수신할 수 있지만, 특정 상황에서는 채널이 단방향으로 동작해야 할 필요가 있다. 단방향 채널 one-way channel은 송신만 가능하거나 수신만 가능한 채널을 의미하며, 코드의 의도를 명확하게 하고 오류를 방지하는 데에 유용하다. 이러한 채널을 사용하면 **채널의 사용 방향을 강제하여 데이터가 잘못된 방향으로 전달되는 것을 방지**할 수 있다.

단방향 채널을 선언하는 방법은 다음과 같다. T는 채널을 통해 송수신될 자료형을 의미한다. 예를 들어 int형 값을 주고받는 채널이라면 T 자리에 int를 사용하여 chan<- int 또는 <-chan int와 같이 표현한다.

- 송신 전용 채널: chan<- T
- 수신 전용 채널: <-chan T

다음 코드는 단방향 채널을 사용하는 방법을 보여 준다.

Do it! 단방향 채널 사용 방법 ch14/channels/one_way/one_way.go

```
01: package main
02:
03: import "fmt"
04:
05: // 송신 전용 단방향 채널
06: func sendChannel(value int, channel chan<- int) {
07:     channel <- value
08: }
```

```
09:
10:    // 수신 전용 단방향 채널
11:    func receiveChannel(channel <-chan int) {
12:        fmt.Printf("채널 수신: %d\n", <-channel)
13:    }
14:
15:    func main() {
16:        // 양방향 채널 생성
17:        channel := make(chan int, 1)
18:
19:        // 값 송신
20:        sendChannel(1, channel)
21:
22:        // 값 수신
23:        receiveChannel(channel)
24:    }
```

> 실행 결과
>
> 채널 수신: 1

이 코드에서는 sendChannel()과 receiveChannel() 함수가 각각 송신 전용 채널과 수신 전용 채널을 사용한다. 이를 통해 채널의 사용 방향을 명확하게 하고 데이터의 흐름을 제어할 수 있다.

▶ 채널은 언제 사용할까?

채널은 동시성 프로그래밍에서 다음과 같은 상황에서 특히 유용하다.

- **고루틴 간의 데이터 전송**: 채널을 사용하면 고루틴 간에 데이터를 안전하게 전송할 수 있다. 고루틴이 서로 데이터를 주고받으면서 동기화 문제를 해결하는 데 도움이 된다.
- **동기화**: 여러 고루틴이 동시에 작업을 수행하고 특정 작업이 완료되었음을 알리는 데 채널을 사용할 수 있다. 예를 들어 작업이 완료되었을 때 신호를 보내어 다른 고루틴이 작업을 시작하도록 할 수 있다.
- **커뮤니케이션**: 채널은 고루틴 간의 메시지 전달과 작업 지시를 위한 간단하고 효율적인 방법을 제공한다. 고루틴이 서로에게 작업 지시를 내리거나 상태 업데이트를 알리는 데 유용하다.

▶ 다른 동시성 도구와의 차이점

지금까지 채널, 뮤텍스 그리고 대기 그룹 등 동시성 프로그래밍 제어 도구를 살펴보았다. 고루틴은 조정과 동기화를 효과적으로 수행하기 위해 다양한 도구를 활용한다. 각 도구는 특정한 용도가 존재하므로 그에 맞게 적절하게 사용해야 안정적이고 효율적인 동시성 프로그래밍을 구현할 수 있다.

채널, 뮤텍스, 대기 그룹의 주요 차이점과 각 도구의 활용 사례를 비교하여 언제 어떤 도구를 사용해야 하는지를 알아보자.

채널 vs. 뮤텍스

채널: 데이터 전송과 동기화를 위한 도구로, 고루틴 간의 안전한 통신을 보장한다. 주로 데이터의 흐름을 제어하고 복잡한 동기화 문제를 해결할 때 사용한다.

뮤텍스: 상호 배제를 위한 도구로, 데이터에 대한 동시 접근을 방지하고 경쟁 조건을 막는다. 주로 공유 자원에 대한 접근을 제어하고 보호할 때 사용한다.

채널 vs. 대기 그룹

채널: 데이터 전송과 동기화에 사용하며 고루틴 간의 메시지 전달을 가능하게 한다. 채널을 사용하면 고루틴이 서로 통신하며 작업을 조정할 수 있다.

대기 그룹: 여러 고루틴이 동시에 수행되는 작업을 기다리는 데 사용된다. 작업의 완료를 기다리기 위해 고루틴을 조정하는 데 유용하다.

채널과 뮤텍스, 대기 그룹 활용 사례

채널: 여러 고루틴이 작업을 수행하고 그 결과를 다른 고루틴에 전달해야 할 때, 예를 들어 작업 큐를 사용하여 여러 작업을 동시에 처리할 때 사용할 수 있다.

뮤텍스: 여러 고루틴이 공유 자원에 동시에 접근해야 할 때, 예를 들어 전역 변수를 업데이트하거나 파일을 동시에 접근할 때 사용할 수 있다.

대기 그룹: 여러 고루틴이 동시에 작업을 수행하고 모든 작업이 완료될 때까지 대기해야 할 때 사용할 수 있다. 예를 들어 여러 작업이 완료될 때까지 기다리는 테스트 또는 병렬로 수행되는 작업이 모두 끝나기를 기다릴 때 사용할 수 있다.

채널은 데이터 전송과 동기화에 유용한 도구이며 고루틴 간의 상호 작용을 효율적으로 관리할 수 있게 도와준다. 뮤텍스와 대기 그룹은 각각 데이터의 동시 접근을 제어하거나 작업의 완료를 기다리기 위한 도구로 사용된다. 이들 도구를 적절히 활용하면 복잡한 동시성 문제를 효과적으로 해결할 수 있다.

14-3 | 선택문

select 문은 Go 언어에서 채널을 더욱 유연하게 다룰 수 있게 해주는 제어 구조로, 두 가지 주요 특징이 있다. 첫째, select 문은 여러 채널 중에서 값이 준비된 채널의 값을 수신할 수 있게 해준다. 둘째, 채널이 준비되지 않았을 때도 다른 코드 경로를 계속 실행할 수 있도록 한다.

▶ 여러 채널에서 값 수신하기

select 문을 사용하면 여러 채널 중에서 하나 이상의 채널이 값이 준비된 상태에서 그 채널의 값을 수신할 수 있다. 다음 코드는 두 개의 채널(channel1과 channel2)에서 값을 수신하고 그 값을 출력하는 예다.

Do it! 두 채널에서 값 수신하기 · ch14/selects/multiple/multiple.go

```go
01: package main
02:
03: import (
04:     "fmt"
05:     "math/rand"
06:     "sync"
07:     "time"
08: )
09:
10: func populateChan(ch chan<- int, wg *sync.WaitGroup) {
11:     defer wg.Done()
12:     for i := 0; i < 10; i++ {
13:         ch <- rand.Intn(1000)
14:         time.Sleep(50 * time.Millisecond)
15:     }
16: }
17:
18: func display(ch1, ch2 <-chan int) {
19:     ch1Open, ch2Open := true, true
20:
21:     // 두 채널 중 하나라도 열려 있으면 계속 반복
22:     for ch1Open || ch2Open {
```

```go
23:        select {
24:        case value, ok := <-ch1:
25:            if !ok {
26:                ch1Open = false    // ch1 닫힘 감지
27:            } else {
28:                fmt.Printf("ch1: %d\n", value)
29:            }
30:        case value, ok := <-ch2:
31:            if !ok {
32:                ch2Open = false    // ch2 닫힘 감지
33:            } else {
34:                fmt.Printf("ch2: %d\n", value)
35:            }
36:        }
37:    }
38:    fmt.Println("모든 채널이 닫혀 display 함수를 종료합니다.")
39: }
40:
41: func main() {
42:    rand.Seed(time.Now().UnixNano())
43:    var wg sync.WaitGroup
44:
45:    channel1 := make(chan int)
46:    channel2 := make(chan int)
47:
48:    go display(channel1, channel2)
49:
50:    wg.Add(2)
51:    go populateChan(channel1, &wg)
52:    go populateChan(channel2, &wg)
53:
54:    // populateChan 고루틴들이 모두 끝날 때까지 대기
55:    wg.Wait()
56:
57:    // 데이터 생성이 완료되었으므로 채널을 닫아 display 고루틴에 알림
58:    close(channel1)
59:    close(channel2)
60:
61:    time.Sleep(300 * time.Millisecond)    // display() 함수의 출력을 위해 잠시 대기
62:    fmt.Println("main 함수 종료.")
63: }
```

실행 결과
ch2: 604
ch1: 225
ch1: 795
ch2: 313
ch2: 20
ch1: 174
ch1: 800
... (생략) ...
ch2: 998
ch1: 667
ch2: 97
ch1: 226
ch2: 6
모든 채널이 닫혀 display 함수를 종료합니다.
main 함수 종료.

23~36행을 보면 display() 함수에서 select 문을 사용하여 channel1, channel2 중 먼저 준비되는 채널에서 값을 수신한다. 여러 채널이 동시에 준비되면 그중 하나를 무작위로 선택한다. 즉, 환경에 따라 선택되는 채널이 달라질 수 있다.

main() 함수는 55행에서 wg.Wait()를 호출하여 populateChan() 고루틴들의 데이터 생성이 완료되기를 기다린다. 완료 후에는 58~59행에서 close(channel1)와 close(channel2)를 호출하여 display() 고루틴에 종료 신호를 보낸다.

display() 함수의 24행과 30행 각각에서 사용된 value, ok := <-ch 구문으로 결과와 상태를 가져오고 25행과 31행 각각에서 채널이 닫혔는지(ok == false) 감지한다. 22행의 for 문은 두 채널 중 하나라도 열려 있는 동안(ch1Open || ch2Open) 계속되며, 두 채널 모두 닫힘이 감지되면 반복을 종료하여 안전하게 작업을 마친다. 이는 고루틴이 누수되지 않고 깔끔하게 종료하는 표준 방식으로, 동시성 제어가 필요할 때 이런 방식을 권장한다.

main() 함수에서 61행의 time.Sleep()은 display() 함수의 최종 출력을 확인하려는 임시 대기이며, 코드를 직관적이고 간략하게 작성하려고 사용했다. 실제 애플리케이션에서는 대기 그룹처럼 고루틴 종료를 보장하는 더 안정적인 동기화 방법을 사용하는 것이 좋다.

▶ 대기 없이 다른 코드 실행하기

select 문은 채널이 준비되지 않았을 때도 대기하지 않고 다른 코드를 실행할 수 있게 해준다. 다음 코드는 select 문을 사용하여 채널이 준비되지 않았을 때도 다른 코드 경로를 진행하도록 하는 예다.

Do it! 대기 없이 다른 코드 실행하기 ch14/selects/nonblock/nonblock.go

```go
01: package main
02:
03: import (
04:     "fmt"
05:     "time"
06: )
07:
08: func sendValue(value int, ch chan int) {
09:     time.Sleep(time.Second * 3)
10:     ch <- value
11: }
12:
13: func main() {
14:     channel := make(chan int)
15:     go sendValue(1, channel)
16:
17:     select {
18:     case value := <-channel:
19:         fmt.Printf("received from chan: %d\n", value)
20:     default:
21:         fmt.Println("channel is not yet prepared (unblock)")
22:     }
23:
24:     fmt.Println("program ends")
25: }
```

실행 결과

```
channel is not yet prepared (unblock)
program ends
```

이 코드에서 sendValue() 함수는 3초 후에 채널에 값을 송신하고, main() 함수에서는 select 문을 사용하여 채널에서 값을 수신할 준비가 되었는지 확인한다. 채널이 준비되지 않았을 경우 default 블록이 실행되어 지정한 메시지를 출력한다. 이로 인해 채널이 준비되지 않았을 때도 대기하지 않고 다른 코드 경로를 계속 실행할 수 있다.

▶ 타임아웃으로 수신 제어하기

타임아웃을 사용하여 채널 수신을 제한할 수 있다. select 문은 time.After() 함수와 함께 사용하여 채널 수신을 타임아웃으로 제어할 수 있다.

Do it! 채널 수신을 타임아웃으로 제어하기   ch14/selects/timeout/timeout.go

```go
01: package main
02:
03: import (
04:     "fmt"
05:     "time"
06: )
07:
08: func sendValue(value int, ch chan int) {
09:     time.Sleep(time.Second * 2)
10:     ch <- value
11: }
12:
13: func main() {
14:     channel := make(chan int)
15:     go sendValue(1, channel)
16:
17:     select {
18:     case value := <-channel:
19:         fmt.Printf("received from chan: %d\n", value)
20:     case <-time.After(time.Second * 1):
21:         fmt.Println("timeout: channel not ready")
22:     }
23:
24:     fmt.Println("program ends")
25: }
```

> **실행 결과**
>
> timeout: channel not ready
> program ends

이 코드에서 time.After() 함수를 사용하여 1초 후에 타임아웃을 발생시킨다. 만약 채널이 준비되지 않았을 경우 지정한 타임아웃 메시지가 출력되고 2초 후에 채널 값이 준비되더라도 타임아웃 메시지가 먼저 출력된다.

▶ 다양한 동시성 도구 활용하기

select 문은 채널을 다루는 데 강력한 도구지만, 다른 동시성 도구들과 조합으로 더욱 효과적으로 사용할 수 있다. 다음 코드에서는 select 문을 sync.WaitGroup과 종료 신호용 채널 등 다른 동시성 메커니즘과 함께 효과적으로 활용하는 방법을 보여 준다.

Do it! 동시성 도구 활용 ch14/selects/mixup/mixup.go

```go
01: package main
02:
03: import (
04:     "fmt"
05:     "time"
06:     "sync"
07: )
08:
09: func longRunningTask(stop chan struct{}, wg *sync.WaitGroup) {
10:     defer wg.Done()
11:     for {
12:         select {
13:         case <-stop:
14:             // 종료 신호를 받으면 반복 종료
15:             fmt.Println("Long-running task is stopping...")
16:             return
17:         default:
18:             // 무한 반복 실행
```

```
19:            fmt.Println("Long-running task is still running...")
20:            time.Sleep(1 * time.Second)
21:        }
22:    }
23: }
24:
25: func startTask(stop chan struct{}, wg *sync.WaitGroup) {
26:     wg.Add(1)
27:     go longRunningTask(stop, wg)    // 긴 작업을 수행하는 고루틴 시작
28: }
29:
30: func main() {
31:     var wg sync.WaitGroup
32:     stop := make(chan struct{})
33:
34:     startTask(stop, &wg)    // 다른 함수에서 긴 작업을 수행하는 고루틴 시작
35:
36:     // 메인 함수는 2초 후에 종료됨
37:     time.Sleep(2 * time.Second)
38:     fmt.Println("Main function ends.")
39:
40:     // 종료 신호를 모든 고루틴에 전송
41:     close(stop)
42:
43:     // 모든 고루틴이 종료될 때까지 대기
44:     wg.Wait()
45:     fmt.Println("All tasks completed")
46: }
```

▼

실행 결과

```
Long-running task is still running...
Long-running task is still running...
Long-running task is still running...
Main function ends.
Long-running task is stopping...
All tasks completed
```

이 코드에서는 sync.WaitGroup을 모든 고루틴이 완료될 때까지 대기하는 방법을 보여 준다. 대기 그룹은 여러 고루틴이 완료되기를 기다리는 데 유용한 도구로, 모든 작업이 완료될 때까지 프로그램의 종료를 지연시킬 수 있다. 이와 함께 select 문을 사용하여 종료 신호를 수신하면 작업을 중단할 수 있다. 이러한 조합은 동시성 프로그래밍에서 고루틴을 안전하게 종료하는 중요한 패턴을 보여 준다.

select 문은 채널뿐만 아니라 다른 동시성 도구와 함께 사용될 때 더 강력한 제어 구조를 만들 수 있다. 다음 코드는 공유 자원에 대한 접근을 sync.Mutex로 보호하면서 여러 고루틴(writer, reader)을 실행하고 외부 신호(stop 채널)를 select 문으로 감지하여 안전하게 종료한다. 또한 sync.WaitGroup으로 모든 고루틴의 실제 종료를 기다리는 종합적인 예시를 보여 준다.

> **Do it!** 뮤텍스와 선택문 조합 　　　　　　　　ch14/selects/mixup_with_mutex/mixup_with_mutex.go

```go
01: package main
02:
03: import (
04:     "fmt"
05:     "sync"
06:     "time"
07: )
08:
09: var (
10:     mu   sync.Mutex
11:     data int
12: )
13:
14: // writer 고루틴: 주기적으로 data 값을 증가시키며 stop 신호를 받으면 종료
15: func writer(stop <-chan struct{}, wg *sync.WaitGroup) {
16:     defer wg.Done()     // 함수 종료 시 WaitGroup 카운터 감소
17:     for {
18:         select {
19:         case <-stop:    // stop 채널이 닫히면 즉시 수신됨(종료 신호)
20:             fmt.Println("Writer: Stopping...")
21:             return      // 고루틴 종료
22:         default:        // stop 신호가 없으면 기본 작업 수행
23:             mu.Lock()
24:             data++
25:             fmt.Println("Writer: Incremented data to", data)
26:             mu.Unlock()
```

```go
27:            time.Sleep(150 * time.Millisecond)   // 작업 간격 시뮬레이션
28:        }
29:    }
30: }
31:
32: // reader 고루틴: 주기적으로 data 값을 읽으며 stop 신호를 받으면 종료
33: func reader(stop <-chan struct{}, wg *sync.WaitGroup) {
34:    defer wg.Done()    // 함수 종료 시 WaitGroup 카운터 감소
35:    for {
36:        select {
37:        case <-stop:   // stop 채널이 닫히면 즉시 수신됨(종료 신호)
38:            fmt.Println("Reader: Stopping...")
39:            return     // 고루틴 종료
40:        default:       // stop 신호가 없으면 기본 작업 수행
41:            mu.Lock()
42:            fmt.Println("Reader: Read data", data)
43:            mu.Unlock()
44:            time.Sleep(200 * time.Millisecond)   // 작업 간격 시뮬레이션
45:        }
46:    }
47: }
48:
49: func main() {
50:    var wg sync.WaitGroup
51:    stop := make(chan struct{})   // 종료 신호용 채널 생성
52:
53:    // writer와 reader 고루틴 시작
54:    wg.Add(2)   // 2개의 고루틴을 기다리도록 설정
55:    go writer(stop, &wg)
56:    go reader(stop, &wg)
57:
58:    // 고루틴들이 잠시 동안 실행되도록 대기
59:    time.Sleep(1 * time.Second)   // 예: 1초간 실행
60:
61:    // 모든 고루틴에 종료 신호 전송
62:    fmt.Println("Main: Sending stop signal...")
63:    close(stop)   // 채널을 닫는 것으로 모든 리스너에 신호 전달
64:
65:    // 모든 고루틴(writer, reader)이 실제로 종료될 때까지 대기
66:    fmt.Println("Main: Waiting for goroutines to stop...")
67:    wg.Wait()
68:
69:    fmt.Println("Main: All tasks completed.")
70: }
```

> **실행 결과**
>
> ```
> Reader: Read data 0
> Writer: Incremented data to 1
> Writer: Incremented data to 2
> Reader: Read data 2
> Writer: Incremented data to 3
> Reader: Read data 3
> Writer: Incremented data to 4
> Writer: Incremented data to 5
> Reader: Read data 5
> Writer: Incremented data to 6
> Reader: Read data 6
> Writer: Incremented data to 7
> Main: Sending stop signal...
> Main: Waiting for goroutines to stop...
> Reader: Stopping...
> Writer: Stopping...
> Main: All tasks completed.
> ```

이 코드는 공유 변수 data를 sync.Mutex(mu)로 보호하는 writer()와 reader() 고루틴을 실행한다. 각 고루틴은 무한 반복(for {}) 내에서 select 문을 사용하는데, select 문은 다음 두 가지 경우를 처리한다.

1. case <-stop: stop 채널에서 수신을 시도한다. main() 함수에서 close(stop)을 호출하면, 닫힌 채널에서의 수신은 즉시 성공하며(기본값과 false 반환) 이 case가 선택된다. 이때 고루틴은 종료 메시지를 출력하고 반환하여 안전하게 종료한다. defer wg.Done()이 호출되어 WaitGroup 카운터를 감소시킨다.

2. default: stop 채널에서 즉시 수신할 수 없을 때(즉, 채널이 아직 닫히지 않음) default 케이스가 실행된다. 여기서는 mu.Lock()과 mu.Unlock()으로 data 변수에 대한 접근을 동기화하며 읽거나 쓰는 작업을 수행한다. 작업 후에는 time.Sleep()으로 다음 작업까지 잠시 대기한다.

main() 함수에서는 sync.WaitGroup(wg)을 사용하여 시작한 두 고루틴(writer, reader)의 완료를 기다린다. 일정 시간 실행 후에 close(stop)을 호출하여 모든 고루틴에게 동시에 종료 신호를 보낸다. 그 후 wg.Wait()를 호출하여 두 고루틴이 stop 신호를 처리하고 실제로 wg.

Done()을 호출하여 종료될 때까지 대기한다. 모든 고루틴이 종료되면 `wg.Wait()`는 반환되고 프로그램은 최종 완료 메시지를 출력한다.

이러한 '뮤텍스 + 선택문'과 '채널 + 대기 그룹' 조합은 동시성 프로그래밍에서 공유 자원을 안전하게 관리하면서 여러 고루틴의 생명주기(시작, 실행, 정상 종료)를 효과적으로 제어하는 매우 일반적이고 중요한 패턴이다.

> **이 장의 핵심 요약**
>
> 동시성 제어 도구를 활용하면 동시성 프로그래밍에서 복잡한 요구 사항을 효과적으로 관리할 수 있으며, Go 언어의 동시성 모델을 이해하고 활용하는 데 큰 도움이 된다.
> - 채널과 select 문은 고루틴 간의 안전한 데이터 전송과 효과적인 동기화, 제어 흐름 관리를 가능하게 한다.
> - select 문은 여러 채널 연산을 동시에 기다리거나 타임아웃 또는 대기하지 않도록 동작을 구현하는 등 유연한 채널 제어를 제공한다.
> - sync.WaitGroup은 여러 고루틴의 작업 완료를 기다리는 데 사용되어 모든 작업이 끝나기 전에 프로그램이나 특정 로직이 종료되는 것을 방지하고 작업의 완전성을 보장한다.
> - sync.Mutex는 공유 자원에 대한 동시 접근을 제어하여 데이터 무결성을 보장하는 핵심 도구이다. 이는 select 문을 사용한 비동기 제어 흐름(예 종료 신호 처리)과 결합되어 복잡한 동시성 패턴 속에서도 공유 상태를 안전하게 관리할 수 있게 한다.

15
제네릭

이 장에서는 제네릭의 기본 개념, 함수와 타입의 정의, 제약 조건, 인터페이스와 통합, 실제 활용 사례를 구체적으로 살펴보며 제네릭이 Go 프로그래밍에서 어떻게 활용되는지 알아보자.

15-1 ▶ 제네릭
15-2 ▶ 제네릭 함수와 타입
15-3 ▶ 제약 조건
15-4 ▶ 제네릭의 미래

15-1 | 제네릭

Go 언어는 2022년 3월 15일에 출시된 1.18 버전에서 제네릭 기능이 도입되었다. 이로써 Go 언어는 타입 매개변수를 지원하게 되어 코드의 유연성과 재사용성이 크게 향상되었다. 제네릭을 사용하면 코드를 더 일반화하고 하나의 로직으로 다양한 타입에 대응할 수 있어 코드의 중복을 줄일 수 있으며 타입 안전성을 유지하는 데 도움을 준다. 이 절에서는 제네릭의 개념과 장단점 그리고 제네릭의 한계에 대해서도 살펴보자.

▶ **제네릭이란?**

제네릭generic은 함수나 타입을 정의할 때 특정 자료형에 종속되지 않고 **타입 매개변수**type parameter**를 사용하여 다양한 자료형을 지원할 수 있게 해주는 기능**이다. 제네릭을 사용하면 같은 함수나 타입을 여러 자료형을 대상으로 재사용할 수 있다.

예를 들어 리스트나 스택 데이터 구조를 제네릭으로 정의하면 정수, 문자열, 사용자 정의 타입 등 다양한 자료형을 처리할 수 있다. 제네릭을 사용하면 코드의 중복을 줄이고 타입 안전성을 유지할 수 있다.

다음은 제네릭 타입과 제네릭 함수의 기본적인 예다.

Do it! 제네릭 기본 사용법　　　　　　　　　　　　　　　　　　ch15/generics/basic/basic.go

```go
01: package main
02:
03: import "fmt"
04:
05: // 제네릭 타입 정의
06: type Pair[T any] struct {
07:     First  T
08:     Second T
09: }
10:
11: // 제네릭 함수 정의
12: func PrintPair[T any](p Pair[T]) {
13:     fmt.Printf("First: %v, Second: %v\n", p.First, p.Second)
14: }
15:
```

```
16: func main() {
17:     // 정수형 Pair
18:     intPair := Pair[int]{1, 2}
19:     PrintPair(intPair)
20:
21:     // 문자열 Pair
22:     strPair := Pair[string]{"hello", "world"}
23:     PrintPair(strPair)
24: }
```

실행 결과

```
First: 1, Second: 2
First: hello, Second: world
```

이 소스에서는 Pair라는 제네릭 타입을 정의하여 2개의 값을 저장하고, 이 값을 출력하는 PrintPair()라는 제네릭 함수를 작성했다. Pair[int]와 Pair[string]을 사용하여 각각 정수와 문자열 형식의 값을 저장하고 출력하는 예를 보여 준다. 이를 통해 Pair 타입과 PrintPair() 함수가 다양한 자료형을 지원할 수 있음을 알 수 있다.

제네릭 타입 정의

제네릭을 처음 보는 독자들이라면 이 문법이 난해하게 느껴질 수 있다. 앞선 예에서 제네릭 부분만 다시 확인해 보자. 다음 코드는 Pair라는 제네릭 타입을 정의한다.

제네릭 타입 정의

```
type Pair[T any] struct {
    First  T
    Second T
}
```

여기서 T는 타입 매개변수로, 이 자리에 들어갈 수 있는 자료형을 의미한다. T는 any라는 제약 조건이 있어 어떤 자료형이든지 올 수 있다. 즉, Pair 타입은 First와 Second라는 필드가 있으며, 이 필드는 모두 같은 타입 T이다. T에는 int, string 등 다양한 자료형이 올 수 있다.

▶ 제약 조건은 「15-3」절에서 자세히 설명할 예정이다. 지금은 어떤 자료형으로든 활용될 수 있다고 이해하자.

제네릭 함수 정의

다음으로 PrintPair()라는 제네릭 함수를 정의한다. 이 함수는 Pair[T] 타입의 값을 입력받아 First와 Second 필드를 출력한다. T는 타입 매개변수로, any 제약 조건을 통해 어떤 자료형이든지 사용할 수 있다. 즉, PrintPair() 함수는 Pair 타입의 인스턴스가 어떤 자료형으로 정의되든지 상관없이 똑같이 사용할 수 있다.

제네릭 함수 정의
```go
func PrintPair[T any](p Pair[T]) {
    fmt.Printf("First: %v, Second: %v\n", p.First, p.Second)
}
```

제네릭 타입의 인스턴스 생성과 제네릭 함수 호출

main() 함수에서는 2개의 Pair 인스턴스를 생성한다. 하나는 int형으로 만들고, 다른 하나는 string형으로 만든다. 각 Pair 인스턴스를 인자로 넘기면서 PrintPair() 함수를 호출하여 값을 출력한다.

제네릭 타입의 인스턴스 생성과 제네릭 함수 호출
```go
func main() {
    // 정수형 Pair
    intPair := Pair[int]{1, 2}
    PrintPair(intPair)

    // 문자열 Pair
    strPair := Pair[string]{"hello", "world"}
    PrintPair(strPair)
}
```

앞서 실행 결과에서 볼 수 있듯이 PrintPair() 함수는 Pair[int]와 Pair[string] 타입 모두에서 똑같이 동작한다. 제네릭을 통해 Pair 타입과 PrintPair() 함수가 다양한 자료형을 지원한다.

다음 표에서는 제네릭을 활용하기 좋은 유형을 정리하였다. 이는 제네릭을 통해 구현할 수 있는 일반적인 데이터 구조와 함수들을 보여 준다.

제네릭을 통한 자료구조 유형

종류	설명	예제 코드
리스트	동적 크기를 가지며 여러 자료형의 요소를 저장할 수 있는 데이터 구조	type List[T any] struct { ... }
스택	LIFO(Last In First Out) 원칙을 따르는 데이터 구조	type Stack[T any] struct { ... }
큐	FIFO(First In First Out) 원칙을 따르는 데이터 구조	type Queue[T any] struct { ... }
맵	키와 값의 쌍으로 데이터를 저장하며 제네릭 키와 값을 사용할 수 있음	type Map[K comparable, V any] struct { ... }
제네릭 함수	다양한 자료형을 지원하는 함수를 정의하여 코드 재사용성을 높임	func Swap[T any](a, b T) (T, T) { ... }

▶ 제네릭의 장단점

제네릭은 Go 언어에서 자료형에 독립적인 코드를 작성할 수 있는 강력한 기능을 제공한다. 이 기능을 활용하면 다양한 자료형에 같은 로직을 적용할 수 있어 코드의 재사용성과 유지·보수성을 크게 향상시킬 수 있다. 다만 어떤 기능이든지 단점이 있기 마련이므로 장단점을 충분히 이해하고 제네릭을 활용하기 바란다.

[제네릭의 장점]

코드 재사용성 향상: 제네릭을 사용하면 같은 로직을 다양한 자료형에 대해 재사용할 수 있다. 예를 들어 정수와 문자열을 처리하는 별도의 함수 대신, 제네릭 함수를 정의하여 모든 자료형에 대해 사용할 수 있다. 이로 인해 코드의 중복을 줄일 수 있다.

타입 안전성 유지: 제네릭은 컴파일 타임에 타입 검사를 수행하므로 타입 오류를 미리 방지할 수 있다. 타입 매개변수를 통해 구체적인 자료형이 명확히 정의되므로 런타임 오류를 줄이고 코드의 신뢰성을 높일 수 있다.

코드 유지·보수 용이: 제네릭을 사용하여 코드의 중복을 줄이면 코드를 유지·보수하기가 쉬워진다. 여러 자료형에 대해 같은 로직을 중복해서 작성하지 않아도 되므로 코드의 일관성을 유지하면서 수정할 부분이 줄어든다.

[제네릭의 단점]

코드 복잡도 증가: 제네릭을 사용하면 코드가 복잡해질 수 있다. 제네릭 타입과 함수를 정의하고 사용하는 방법을 이해하고 적용하는 데에 추가적인 학습이 필요하며 코드의 구조가 복잡해질 수 있다.

가독성 저하: 제네릭 코드는 타입 매개변수를 사용하므로 가독성이 떨어질 수 있다. 특히 제네릭을 처음 접하는 개발자나 팀에서는 제네릭의 사용 방식과 그 의미를 이해하는 데에 시간이 걸릴 수 있다.

언어 문법 복잡화: 제네릭 기능을 지원하기 위해 언어의 문법이 복잡해질 수 있다. 새로운 기능을 학습하고 기존 코드에 적용할 때에 언어의 문법과 사용법을 알아야 한다. 이는 코드 작성의 진입 장벽을 높일 수 있다.

컴파일 시간 증가: 제네릭을 사용하면 컴파일 시간에 악영향을 미칠 수 있다. 제네릭은 컴파일러가 다양한 자료형에 대응해서 처리해야 하므로 복잡성이 증가할 수 있다. 이로 인해 컴파일 시간이 길어질 수 있으며 대규모 프로젝트에서는 이로 인한 성능 저하가 발생할 수 있다.

제네릭을 사용하는 것은 코드의 재사용성과 타입 안전성을 제공하는 유용한 도구가 될 수 있지만, 코드의 복잡성과 가독성 문제를 해결하기 위해 신중한 설계와 관리가 필요하다. 제네릭을 잘 활용하면 코드의 품질과 유지·보수성을 높일 수 있지만, 이를 올바르게 적용하려면 제네릭의 개념과 사용법을 충분히 이해해야 한다.

▶ 제네릭의 한계

제네릭은 여러 상황에서 유용하지만, 몇 가지 한계가 존재한다. 이를 요약하면 다음과 같다.

런타임 타입 검사와 동적 타입 변환의 한계: Go의 제네릭은 컴파일 시점에 타입 안전성을 보장하는 데 중점을 둔다. 이는 런타임에 타입 매개변수 T의 실제 타입을 확인하여 그에 따라 동작을 바꾸거나 다른 타입으로 변환하는 기능은 기본으로 제공하지 않는다는 뜻이다. 모든 타입 관련 검증은 컴파일 시점에 제약 조건을 통해 이뤄진다. 즉, 제약 조건을 통한 타입 안전성은 컴파일 타임에 보장된다.

제한된 메서드나 속성 보장: 제네릭 타입 매개변수는 특정 메서드나 속성을 보장하지 않는다. 예를 들어 제네릭 함수에서 사용되는 자료형이 특정 메서드를 갖추고 있는지 명확하게 지정할 수 없어 코드 동작이 자료형에 따라 달라질 수 있다. 이를 해결하기 위해 제네릭의 제약 조건을 도입하여 타입 매개변수가 특정 인터페이스나 메서드를 만족하도록 요구할 수 있다.

타입 추론의 한계: Go 언어에서는 함수를 호출할 때 제네릭 타입을 자동으로 추론하는 기능을 지원하지만, 때로는 타입을 명시적으로 지정해야 한다. 이는 Go 언어가 명시적이고 간결한 코드를 지향하기 때문이다.

> **아하! 그렇구나! 타입 추론이란?**
>
> 타입 추론(type inference)은 프로그래밍 언어에서 자료형, 값, 변수의 형태를 자동으로 결정하는 과정이다. 특히 제네릭 프로그래밍에서 함수나 메서드를 호출할 때 자료형을 명시적으로 지정하지 않아도 컴파일러가 적절한 자료형을 유추할 수 있게 해준다. 이렇게 하면 코드의 가독성이 높아지고 개발자가 자료형을 명시적으로 지정해야 하는 번거로움이 줄어든다. 추론은 변수의 초깃값이나 함수의 반환값을 바탕으로 이루어진다. 그러나 추론이 너무 복잡해지면 코드의 예측 가능성이 떨어지고 디버깅이 어려워질 수 있다.

다음은 제네릭의 한계를 보여 주는 예다.

Do it! 제네릭의 한계 ch15/generics/limit/limit.go

```go
01: package main
02:
03: import "fmt"
04:
05: // 제네릭 함수 정의
06: func PrintLength[T any](value T) {
07:     // 다음 코드는 T가 string 또는 []int일 때만 동작한다.
08:     // 그러나 제네릭에서는 이러한 타입 검사를 컴파일 타임에 보장할 수 없다.
09:     fmt.Println(len(value))
10: }
11:
12: func main() {
13:     PrintLength("hello")         // 작동
14:     PrintLength([]int{1, 2, 3})  // 작동
15:     // PrintLength(42)           // 컴파일 오류: int형은 len() 함수를 지원하지 않는다.
16: }
```

> **실행 결과**
>
> ch15/generics/limit/limit.go:9:21: invalid argument: value (variable of type T constrained by any) for built-in len

이 소스는 Go 제네릭의 한계를 보여 주는 예시다. 제네릭 함수인 PrintLength()는 매개변수로 전달받은 값의 길이를 출력하려고 하지만, 06행의 제네릭 타입 매개변수 T는 any로 선언되어 있어 실제로 전달된 값의 타입을 컴파일 단계에서 알 수 없다.

Go의 내장 함수인 len()은 문자열, 배열, 슬라이스, 맵, 채널과 같은 구체적인 타입에만 사용할 수 있고, 타입 매개변수 T가 구체적으로 이 타입 중 하나라는 보장이 없으므로 15행의 주석 여부와 상관없이 컴파일 오류가 발생한다. 이런 점은 컴파일할 때 모든 타입 검사를 엄격하게 수행하는 Go의 특징이며, 런타임 오류를 예방하여 프로그램 안정성에 도움을 준다.

따라서 이 코드에서는 타입 매개변수에 적절한 제약 조건을 명시해야만 컴파일할 때 타입 검사를 통과할 수 있다. 이러한 제약 조건을 활용한 구체적인 해결 방법은 「15-3」절에서 다룬다.

15-2 | 제네릭 함수와 타입

제네릭이 도입된 Go 언어에서는 함수와 타입을 정의할 때 특정 자료형에 종속되지 않고 타입 매개변수를 활용하여 다양한 자료형에 대응할 수 있다. 이 절에서는 제네릭 함수와 제네릭 타입을 어떻게 정의하고 활용할 수 있는지 자세히 살펴보자.

▶ 제네릭 함수

제네릭 함수는 **매개변수나 반환값의 자료형에 타입 매개변수를 사용**함으로써 자료형에 유연한 함수를 정의할 수 있다.

다음 소스에서 Swap() 함수는 어떤 자료형의 값이든 교환할 수 있는 제네릭 함수로 정의되었다. T any는 타입 매개변수 T가 어떤 자료형이든지 상관없음을 나타낸다.

Do it! 제네릭 함수 정의와 사용 방법 · ch15/generics/function/function.go

```go
01: package main
02:
03: import "fmt"
04:
05: // 제네릭 함수 정의
06: func Swap[T any](a, b T) (T, T) {
07:     return b, a
08: }
09:
10: func main() {
11:     // 정수형 값 교환
12:     x, y := 1, 2
13:     x, y = Swap(x, y)
14:     fmt.Println("Swapped:", x, y)
15:
16:     // 문자열 값 교환
17:     str1, str2 := "hello", "world"
18:     str1, str2 = Swap(str1, str2)
19:     fmt.Println("Swapped:", str1, str2)
20: }
```

실행 결과

```
Swapped: 2 1
Swapped: world hello
```

▶ 제네릭 타입

제네릭 타입은 타입 매개변수를 사용하는 타입을 정의할 수 있게 해준다. 제네릭 타입을 사용하면 **다양한 자료형의 값을 저장하거나 처리할 수 있는 유연한 타입을 생성**할 수 있다. 제네릭 타입을 정의할 때는 타입 매개변수를 사용하여 자료형의 제약 조건을 설정할 수 있으며, 이를 통해 코드의 재사용성과 유연성을 높일 수 있다.

다음 소스는 제네릭 타입 Pair를 정의하고 이를 사용하여 2개의 값을 저장하는 구조체를 만든다. 타입 매개변수 T에는 어떤 자료형이든지 올 수 있으므로 Pair 타입의 인스턴스를 다양한 자료형으로 생성할 수 있다.

Do it! 제네릭 타입 정의와 사용 방법 · ch15/generics/type/type.go

```go
01: package main
02:
03: import "fmt"
04:
05: // 제네릭 타입 정의
06: type Pair[T any] struct {
07:     First  T
08:     Second T
09: }
10:
11: func main() {
12:     // 정수형 Pair
13:     intPair := Pair[int]{1, 2}
14:     fmt.Println("Integer Pair:", intPair)   // 출력: Integer Pair: {1 2}
15:
16:     // 문자열 Pair
17:     strPair := Pair[string]{"hello", "world"}
18:     fmt.Println("String Pair:", strPair)   // 출력: String Pair: {hello world}
19: }
```

실행 결과

```
Integer Pair: {1 2}
String Pair: {hello world}
```

▶ 다양한 제네릭 사용

제네릭을 활용하여 함수와 타입을 정의하면 코드의 재사용성과 유연성을 극대화할 수 있다. 다음 소스는 제네릭 리스트를 정의하고 다양한 자료형의 리스트를 생성하여 사용하는 방법을 보여 준다.

Do it! 제네릭 리스트 생성과 사용 방법 · ch15/generics/list/list.go

```go
01: package main
02:
03: import "fmt"
04:
05: // 제네릭 리스트 타입 정의
06: type List[T any] struct {
07:     items []T
08: }
09:
10: // 리스트에 항목 추가
11: func (l *List[T]) Add(item T) {
12:     l.items = append(l.items, item)
13: }
14:
15: // 리스트 항목 출력
16: func (l *List[T]) Print() {
17:     for _, item := range l.items {
18:         fmt.Println(item)
19:     }
20: }
21:
22: func main() {
23:     // 정수형 리스트
24:     intList := List[int]{}
25:     intList.Add(1)
26:     intList.Add(2)
27:     intList.Print()
28:
29:     // 문자열 리스트
30:     strList := List[string]{}
31:     strList.Add("hello")
32:     strList.Add("world")
33:     strList.Print()
34: }
```

실행 결과
```
1
2
hello
world
```

이 소스에서 List는 제네릭 타입으로 정의되었으며 다양한 자료형의 항목을 저장할 수 있는 리스트를 생성할 수 있다. Add() 메서드와 Print() 메서드는 List 타입의 제네릭 기능을 활용하여 리스트의 항목을 추가하고 출력할 수 있다.

또한 다음은 제네릭 맵을 정의하여 다양한 자료형의 키와 값을 저장하는 예다.

Do it! 제네릭 맵 생성과 사용 방법 ch15/generics/map/map.go

```go
01: package main
02:
03: import "fmt"
04:
05: // 제네릭 맵 타입 정의
06: type Map[K comparable, V any] struct {
07:     data map[K]V
08: }
09:
10: // 맵 생성
11: func NewMap[K comparable, V any]() *Map[K, V] {
12:     return &Map[K, V]{data: make(map[K]V)}
13: }
14:
15: // 키-값 쌍 추가
16: func (m *Map[K, V]) Set(key K, value V) {
17:     m.data[key] = value
18: }
19:
20: // 값 조회
21: func (m *Map[K, V]) Get(key K) (V, bool) {
22:     value, exists := m.data[key]
23:     return value, exists
24: }
25:
26: func main() {
27:     // 문자열 키와 정수 값을 사용하는 맵
28:     stringIntMap := NewMap[string, int]()
29:     stringIntMap.Set("a", 1)
30:     stringIntMap.Set("b", 2)
31:     fmt.Println(stringIntMap.Get("a"))
32:     fmt.Println(stringIntMap.Get("b"))
33:
34:     // 정수 키와 문자열 값을 사용하는 맵
35:     intStringMap := NewMap[int, string]()
```

```
36:     intStringMap.Set(1, "hello")
37:     intStringMap.Set(2, "world")
38:     fmt.Println(intStringMap.Get(1))
39:     fmt.Println(intStringMap.Get(2))
40: }
```

실행 결과

```
1 true
2 true
hello true
world true
```

이 소스에서 Map은 제네릭 타입으로 정의되었으며 타입 매개변수 K와 V를 통해 키와 값의 자료형을 유연하게 지정할 수 있다. Set()과 Get() 메서드는 제네릭 맵의 기능을 활용하여 키-값 쌍을 추가하고 조회할 수 있다.

이처럼 제네릭을 활용하면 코드의 재사용성과 유연성을 극대화할 수 있으며 다양한 자료형의 데이터를 처리할 수 있는 강력한 도구를 제공한다. 제네릭 함수와 제네릭 타입을 이해하고 적절히 활용하면 코드의 품질과 유지·보수성을 높이는 데 큰 도움이 된다.

15-3 | 제약 조건

제네릭을 사용하면 함수와 타입을 정의할 때 타입 매개변수를 통해 다양한 자료형에 대응할 수 있지만, 모든 자료형에 대해 같은 동작을 보장할 수는 없다. 이러한 문제를 해결하기 위해 제네릭에는 제약 조건constraints이라는 개념이 도입되었다. **제약 조건은 타입 매개변수가 특정 인터페이스나 메서드를 구현해야 한다는 규칙을 정의**하여 제네릭 타입이나 함수가 기대하는 동작을 보장하도록 한다.

▶ 제약 조건이란?

제약 조건은 제네릭 타입 또는 함수의 타입 매개변수가 만족해야 하는 조건을 정의하는 방법이다. Go 언어에서는 인터페이스를 사용하여 제약 조건을 정의할 수 있다. 제약 조건을 통해 타입 매개변수가 특정 메서드를 구현하거나 특정 인터페이스를 만족하도록 요구할 수 있으며, 이를 통해 제네릭 코드의 타입 안전성을 높일 수 있다.

제약 조건이 없는(any를 사용한) 타입 매개변수 T는 어떤 타입이든 인자로 받을 수 있지만, 함수 본문 내에서 T 타입 값으로 수행할 수 있는 연산은 매우 제한적이다. 예를 들어 특정 메서드나 len()과 같은 일부 내장 함수를 컴파일 시점에 호출할 수 없다.

> **Do it!** 제네릭의 한계   ch15/generics/constraints/limit/limit.go

```go
01: package main
02:
03: import "fmt"
04:
05: // 제약 조건 없는 제네릭 함수 정의
06: func PrintLength[T any](value T) {
07:     fmt.Println(len(value))   // 이 코드는 T가 len() 함수를 지원해야 한다.
08: }
09:
10: func main() {
11:     PrintLength("hello")           // 정상 작동
12:     PrintLength([]int{1, 2, 3})    // 정상 작동
13:     // PrintLength(42)    // 컴파일 오류: int형은 len() 함수를 지원하지 않는다.
14: }
```

> **실행 결과**
>
> ```
> ch15/generics/constraints/limit/limit.go:7:21: invalid argument: value (variable of
> type T constrained by any) for built-in len
> ```

PrintLength() 함수는 타입 매개변수 T가 any로 제약되어 있어 len() 함수를 지원한다는 보장이 없다. 따라서 07행은 PrintLength() 함수 정의부를 컴파일하는 과정에서 오류가 발생한다.

▶ 제약 조건을 활용한 제네릭

제약 조건을 활용하면 타입 매개변수가 특정 인터페이스를 구현하거나 특정 메서드를 지원해야 하는 것을 명시할 수 있다. 이를 통해 제네릭 함수나 타입이 기대하는 동작을 보장할 수 있으며, 코드의 타입 안전성을 높일 수 있다.

다음 소스는 Stringer 인터페이스를 제약 조건으로 사용하는 제네릭 함수를 정의한다. Stringer 인터페이스는 String() string 메서드를 정의하고 있으며, 이 인터페이스를 구현하는 타입에 대해 제네릭 함수가 정상으로 작동하도록 한다.

Do it! 인터페이스를 제약 조건으로 사용 ch15/generics/constraints/stringer/stringer.go

```go
01: package main
02:
03: import "fmt"
04:
05: // Stringer 인터페이스 정의
06: type Stringer interface {
07:     String() string
08: }
09:
10: // 제네릭 함수 정의
11: func PrintString[T Stringer](value T) {
12:     fmt.Println(value.String())
13: }
14:
15: // Stringer 인터페이스를 구현하는 타입 정의
16: type Person struct {
17:     Name string
18: }
```

```
19:
20:     // String() 메서드 구현
21:     func (p Person) String() string {
22:         return p.Name
23:     }
24:
25:     func main() {
26:         // Person 타입을 사용하는 제네릭 함수
27:         p := Person{Name: "John Doe"}
28:         PrintString(p)
29:     }
```

실행 결과

John Doe

이 코드에서 11행의 PrintString() 함수는 Stringer 인터페이스를 제약 조건으로 사용하여 String()) 메서드를 구현하는 타입만 처리할 수 있도록 한다. 16행의 Person 타입은 21행에서 보듯이 String() 메서드를 구현하므로 28행의 PrintString() 함수에서 정상으로 작동한다.

Do it! 여러 제약 조건을 활용   ch15/generics/constraints/set/set.go

```
01: package main
02:
03: import "fmt"
04:
05: // Sum() 함수는 제네릭 타입 T의 슬라이스와 합계에 대한 제약 조건을 정의
06: // T는 정수 또는 부동 소수점 숫자이어야 한다
07: func Sum[T int | float64](numbers []T) T {
08:     var total T
09:     for _, num := range numbers {
10:         total += num
11:     }
12:     return total
13: }
14:
15: func main() {
16:     // 정수와 부동 소수점 숫자의 슬라이스에 대해 Sum() 함수 호출
17:     fmt.Println(Sum([]int{1, 2, 3, 4, 5}))          // 정수
18:     fmt.Println(Sum([]float64{1.1, 2.2, 3.3}))      // 부동 소수점 숫자
19: }
```

실행 결과

15
6.6

이 코드는 Sum() 함수가 제네릭 타입 T를 사용하여 정수(int) 또는 부동 소수점 숫자 (float64) 슬라이스의 합계를 계산한다. 함수는 T 타입의 슬라이스를 받아서 각 요소를 더한 후 총합을 반환한다. main() 함수에서는 정수와 부동 소수점 숫자의 슬라이스를 사용하여 Sum() 함수를 호출하고 각각의 합계를 출력한다.

마지막으로 다음 코드는 제약 조건을 인터페이스를 통해 여러 개 조합하여 사용하는 예다.

Do it! 여러 제약 조건을 인터페이스로 조합하여 사용 · ch15/generics/constraints/multiple/multiple.go

```go
01: package main
02:
03: import "fmt"
04:
05: // Stringer 인터페이스 정의
06: type Stringer interface {
07:     String() string
08: }
09:
10: // Error 인터페이스 정의
11: type Error interface {
12:     Error() string
13: }
14:
15: // 제네릭 타입 제약 정의
16: type StringerError interface {
17:     Stringer
18:     Error
19: }
20:
21: // 제네릭 함수 정의
22: func PrintInfo[T StringerError](value T) {
23:     fmt.Println(value.String())
24:     fmt.Println(value.Error())
25: }
26:
27: // Stringer와 Error 인터페이스를 구현하는 타입 정의
28: type MyError struct {
29:     Message string
30: }
31:
32: func (e MyError) String() string {
33:     return "String() => " + e.Message
34: }
```

```
35:
36: func (e MyError) Error() string {
37:     return "Error() => " + e.Message
38: }
39:
40: func main() {
41:     // MyError 타입을 사용하는 제네릭 함수
42:     e := MyError{Message: "Something went wrong"}
43:     PrintInfo(e)
44: }
```

> **실행 결과**
>
> String() => Something went wrong
> Error() => Something went wrong

이 코드에서 `PrintInfo()` 함수는 `Stringer`와 `Error` 인터페이스를 모두 만족하는 타입에 대해 작동하며, `String()`과 `Error()` 메서드를 모두 호출할 수 있다. `MyError` 타입은 두 인터페이스를 모두 구현하므로 제네릭 함수에서 정상으로 작동한다. 이와 같은 인터페이스를 활용한 예시는 다음 절에서 더욱 자세히 다룰 예정이다.

▶ 제네릭 제약 조건의 장점

제네릭 제약 조건을 사용하면 다음과 같은 장점을 얻을 수 있다.

- **타입 안전성 향상**: 제약 조건을 통해 타입 매개변수가 특정 인터페이스를 구현하거나 특정 메서드를 지원하도록 보장할 수 있다. 이를 통해 컴파일 타임에 타입 오류를 방지할 수 있다.
- **코드 가독성 개선**: 제약 조건을 명시적으로 정의함으로써 제네릭 코드의 의도를 명확히 할 수 있다. 이는 코드의 가독성을 높이고 제네릭 타입과 함수의 사용법을 이해하는 데 도움이 된다.
- **안전한 연산 보장**: 제약 조건은 타입 매개변수가 메서드 호출과 같은 특정 연산의 지원 여부를 보장하므로 제네릭 함수나 타입 본문 내에서 해당 타입으로 필요한 작업을 안전하게 수행할 수 있게 한다. 이는 제네릭이 제공하는 유연성을 안전하게 활용하는 기반이 된다.

제네릭 제약 조건을 적절히 활용하면 제네릭 코드의 타입 안전성과 가독성을 향상시킬 수 있으며, 다양한 타입을 처리할 수 있는 강력한 도구를 제공한다. 제약 조건을 통해 제네릭 코드의 기대 동작을 명확하게 하고 타입 오류를 사전에 방지하는 것이 중요하다.

▶ 제약 조건 인터페이스

제네릭 프로그래밍에서 특정 타입의 제약 조건을 정의할 때 인터페이스를 사용할 수 있다. 이러한 제약 조건 인터페이스는 제네릭 함수나 타입에서 타입 매개변수의 범위를 제한하는 데에 유용하다. Go의 실험적experimental 패키지인 golang.org/x/exp/constraints에는 이러한 제약 조건을 정의하는 데 도움이 되는 기본 인터페이스를 제공한다.

예를 들어 다음 코드는 constraints 패키지가 제공하는 Unsigned 인터페이스를 사용하여 제약 조건을 정의한 예다. 즉, add() 함수에는 부호 없는 정수형인 uint, uint8, uint16, uint32, uint64, uintptr 자료형의 값만 전달받는다.

constraints.Unsigned 인터페이스 사용 예
```
func add[T constraints.Unsigned](x T) T {
    return x + 1
}
```

constraints 패키지에 포함된 주요 인터페이스를 요약하면 다음과 같다. 참고로 인터페이스 정의에서 물결표(~)는 타입 집합을 나타낸다. 즉, 해당 타입뿐만 아니라 그 타입을 기본 타입underlying type으로 가지는 사용자 정의 타입까지 제약 조건에 포함한다는 의미다.

인터페이스	정의	허용 타입
Complex	~complex64 | ~complex128	복소수 타입 집합
Float	~float32 | ~float64	부동 소수점 타입 집합
Integer	Signed | Unsigned	모든 정수 타입
Ordered	~int | ~int8 | ~int16 | ~int32 | ~int64 | uint | ~uint8 | ~uint16 | ~uint32 | ~uint64 | ~uintptr | ~float32 | ~float64 | ~string	정렬 가능한 타입(<, <=, >, >= 비교 연산자를 지원하는 타입)
Signed	~int | ~int8 | ~int16 | ~int32 | ~int64	부호 있는 정수 타입
Unsigned	~uint | ~uint8 | ~uint16 | ~uint32 | ~uint64 | ~uintptr	부호 없는 정수 타입

✚ Go 버전에 따라 해당 패키지의 상태나 포함된 인터페이스는 변경될 수 있다.

> **아하! 그렇구나!** 기본 타입
>
> Go 언어에서는 type MyInt int처럼 기존 타입(int)을 기반으로 완전히 새로운 이름의 타입(MyInt)을 정의할 수 있다. 이렇게 새로 정의된 MyInt는 int와는 서로 다른 타입으로 취급된다. 예를 들어 MyInt 타입 변수에 int형 값을 직접 할당할 수 없고, MyInt(10)처럼 명시적인 형 변환이 필요하다(int -> MyInt로 형 변환). 하지만 MyInt는 int를 기반으로 만들어졌으므로 내부적인 데이터 표현 방식이나 가능한 연산 등은 int와 같다. 이때 기반이 된 본래의 타입, 즉 int를 MyInt의 기본 타입(underlying type)이라고 한다.
>
> 제네릭 제약 조건에서 ~int처럼 물결표(~)를 사용하는 것은 "타입 int 자체뿐만 아니라 int를 기반에 둔 모든 다른 타입(지금 만든 MyInt 같은 타입 포함)까지 허용하겠다"는 의미이다. 덕분에 새로 만든 타입도 제네릭 함수나 타입을 편리하게 사용할 수 있게 된다.

▶ 사용자 정의 제네릭 인터페이스

제네릭 인터페이스를 사용자 정의하여 특정 요구 사항에 맞는 타입 제약 조건을 정의할 수도 있다. 예를 들어 특정 조건을 만족하는 타입을 정의하기 위해 `interface` 예약어와 ~ 기호를 사용할 수 있다.

다음 예시는 `Stringer`라는 사용자 정의 제네릭 인터페이스를 정의한다. 이 인터페이스는 `string`과 `[]byte` 타입을 허용한다. 이 인터페이스를 사용하여 문자열과 바이트 슬라이스 타입 모두를 처리할 수 있는 제네릭 함수를 정의할 수 있다.

사용자 정의 제네릭 인터페이스 예시

```
type Stringer interface {
    ~string | ~[]byte
}
```

지금까지 여러 가지 제약 조건을 이용하여 제네릭 인터페이스를 활용하는 방식을 살펴보았다. 이러한 제약 조건 인터페이스는 제네릭 프로그래밍에서 타입 매개변수의 요구 사항을 명확하게 하여 코드의 재사용성과 타입 안전성을 높이는 데 크게 기여한다.

golang.org/x/exp/constraints 패키지에서 제공하는 제약 조건 인터페이스들은 다양한 타입 제약 조건의 예시를 보여 주며, 사용자 정의 제네릭 인터페이스를 통해 더 세부적인 타입 제약을 정의할 수 있다.

15-4 | 제네릭의 미래

제네릭은 Go 언어의 중요한 발전 사항 중 하나로, 언어의 타입 시스템을 더 유연하고 강력하게 해준다. 제네릭은 다양한 개선과 발전이 계획되어 있다. 이 절에서는 특히 제네릭 타입 추론과 관련된 주요 제안과 논의에 대해 살펴보겠다.

▶ 제네릭 타입 추론 개선

제네릭 타입 추론은 제네릭 함수나 메서드의 타입 매개변수를 호출 시점에서 자동으로 추론하는 기능이다. 이는 코드의 가독성과 사용성을 높이는 데 중요한 역할을 한다. 그러나 현재 Go 언어에서는 제네릭 타입 추론이 제한적이며 이 때문에 일부 상황에서는 타입을 명시해야 하는 불편함이 있다.

현재 제안된 개선 사항으로는 Proposal #50285(보류 중)가 있다. 이 제안은 Go 언어가 제네릭 타입을 변수 정의에서 자동으로 추론할 수 있도록 하는 것을 목표로 한다. 이를 통해 코드에서 제네릭 함수의 타입 매개변수를 명시하지 않고도 추론할 수 있게 된다.

> https://github.com/golang/go/issues/50285

추론 개선 예시

```go
func main() {
    var x Person = get()    // var x = get[Person]() 대신
    fmt.Println(x)
}

func get[T any]() T {
    var x T
    return x
}
```

여기서 get() 함수는 제네릭 타입을 사용하고 있으며 변수 x의 타입에 따라 get()의 타입 매개변수를 추론하고자 한다.

하지만 현재 Go 버전에서는 이러한 방식의 타입 추론을 지원하지 않으므로 실제로는 `var x Person = get[Person]()`처럼 호출하는 쪽에서 명시적으로 타입 인자(Person)를 제공해야 한다.

이처럼 Proposal #50285는 변수를 할당할 때 타입을 이용해 제네릭 함수의 타입 매개변수를 자동으로 추론하도록 개선하자는 제안이었다. 만약 이 제안이 받아들여졌다면 `get[Person]()` 대신 `get()`으로 호출할 수 있어 코드가 더 간결해질 수 있었을 것이다.

그러나 이 제안은 제네릭 타입 추론을 더 유연하게 만드는 장점에도 불구하고 Go 언어 커뮤니티 내부에서 다음과 같은 반대 의견 등으로 인해 여전히 보류 상태다.

- **복잡성 우려**: 제네릭 타입 추론 규칙이 과도하게 복잡해지면 코드를 이해하거나 예측하기 어려워질 수 있다. 특히 대규모 프로젝트나 복잡한 라이브러리 환경에서 예기치 않은 추론 실패나 모호함이 발생할 가능성이 제기된다.
- **명확성 문제**: 타입이 명시되지 않고 암묵적으로 추론된다면 코드의 명확성이 떨어질 수 있다. 타입 추론이 잘못되거나 예상과 다를 때 디버깅이 어려워지고 코드 가독성과 유지·보수에 문제가 생길 수 있으므로 추론의 명확성 보장이 중요하다는 의견이다.

앞서 언급했듯이 Go 언어는 코드의 명확성을 중요하게 생각하는 철학이 있어, 이처럼 암묵적인 타입 추론 기능을 크게 확대하는 것에는 신중한 입장을 보이고 있다.

▶ 제네릭 함수의 반환 타입 추론

Proposal #58650은 제네릭 함수가 호출될 때 반환 타입을 변수의 타입에 따라 추론하자는 제안이다. 이 제안 자체는 수락되었으나 모든 확장 기능이 즉시 구현된 것은 아니다.

> 'Proposal #58650' 제안을 자세히 알고 싶다면 다음 링크를 참고하세요.
> https://github.com/golang/go/issues/58650

예를 들어 다음 코드는 오류가 발생하는데, 이는 현재 Go 컴파일러가 #58650에서 제안된 통합 프레임워크의 모든 확장 기능을 완벽하게 구현하지 않았기 때문이다. 특히 함수 반환값이 할당될 변수의 타입 정보(`var x int = ...`)를 사용하여 타입 매개변수(P)를 추론하는 기능은 구현하기 복잡하다는 등의 이유로 아직 제한적이거나 지원되지 않는다. 따라서 현재는 함수 인자가 없는 f()를 호출할 때 P를 추론할 단서가 없어 컴파일 오류가 발생한다.

> **반환 타입 추론**
>
> ```
> func f[P any]() P {
>     var zero P
>     return zero
> }
>
> func main() {
>     var x int = f()
>     // 컴파일 오류(오류 메시지: cannot infer P)
>     // 인자가 없으므로 f()에서는 P를 추론할 단서가 없음
>     // 따라서 f[int]()처럼 직접 타입 매개변수를 명시해야 함
> }
> ```

Go 언어에 제안된 #58650에서 제네릭 타입 추론은 다음과 같다.

```
var x int = f()

// x가 int형이므로 "반환되는 f() 결과"를 int로 추론 -> P = int
x = f() // 동일한 추론이 적용되어 정상 동작

// y가 어떤 타입인지 명시되지 않으므로 추론 불가 -> 컴파일 오류
var y = f()
```

이처럼 함수의 반환값을 대입하는 변수의 타입을 보고 타입 매개변수 P를 추론할 수 있다면, 함수 호출 때마다 구태여 int 같은 타입 인자를 적지 않아도 되어 코드가 간결해질 수 있다. 이처럼 반환값을 기반으로 추론할 수 있다면 코드가 간결해질 수 있지만, 이러한 확장된 추론 기능은 컴파일러를 구현하기가 복잡해지고 때에 따라 코드의 명확성을 해칠 수 있다는 우려가 있다. 그래서 Go 언어에서는 점진적으로 도입되거나 신중하게 접근하고 있다.

더 나아가 다음처럼 복수의 타입 매개변수가 있을 때 부분적인 추론과 부분적인 타입 명시 형태의 복합적인 제네릭의 활용도 Go 1.22 버전에서 지원하지 않고 있다. 이러한 추론 기능 역시 제네릭 함수를 사용할 때 코드를 간결하게 해주지만, 타입 정의가 명확하지 않아 직관성이 떨어진다는 반대 의견이 존재한다.

복수 결과의 추론

```
func g[P, Q any]() (P, Q) {
    var p P
    var q Q
    return p, q
}

func main() {
    // 변수 2개(u, v)가 모두 float64이므로
    // g()가 (float64, float64)를 반환하는 것으로 추론(현재 미지원)
    var u, v float64 = g()    // 컴파일 오류 발생(P와 Q 모두 추론 불가)

    // 또는 일부만 명시하고 일부는 추론(현재 미지원)
    // P = int (명시), Q는 v의 타입(float64)으로부터 자동 추론 -> Q = float64(추론 의도)
    x, v := g[int]()          // 컴파일 오류 발생(Q 추론 불가)
}

// 현재 Go에서는 컴파일 오류 발생
// cannot infer P
// cannot infer Q
```

이 장의 핵심 요약

Go 언어는 제네릭을 지원하며 명시적인 형태로 활용할 수 있게 설계되었다. Go 언어에서 제네릭은 개발자 커뮤니티에서 타입 추론과 관련된 여러 제안과 논의가 활발하게 이뤄지고 있다. 앞서 제네릭 타입의 자동 추론 예시에서도 볼 수 있듯이 다른 언어에서는 일반적으로 사용되는 제네릭 기능도 Go에서는 언어의 철학을 바탕으로 여러 가지 구현 방향을 깊게 논의하여 수용하고 있다고 볼 수 있다. 앞으로 Go 언어에 적합한 더 유연하고 강력한 프로그래밍이 가능해질 것으로 기대한다.

- Go 1.18 버전 이상에서는 제네릭의 타입 매개변수를 사용하여 코드 재사용성과 타입 안전성을 동시에 달성하게 해주는 기능을 제공한다.
- 제약 조건은 컴파일 시점에 구체적인 구성 요건을 보장하며 타입에 안전한 제네릭 코드를 작성하는 데 필수 역할을 한다.
- 제네릭을 사용해 타입에 구애받지 않는 자료구조나 유틸리티 함수를 효과적으로 구현할 수 있지만, 코드의 복잡성 증가나 타입 추론의 한계 등은 고려해야 한다.

셋째마당

고급 기능 활용부터 나만의 애플리케이션 완성까지!

16 ▶▶ 성능 최적화
17 ▶▶ 네트워킹과 로깅
18 ▶▶ 애플리케이션 만들기
19 ▶▶ 테스팅
20 ▶▶ 리팩터링

16

성능 최적화

소프트웨어 개발에서 성능 최적화는 프로그램의 효율성을 높이고 자원의 낭비를 줄이는 중요한 과정이다. Go 언어는 높은 성능과 간결한 코드 작성을 목표로 설계되었지만, 복잡한 시스템에서는 여전히 성능이 떨어질 수 있다.

이 장에서는 Go 프로그램의 성능을 측정하고 개선하기 위한 기법과 도구를 다룬다. 먼저 성능 분석 도구를 활용하여 문제의 원인을 파악하는 방법을 소개하고 고루틴과 메모리 사용 최적화 기법을 설명한다. 또한 네트워크 성능을 개선하는 전략과 코드 컴파일 성능을 높이는 방법도 다룬다.

16-1 ▶ 프로파일링과 성능 측정 도구
16-2 ▶ 프로파일 기반 최적화

16-1 | 프로파일링과 성능 측정 도구

Go 언어에서 성능을 측정하고 분석하는 것은 효율적인 애플리케이션 개발에 필수다. Go 언어는 성능 분석을 위한 여러 도구를 제공하는데, 여기서는 pprof와 trace를 중심으로 성능 분석 방법을 살펴본다. 이 도구들은 프로그램의 CPU 사용량, 메모리 사용량, 실행 시간 등을 알려 주며 성능 문제를 식별하고 개선하는 데 도움을 준다.

▶ pprof를 이용한 성능 프로파일링

pprof는 Go에서 제공하는 성능 분석 도구로, CPU와 메모리 사용을 분석하는 데에 유용하다. pprof를 사용하면 프로그램의 성능 병목 지점을 찾고 최적화할 수 있다.

HTTP 서버 실행

다음 소스는 net/http/pprof 패키지를 이용해 HTTP 서버를 실행하고 로컬 호스트의 6060 포트에서 성능 데이터를 수집할 수 있게 한다.

Do it! 성능 데이터 수집을 위한 HTTP 서버 실행   ch16/profile/pprof/pprof.go

```go
01: package main
02:
03: import (
04:     "fmt"
05:     "math"
06:     "math/rand"
07:     "net/http"
08:     "time"
09:
10:     _ "net/http/pprof"
11: )
12:
13: func denseTask() {
14:     fmt.Printf("Start denseTask(): %v\n", time.Now())
15:     data := []int{}
16:     for i := 0; i < 100000000; i++ {
17:         data = append(data, rand.Intn(math.MaxInt32))
```

```
18:     }
19:     fmt.Printf("End denseTask(): %v\n", time.Now())
20: }
21:
22: func main() {
23:     go func() {
24:         err := http.ListenAndServe("localhost:6060", nil)
25:         if err != nil {
26:             fmt.Printf("pprof server failed: %v\n", err)
27:         }
28:     }()
29:
30:     go denseTask()
31:
32:     fmt.Println("pprof server started on :6060. Press Ctrl+C to exit.")
33:
34:     // main 고루틴이 종료되지 않도록 무한 대기(서버 유지 목적)
35:     select {}
36: }
```

실행 결과

```
pprof server started on :6060. Press Ctrl+C to exit.
Start denseTask(): 2025-05-21 01:32:28.215750993 +0900 KST m=+0.000340560
End denseTask(): 2025-05-21 01:32:29.949259336 +0900 KST m=+1.733848963
```

이 프로그램은 pprof를 활용하기 위해 HTTP 서버를 실행하는데, 이런 네트워크 활용 부분은 17장에서 자세히 다루므로 지금은 프로파일링을 하려면 net/http 패키지를 이용해 HTTP 서버를 실행해야 한다는 정도로 이해하고 넘어가자.

프로파일 데이터 확인

터미널에서 프로그램을 실행한 후에 웹 브라우저를 열고 http://localhost:6060/debug/pprof/ 주소로 접근하면 다음 그림처럼 프로파일 데이터를 확인할 수 있다.

> HTTP 서버가 실행 중인 터미널에서 Ctrl + C를 누르면 프로그램을 종료한다.

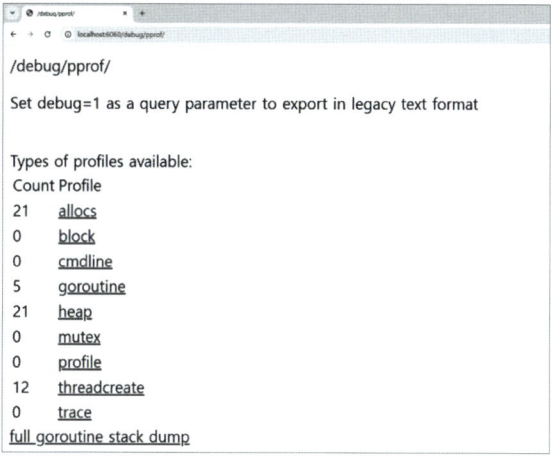

프로파일 데이터 확인

CPU 프로파일 분석

CPU와 메모리 프로파일은 다음 URL에서 각각 수집할 수 있다. 다만 정확하게 분석하려면 go tool pprof 명령어로 분석하는 것이 좋다.

- **CPU 프로파일**: http://localhost:6060/debug/pprof/profile?seconds=30 주소를 통해 CPU 프로파일을 수집할 수 있다.
- **메모리 프로파일**: http://localhost:6060/debug/pprof/heap에서 현재 메모리 사용 상태를 확인할 수 있다.

Go 언어는 터미널에서 go 명령어로 여러 가지 성능 측정 도구를 이용할 수 있다. 예를 들어 다음 명령어는 CPU 프로파일 기능을 이용할 수 있다.

> **T** CPU 프로파일 기능 이용하기

```
> go tool pprof http://localhost:6060/debug/pprof/profile?seconds=30
```

이 명령어를 이용하면 수집된 CPU 프로파일을 분석하기 위한 인터랙티브 모드로 진입한다. 그러면 여러 가지 명령어로 주요 지표를 확인할 수 있다. 예를 들어 다음은 10초 동안의 CPU 프로파일에서 top 명령어를 통해 CPU 시간을 가장 많이 소비한 상위 함수를 보여 준다.

> **T** 10초 동안 CPU 시간을 가장 많이 소비한 상위 함수

```
> go tool pprof http://localhost:6060/debug/pprof/profile?seconds=10
Fetching profile over HTTP from http://localhost:6060/debug/pprof/profile?seconds=10
Saved profile in C:\Users\easys\pprof\pprof.pprof.exe.samples.cpu.001.pb.gz
File: pprof.exe
Build ID: C:\Users\easys\AppData\Local\Temp\go-build2716778939\b001\exe\pprof.exe2025-
05-21 08:31:22.2061253 +0900 KST
Type: cpu
Time: 2025-05-21 08:33:47 KST
Duration: 30s, Total samples = 780ms ( 2.60%)
Entering interactive mode (type "help" for commands, "o" for options)
(pprof) top ─── top 명령어 입력 후 Enter
Showing nodes accounting for 570ms, 73.08% of 780ms total
Showing top 10 nodes out of 67
      flat  flat%   sum%        cum   cum%
     160ms 20.51% 20.51%      160ms 20.51%  runtime.stdcall3
     130ms 16.67% 37.18%      170ms 21.79%  runtime.(*pageAlloc).update
     100ms 12.82% 50.00%      100ms 12.82%  runtime.stdcall1
      60ms  7.69% 57.69%       60ms  7.69%  runtime.stdcall2
      20ms  2.56% 60.26%      430ms 55.13%  runtime.(*pageAlloc).scavengeOne
      20ms  2.56% 62.82%       20ms  2.56%  runtime.(*pageBits).clearRange
      20ms  2.56% 65.38%       50ms  6.41%  runtime.(*pallocData).allocRange
      20ms  2.56% 67.95%       40ms  5.13%  runtime.(*scavengerState).sleep
      20ms  2.56% 70.51%       20ms  2.56%  runtime.globrunqget
      20ms  2.56% 73.08%       30ms  3.85%  runtime.mergeSummaries
(pprof)
```

이 외에도 다음과 같은 명령어들을 제공한다. 필요에 따라 인터랙티브 모드에서 여러 옵션을 변경해 가며 프로파일을 분석할 수 있다.

pprof 인터랙티브 모드 명령어 모음

명령어	설명
top	CPU 시간을 가장 많이 소비하는 상위 함수를 표시한다.
list <함수>	list 명령어에 함수 이름을 추가하여 해당 함수의 소스 코드를 표시하며 가장 많은 CPU 시간을 소비하는 줄을 강조한다.
web	프로파일 데이터를 인터랙티브 그래픽으로 시각화하여 웹 브라우저에 표시한다. 이를 통해 성능 병목 현상을 쉽게 파악할 수 있다.
web list	web 명령어와 list 명령어를 결합하여 시각화된 함수들을 클릭하면 해당 함수의 소스 코드를 강조된 핫스폿과 함께 볼 수 있다.

명령어	설명
peek <함수>	특정 함수에 대한 프로파일 데이터 요약을 표시하며 전체 CPU 시간 비율과 호출 횟수를 포함한다.
disasm <함수>	특정 함수의 어셈블리 코드를 표시한다. 이는 저수준 성능 분석에 유용하다.
pdf	호출 그래프 시각화가 포함된 PDF 파일을 생성한다. 프로파일링 결과를 공유하거나 성능 개선을 문서화하는 데 유용하다.
text	프로파일 데이터를 텍스트 형식으로 표시하여 상위 함수와 CPU 사용량을 보여 준다. 이는 단순한 텍스트 표현이다.
topN <N>	topN 뒤에 숫자를 입력하여 CPU 시간을 가장 많이 소비하는 상위 N개 함수를 표시한다. 이를 통해 주요 병목 현상에 집중할 수 있다.
raw	기계가 읽을 수 있는 형식으로 원시 프로파일 데이터를 표시한다. 이는 고급 분석이나 자동화에 유용하다.
tags	프로파일 데이터에서 사용 가능한 모든 pprof 태그를 표시한다. 태그는 프로파일링 결과에 추가적인 컨텍스트를 제공한다.
quit 또는 exit	pprof 인터랙티브 세션을 종료한다.

메모리 성능 시각화

이번에는 메모리 성능을 시각화해 보자. 시각화를 위해 graphviz라는 도구를 활용하므로 https://graphviz.org/download에 접속하여 운영체제별 안내에 따라 설치하자. 설치를 완료했으면 다음처럼 명령어를 실행한다. 그러면 메모리 사용에 대한 시각화 자료를 png 이미지로 얻을 수 있다.

> **메모리 성능 분석 시각화 자료 구하기**

```
> go tool pprof http://localhost:6060/debug/pprof/heap
Fetching profile over HTTP from http://localhost:6060/debug/pprof/heap
Saved profile in C:\Users\easys\pprof\pprof.pprof.exe.alloc_objects.alloc_space.inuse_objects.inuse_space.002.pb.gz
File: pprof.exe
Build ID: C:\Users\easys\AppData\Local\Temp\go-build2716778939\b001\exe\pprof.exe2025-05-21 08:31:22.2061253 +0900 KST
Type: inuse_space
Time: 2025-05-21 09:17:46 KST
Entering interactive mode (type "help" for commands, "o" for options)
(pprof) png
Generating report in profile001.png
(pprof)
```

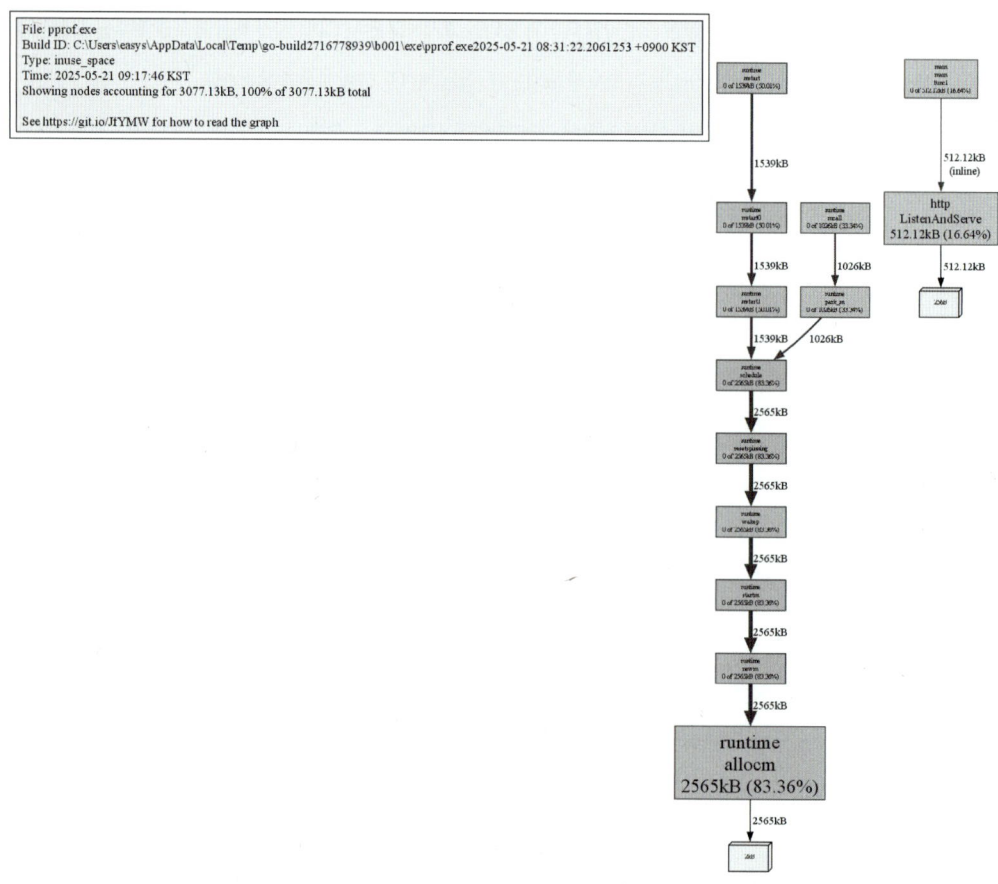

pprof를 통해 얻은 메모리 성능 분석 시각화 이미지

▶ 고루틴 성능 최적화

고루틴은 Go 언어의 동시성 모델에서 중요한 역할을 하지만, 잘못 사용하면 성능 문제를 초래할 수 있다. pprof를 이용하면 고루틴 성능에 문제가 되는 요인을 미리 감지하고 해결할 수 있다. 고루틴을 이용하는 환경에서 pprof를 이용한 프로파일링은 다음과 같은 해결책을 마련하는 데 도움이 되는 분석 정보를 제공할 수 있다.

- **고루틴 수 조절**: 생성된 고루틴 수가 너무 많아 시스템 리소스를 과도하게 사용하는 경우 고루틴 수를 조절하거나 작업을 배치하여 리소스를 효율적으로 사용할 수 있다.
- **고루틴 대기 시간 줄이기**: 고루틴이 불필요하게 대기 상태에 있는 경우 작업을 효율적으로 분배하거나 대기 시간을 줄이는 방법을 고려할 수 있다.
- **채널 버퍼 조정**: 채널의 버퍼 크기를 조절하여 데이터 전송 성능을 개선할 수 있다.

먼저 고루틴 프로파일링을 위해 다음과 같은 소스를 작성하고 실행하자.

Do it! 고루틴 프로파일링을 위한 예 ch16/profile/goroutine/goroutine.go

```go
01: package main
02:
03: import (
04:     "fmt"
05:     "time"
06:     "net/http"
07:     _ "net/http/pprof"
08: )
09:
10: func optimizedCommunication() {
11:     ch := make(chan int, 100)    // 버퍼가 있는 채널 사용
12:
13:     for i := 0; i < 100; i++ {
14:         go func(n int) {
15:             time.Sleep(1 * time.Millisecond)    // 인위적인 지연
16:             ch <- n
17:         }(i)
18:     }
19:
20:     for i := 0; i < 100; i++ {
21:         fmt.Println(<-ch)    // 수신된 값을 출력
22:     }
23: }
24:
25: func main() {
26:     go optimizedCommunication()
27:     http.ListenAndServe("localhost:6060", nil)
28: }
```

터미널에서 go run 명령어로 방금 작성한 프로그램을 실행한다. 이어서 다른 터미널이나 새 탭에서 다음의 명령어로 고루틴 프로파일을 분석한다.

고루틴 프로파일링

```
> go tool pprof http://localhost:6060/debug/pprof/goroutine
Fetching profile over HTTP from http://localhost:6060/debug/pprof/goroutine
Saved profile in C:\Users\easys\pprof\pprof.goroutine.exe.goroutine.005.pb.gz
File: goroutine.exe
```

```
Build ID: C:\Users\easys\AppData\Local\go-build\bd\bd6a147baf03f46ac9438d5efacadfba204d
ab3108dc778c10c1b768dfb63b7f-d\goroutine.exe2025-05-21 13:51:05.1152653 +0900 KST
Type: goroutine
Time: 2025-05-21 13:57:56 KST
Entering interactive mode (type "help" for commands, "o" for options)
(pprof)
```

pprof에서 고루틴 스택을 분석하여 어떤 고루틴이 많은 시간을 소비하고 있는지, 고루틴이 무엇을 하고 있는지 파악할 수 있다. 예를 들어 고루틴이 불필요하게 대기 상태에 있는 경우 성능 저하를 초래할 수 있다.

다음 명령어는 현재 프로그램 내 고루틴들이 어떤 함수 호출 지점에서 실행 중이거나 대기 상태에 있는지를 고루틴 수(count) 기준으로 상위에 있는 함수들을 보여 준다. 특정 함수(특히 `runtime.gopark`와 같이 대기와 관련된 함수)에서 많은 수의 고루틴이 발견된다면, 해당 지점이 잠재적인 병목 현상이거나 많은 고루틴이 동시에 대기 상태에 있음을 의미할 수 있다.

T 실행/대기 중인 고루틴 현황

```
(pprof) top
Showing nodes accounting for 3, 100% of 3 total
Showing top 10 nodes out of 29
      flat  flat%   sum%        cum   cum%
         2 66.67% 66.67%          2 66.67%  runtime.gopark
         1 33.33%   100%          1 33.33%  runtime.goroutineProfileWithLabels
         0     0%   100%          1 33.33%  internal/poll.(*FD).Accept
         0     0%   100%          1 33.33%  internal/poll.(*FD).Read
         0     0%   100%          2 66.67%  internal/poll.(*pollDesc).wait
         0     0%   100%          2 66.67%  internal/poll.(*pollDesc).waitRead (inline)
         0     0%   100%          2 66.67%  internal/poll.runtime_pollWait
         0     0%   100%          1 33.33%  main.main
         0     0%   100%          1 33.33%  net.(*TCPListener).Accept
         0     0%   100%          1 33.33%  net.(*TCPListener).accept
```

결과를 보면 여러 고루틴이 활발하게 작업을 수행하기보다는 특정 이벤트를 기다리는 대기 상태에 주로 머물러 있음을 알 수 있다. 고루틴 프로파일의 top 결과는 이처럼 CPU 사용량이 아닌, 고루틴의 주된 상태(실행 중인지, 대기 중인지)와 그 분포를 파악하는 데 중점을 둔다. 즉, 많은 고루틴이 특정 종류의 대기 상태에 있다면 해당 부분이 성능 병목의 원인이거나 비효율적인 지점일 수 있음을 의미한다.

프로파일링 결과를 시각적으로 분석하면 문제를 더욱 쉽게 식별할 수 있다. 다음 그림은 `pprof`로 생성된 고루틴 프로파일을 이미지로 나타낸 예다. 고루틴의 상태, 실행 시간, 생성된 고루틴의 수를 시각적으로 표현하여 성능 문제를 식별하는 데 도움을 준다.

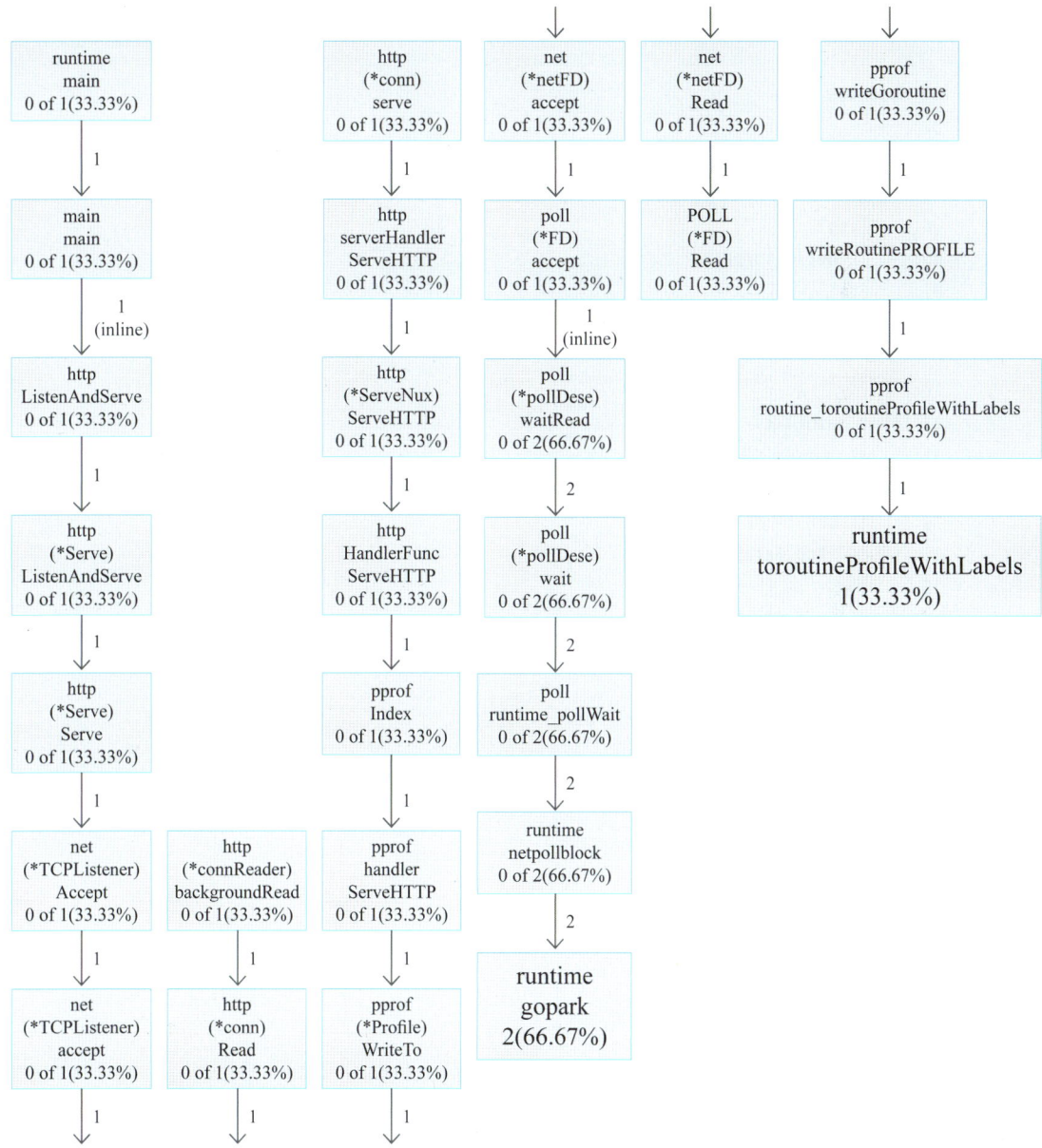

pprof를 통해 얻은 고루틴 성능 분석 시각화 이미지

▶ trace를 이용한 실행 시간 분석

trace는 Go 프로그램의 실행 시간 동안의 모든 작업을 기록하여 프로그램의 실행 흐름을 시각화할 수 있게 한다. 이를 통해 병목 현상이나 비효율적인 작업을 찾을 수 있다.

다음 코드는 trace를 사용하여 프로그램 실행 동안의 모든 활동을 기록하고 trace.out 파일로 저장한다. 이 파일을 분석하면 실행 흐름과 성능 문제를 시각화할 수 있다.

Do it! 트레이싱을 위한 시뮬레이션 · ch16/profile/trace/trace.go

```go
01: package main
02:
03: import (
04:     "fmt"
05:     "log"
06:     _ "net/http/pprof"
07:     "os"
08:     "runtime/trace"
09: )
10:
11: func main() {
12:     // 트레이스 파일 생성
13:     f, err := os.Create("trace.out")
14:     if err != nil {
15:         log.Fatal(err)
16:     }
17:     defer f.Close()
18:
19:     // 트레이스 시작
20:     if err := trace.Start(f); err != nil {
21:         log.Fatal(err)
22:     }
23:     defer trace.Stop()
24:
25:     // 시뮬레이션 작업
26:     for i := 0; i < 10; i++ {
27:         fmt.Println(i)
28:     }
29: }
```

터미널에서 go run 명령어로 방금 작성한 프로그램을 실행한다. 이어서 다른 터미널이나 새 탭에서 다음의 명령어로 trace.out 파일을 분석한다.

> **T** 트레이스 파일 분석
>
> ```
> > go tool trace ./trace.out
> 2025/05/21 14:19:50 Preparing trace for viewer...
> 2025/05/21 14:19:50 Splitting trace for viewer...
> 2025/05/21 14:19:50 Opening browser. Trace viewer is listening on
> http://127.0.0.1:58950
> ```

명령어 실행 결과에서 마지막에 보이는 URL에 접속하면(웹 브라우저가 열리고 해당 URL에 자동으로 접속됨) 다음과 같은 화면이 보인다. 여기서 [View trace by proc]를 클릭하면 프로세스 성능 분석 결과를 확인할 수 있다.

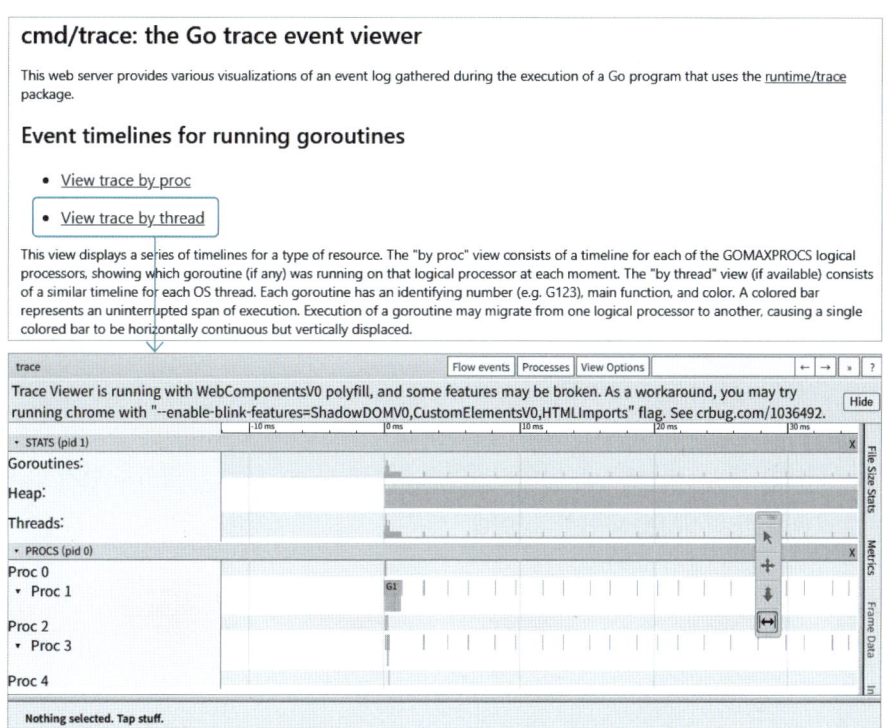

trace를 통해 얻은 프로세스 성능 분석 도구

▶ 벤치마크를 통한 성능 테스트

벤치마크benchmarks는 **함수의 성능을 정량적으로 평가**할 수 있는 방법이다. Go는 내장된 벤치마크 기능을 제공하여 코드의 성능을 측정하고 최적화할 수 있다. Go 언어의 테스트 도구는 벤치마크를 위한 기능도 포함하고 있어 별도의 라이브러리를 설치할 필요가 없다.

벤치마크를 테스트하려면 테스트 명세가 포함된 파일이 필요하다. Go 언어에서는 '{파일명}_test.go' 형태로 테스트 파일을 구성해야 한다. 다음처럼 benchmarks_test.go 파일을 작성하고 벤치마크 테스트를 수행해 보자.

Do it! 벤치마크 테스트 ch16/bench/benchmarks_test.go

```
01: package main
02:
03: import (
04:     "testing"
05: )
06:
07: func BenchmarkSum(b *testing.B) {
08:     for i := 0; i < b.N; i++ {
09:         sum(1, 2)
10:     }
11: }
12:
13: func sum(a, b int) int {
14:     return a + b
15: }
```

테스트 파일을 작성했으면 ch16\bench 디렉터리에서 다음처럼 `go test` 명령어로 벤치마크를 수행한다. 그러면 함수의 성능을 파악할 수 있다.

T 벤치마크 수행

```
> go test -bench=BenchmarkSum
goos: windows
goarch: amd64
pkg: ch16/bench
cpu: Intel(R) Core(TM) i7-4850HQ CPU @ 2.30GHz
BenchmarkSum-8          1000000000              0.3207 ns/op
PASS
ok      ch16/bench      0.748s
```

16-2 | 프로파일 기반 최적화

Go 언어는 버전 1.20 이상부터 프로파일 기반 최적화 profile-guided optimization(이하 PGO)를 도입하여 성능 최적화를 지원한다. **PGO는 프로그램이 실행될 때 수집된 프로파일 데이터를 기반으로 컴파일러가 최적의 성능을 발휘할 수 있도록 코드를 최적화하는 기법**이다.

▶ PGO 과정

PGO를 사용하려면 다음과 같은 과정이 필요하다.

- **프로파일 수집**: 애플리케이션의 실행 중에 성능 데이터를 수집한다. 이 데이터는 함수 호출 빈도, 코드 경로, 메모리 접근 패턴 등을 포함한다.
- **최적화 적용**: 수집된 프로파일을 바탕으로 컴파일러가 코드를 최적화한다. 자주 호출되는 함수는 인라인 처리하거나 불필요한 코드 경로를 제거하는 등의 최적화 작업이 이루어진다.
- **최적화된 빌드**: 최적화가 적용된 코드를 기반으로 최종 빌드를 생성한다. 이 과정에서 성능 향상이 이루어진다.

다음 그림은 PGO의 순서를 보여 준다. PGO의 첫 번째 단계는 프로파일을 수집하는 것이다. 이를 통해 애플리케이션의 실제 실행 환경에서 성능 데이터를 확보함으로써 더 정밀한 최적화를 할 수 있다.

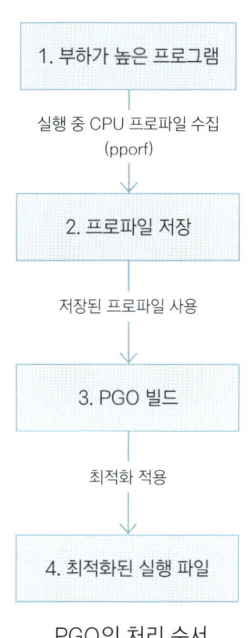

PGO의 처리 순서

▶ PGO를 통한 빌드

프로파일을 수집한 후 이를 바탕으로 PGO 빌드를 수행한다. PGO 빌드는 다음과 같은 과정을 거친다.

- **프로파일 저장**: 수집한 프로파일을 특정 형식의 파일로 저장한다. Go에서는 기본적으로 default.pgo 파일을 사용하지만, 다른 이름으로 저장할 수도 있다.
- **빌드 수행**: go build 명령어를 사용하여 PGO 빌드를 수행한다. 이 과정에서 컴파일러는 저장된 프로파일을 참조하여 최적화를 적용한다.

`go build` 명령에서 -pgo 옵션을 사용하면 프로파일 정보를 바탕으로 최적화된 실행 파일을 빌드할 수 있다.

```
> go build -pgo=default.pgo
```

-pgo 옵션을 생략하더라도 실행 경로에 default.pgo 파일이 존재하면 빌드 과정에서 자동으로 감지하여 활용된다. 다음 코드로 default.pgo를 감지하고 빌드에 반영할 수 있다.

```
> go build
```

특정 프로파일 파일을 지정하여 빌드할 수도 있다. 이 명령어는 /path/to/profile.pprof 프로파일 정보를 활용하여 최적화된 빌드를 수행한다.

```
> go build -pgo=/path/to/profile.pprof
```

▶ PGO로 최적화

애플리케이션의 특정 함수가 연산이 요구되는 무거운 작업을 수행하고 자주 호출되는 구조라고 가정하자. 이때 자주 호출되는 함수가 비효율적으로 같은 로직을 반복하면 성능이 떨어질 수 있다. 이때 PGO를 통해 최적화할 수 있다.

다음 코드는 이러한 상황을 반영한 것으로 compute() 함수가 반복적으로 호출되며 이 함수의 성능이 전체 애플리케이션의 성능에 영향을 미친다.

Do it! PGO 최적화 실습 ch16/pgo/compute.go

```go
01: package main
02:
03: import (
04:     "fmt"
05:     "sort"
06:     "time"
07: )
08: // 연산이 요구되는 무거운 작업
09: func compute(data []int) int {
10:     result := 0
11:     for _, value := range data {
12:         if value % 2 == 0 {
13:             result += value * 2
14:         } else {
15:             result -= value * 2
16:         }
17:     }
18:     return result
19: }
20: func main() {
21:     data := make([]int, 1000000000)
22:     for i := range data {
23:         data[i] = i % 100
24:     }
25:     sort.Ints(data)
26:     start := time.Now()
27:     result := compute(data)
28:     elapsed := time.Since(start)
29:     fmt.Printf("결과: %d\n", result)
30:     fmt.Printf("실행 시간: %s\n", elapsed)
31: }
```

실행 결과

결과: -1000000000
실행 시간: 655.968875ms

프로파일 수집

먼저 프로파일 수집을 통해 성능에 영향을 주는 요인을 분석해야 한다. 애플리케이션을 실행하여 compute() 함수의 성능 데이터를 수집해야 하는데, go test와 벤치마크를 활용할 수 있다. 벤치마크 테스트를 작성하고 -cpuprofile 플래그로 성능 데이터를 수집하여 최적화를 진행할 수 있다.

Do it! 테스트 파일 작성 · ch16/pgo/compute_test.go

```go
01: package main
02: import (
03:     "testing"
04: )
05: func BenchmarkCompute(b *testing.B) {
06:     data := make([]int, 1000000000)
07:     for i := range data {
08:         data[i] = i % 100
09:     }
10:     for i := 0; i < b.N; i++ {
11:         _ = compute(data)
12:     }
13: }
```

xxx_test.go 형태의 확장자로 끝나는 파일은 go test를 통해 실행할 수 있는 테스트 파일을 의미한다. 이후에 자세히 다룰 테스팅은 실제 애플리케이션 동작에 영향을 주지는 않지만, 코드의 성능 문제나 예기치 못한 버그를 잡는 데 도움을 준다.

이제 다음 명령어로 벤치마크를 수행하여 compute() 함수에 대한 성능 데이터를 profile.pprof 파일로 저장한다. 이 벤치마크 수행 과정에서 얻어낸 CPU 프로파일 정보를 PGO에 반영하려고 한다.

T 벤치마크 수행

```
> go test -cpuprofile="pgo/profile.pprof" -bench="." -benchtime="10s" ./pgo
goos: windows
goarch: amd64
pkg: ch16/pgo
cpu: Intel(R) Core(TM) i7-4850HQ CPU @ 2.30GHz
BenchmarkCompute-8            30        376927057 ns/op
PASS
ok      ch16/pgo        31.800s
```

PGO 빌드

앞서 수집한 profile.pprof 파일을 기반으로 PGO 빌드를 수행할 수 있다. 다음 명령어로 최적화를 포함한 빌드를 수행한다.

PGO 최적화 빌드

```
> go build -pgo="pgo/profile.pprof" -o compute_optimized.exe "./pgo/compute.go"
```

PGO를 사용하지 않은 빌드 결과와 비교하기 위해 다음처럼 -pgo 옵션을 제외하고 빌드해 보자.

일반 빌드

```
> go build -o compute.exe "./pgo/compute.go"
```

성능 개선 결과 확인

이로써 compute_optimized와 compute 실행 파일을 생성했다. 각각을 실행하면 다음과 같은 결과를 얻을 수 있다.

실행 결과

```
> ./compute
결과: -1000000000
실행 시간: 662.8605ms

> ./compute_optimized
결과: -1000000000
실행 시간: 627.1497ms
```

PGO를 적용하면 compute() 함수의 최적화가 이루어진다. 컴파일러는 연산 비중이 높은 compute() 함수를 인라인 처리하거나 내부 반복을 최적화하여 성능을 개선한다. 벤치마크 결과는 다음과 같다.

- PGO 이전: 1,000,000,000번의 함수 호출에 662.8605ms 소요
- PGO 이후: 1,000,000,000번의 함수 호출에 627.1497ms 소요

최적화를 통해 애플리케이션의 실행 시간이 5.4% 단축되었으며, 이는 `compute()` 함수의 최적화가 성능에 긍정적인 영향을 미쳤음을 의미한다.

> **이 장의 핵심 요약**
>
> 이번 장에서는 Go 프로그램의 성능을 분석하고 개선하기 위한 다양한 기법을 다루었다. 우선 pprof와 trace 같은 내장 도구를 사용해 CPU와 메모리 사용량, 함수 실행 시간을 측정하는 방법을 살펴보았다. pprof를 활용하면 HTTP 서버를 통해 성능 프로파일 데이터를 수집하고, go tool pprof 명령어를 이용해 병목 함수나 자원 소비가 높은 부분을 시각적으로 분석할 수 있다. 또한 trace 도구를 통해 전체 실행 흐름과 각 고루틴의 활동을 기록하여 상세한 실행 패턴을 파악할 수 있다.
>
> 이어서 벤치마크 테스트를 작성하여 함수의 성능을 정량적으로 측정하는 방법을 설명하였으며, 이 결과를 바탕으로 프로파일 기반 최적화(PGO)를 적용하는 과정을 알아보았다. PGO는 수집된 프로파일 데이터를 활용해 자주 호출되는 함수에 대해 인라인 처리 등 최적화 기법을 자동으로 적용, 실행 시간을 개선할 수 있다. 실습에서는 PGO 적용 전후로 약 5% 이상의 실행 시간 단축 효과를 얻었다.
>
> 이처럼 성능 최적화 기법은 코드의 효율성을 높이고 시스템 자원의 낭비를 줄이는 데 중요한 역할을 하며, Go 언어의 내장 도구와 최적화 옵션을 적절히 활용하면 복잡한 애플리케이션에서도 우수한 성능을 보장할 수 있다.

17

네트워킹과 로깅

네트워킹은 컴퓨터 간의 통신을 가능하게 하여 다양한 서비스와 애플리케이션이 상호작용할 수 있게 해준다. Go 언어는 이러한 네트워킹 기능을 쉽게 구현할 수 있도록 강력하고 사용하기 쉬운 라이브러리를 제공한다.

 이번 장에서는 Go 언어의 네트워킹 기능을 활용하여 TCP와 UDP 프로토콜 기반의 서버와 클라이언트를 구현하는 방법을 알아본다. 더불어 Go 언어에서 로깅 방법을 알아보고 로깅이 왜 중요한지 그리고 어떻게 활용할 수 있는지도 살펴보자.

17-1 ▶ 네트워킹
17-2 ▶ TCP 네트워킹
17-3 ▶ UDP 네트워킹
17-4 ▶ HTTP 네트워킹
17-5 ▶ 로깅

17-1 | 네트워킹

최근 대부분의 애플리케이션은 네트워크를 통해 데이터를 주고받는다. 클라이언트-서버 모델, 웹 서비스, 원격 데이터베이스 연결 등 네트워킹은 애플리케이션의 필수 요소다. Go 언어는 이러한 네트워킹 기능을 쉽게 구현할 수 있도록 표준 라이브러리 내에 net이라는 패키지를 제공한다.

net 패키지는 네트워크 연결을 생성하고 데이터를 송수신하며 다양한 네트워크 프로토콜을 지원한다. 개발자는 이를 통해 복잡한 네트워크 프로그래밍을 비교적 간단하게 구현할 수 있다.

net 패키지는 TCP, UDP, IP, Unix 소켓 등 다양한 네트워크 프로토콜을 지원하며, 낮은 수준의 소켓 프로그래밍부터 높은 수준의 네트워크 통신까지 포함하고 있다.

주요 인터페이스와 함수는 다음과 같다.

- **Listener**: 네트워크 연결을 수신 대기하는 인터페이스로, 서버에서 사용된다. Accept() 메서드를 통해 클라이언트의 연결 요청을 수락할 수 있다.
- **Conn**: 네트워크 연결을 나타내는 인터페이스로, 클라이언트와 서버 간의 연결을 나타낸다. Read(), Write() 메서드를 제공하여 데이터를 송수신할 수 있다.
- **Dial()**: 원격 주소로 연결을 생성하는 함수이다. 클라이언트에서 서버로 연결을 설정할 때 사용된다.

이러한 인터페이스와 함수를 사용하면 TCP나 UDP와 같은 프로토콜을 기반으로 네트워크 애플리케이션을 쉽게 구축할 수 있다. 예를 들어 TCP 연결을 생성하려면 `net.Dial()` 함수를 사용하면 된다. 다음 코드는 TCP 프로토콜을 사용하여 google.com의 80번 포트에 연결을 시도한다.

```
conn, err := net.Dial("tcp", "google.com:80")
```

TCP와 UDP는 인터넷에서 가장 널리 사용되는 주요 프로토콜이다. 이들은 데이터가 네트워크를 통해 어떻게 전달되는지를 결정한다. 두 프로토콜은 모두 양방향 통신을 지원하고 네트워크 서버 구성의 기본이 된다는 공통점이 있지만, 신뢰성 보장 여부와 데이터 전송 방식 등에 차이가 있다.

17-2 | TCP 네트워킹

TCP^{transmission control protocol}는 인터넷에서 널리 사용되는 프로토콜이며 신뢰성 있는 데이터 전송을 보장한다. TCP는 다음과 같은 특징이 있다.

- **연결 지향적:** 데이터 전송 전에 송신자와 수신자 간의 연결을 설정한다. 이 연결은 세션 동안 유지되며 데이터의 정확한 전달을 보장한다.
- **신뢰성 보장:** 데이터의 손실, 중복, 순서 변경 없이 정확하게 전달한다. 이를 위해 데이터 패킷에 일련번호를 붙이고 수신자는 이를 확인하여 데이터가 올바르게 수신되었는지 확인한다.
- **흐름 제어와 혼잡 제어:** 네트워크 상태에 따라 데이터 전송 속도를 조절하여 네트워크 혼잡을 방지하고 효율적인 데이터 전송을 보장한다.

다음 소스는 google.com의 80번 포트(HTTP 기본 포트)에 TCP 연결을 시도한다. 이 소스를 실행하면 연결 성공 메시지와 함께 원격 서버의 IP 주소와 포트 번호가 출력된다. 이는 연결이 성공적으로 이루어졌음을 의미한다.

> **Do it!** TCP 연결하기   ch17/dial/dial.go

```go
01: package main
02:
03: import (
04:     "fmt"
05:     "net"
06: )
07:
08: func main() {
09:     // TCP 프로토콜로 google.com의 80번 포트에 연결 시도
10:     conn, err := net.Dial("tcp", "google.com:80")
11:     if err != nil {
12:         fmt.Println("연결 실패:", err)
13:         return
14:     }
15:     defer conn.Close()    // 프로그램 종료 시 연결 닫기
16:
17:     fmt.Println("연결 성공:", conn.RemoteAddr())    // 원격 서버의 주소 반환
18: }
```

> **실행 결과**
>
> 연결 성공: 142.250.190.78:80

웹 브라우저가 웹 서버에 접속하여 웹 페이지를 가져오는 것처럼 클라이언트가 서버에 연결하여 데이터를 주고받는 것은 네트워크 애플리케이션의 기본이다. `net.Dial()` 함수를 사용하면 이러한 연결을 쉽게 생성할 수 있으며 이를 통해 다양한 네트워크 통신을 구현할 수 있다.

▶ TCP 서버 구현하기

TCP 서버는 클라이언트의 연결을 수락하고 데이터를 송수신하는 역할을 한다. 서버는 특정 포트에서 대기하고 있다가 클라이언트의 연결 요청을 받아들여 통신을 시작한다.

Go 언어에서는 `net.Listen()` 함수를 사용하여 TCP 서버를 시작할 수 있다. 다음은 간단한 TCP 에코 서버를 구현한 예다. 이 서버는 클라이언트에서 받은 메시지를 다시 클라이언트에 그대로 전송한다.

Do it! TCP 에코 서버   ch17/tcp_server/tcp_server.go

```go
01: package main
02:
03: import (
04:     "bufio"
05:     "fmt"
06:     "net"
07: )
08:
09: func main() {
10:     // 8080 포트에서 TCP 연결을 수신 대기
11:     listener, err := net.Listen("tcp", ":8080")
12:     if err != nil {
13:         fmt.Println("서버 시작 실패:", err)
14:         return
15:     }
16:     defer listener.Close()
17:     fmt.Println("TCP 서버가 포트 8080에서 실행 중입니다.")
18:
19:     for {
20:         // 클라이언트의 연결 요청 수락
```

```
21:        conn, err := listener.Accept()
22:        if err != nil {
23:            fmt.Println("연결 수락 실패:", err)
24:            continue
25:        }
26:        // 각 연결을 고루틴으로 처리
27:        go handleConnection(conn)
28:    }
29: }
30:
31: // 클라이언트 연결 처리 함수
32: func handleConnection(conn net.Conn) {
33:     defer conn.Close()
34:     reader := bufio.NewReader(conn)
35:
36:     for {
37:         // 클라이언트에서 메시지 읽기
38:         message, err := reader.ReadString('\n')
39:         if err != nil {
40:             fmt.Println("클라이언트 연결 종료:", err)
41:             return
42:         }
43:         fmt.Print("수신한 메시지:", message)
44:         // 수신한 메시지를 클라이언트에 다시 전송(에코)
45:         _, err = conn.Write([]byte("서버 응답: " + message))
46:         if err != nil {
47:             fmt.Println("메시지 전송 실패:", err)
48:             return
49:         }
50:     }
51: }
```

> **실행 결과**
>
> TCP 서버가 포트 8080에서 실행 중입니다.

net.Listen("tcp", ":8080") 코드는 TCP 프로토콜로 포트 8080에서 연결을 대기하는 리스너를 생성한다. listener.Accept() 코드는 클라이언트의 연결 요청을 수락하고 새로운 연결(net.Conn)을 반환한다. go handleConnection(conn) 코드는 각 클라이언트의 연결을 새로운 고루틴에서 처리하여 동시에 여러 클라이언트를 처리할 수 있게 한다. `reader.ReadString('\n')` 코드는 클라이언트에서 한 줄의 메시지를 읽는다. `conn.Write([]byte("서버 응답: " + message))` 코드는 수신한 메시지를 다시 클라이언트에 전송한다.

실행 결과를 보면 서버가 실행되는 메시지를 볼 수 있다. 이 상태로 8080 포트에 TCP 클라이언트를 통해 연결하여 메시지를 전송하면 그 메시지가 그대로 출력된다. 바로 다음 단락에서 TCP 클라이언트를 구현해 보자.

▶ TCP 클라이언트 구현하기

TCP 클라이언트는 서버에 연결하여 데이터를 송수신하는 역할을 한다. 클라이언트는 서버의 주소와 포트를 알고 있어야 하며 `net.Dial()` 함수를 사용하여 서버에 연결할 수 있다.

다음은 TCP 에코 서버에 연결하여 사용자에게 입력받은 메시지를 서버에 전송하고 서버의 응답을 출력하는 클라이언트 소스이다.

Do it! TCP 클라이언트 ch17/tcp_client/tcp_client.go

```go
01: package main
02:
03: import (
04:     "bufio"
05:     "fmt"
06:     "net"
07:     "os"
08: )
09:
10: func main() {
11:     // 로컬 호스트의 8080 포트에 TCP 연결 시도
12:     conn, err := net.Dial("tcp", "localhost:8080")
13:     if err != nil {
14:         fmt.Println("서버 연결 실패:", err)
15:         return
16:     }
17:     defer conn.Close()
18:     reader := bufio.NewReader(os.Stdin)
19:
20:     for {
21:         // 사용자에게 메시지 입력받기
22:         fmt.Print("메시지 입력: ")
23:         text, _ := reader.ReadString('\n')
```

```
24:        // 서버로 메시지 전송
25:        _, err = fmt.Fprintf(conn, text)
26:        if err != nil {
27:            fmt.Println("메시지 전송 실패:", err)
28:            return
29:        }
30:        // 서버에서 응답 수신
31:        message, err := bufio.NewReader(conn).ReadString('\n')
32:        if err != nil {
33:            fmt.Println("서버 응답 수신 실패:", err)
34:            return
35:        }
36:        fmt.Print(message)
37:    }
38: }
```

실행 결과

메시지 입력: 안녕하세요. [Enter]
서버 응답: 안녕하세요.
메시지 입력: Go 언어 네트워킹 실습 중입니다. [Enter]
서버 응답: Go 언어 네트워킹 실습 중입니다.

net.Dial("tcp", "localhost:8080") 코드는 로컬 호스트의 8080 포트에 TCP 연결을 시도한다. 그리고 사용자에게 입력을 받기 위해 bufio.NewReader(os.Stdin)를 사용한다. fmt.Fprintf(conn, text) 코드는 입력받은 텍스트를 서버에 전송하고, bufio.NewReader(conn).ReadString('\n') 코드로 서버의 응답을 한 줄 읽는다.

앞서 작성했던 tcp_server.go를 실행한 상태로, 새로운 터미널을 띄워 tcp_client.go를 실행하고 메시지를 작성한다. 그러면 서버가 이를 수신받아 그대로 응답(에코)해 주고 클라이언트는 서버에서 응답받은 메시지를 출력한다.

TCP 서버와 클라이언트 연결로 데이터 송수신

17-3 | UDP 네트워킹

UDP[user datagram protocol]는 TCP와 달리 비연결형 프로토콜로 실시간 스트리밍, 온라인 게임, VoIP 등 약간의 데이터 손실은 허용하더라도 빠른 데이터 전송이 필요한 애플리케이션에 주로 사용된다. UDP는 다음과 같은 특징이 있다.

- **비연결형**: 연결 설정 없이 데이터를 전송한다. 송신자는 수신자의 응답을 기다리지 않고 데이터를 전송하며 수신자는 도착한 데이터만 처리한다.
- **신뢰성 미보장**: 데이터 손실이나 순서 변경이 발생할 수 있다. 데이터가 도착하지 않거나 순서가 바뀌어도 프로토콜 자체에서는 이를 처리하지 않는다.
- **낮은 오버헤드**: TCP보다 헤더 정보가 적어 전송 속도가 빠르고 오버헤드가 적다.

▶ UDP 서버 구현하기

Go 언어에서는 `net.ListenUDP()` 함수를 사용하여 UDP 서버를 시작할 수 있다. 다음은 UDP 에코 서버를 구현한 예다.

Do it! UDP 에코 서버 구현   ch17/udp_server/udp_server.go

```go
01: package main
02:
03: import (
04:     "fmt"
05:     "net"
06: )
07:
08: func main() {
09:     // UDP 주소 생성
10:     addr, err := net.ResolveUDPAddr("udp", ":8080")
11:     if err != nil {
12:         fmt.Println("주소 해석 실패:", err)
13:         return
14:     }
15:     // UDP 연결 수신 대기
16:     conn, err := net.ListenUDP("udp", addr)
17:     if err != nil {
18:         fmt.Println("UDP 서버 시작 실패:", err)
19:         return
```

```
20:     }
21:     defer conn.Close()
22:     fmt.Println("UDP 서버가 포트 8080에서 실행 중입니다.")
23:
24:     buffer := make([]byte, 1024)
25:     for {
26:         // 클라이언트에서 데이터 수신
27:         n, clientAddr, err := conn.ReadFromUDP(buffer)
28:         if err != nil {
29:             fmt.Println("데이터 수신 실패:", err)
30:             continue
31:         }
32:         message := string(buffer[:n])
33:         fmt.Printf("수신한 메시지: %s\n", message)
34:         // 클라이언트에 응답 전송
35:         _, err = conn.WriteToUDP([]byte("서버 응답: "+message), clientAddr)
36:         if err != nil {
37:             fmt.Println("응답 전송 실패:", err)
38:         }
39:     }
40: }
```

실행 결과

UDP 서버가 포트 8080에서 실행 중입니다.

net.ResolveUDPAddr("udp", ":8080") 코드는 UDP 주소를 생성한다. 8080 포트에서 모든 인터페이스를 수신한다. 그리고 net.ListenUDP("udp", addr) 코드는 지정된 주소에서 UDP 연결을 수신 대기한다. conn.ReadFromUDP(buffer) 코드는 클라이언트에서 데이터를 수신하고 보낸 주소를 반환하며, conn.WriteToUDP([]byte("서버 응답: "+message), clientAddr) 코드는 수신한 클라이언트 주소로 응답을 보낸다.

▶ UDP 클라이언트 구현하기

UDP 클라이언트는 서버에 데이터를 보내고 응답을 받는 역할을 한다. UDP는 데이터를 보내기 전에 연결 설정을 하지 않아도 된다. 다음은 UDP 에코 서버에 메시지를 보내고 응답받는 클라이언트 예다.

> **Do it!** UDP 클라이언트 구현 ch17/udp_client/udp_client.go

```go
01: package main
02:
03: import (
04:     "bufio"
05:     "fmt"
06:     "net"
07:     "os"
08: )
09:
10: func main() {
11:     // 서버 주소 해석
12:     serverAddr, err := net.ResolveUDPAddr("udp", "localhost:8080")
13:     if err != nil {
14:         fmt.Println("주소 해석 실패:", err)
15:         return
16:     }
17:     // UDP 연결 생성
18:     conn, err := net.DialUDP("udp", nil, serverAddr)
19:     if err != nil {
20:         fmt.Println("서버 연결 실패:", err)
21:         return
22:     }
23:     defer conn.Close()
24:     reader := bufio.NewReader(os.Stdin)
25:
26:     for {
27:         // 사용자에게 메시지 입력받기
28:         fmt.Print("메시지 입력: ")
29:         text, _ := reader.ReadString('\n')
30:         // 서버로 메시지 전송
31:         _, err = conn.Write([]byte(text))
32:         if err != nil {
33:             fmt.Println("데이터 전송 실패:", err)
34:             continue
35:         }
36:         // 서버의 응답 수신
37:         buffer := make([]byte, 1024)
38:         n, _, err := conn.ReadFromUDP(buffer)
39:         if err != nil {
40:             fmt.Println("응답 수신 실패:", err)
41:             continue
```

```
42:        }
43:        fmt.Print(string(buffer[:n]))
44:    }
45: }
```

실행 결과

메시지 입력: 안녕하세요 [Enter]
서버 응답: 안녕하세요
메시지 입력: UDP 실습 중입니다. [Enter]
서버 응답: UDP 실습 중입니다.

net.ResolveUDPAddr("udp", "localhost:8080") 코드는 서버의 UDP 주소를 해석한다. 그리고 net.DialUDP("udp", nil, serverAddr) 코드는 서버 주소로 UDP 연결을 설정한다. 여기서 설정된 연결은 실제로는 연결을 유지하지 않고 데이터를 보낼 때마다 서버 주소로 전송한다. conn.Write([]byte(text)) 코드는 입력받은 텍스트를 서버에 전송하고, conn.ReadFromUDP(buffer) 코드는 서버에서 데이터를 수신한다.

사용자가 입력한 메시지를 서버에 전송하면 서버는 해당 메시지를 다시 클라이언트에 보내고 클라이언트는 이를 출력한다.

17-4 | HTTP 네트워킹

HTTP[hypertext transfer protocol] 프로토콜은 월드 와이드 웹[WWW]의 근간이 되는 프로토콜로, 웹 서버와 웹 브라우저 간의 통신에 사용된다. Go 언어는 net/http 패키지를 통해 HTTP 서버와 클라이언트를 쉽게 구현할 수 있도록 지원한다.

▶ HTTP 서버 구현하기

다음은 net/http 패키지를 사용하여 간단하게 구현한 HTTP 웹 서버다. 이 서버를 실행하고 루트 경로(/)로 요청을 보내면 간단한 인사말이 나온다.

Do it! HTTP 웹 서버 · ch17/http_server/http_server.go

```go
01: package main
02:
03: import (
04:     "fmt"
05:     "net/http"
06: )
07:
08: // 루트 경로 요청 처리 함수
09: func helloHandler(w http.ResponseWriter, r *http.Request) {
10:     fmt.Fprintf(w, "안녕하세요, Go로 만든 웹 서버입니다!")
11: }
12:
13: func main() {
14:     // 요청 경로와 핸들러 함수 매핑
15:     http.HandleFunc("/", helloHandler)
16:     fmt.Println("HTTP 서버가 포트 8080에서 실행 중입니다.")
17:     // 서버 실행
18:     err := http.ListenAndServe(":8080", nil)
19:     if err != nil {
20:         fmt.Println("서버 실행 실패:", err)
21:     }
22: }
```

실행 결과

HTTP 서버가 포트 8080에서 실행 중입니다.

http.HandleFunc("/", helloHandler)는 루트 경로("/")로의 모든 HTTP 요청을 hello Handler() 함수로 처리하는 코드다. helloHandler() 함수는 http.ResponseWriter를 통해 클라이언트에 응답을 보낸다. http.ListenAndServe(":8080", nil) 코드는 8080 포트에서 HTTP 서버를 시작한다.

서버가 실행되면 웹 브라우저에서 http://localhost:8080에 접속해 보자. 그러면 "안녕하세요, Go로 만든 웹 서버입니다!"라는 메시지가 화면에 표시된다.

▶ HTTP 클라이언트 구현하기

HTTP 클라이언트는 웹 서버에 요청을 보내고 응답을 받는 역할을 한다. Go 언어에서는 net/http 패키지를 사용하여 HTTP 요청을 쉽게 보낼 수 있다. 다음은 HTTP GET 요청을 보내고 응답을 받는 클라이언트를 구현한 것이다.

Do it! HTTP 클라이언트 구현 · ch17/http_client/http_client.go

```go
01: package main
02:
03: import (
04:     "fmt"
05:     "io"
06:     "net/http"
07: )
08:
09: func main() {
10:     // HTTP GET 요청 보내기
11:     resp, err := http.Get("http://www.google.com")
12:     if err != nil {
13:         fmt.Println("HTTP 요청 실패:", err)
14:         return
15:     }
16:     defer resp.Body.Close()
17:
18:     // 응답 본문 읽기
19:     body, err := io.ReadAll(resp.Body)
20:     if err != nil {
21:         fmt.Println("응답 읽기 실패:", err)
22:         return
23:     }
24:     fmt.Println("응답 상태 코드:", resp.StatusCode)
```

```
25:         fmt.Println("응답 본문 길이:", len(body))
26: }
```

실행 결과

응답 상태 코드: 200
응답 본문 길이: 13532

이 클라이언트는 www.google.com에 HTTP GET 요청을 보내고 응답의 상태 코드와 본문의 길이를 출력한다. **응답의 상태 코드가 200이면 요청이 성공적으로 처리되었음을 의미**한다. 본문의 길이는 응답 내용의 바이트 수를 나타낸다.

`http.Get()` 함수는 지정된 URL로 HTTP GET 요청을 보낸다. `resp.StatusCode`는 응답의 상태 코드를 반환하고, `io.ReadAll(resp.Body)`는 응답 본문을 모두 읽어 온다.

HTTP 서버는 18장에서 프로젝트를 진행할 때 더 자세히 다룰 예정이다. net 패키지의 http를 통해서도 간단한 웹 서버를 구현할 수 있지만, Go 언어에서는 웹 서버 개발을 더 편리하게 도와주는 프레임워크가 있다. 하지만 웹 서버 프레임워크는 net 패키지를 기반으로 하는 경우가 많은 만큼 이를 이해하는 것은 중요한 학습 과정이다.

▶ Go 웹 프레임워크

Go 언어로 웹 애플리케이션을 개발할 때 많이 사용하는 웹 프레임워크는 다음과 같다. 이러한 프레임워크들은 웹 서버 개발을 좀 더 편리하게 해주며, 라우팅, 미들웨어, 템플릿 엔진 등 다양한 기능을 제공한다. 18장에서는 이러한 프레임워크 중 하나를 선택하여 실제 웹 애플리케이션을 개발하는 방법을 다룰 것이다.

주요한 Go 웹 프레임워크

프레임워크	설명
Gin	Go 언어로 작성된 HTTP 웹 프레임워크로, Martini와 유사한 API를 제공하지만 성능이 훨씬 뛰어나다. 최대 40배 빠른 성능을 자랑하며 고성능이 필요한 경우에 적합하다.
Fiber	Express.js에서 영감을 받은 Go 언어로 작성된 웹 프레임워크로, 간결하고 사용하기 쉽다.
Beego	Go 언어를 위한 오픈소스 고성능 웹 프레임워크로, MVC 아키텍처를 지원한다.
Echo	고성능의 미니멀리스트 Go 웹 프레임워크로, 경량이며 빠른 성능을 제공한다.

17-5 | 로깅

애플리케이션 개발에서 로그는 개발자의 눈과 귀 역할을 한다. 로그를 통해 애플리케이션의 동작 상태를 실시간으로 파악하고 예상치 못한 오류나 예외 상황에 대한 원인을 분석할 수 있다. 특히 Go 언어에서는 표준 라이브러리뿐만 아니라 다양한 서드파티 라이브러리를 통해 강력하고 유연한 로깅 기능을 제공한다.

▶ log 패키지

Go 언어는 표준 라이브러리로 간단한 로깅 기능을 제공하는 log 패키지를 포함하고 있다. 이 패키지는 별도의 설정 없이도 즉시 사용할 수 있어 작은 규모의 애플리케이션이나 간단한 테스트용으로 유용하다.

로그 출력하기

먼저 log 패키지를 이용하여 로그를 출력하는 방법을 알아보자.

Do it! 로그 출력하기　　　　　　　　　　　　　　ch17/basic_log/basic_log.go

```go
01: package main
02:
03: import (
04:     "log"
05: )
06:
07: func main() {
08:     log.Println("이것은 기본 로그 메시지입니다.")
09:     log.Printf("안녕하세요, %s님!", "고퍼")
10: }
```

▼

실행 결과

```
2025/05/21 15:14:27 이것은 기본 로그 메시지입니다.
2025/05/21 15:14:27 안녕하세요, 고퍼님!
```

log.Println()과 log.Printf() 함수를 사용하여 로그 메시지를 출력했다. 기본적으로 로그 메시지 앞에는 타임스탬프가 포함되어 있어, 해당 로그가 언제 발생했는지 알 수 있다. 로그 메시지는 기존의 fmt.Println()이나 fmt.Printf()와 비교하면 다음과 같은 이점이 있다.

- **타임스탬프 포함:** 로그에 타임스탬프가 포함되어 있어 이벤트 발생 시점을 추적할 수 있다.
- **간단한 사용법:** 별도의 설정을 하지 않아도 바로 사용할 수 있어 빠르게 개발할 수 있다.

로그 설정 변경

기본 설정만으로는 로그에 필요한 모든 정보를 담기 어려울 수 있다. log 패키지의 설정을 변경하여 로그 출력 형식을 사용자 정의할 수 있다.

Do it! 로그 출력 형식 사용자 정의 · ch17/log_flags/log_flags.go

```go
01: package main
02:
03: import (
04:     "log"
05: )
06:
07: func main() {
08:     log.SetFlags(log.Ldate | log.Ltime | log.Lshortfile)
09:     log.Println("로그 설정이 변경되었습니다.")
10: }
```

▼

실행 결과

```
2025/05/21 15:21:15 log_flags.go:9: 로그 설정이 변경되었습니다.
```

log.SetFlags() 함수를 사용하여 로그에 원하는 추가 정보를 지정했다. 플래그로 추가한 각각의 설정은 다음과 같다.

- **log.Ldate:** 로그에 날짜를 포함한다.
- **log.Ltime:** 로그에 시간을 포함한다.
- **log.Lshortfile:** 로그에 파일명과 줄 번호를 포함한다.

`log.Lshortfile` 플래그를 지정하여 파일명과 줄 번호를 포함하면 어떤 코드에서 로그가 발생했는지 쉽게 추적할 수 있어 디버깅에 큰 도움이 된다. 특히 대규모 프로젝트에서는 로그의 위치를 정확히 아는 것이 중요하다.

▶ 로그 레벨 사용하기

실무에서는 로그의 중요도에 따라 다른 로그 레벨을 사용하여 로그를 관리한다. 예를 들어 디버그 정보는 개발 단계에서만 필요하고, 오류 메시지는 운영 환경에서도 중요하게 다뤄야 한다. 하지만 기본 log 패키지는 로그 레벨을 직접 지원하지 않는다. 이 문제를 해결하기 위해 서드파티 라이브러리를 활용할 수 있다.

logrus 패키지 사용

logrus는 Go 언어에서 널리 사용되는 로깅 라이브러리다. logrus 패키지는 구조화된 로그를 남길 수 있도록 로그 레벨 관리, 포맷 지정, 훅hook 등 다양한 기능을 제공한다. 이때 훅은 지정된 곳에 한 번에 로그를 남길 수 있는 기능이다.

터미널에서 다음 명령어를 실행하면 logrus 패키지를 설치할 수 있다.

> **logrus 패키지 설치**
>
> ```
> > go get github.com/sirupsen/logrus
> ```

> **Do it! logrus 패키지를 이용하여 로깅하기**   ch17/logrus/logrus.go
>
> ```
> 01: package main
> 02:
> 03: import (
> 04:     log "github.com/sirupsen/logrus"
> 05: )
> 06:
> 07: func main() {
> 08:     log.SetLevel(log.InfoLevel)
> 09:
> 10:     log.Debug("이 메시지는 출력되지 않습니다.")
> 11:     log.Info("정보 메시지입니다.")
> 12:     log.Warn("경고 메시지입니다.")
> 13:     log.Error("에러 메시지입니다.")
> 14: }
> ```

> **실행 결과**
>
> ```
> INFO[0000] 정보 메시지입니다.
> WARN[0000] 경고 메시지입니다.
> ERRO[0000] 에러 메시지입니다.
> ```

log.SetLevel(log.InfoLevel) 코드는 로그 레벨을 InfoLevel로 설정한다. 따라서 디버그 레벨의 메시지는 출력되지 않는다. 이처럼 로그 레벨에 맞는 함수(log.Debug(), log.Info(), log.Warn(), log.Error())를 사용하여 메시지를 출력하면, log.SetLevel로 지정된 레벨을 포함하여 그보다 심각도가 높거나 같은 레벨의 로그만 출력된다.

⊞ 로그 레벨은 일반적으로 디버그, 정보, 경고, 오류 순으로 심각도가 높아진다.

예를 들어 log.Info(), log.Warn(), log.Error() 등의 로그를 남기고 있는 애플리케이션에서 log.SetLevel(log.WarnLevel)로 로그 레벨을 설정하면 log.Warn()과 log.Error()가 출력된다.

로그 포맷 설정

logrus는 로그 포맷을 JSON 등 다양한 형식으로 변경할 수 있어, 로그 수집 시스템과 연동이 수월하다. 다음 코드는 로그를 JSON 형식으로 구조화한 예다.

Do it! 로그 포맷 설정 · ch17/logrus_json_format/logrus_json_format.go

```go
01: package main
02:
03: import (
04:     log "github.com/sirupsen/logrus"
05: )
06:
07: func main() {
08:     log.SetFormatter(&log.JSONFormatter{})
09:     log.Info("JSON 형식의 로그 메시지입니다.")
10: }
```

> **실행 결과**
>
> ```
> {"level":"info","msg":"JSON 형식의 로그 메시지입니다.","time":"2025-05-21T12:00:00+09:00"}
> ```

JSON 형식의 로그는 백엔드 개발에서 많이 사용되는 ELK(Stack)나 Grafana 같은 로그 분석 도구와 쉽게 연동할 수 있다. 구조화된 로그는 검색과 분석이 쉬우며 시스템 모니터링과 알림 설정에도 활용할 수 있다. 따라서 애플리케이션과 연동하는 도구에서 로그 메시지 구조를 읽어야 할 때 도입하기 좋다.

▶ 로그 관리하기

애플리케이션이 커지면 로그를 효율적으로 관리하는 것이 중요하다. 로그를 파일에 저장하거나 일정한 크기가 되면 자동으로 분할하는 등의 기능이 필요하다.

파일에 로그 저장

로그를 파일에 저장하여 나중에 분석하거나 데이터 감사 등 법적 요구 사항에 따라 보관해야 할 수 있다. 다음 코드는 로그를 파일 형태로 저장하는 방법을 보여 준다.

Do it! 로그를 파일로 저장 · ch17/log_to_file/log_to_file.go

```go
01: package main
02:
03: import (
04:     "log"
05:     "os"
06: )
07:
08: func main() {
09:     file, err := os.OpenFile("app.log", os.O_CREATE|os.O_WRONLY|os.O_APPEND, 0666)
10:     if err != nil {
11:         log.Fatal("파일을 열 수 없습니다: ", err)
12:     }
13:     defer file.Close()
14:
15:     log.SetOutput(file)
16:     log.Println("파일에 로그를 기록합니다.")
17: }
```

실행 결과 | app.log 파일 내용

```
2025/05/22 12:00:00 파일에 로그를 기록합니다.
```

로그 파일을 단위별로 나누기

로그 파일이 너무 커지면 관리가 어렵다. 이때 일정한 크기가 되면 새로운 파일로 로그를 저장하는 **로그 롤링**log rolling 기능이 필요하다. Go 언어에서는 lumberjack 같은 서드파티 라이브러리를 사용하여 이 기능을 구현할 수 있다.

터미널에서 다음 명령어를 실행하여 lumberjack 패키지를 설치할 수 있다.

lumberjack 패키지 설치하기

```
> go get gopkg.in/natefinch/lumberjack.v2
```

Do it! 로그 롤링 구현하기 · ch17/log_rolling/log_rolling.go

```go
01: package main
02:
03: import (
04:     "log"
05:
06:     "gopkg.in/natefinch/lumberjack.v2"
07: )
08:
09: func main() {
10:     log.SetOutput(&lumberjack.Logger{
11:         Filename:   "app.log",
12:         MaxSize:    5,       // 메가바이트 단위
13:         MaxBackups: 3,
14:         MaxAge:     28,      // 일 단위
15:         Compress:   true,    // 압축 여부
16:     })
17:
18:     for i := 0; i < 1000000; i++ {
19:         log.Printf("로그 메시지 %d", i)
20:     }
21: }
```

로그 롤링을 사용하면 로그 파일이 일정한 크기를 유지하여 디스크 공간을 효율적으로 사용하고 오래된 로그를 자동으로 삭제하거나 압축하여 관리 부담을 줄일 수 있다. 예시에 적용된 로그 롤링 설정은 다음과 같다.

- **MaxSize**: 로그 파일의 최대 크기(MB 단위)이다. 이 크기를 초과하면 새로운 파일로 로그를 기록한다.
- **MaxBackups**: 백업할 최대 로그 파일 개수이다.
- **MaxAge**: 로그 파일을 보관할 최대 일수이다.
- **Compress**: 이전 로그 파일을 압축할지를 결정한다.

소스 파일을 실행하고 app.log 파일을 보면 파일의 크기가 넘어선 과거 로그가 잘려 나가고 최신 로그 메시지만 남는 것을 확인할 수 있다.

app.log 파일 내용

```
2025/05/22 15:29:17 로그 메시지 955773
2025/05/22 15:29:17 로그 메시지 955774
2025/05/22 15:29:17 로그 메시지 955775
2025/05/22 15:29:17 로그 메시지 955776
2025/05/22 15:29:17 로그 메시지 955777
2025/05/22 15:29:17 로그 메시지 955778
2025/05/22 15:29:17 로그 메시지 955779
2025/05/22 15:29:17 로그 메시지 955780
```

이 장의 핵심 요약

이번 장에서는 Go 언어에서 제공하는 네트워킹 기능을 활용하여 TCP와 UDP 프로토콜 기반의 서버와 클라이언트를 구현하는 방법을 알아보았다. 또한 HTTP 서버와 클라이언트의 구현을 통해 웹 애플리케이션 개발의 기초를 다졌다.

Go의 net 패키지는 네트워크 프로그래밍을 위한 강력한 도구를 제공하며, 이를 활용하면 복잡한 네트워크 애플리케이션도 효율적이고 안정적으로 개발할 수 있다. 또한 고루틴과 채널과 같은 Go의 고유한 기능을 네트워킹과 결합하면 고성능의 동시성 애플리케이션을 만들 수 있다.

또한 로깅을 위해 기본 log 패키지부터 서드파티 라이브러리인 logrus와 로그 롤링을 위한 lumberjack 패키지까지 활용법을 살펴보았다. 적절한 로깅은 문제가 발생할 때 빠르게 대응할 수 있게 하며 시스템의 안정성과 신뢰성을 높인다.

18
애플리케이션 만들기

지금까지 Go 언어의 기본부터 깊은 내용까지 살펴봤다. 이제 학습한 내용을 바탕으로 나만의 애플리케이션을 만들어 보자. 먼저 파일 입출력을 이용하여 할 일 관리 애플리케이션을 만들어 보자. 그리고 도서 정보를 관리하는 웹 애플리케이션을 만들면서 웹 서버와 데이터베이스도 사용해 보자. 두 프로젝트를 통해 코드 구조화와 모듈화를 경험할 수 있다. 이는 실무에서 유지·보수와 확장성을 고려한 프로그래밍의 핵심이 된다.

18-1 ▶ 할 일 관리 애플리케이션
18-2 ▶ 도서 관리 웹 애플리케이션

18-1 | 할 일 관리 애플리케이션

먼저 파일 입출력과 지금까지 배운 개념들을 활용하여 흔히 'To-Do 리스트'라고 불리는 할 일 관리 프로그램을 만들 것이다. 이 프로그램은 사용자에게 할 일을 입력받아 파일에 저장하고 저장된 할 일 목록을 읽어와 출력한다. 또한 고루틴과 채널을 사용하여 비동기로 파일을 처리하고, 로깅을 통해 프로그램의 동작 과정을 모니터링할 수 있도록 해보자.

다음은 이번 절에서 만들 프로그램의 개요다.

- 사용자에게 할 일을 입력받아 파일에 저장한다.
- 파일에 저장된 할 일 목록을 읽어와 화면에 출력한다.
- 파일 입출력 작업은 고루틴을 사용하여 비동기로 처리한다.
- 로깅을 통해 프로그램의 동작 과정을 기록한다.
- 예외 처리를 통해 예상치 못한 상황에 대응한다.

이번 장은 여러분이 Go 언어 프로젝트를 스스로 만드는 방법을 익히도록 준비한 만큼 직접 코드를 작성하며 익숙해지는 것이 중요하다.

▶ 프로젝트 설정하기

윈도우 명령 프롬프트에서 실습 디렉터리(C:\golang\ch18)로 이동한 후 다음과 같은 명령어를 실행하여 프로젝트 디렉터리(todo_app)를 생성하자.

T 프로젝트 디렉터리 생성과 이동

```
> mkdir todo_app
> cd todo_app
```

프로젝트 디렉터리(todo_app)에서 Go 모듈을 초기화하는 다음 명령어를 실행하여 go.mod 파일을 준비한다.

T Go 모듈 초기화

```
> go mod init todo_app
go: creating new go.mod: module todo_app
```

▶ 소스 코드 작성하기

프로젝트 디렉터리(todo_app)를 대상으로 비주얼 스튜디오 코드를 열고 main.go 파일을 만든다. 그리고 main.go 파일에 코드를 작성한다. 이번 절에서 만들 할 일 관리 프로그램의 전체 코드는 다음과 같다. 지금까지 작성했던 코드보다 좀 길지만 오탈자에 주의하며 천천히 따라 작성해 보자.

Do it! 할 일 관리 프로그램 전체 소스 ch18/todo_app/main.go

```go
001: package main
002:
003: import (
004:     "bufio"
005:     "fmt"
006:     "log"
007:     "os"
008:     "strconv"
009:     "strings"
010:     "sync"
011: )
012:
013: type Task struct {
014:     ID   int
015:     Name string
016: }
017:
018: var (
019:     tasks       []Task
020:     taskCounter int
021:     mutex       sync.Mutex
022:     wg          sync.WaitGroup
023:     taskChan    chan Task
024: )
025:
026: func init() {
027:     // 로그 파일 설정
028:     file, err := os.OpenFile("app.log", os.O_CREATE|os.O_WRONLY|os.O_APPEND, 0666)
029:     if err != nil {
030:         fmt.Println("로그 파일을 열 수 없습니다:", err)
031:         os.Exit(1)
032:     }
033:     log.SetOutput(file)
```

```
034:        log.Println("프로그램 시작")
035: }
036:
037: func main() {
038:        taskChan = make(chan Task)
039:        go writeTasksToFile(taskChan)
040:
041:        // 프로그램 시작 시 파일에서 할 일 목록 불러오기
042:        loadTasksFromFile()
043:
044:        for {
045:            fmt.Println("할 일 관리 프로그램")
046:            fmt.Println("1. 할 일 추가")
047:            fmt.Println("2. 할 일 목록 보기")
048:            fmt.Println("3. 종료")
049:            fmt.Print("선택: ")
050:
051:            var choice int
052:            fmt.Scanln(&choice)
053:
054:            switch choice {
055:            case 1:
056:                addTask()
057:            case 2:
058:                displayTasks()
059:            case 3:
060:                close(taskChan)
061:                wg.Wait()
062:                fmt.Println("프로그램을 종료합니다.")
063:                log.Println("프로그램 종료")
064:                return
065:            default:
066:                fmt.Println("올바른 번호를 입력해주세요.")
067:            }
068:        }
069: }
070:
071: func addTask() {
072:        fmt.Print("할 일 이름을 입력하세요: ")
073:        reader := bufio.NewReader(os.Stdin)
074:        name, _ := reader.ReadString('\n')
075:        name = strings.TrimSpace(name)    // 공백 문자 제거
076:
077:        mutex.Lock()
```

```go
078:        taskCounter++
079:        task := Task{ID: taskCounter, Name: name}
080:        tasks = append(tasks, task)
081:        mutex.Unlock()
082:
083:        log.Printf("할 일 추가: %v\n", task)
084:
085:        wg.Add(1)
086:        taskChan <- task
087: }
088:
089: func displayTasks() {
090:        mutex.Lock()
091:        defer mutex.Unlock()
092:
093:        if len(tasks) == 0 {
094:            fmt.Println("등록된 할 일이 없습니다.")
095:            return
096:        }
097:
098:        fmt.Println("현재 할 일 목록:")
099:        for _, task := range tasks {
100:            fmt.Printf("%d. %s\n", task.ID, task.Name)
101:        }
102: }
103:
104: func writeTasksToFile(ch <-chan Task) {
105:        file, err := os.OpenFile("tasks.txt", os.O_CREATE|os.O_WRONLY|os.O_APPEND, 0666)
106:        if err != nil {
107:            log.Println("파일 열기 실패:", err)
108:            return
109:        }
110:        defer file.Close()
111:
112:        for task := range ch {
113:            _, err := file.WriteString(fmt.Sprintf("%d,%s\n", task.ID, task.Name))
114:            if err != nil {
115:                log.Println("파일 쓰기 실패:", err)
116:            } else {
117:                log.Printf("파일에 할 일 저장: %v\n", task)
118:            }
119:            wg.Done()
120:        }
121: }
```

```go
122:
123: func loadTasksFromFile() {
124:     file, err := os.Open("tasks.txt")
125:     if err != nil {
126:         if os.IsNotExist(err) {
127:             log.Println("기존 할 일 파일이 없습니다.")
128:             return
129:         }
130:         log.Println("파일 읽기 실패:", err)
131:         return
132:     }
133:     defer file.Close()
134:
135:     scanner := bufio.NewScanner(file)
136:     for scanner.Scan() {
137:         line := scanner.Text()
138:         parts := strings.SplitN(line, ",", 2)
139:         if len(parts) != 2 {
140:             continue
141:         }
142:         id, err := strconv.Atoi(parts[0])
143:         if err != nil {
144:             continue
145:         }
146:         name := parts[1]
147:         task := Task{ID: id, Name: name}
148:         tasks = append(tasks, task)
149:         if id > taskCounter {
150:             taskCounter = id
151:         }
152:     }
153:
154:     if err := scanner.Err(); err != nil {
155:         log.Println("파일 스캔 중 오류 발생:", err)
156:     }
157:
158:     log.Printf("총 %d개의 할 일을 불러왔습니다.\n", len(tasks))
159: }
```

코드를 모두 작성했으면 터미널에서 go run 명령어로 실행한다. 만약 컴파일 오류가 발생한다면 메시지를 확인하여 오탈자를 확인한다. 정상으로 실행되면 다음과 같은 화면을 볼 수 있다. 할 일을 2개 추가하고 할 일 목록 보기를 선택한 예다.

> **실행 결과**

```
할 일 관리 프로그램
1. 할 일 추가
2. 할 일 목록 보기
3. 종료
선택: 1 Enter
할 일 이름을 입력하세요: Go 언어 공부하기 Enter
할 일 관리 프로그램
1. 할 일 추가
2. 할 일 목록 보기
3. 종료
선택: 1 Enter
할 일 이름을 입력하세요: 운동하기 Enter
할 일 관리 프로그램
1. 할 일 추가
2. 할 일 목록 보기
3. 종료
선택: 2 Enter
현재 할 일 목록:
1. Go 언어 공부하기
2. 운동하기
할 일 관리 프로그램
1. 할 일 추가
2. 할 일 목록 보기
3. 종료
선택: 3 Enter
프로그램을 종료합니다.
```

이 프로그램은 app.log 파일에 로그 메시지를 남긴다. 따라서 프로그램을 실행하고 할 일을 추가한 다음 종료하면 app.log 파일에 다음과 같은 로그 메시지를 확인할 수 있다.

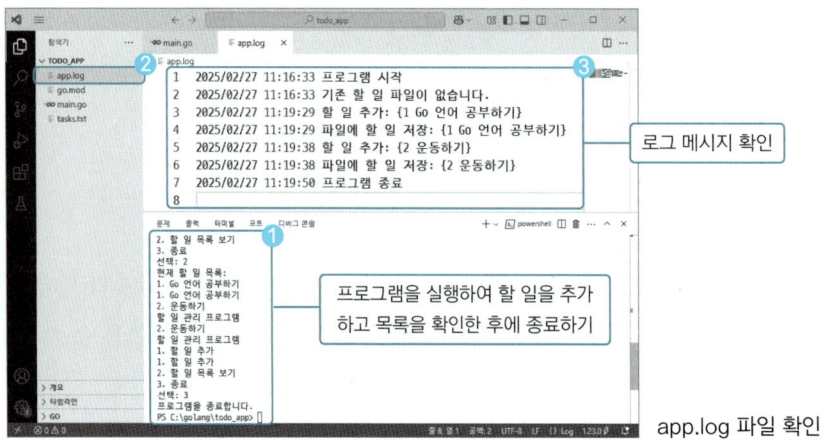

▶ 오류 해결하기

프로그램을 실행하는 과정에서 발생할 수 있는 몇 가지 오류와 그 대처 방법을 알아보자.

1. app.log 또는 tasks.txt 파일 관련 오류

"로그 파일을 열 수 없습니다" 또는 "파일 열기 실패" 등의 오류 메시지가 출력된다면 파일을 생성하거나 열 때 권한이 없거나 디스크 공간이 부족할 수 있다.

이때는 다음과 같은 조치를 생각할 수 있다.

- 해당 디렉터리에 쓰기 권한이 있는지 확인한다.
- 디스크 공간이 충분한지 확인한다.
- 파일 경로가 올바른지 확인한다.

2. 프로그램이 비정상으로 종료되는 경우

프로그램이 예상치 못한 오류로 종료될 수 있다. 이때는 로그 파일을 읽어 오류를 해결해야 하므로 다음과 같은 조치를 생각할 수 있다.

- 로그 파일(app.log)을 확인하여 어떤 오류가 발생했는지 파악한다.
- 코드에서 예외 처리가 제대로 되었는지 확인하고 필요하면 적절한 예외 처리를 추가한다.

3. 구문 오류

그 밖에는 대부분이 구문 오류일 것이다. 구문 오류는 코드에 오탈자가 있어 `go run` 명령어로 프로그램을 실행할 때 오류 메시지가 출력되고 실행되지 않는다. 이때는 오류 메시지를 잘 읽어 보고 해당 위치에 입력한 코드의 철자를 점검해 보자.

▶ 전체 코드 검토하기

앞에서 작성한 할 일 관리 프로그램의 전체 코드를 자세히 들여다 보자.

1. 할 일을 나타내는 구조체 정의

Task 구조체는 할 일의 고유 식별자(ID)와 이름(Name)을 저장한다. 각각 정수형(int)과 문자열(string)로 정의되었다. 이렇게 구조체로 정의한 항목은 전역 변수 tasks에 저장되어 사용된다.

할 일을 나타내는 Task 구조체 정의

```
type Task struct {
    ID   int
    Name string
}
```

2. 전역 변수 정의

프로젝트에서 사용하는 주요 변수를 전역으로 정의한다. 이처럼 전역으로 정의하면 여러 함수에서 접근하여 사용할 수 있다.

전역 변수 정의

```
var (
    tasks       []Task
    taskCounter int
    mutex       sync.Mutex
    wg          sync.WaitGroup
    taskChan    chan Task
)
```

각 변수의 용도는 다음과 같다.

- tasks: 현재 메모리에 저장된 할 일 목록
- taskCounter: 할 일 ID를 생성하기 위한 카운터
- mutex: 동시성 제어를 위한 뮤텍스
- wg: 고루틴의 완료를 기다리기 위한 대기 그룹(WaitGroup)
- taskChan: 할 일을 전달하기 위한 채널

3. 로그 설정

프로그램을 시작할 때 `init()` 함수에서 로그 파일을 설정한다. `init()`는 Go 언어에서 `main()`보다 먼저 자동으로 실행되는 초기화 함수로, 패키지 수준에서 초기 설정을 수행할 때 사용한다. 로그는 app.log 파일을 쓰기 옵션으로 열어서 로그 메시지가 발생할 때마다 새 줄에 저장한다. 만약 파일이 존재하지 않으면 새로 만든다.

로그를 설정하는 init() 함수

```go
func init() {
    file, err := os.OpenFile("app.log", os.O_CREATE|os.O_WRONLY|os.O_APPEND, 0666)
    if err != nil {
        fmt.Println("로그 파일을 열 수 없습니다:", err)
        os.Exit(1)
    }
    log.SetOutput(file)
    log.Println("프로그램 시작")
}
```

로그 파일을 열 때 설정한 옵션은 다음과 같다.

- **os.O_CREATE:** 파일이 없으면 생성한다.
- **os.O_WRONLY:** 쓰기 전용으로 연다.
- **os.O_APPEND:** 기존 내용에 추가한다.
- **0666:** 파일의 권한을 설정한다. 모든 사용자에게 읽기와 쓰기 권한을 부여한다.

로그 출력은 `log.SetOutput(file)`을 통해 app.log 파일로 설정된다. 프로그램을 시작할 때 로그에 "프로그램 시작" 메시지를 기록한다.

> **아하! 그렇구나! 파일 권한 0666이란?**
>
> os.OpenFile() 함수의 세 번째 매개변수로 전달하는 숫자는 유닉스 기반 시스템에서 파일의 권한을 나타내는 8진수 표기이다. 맨 앞의 0은 8진수임을 나타내며 나머지 자리수는 각각 소유자, 그룹, 기타 사용자의 권한을 나타낸다. 권한으로는 읽기(4), 쓰기(2), 실행(1)이 있으며 부여할 권한의 숫자를 합해서 각 자리수에 표시한다. 즉, 0666은 모든 사용자에게 읽기와 쓰기 권한을 부여한다는 의미이다.
> - 0: 8진수임을 표시
> - 6: 소유자의 권한. 읽기(4) + 쓰기(2) = 6
> - 6: 그룹의 권한. 읽기(4) + 쓰기(2) = 6
> - 6: 기타 사용자의 권한. 읽기(4) + 쓰기(2) = 6

4. 메인 함수

main()은 프로그램을 실행할 때 처음 실행되는 함수다(단, init() 함수가 있으면 init() 함수가 먼저 실행). main() 함수에는 사용자 요청을 처리하는 코드들이 담겨 있다.

사용자의 요청을 처리하는 main() 함수

```
func main() {
    taskChan = make(chan Task)
    go writeTasksToFile(taskChan)

    // 프로그램을 시작할 때 파일에서 할 일 목록 불러오기
    loadTasksFromFile()

    // 사용자 인터페이스 구현
}
```

main() 함수에 작성된 주요 기능은 다음과 같다.

- taskChan 채널을 생성하고 writeTasksToFile 고루틴을 실행한다. 이 고루틴은 채널을 통해 전달된 할 일을 파일에 저장한다.
- 프로그램을 시작할 때 loadTasksFromFile() 함수를 호출하여 기존에 저장된 할 일 목록을 파일에서 불러온다.
- 사용자에게 메뉴를 표시하고 선택에 따라 함수를 호출한다.

5. 할 일 추가 함수

addTask()는 사용자가 새로운 할 일을 추가할 때 호출되는 함수다. 이 프로그램에서는 파일 입출력 성능을 높이고자 고루틴을 활용했다. 고루틴을 통해 파일 입출력 과정을 비동기로 처리하여 대기 시간을 줄였으며, 고루틴으로 인해 발생할 수 있는 동시성 문제를 뮤텍스 잠금과 채널로 예방한 것을 유념하자.

할 일을 추가하는 addTask() 함수

```
func addTask() {
    fmt.Print("할 일 이름을 입력하세요: ")
    reader := bufio.NewReader(os.Stdin)
    name, _ := reader.ReadString('\n')
    name = strings.TrimSpace(name)
```

```
    mutex.Lock()
    taskCounter++
    task := Task{ID: taskCounter, Name: name}
    tasks = append(tasks, task)
    mutex.Unlock()

    log.Printf("할 일 추가: %v\n", task)

    wg.Add(1)
    taskChan <- task
}
```

addTask() 함수의 주요 기능은 다음과 같다.

- 사용자로부터 할 일 이름을 입력받는다.
- 입력받은 문자열에서 공백 문자를 제거한다.
- 뮤텍스를 사용하여 taskCounter와 tasks 슬라이스에 대한 동시적인 접근을 보호한다.
- 새로운 Task를 생성하여 tasks 슬라이스에 추가한다.
- 로그에 할 일이 추가되었음을 기록한다.
- WaitGroup의 카운터를 증가시키고, taskChan 채널을 통해 할 일 정보를 writeTasksToFile 고루틴에 전달한다.

동시성 문제를 뮤텍스나 채널을 통해 해결하지 않는다면 tasks에 새로운 할 일을 추가하는 과정이 여러 고루틴에 의해 실행될 때 일부 요청은 tasks를 덮어써 전체 중 일부 데이터가 손실되는 문제가 발생할 수 있다. 이런 동시성 제어 개념은 13~14장에서 다루었으므로 잘 기억나지 않으면 돌아가서 확인해 보기 바란다.

참고로 main() 함수는 순차적으로 동작하므로 addTask()와 displayTasks()가 동시에 실행될 일은 없다. 따라서 현재 코드에서는 뮤텍스가 없어도 데이터 경쟁이 발생하지 않는다. 하지만 함수는 그 자체로 완전하고 안전해야 한다는 원칙이 중요하다. 코드를 보면 tasks 변수는 프로그램 전역에서 공유하므로 어떤 고루틴이든 접근할 수 있다. 설사 지금 당장은 고루틴으로 호출되지 않더라도 addTask() 함수는 이 공유 데이터를 직접 수정하므로 함수 스스로 자신의 작업을 보호할 책임이 있다.

이처럼 뮤텍스로 함수를 보호하면 나중에 이 함수를 웹 서버처럼 여러 요청을 동시에 처리하는 환경에 그대로 가져다 써도 안전하다. 따라서 지금 당장의 필요성보다는 재사용할 수 있고 견고한 설계를 해둬야 나중에 코드가 확장되는 과정에서 예기치 못한 문제를 막을 수 있다.

6. 할 일 목록 보기 함수

displayTasks()는 현재 메모리에 저장된 할 일 목록을 화면에 출력하는 함수다. 주요 기능은 다음과 같다.

- 뮤텍스를 사용하여 tasks 슬라이스에 대한 접근을 보호한다.
- 할 일 목록이 비었는지 확인하고 비어 있으면 메시지를 출력한다.
- 할 일 목록을 순회하며 아이디와 이름을 출력한다.

할 일 목록을 보여 주는 displayTasks() 함수

```go
func displayTasks() {
    mutex.Lock()
    defer mutex.Unlock()

    if len(tasks) == 0 {
        fmt.Println("등록된 할 일이 없습니다.")
        return
    }

    fmt.Println("현재 할 일 목록:")
    for _, task := range tasks {
        fmt.Printf("%d. %s\n", task.ID, task.Name)
    }
}
```

7. 할 일을 파일에 저장하는 고루틴

할 일을 파일에 저장하는 역할을 하는 고루틴 함수다. 각 기능은 다음과 같다.

- tasks.txt 파일을 열거나 생성한다.
- 채널에서 할 일 정보를 받아 파일에 저장한다.
- 저장이 완료되면 WaitGroup의 카운터를 감소시킨다.
- 채널이 닫히면 for 반복이 종료되고 고루틴이 종료된다.

할 일을 파일에 저장하는 writeTasksToFile() 함수

```go
func writeTasksToFile(ch <-chan Task) {
    file, err := os.OpenFile("tasks.txt", os.O_CREATE|os.O_WRONLY|os.O_APPEND, 0666)
    if err != nil {
        log.Println("파일 열기 실패:", err)
        return
```

```
        }
        defer file.Close()

        for task := range ch {
            _, err := file.WriteString(fmt.Sprintf("%d,%s\n", task.ID, task.Name))
            if err != nil {
                log.Println("파일 쓰기 실패:", err)
            } else {
                log.Printf("파일에 할 일 저장: %v\n", task)
            }
            wg.Done()
        }
    }
```

8. 파일에서 할 일 목록 불러오기

`loadTasksFromFile()`은 프로그램을 시작할 때 파일에 저장된 할 일 목록을 불러오는 함수다. 각 기능은 다음과 같다.

- tasks.txt 파일을 열어 할 일 목록을 불러온다.
- 각 줄을 읽어 Task 구조체로 변환하고 tasks 슬라이스에 추가한다.
- taskCounter를 최신 아이디로 갱신한다.
- 오류가 발생하면 로그에 기록한다.

파일에서 할 일 목록을 불러오는 loadTasksFromFile() 함수

```
func loadTasksFromFile() {
    file, err := os.Open("tasks.txt")
    if err != nil {
        if os.IsNotExist(err) {
            log.Println("기존 할 일 파일이 없습니다.")
            return
        }
        log.Println("파일 읽기 실패:", err)
        return
    }
    defer file.Close()

    scanner := bufio.NewScanner(file)
    for scanner.Scan() {
        line := scanner.Text()
        parts := strings.SplitN(line, ",", 2)
```

```go
        if len(parts) != 2 {
            continue
        }
        id, err := strconv.Atoi(parts[0])
        if err != nil {
            continue
        }
        name := parts[1]
        task := Task{ID: id, Name: name}
        tasks = append(tasks, task)
        if id > taskCounter {
            taskCounter = id
        }
    }

    if err := scanner.Err(); err != nil {
        log.Println("파일 스캔 중 오류 발생:", err)
    }

    log.Printf("총 %d개의 할 일을 불러왔습니다.\n", len(tasks))
}
```

이렇게 파일 입출력을 활용한 할 일 관리 프로그램을 만들어 보았다. 이번 실습을 통해 Go 언어의 기본적인 프로젝트 구조를 이해하고 파일 입출력과 동시성 프로그래밍, 로깅과 예외 처리 등의 개념을 실전에 적용해 볼 수 있었다.

18-2 | 도서 관리 웹 애플리케이션

이번 절에서 만들 프로그램은 도서 정보를 관리하는 API다. 웹 프레임워크와 데이터베이스를 활용하여 실무에서 사용되는 RESTful API 서버를 구축해 보자.

이 과정에서 데이터를 주고받는 서버는 Gin(https://gin-gonic.com/)이라는 프레임워크를 활용하여 구축한다. 17장에서 배운 것처럼 Go 언어의 net/http 패키지를 이용해 웹 서버를 직접 구현하려면 HTTP 요청 처리, 라우팅, 미들웨어 관리 등 많은 부분을 직접 코딩해야 한다. 이렇게 하면 시간도 많이 걸리고 오류가 발생할 확률도 높다.

반면에 웹 프레임워크를 사용하면 이러한 기본적인 기능들을 손쉽게 구현할 수 있다. 또한 프레임워크에서 제공하는 다양한 기능과 라이브러리를 활용하여 생산성을 높일 수 있다. Gin 프레임워크는 Go 언어에서 많이 사용하는 웹 프레임워크 중 하나로, 가볍고 빠르면서도 필요한 기능을 대부분 제공한다.

Go 언어 생태계에는 Gin을 포함하여 다음과 같은 여러 웹 프레임워크가 존재한다. 다른 프레임워크도 많이 사용하므로 관심이 있다면 살펴보기를 바란다.

Go 언어 기반의 주요 웹 프레임워크

프로젝트명	설명
Gin	Go 언어로 작성된 HTTP 웹 프레임워크로, Martini와 유사한 API를 제공하지만 성능이 훨씬 뛰어나다. 최대 40배 빠른 성능을 자랑하며, 고성능이 필요한 경우에 적합하다.
Fiber	Express.js에서 영감을 받은 Go 언어로 작성된 웹 프레임워크로, 간결하고 사용하기 쉽다.
Beego	Go 언어를 위한 오픈소스 고성능 웹 프레임워크로, MVC 아키텍처를 지원한다.
Echo	고성능의 미니멀리스트 Go 웹 프레임워크로, 경량이며 빠른 성능을 제공한다.

또한 데이터를 영구 보존하기 위해 파일 입출력 대신 데이터베이스를 사용한다. 데이터가 많아지고 구조가 복잡해지면 파일 입출력만으로는 관리가 어려워진다. 특히 여러 사용자가 동시에 데이터를 수정하거나 조회할 때 데이터의 일관성을 유지하기가 어렵다. 이때 데이터베이스를 사용하면 데이터의 일관성과 무결성을 유지하면서 효율적으로 데이터를 관리할 수 있다.

다음은 이번 절에서 만들 프로그램의 개요다.

- **도서 정보 관리:** 도서 정보를 관리하는 RESTful API 서버를 구축한다.
- **CRUD 기능 제공:** 도서 정보를 생성(create), 조회(read), 수정(update), 삭제(delete)하는 기능을 제공한다.
- **데이터 저장:** 데이터를 메모리가 아닌 파일이나 데이터베이스에 저장하여 영구 보관한다.
- **예외 처리:** 요청 처리 중 발생할 수 있는 예외를 적절히 처리하여 안정성을 높인다.
- **로깅:** 요청과 응답, 오류를 로그 파일에 기록한다.
- **동시성 처리:** 고루틴과 채널을 사용하여 작업을 비동기로 처리한다.
- **제네릭 활용:** 중복 코드를 줄이고 타입 안전성을 높이기 위해 제네릭을 사용한다.

▶ 프로젝트 설정하기

윈도우 명령 프롬프트에서 실습 디렉터리(C:\golang\ch18)로 이동한 후 다음과 같은 명령어를 실행하여 프로젝트 디렉터리(book_api)를 생성하자.

T 프로젝트 디렉터리 생성과 이동

```
C:\golang\ch18> mkdir book_api
C:\golang\ch18> cd book_api
```

프로젝트 디렉터리(book_api)에서 Go 모듈을 초기화하는 다음 명령어를 실행하여 go.mod 파일을 준비한다.

T Go 모듈 초기화

```
C:\golang\ch18\book_api> go mod init book_api
go: creating new go.mod: module book_api
```

그리고 다음 명령어를 실행하여 프로그램에 필요한 패키지를 설치한다.

T 패키지 설치

```
C:\golang\ch18\book_api> go get -u github.com/gin-gonic/gin
C:\golang\ch18\book_api> go get -u github.com/glebarez/sqlite
C:\golang\ch18\book_api> go get -u gorm.io/gorm
```

프로젝트에 설치한 패키지들을 보면 앞에서 소개한 Gin 프레임워크 외에도 SQLite와 GORM을 사용하는 것을 알 수 있다.

SQLite(https://www.sqlite.org/)는 가볍고 설치가 필요 없는 내장형 관계형 데이터베이스 관리 시스템이다. 서버가 필요 없고 하나의 파일로 데이터베이스를 관리할 수 있어 간편하게 사용할 수 있다. 작은 규모의 애플리케이션이나 임베디드 시스템에서 주로 사용된다.

그리고 GORM(https://gorm.io/)은 Go 언어용 ORM[object relational mapping] 라이브러리다. ORM은 객체지향 프로그래밍 언어에서 데이터베이스를 사용하기 위한 기술로, SQL 쿼리를 직접 작성하지 않고도 데이터베이스와 상호 작용할 수 있게 해준다.

SQL 쿼리를 직접 작성하면 세부적으로 제어할 수는 있지만, 코드가 복잡해지고 유지·보수가 어려워진다. 대신 ORM을 사용하면 데이터베이스 작업을 객체지향으로 처리할 수 있어 생산성이 높아지고 코드의 가독성과 유지·보수성이 향상된다.

이번 실습에서는 가볍게 로컬 환경에서 데이터베이스를 다룰 수 있도록 구성했다. SQLite와 GORM 패키지를 어떻게 이용하는지는 세부 코드를 살펴보면서 알아보자.

▶ 소스 코드 작성하기

이번에 만들 도서 정보 관리 API는 기능별로 Go 소스 파일을 나눠서 작성한다. 이렇게 하면 여러 사람이 협업하기에 좋고 유지·보수가 편리해지며 그만큼 개발과 관리에 드는 비용을 줄일 수 있다. 실무에서 웬만한 프로젝트는 이처럼 여러 파일로 나눠서 작성하므로 이번 기회에 실무 감각을 익혀 보자.

- **main.go:** 메인 함수
- **database.go:** 데이터베이스 초기화
- **book.go:** 도서 모델 정의
- **book_controller.go:** 컨트롤러 구현
- **routes.go:** 라우트 설정
- **web_controller.go:** 웹 페이지 구현
- **index.html:** 템플릿 파일

우선 소스 파일을 모두 작성하고 서버를 실행한 후에 API가 제대로 동작하는지 확인해 보자. 소스 코드에 대한 세부 설명은 그 이후에 하겠다.

main.go 파일 작성

프로젝트 디렉터리(book_api)를 대상으로 비주얼 스튜디오 코드를 열고 main.go 파일을 만든다. 그리고 main.go 파일에 다음과 같은 코드를 작성한다.

> **Do it!** main() 함수 작성   ch18/book_api/main.go

```go
01: package main
02:
03: import (
04:     "book_api/database"
05:     "book_api/routes"
06:     "log"
07:     "os"
08:
09:     "github.com/gin-gonic/gin"
10: )
11:
12: func init() {
13:     // 로그 파일 설정
14:     file, err := os.OpenFile("server.log", os.O_CREATE|os.O_WRONLY|os.O_APPEND, 0666)
15:     if err != nil {
16:         log.Fatal("로그 파일을 열 수 없습니다:", err)
17:     }
18:     log.SetOutput(file)
19:     log.Println("서버 시작")
20: }
21:
22: func main() {
23:     database.InitDB()
24:
25:     r := gin.New()
26:
27:     // 로깅 미들웨어 추가
28:     r.Use(gin.LoggerWithWriter(log.Writer()))
29:     r.Use(gin.Recovery())
30:
31:     // 라우트 설정
32:     routes.SetupRoutes(r)
33:
34:     r.Run(":8080")
35: }
```

database.go 파일 작성

프로젝트 디렉터리(book_api)에 database 디렉터리를 만들고 그 안에 database.go 파일을 만든다. 그리고 database.go 파일에 다음과 같은 코드를 작성한다.

> **Do it!** 데이터베이스 초기화   ch18/book_api/database/database.go

```go
01: package database
02:
03: import (
04:     "book_api/models"
05:     "log"
06:
07:     "github.com/glebarez/sqlite"
08:     "gorm.io/gorm"
09: )
10:
11: var DB *gorm.DB
12:
13: func InitDB() {
14:     var err error
15:     DB, err = gorm.Open(sqlite.Open("books.db"), &gorm.Config{})
16:     if err != nil {
17:         log.Fatal("데이터베이스 연결 실패:", err)
18:     }
19:
20:     // 마이그레이션 수행
21:     DB.AutoMigrate(&models.Book{})
22:     log.Println("데이터베이스 초기화 완료")
23: }
```

book.go 파일 작성

프로젝트 디렉터리(book_api)에 models 디렉터리를 만들고 그 안에 book.go 파일을 만든다. 그리고 book.go 파일에 다음과 같은 코드를 작성한다.

> **Do it!** 도서 모델 정의   ch18/book_api/models/book.go

```go
01: package models
02:
03: import "gorm.io/gorm"
04:
05: type Book struct {
```

```
06:      gorm.Model
07:      Title  string  `json:"title"`
08:      Author string  `json:"author"`
09:      Year   int     `json:"year"`
10: }
```

book_controller.go 파일 작성

프로젝트 디렉터리(book_api)에 controllers 디렉터리를 만들고 그 안에 book_controller. go 파일을 만든다. 그리고 book_controller.go 파일에 다음과 같은 코드를 작성한다.

Do it! 컨트롤러 구현 ch18/book_api/controllers/book_controller.go

```
01: package controllers
02:
03: import (
04:     "book_api/database"
05:     "book_api/models"
06:     "net/http"
07:
08:     "github.com/gin-gonic/gin"
09: )
10:
11: func GetBooks(c *gin.Context) {
12:     var books []models.Book
13:     result := database.DB.Find(&books)
14:     if result.Error != nil {
15:         c.JSON(http.StatusInternalServerError,
                    gin.H{"error": result.Error.Error()})
16:         return
17:     }
18:     c.JSON(http.StatusOK, books)
19: }
20:
21: func GetBookByID(c *gin.Context) {
22:     var book models.Book
23:     if err := database.DB.First(&book, c.Param("id")).Error; err != nil {
24:         c.JSON(http.StatusNotFound, gin.H{"error": "책을 찾을 수 없습니다."})
25:         return
26:     }
27:     c.JSON(http.StatusOK, book)
28: }
```

```go
29:
30: func CreateBook(c *gin.Context) {
31:     var newBook models.Book
32:     if err := c.ShouldBindJSON(&newBook); err != nil {
33:         c.JSON(http.StatusBadRequest, gin.H{"error": err.Error()})
34:         return
35:     }
36:
37:     result := database.DB.Create(&newBook)
38:     if result.Error != nil {
39:         c.JSON(http.StatusInternalServerError,
                gin.H{"error": result.Error.Error()})
40:         return
41:     }
42:     c.JSON(http.StatusCreated, newBook)
43: }
44:
45: func UpdateBook(c *gin.Context) {
46:     var book models.Book
47:     if err := database.DB.First(&book, c.Param("id")).Error; err != nil {
48:         c.JSON(http.StatusNotFound, gin.H{"error": "책을 찾을 수 없습니다."})
49:         return
50:     }
51:
52:     if err := c.ShouldBindJSON(&book); err != nil {
53:         c.JSON(http.StatusBadRequest, gin.H{"error": err.Error()})
54:         return
55:     }
56:
57:     result := database.DB.Save(&book)
58:     if result.Error != nil {
59:         c.JSON(http.StatusInternalServerError,
                gin.H{"error": result.Error.Error()})
60:         return
61:     }
62:     c.JSON(http.StatusOK, book)
63: }
64:
65: func DeleteBook(c *gin.Context) {
66:     var book models.Book
67:     if err := database.DB.First(&book, c.Param("id")).Error; err != nil {
68:         c.JSON(http.StatusNotFound, gin.H{"error": "책을 찾을 수 없습니다."})
69:         return
```

```
70:        }
71:
72:        result := database.DB.Delete(&book)
73:        if result.Error != nil {
74:            c.JSON(http.StatusInternalServerError,
                       gin.H{"error": result.Error.Error()})
75:            return
76:        }
77:        c.JSON(http.StatusOK, gin.H{"message": "책이 삭제되었습니다."})
78: }
```

routes.go 파일 작성

프로젝트 디렉터리(book_api)에 routes 디렉터리를 만들고 그 안에 routes.go 파일을 만든다. 그리고 routes.go 파일에 다음과 같은 코드를 작성한다.

Do it! 라우트 설정   ch18/book_api/routes/routes.go

```
01: package routes
02:
03: import (
04:     "book_api/controllers"
05:
06:     "github.com/gin-gonic/gin"
07: )
08:
09: func SetupRoutes(r *gin.Engine) {
10:     r.LoadHTMLGlob("templates/*")
11:
12:     r.GET("/", controllers.ShowIndexPage)
13:
14:     api := r.Group("/api")
15:     {
16:         api.GET("/books", controllers.GetBooks)
17:         api.GET("/books/:id", controllers.GetBookByID)
18:         api.POST("/books", controllers.CreateBook)
19:         api.PUT("/books/:id", controllers.UpdateBook)
20:         api.DELETE("/books/:id", controllers.DeleteBook)
21:     }
22: }
```

web_controller.go 파일 작성

book_api\controllers 디렉터리 안에 web_controller.go 파일을 만들고 다음과 같은 코드를 작성한다.

Do it! 웹 페이지 구현   ch18/book_api/controllers/web_controller.go

```go
01: package controllers
02:
03: import (
04:     "book_api/database"
05:     "book_api/models"
06:     "net/http"
07:
08:     "github.com/gin-gonic/gin"
09: )
10:
11: func ShowIndexPage(c *gin.Context) {
12:     var books []models.Book
13:     database.DB.Find(&books)
14:
15:     c.HTML(http.StatusOK, "index.html", gin.H{
16:         "Books": books,
17:     })
18: }
```

index.html 파일 작성

프로젝트 디렉터리(book_api)에 templates 디렉터리를 만들고 그 안에 index.html 파일을 만든다. 그리고 index.html 파일에 다음과 같은 HTML 문서를 작성한다.

Do it! 템플릿 파일 작성   ch18/book_api/templates/index.html

```html
01: <!DOCTYPE html>
02: <html>
03: <head>
04:     <title>책 목록</title>
05: </head>
06: <body>
07:     <h1>책 목록</h1>
08:     <ul>
09:         {{range .Books}}
```

```
10:        <li>{{.Title}} - {{.Author}} ({{.Year}})</li>
11:        {{end}}
12:    </ul>
13: </body>
14: </html>
```

▶ 웹 서버 실행하기

소스 코드를 모두 작성했으면 이제 웹 서버를 실행할 차례다. 다음처럼 go run main.go 명령어로 서버를 실행한다. 윈도우에서 실행할 때 보안 경고 창이 뜨면 〈액세스 허용〉을 클릭한다.

> **웹 서버 실행**
>
> ```
> C:\golang\ch18\book_api> go run main.go
> [GIN-debug] [WARNING] Running in "debug" mode. Switch to "release" mode in production.
>  - using env:   export GIN_MODE=release
>  - using code:  gin.SetMode(gin.ReleaseMode)
>  - using env:   export GIN_MODE=release
>  - using code:  gin.SetMode(gin.ReleaseMode)
>
>
> [GIN-debug] Loaded HTML Templates (2):
>         -
> [GIN-debug] Loaded HTML Templates (2):
>         -
>         - index.html
>
>         - index.html
>
> [GIN-debug] GET    /                   --> book_api/controllers.ShowIndexPage (3 handlers)
> [GIN-debug] GET    /api/books          --> book_api/controllers.GetBooks (3 handlers)
> [GIN-debug] GET    /api/books/:id      --> book_api/controllers.GetBookByID (3 handlers)
> [GIN-debug] POST   /api/books          --> book_api/controllers.CreateBook (3 handlers)
> [GIN-debug] GET    /api/books/:id      --> book_api/controllers.GetBookByID (3 handlers)
> [GIN-debug] POST   /api/books          --> book_api/controllers.CreateBook (3 handlers)
> [GIN-debug] POST   /api/books          --> book_api/controllers.CreateBook (3 handlers)
> [GIN-debug] PUT    /api/books/:id      --> book_api/controllers.UpdateBook (3 handlers)
> [GIN-debug] DELETE /api/books/:id      --> book_api/controllers.DeleteBook (3 handlers)
> [GIN-debug] [WARNING] You trusted all proxies, this is NOT safe. We recommend you to set a value.
> Please check https://pkg.go.dev/github.com/gin-gonic/gin#readme-don-t-trust-all-proxies for details.
> [GIN-debug] Listening and serving HTTP on :8080
> ```

서버를 실행할 때 출력되는 경고 메시지는 개발 환경에서 일반적으로 나타나는 것으로, 지금은 무시해도 된다. 각 경고 메시지의 의미는 다음과 같다.

- 첫 번째 경고는 디버그 모드로 실행되고 있다는 내용으로, 프로덕션 환경에서는 릴리즈 모드로 전환하라는 권고이다. 하지만 개발 단계에서는 디버깅을 위해 디버그 모드를 사용해도 무방하다.
- 두 번째 경고는 프록시 설정에 대한 내용으로, 신뢰할 수 있는 프록시를 설정하지 않았다는 경고이다. 현재는 로컬 환경에서 개발 중이므로 이 경고도 무시해도 된다.

웹 서버를 실행했으면 웹 브라우저를 열고 http://localhost:8080에 접속해 보자. 다음처럼 표시되면 제대로 실행된 것이다.

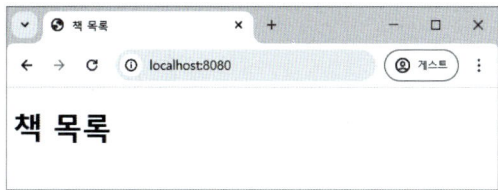

웹 브라우저에서 서버에 접속한 화면

▶ API 동작 확인하기

웹 브라우저에서 도서 목록은 확인할 수 있지만, 도서 정보를 저장하거나 수정, 삭제하는 주요 기능은 API로 요청해야 한다. 보통 API를 테스트할 때는 cURL이나 Postman이라는 도구를 사용할 수 있다. cURL은 명령 줄에서 URL을 다루기 위한 도구로, 다양한 프로토콜을 지원하며 HTTP 요청을 쉽게 보낼 수 있다. Postman은 API 개발과 테스트를 위한 GUI 기반의 도구로, HTTP 요청을 생성하고 응답을 확인할 수 있다.

cURL은 대부분의 운영체제에 기본으로 설치돼 있으므로 이 책에서는 cURL을 이용한다. 만약 윈도우에 cURL이 설치돼 있지 않거나 Postman을 사용하려면 각 홈페이지를 참조해 설치하자.

> cURL 설치는 명령 프롬프트에서 curl -V 명령어로 확인할 수 있다.

- cURL 설치: https://curl.se/windows/
- postman 설치: https://www.postman.com/downloads/

1. 도서 정보 생성

cURL을 사용하여 새로운 도서 정보를 추가해 보자. 먼저 웹 서버에 보낼 데이터를 create_request.json이라는 파일 이름으로 다음처럼 작성한다.

Do it! 도서 정보를 작성한 JSON 파일 ch18/book_api/create_request.json

```json
{
    "title": "Go 언어 프로그래밍",
    "author": "홍길동",
    "year": 2022
}
```

앞에서 만든 웹 서버가 실행 중인 상태에서 다음처럼 curl 명령어를 사용해 book_request.json의 데이터를 웹 서버로 보낸다. 이를 수신한 웹 서버는 새로운 도서 정보를 데이터베이스에 저장한다.

T 도서 정보 생성(윈도우 명령 프롬프트나 기타 셸에서 실행할 때)

```
> curl -X POST http://localhost:8080/api/books -H "Content-Type: application/json" -d @create_request.json
```

그러면 생성된 도서 정보가 응답으로 반환된다.

```json
{
  "ID":1,
  "CreatedAt":"2025-05-22T18:00:28.4422689+09:00",
  "UpdatedAt":"2025-05-22T18:00:28.4422689+09:00",
  "DeletedAt":null,
  "title":"Go 언어 프로그래밍",
  "author":"홍길동",
  "year":2022
}
```

만약 윈도우 파워셸(PowerShell)에서 요청을 보낼 때는 다음처럼 **Invoke-WebRequest** 명령어를 이용한다.

> 도서 정보 생성(윈도우 파워셸)

```
> Invoke-WebRequest -Uri "http://localhost:8080/api/books" -Method Post -Headers @
{"Content-Type"="application/json"} -InFile "book_request.json"
```

2. 도서 목록 조회

도서 목록을 조회하려면 다음과 같은 명령어를 이용한다. 그러면 저장된 모든 도서의 목록이 반환된다. 다음은 두 권의 도서 정보를 등록한 후에 조회한 결과다.

> 도서 목록 조회(윈도우 명령 프롬프트나 기타 셸에서 실행할 때)

```
> curl http://localhost:8080/api/books
[{"ID":1,   ... (생략) ...   "title":"Go 언어 프로그래밍","author":"홍길동","year":2022},{"ID":2, ... (생략) ...   "title":"Go 프로젝트 실습","author":"김철수","year":2022}]
```

> 도서 목록 조회(파워셸에서 실행할 때)

```
> Invoke-WebRequest -Uri "http://localhost:8080/api/books"
```

또는 다음처럼 웹 브라우저에서 확인할 수도 있다. 웹 브라우저에서 http://localhost:8080 에 접속하여 확인해 보자.

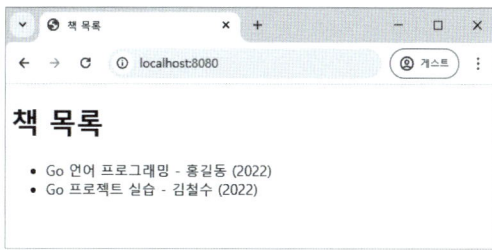

웹 브라우저를 통해 확인한 도서 목록

만약 특정 도서의 정보만 조회하고 싶다면 도서 아이디를 이용할 수 있다. 다음은 아이디가 1인 도서를 조회하는 예다.

단일 도서 조회(윈도우 명령 프롬프트나 기타 셸에서 실행할 때)

```
> curl http://localhost:8080/api/books/1
{"ID":1,  ... (생략) ...  "title":"Go 언어 프로그래밍","author":"홍길동","year":2022}
```

단일 도서 조회(파월셸에서 실행할 때)

```
> Invoke-WebRequest -Uri "http://localhost:8080/api/books/1"
```

4. 도서 정보 수정

등록된 도서 정보를 수정하려면 PUT 요청을 사용해야 한다. 먼저 수정할 데이터를 담은 update_request.json 파일을 생성해 보자.

Do it! 수정할 도서 정보를 작성한 JSON 파일 · ch18/book_api/update_request.json

```json
{
    "title": "Go 프로그래밍 완벽 가이드",
    "author": "이몽룡",
    "year": 2023
}
```

이제 아이디가 1번인 도서 정보를 방금 작성한 update_request.json의 도서 정보로 수정해 보자.

도서 정보 수정(윈도우 명령 프롬프트나 기타 셸에서 실행할 때)

```
> curl -X PUT http://localhost:8080/api/books/1 -H "Content-Type: application/json" -d @update_request.json
{"ID":1,   ... (생략) ...   "title":"Go 프로그래밍 완벽 가이드","author":"이몽룡","year":2023}
```

도서 정보 수정(윈도우 파워셸에서 실행할 때)

```
> Invoke-WebRequest -Uri "http://localhost:8080/api/books/1" -Method Put -Headers @{"Content-Type"="application/json"} -InFile "update_request.json"
```

5. 도서 정보 삭제

도서 정보를 삭제하려면 DELETE 요청을 사용하면 된다. 다음 명령어로 아이디가 1인 도서를 삭제해 보자.

> **도서 정보 삭제(윈도우 명령 프롬프트나 기타 셸에서 실행할 때)**

```
> curl -X DELETE http://localhost:8080/api/books/1
{"message":"책이 삭제되었습니다."}
```

> **도서 정보 수정(윈도우 파워셸에서 실행할 때)**

```
> Invoke-WebRequest -Uri "http://localhost:8080/api/books/1" -Method Delete
```

6. 로그 확인하기

지금까지 API 요청을 통해 도서 정보를 생성하고 읽고 수정하고 삭제하는 CRUD 기능을 실습해 보았다. 이렇게 API를 호출하면 서버상에서 접속 로그가 나타나는 것을 확인할 수 있다. 이런 기능은 웹 서버를 유지하고 관리할 때 유용한데, 사용자들의 웹 요청을 개별적으로 기록할 수 있어 트래픽을 모니터링하거나 긴급 이슈, 보안 문제 등에 대응하기가 한층 수월해진다. 다음은 서버에서 기록한 server.log 파일을 열어 본 모습이다.

> **server.log 파일 내용**

```
2025/05/22 17:46:34 서버 시작
2025/05/22 17:46:34 데이터베이스 초기화 완료
[GIN] 2025/05/22 - 18:00:28 | 201 |     21.0058ms |    ::1 | POST    "/api/books"
[GIN] 2025/05/22 - 18:01:35 | 201 |      9.1027ms |    ::1 | POST    "/api/books"
[GIN] 2025/05/22 - 18:01:47 | 200 |      1.0464ms |    ::1 | GET     "/"
[GIN] 2025/05/22 - 18:07:21 | 200 |            0s |    ::1 | GET     "/api/books"
[GIN] 2025/05/22 - 18:07:48 | 200 |            0s |    ::1 | GET     "/api/books"
[GIN] 2025/05/22 - 18:54:49 | 200 |       522.4µs |    ::1 | GET     "/api/books/1"
[GIN] 2025/05/22 - 19:02:20 | 200 |      9.4279ms |    ::1 | PUT     "/api/books/1"
[GIN] 2025/05/22 - 19:05:33 | 200 |      8.6511ms |    ::1 | DELETE  "/api/books/1"
```

▶ 오류 해결하기

프로그램을 실행하는 과정에서 발생할 수 있는 몇 가지 오류와 그 대처 방법을 알아보자.

1. server.log 또는 books.db 파일 관련 오류

"로그 파일을 열 수 없다" 또는 "데이터베이스 연결 실패" 등의 오류 메시지가 출력된다면 파일을 생성하거나 열 때 권한이 없거나 디스크 공간이 부족한 경우다. 이때는 다음처럼 조치할 수 있다.

- 해당 디렉터리에 쓰기 권한이 있는지 확인한다.
- 디스크 공간이 충분한지 확인한다.
- 파일 경로가 올바른지 확인한다.

2. API 요청 시 404 또는 500 오류 발생

라우트 설정이 잘못되었거나 컨트롤러 함수에서 오류가 발생한 경우다. 다음의 조치를 통해 해결해 보자. 만약 404 오류가 발생했다면 요청한 주소가 올바른지도 확인해야 한다.

- 라우트 설정이 올바른지 확인한다.
- 컨트롤러 함수에서 오류 처리가 제대로 되었는지 확인한다.
- 서버 로그(server.log)를 확인하여 오류 내용을 파악한다.

3. 웹 브라우저에 웹 페이지가 표시되지 않는 경우

만약 웹 브라우저에 웹 페이지가 표시되지 않으면 템플릿 파일이 없거나 경로가 잘못된 경우다. 다음의 항목들을 점검해 보자.

- templates 디렉터리에 index.html 파일이 있는지 확인한다.
- r.LoadHTMLGlob("templates/*")에서 경로 설정이 올바른지 확인한다.

4. [ERROR] listen tcp :8080: bind: address already in use 오류

프로그램을 실행할 때 "listen tcp :8080: bind: address already in use" 같은 오류 메시지가 출력된다면, 이미 8080 포트를 사용 중이이라는 뜻이다. 중복된 포트를 사용할 수 없으므로 다음 항목들을 확인하고 조치하자.

- 포트 번호를 변경하여 서버를 실행한다. 예를 들어 r.Run(":8081")로 변경하여 8081 포트를 사용한다.
- 이전에 실행한 서버가 아직 종료되지 않았을 수 있다. 서버가 실행 중인 명령 프롬프트에서 Ctrl+C를 눌러 서버를 중단한다.
- 다른 프로그램이 8080 포트를 사용 중인지 확인하고 운영체제에 따라 해당 프로세스를 찾아서 종료한다.

▶ 전체 코드 검토하기

앞에서 작성한 도서 정보 관리 API의 코드를 기능별로 자세히 들여다 보자. 이 코드는 21장에서도 활용되므로 각 단계의 의미를 잘 이해해야 한다.

1. 데이터베이스 초기화

데이터베이스를 사용하기 위해서 SQLite 데이터베이스 파일의 위치를 지정하고 생성한다. 이때 데이터 형태와 구조를 스키마schema 형태로 정의해야 한다.

database.go 파일 내용

```go
package database

import (
    "book_api/models"
    "log"

    "github.com/glebarez/sqlite"
    "gorm.io/gorm"
)

var DB *gorm.DB

func InitDB() {
    var err error
    DB, err = gorm.Open(sqlite.Open("books.db"), &gorm.Config{})
    if err != nil {
        log.Fatal("데이터베이스 연결 실패:", err)
    }

    // 마이그레이션 수행
    DB.AutoMigrate(&models.Book{})
    log.Println("데이터베이스 초기화 완료")
}
```

이 코드에서 담당하는 기능은 다음과 같다.

- **데이터베이스 연결:** gorm.Open() 함수를 사용하여 SQLite 데이터베이스를 연다. books.db 파일이 생성되며 여기에 데이터가 저장된다.
- **마이그레이션 수행:** DB.AutoMigrate(&models.Book{})를 호출하여 Book 모델에 해당하는 테이블을 생성한다.
- **로그 기록:** 데이터베이스 초기화 완료 메시지를 로그에 기록한다.

마이그레이션migration이란 데이터베이스의 자료 구조 개념에 해당하는 스키마를 코드로 관리하여 데이터베이스 구조를 자동으로 생성하거나 수정하는 과정을 말한다. 이를 통해 개발자는 표준 질의문(SQL)을 직접 작성하지 않고도 데이터베이스 구조를 변경할 수 있다.

2. 모델 정의

모델model은 **애플리케이션의 데이터 구조를 정의하고 데이터베이스와 상호 작용하는 역할**을 한다. 모델을 통해 데이터베이스의 테이블 구조를 코드로 표현하고 관리할 수 있다.

통상적으로 모델이라는 개념은 MVC^{Model-View-Controller} 아키텍처에서 사용되는데, 사용자의 입력을 처리하는 부분(컨트롤러)과 데이터의 구조를 정의하는 부분(모델), 그리고 처리된 결과를 보여 주는 부분(뷰)으로 나눠 개발하는 것을 의미한다.

book.go 파일 내용

```go
package models

import "gorm.io/gorm"

type Book struct {
    gorm.Model
    Title  string `json:"title"`
    Author string `json:"author"`
    Year   int    `json:"year"`
}
```

Book은 도서 정보를 담는 구조체다. `gorm.Model`을 임베딩하여 `ID`, `CreatedAt`, `UpdatedAt`, `DeletedAt` 필드를 포함한다. 그리고 `Title`, `Author`, `Year` 필드를 추가로 정의한다. 각 필드에 `` `json:"필드명"` `` 형태로 태그를 지정하여 JSON 직렬화와 역직렬화 때 사용할 필드명을 지정한다.

구조체 태그

Go 언어의 구조체 필드에는 구조체 태그struct tag라는 추가 정보를 문자열 형태로 부여할 수 있다. 이 태그는 필드 선언 바로 뒤에 역따옴표backtick(`)로 감싸서 작성한다. 구조체 태그는 코드 자체의 동작에는 영향을 주지 않지만, 특정 라이브러리나 패키지가 런타임에 이 정보를 읽어 필드를 처리하는 방식을 제어하는 데 사용된다. 즉, **필드에 대한 메타데이터를 정의하는 방법**이다.

구조체 태그는 다양한 목적으로 활용된다. 대표적인 예시는 다음과 같다.

- JSON 직렬화/역직렬화: encoding/json 패키지가 구조체 필드와 JSON 키를 어떻게 매핑할지 지정한다 (json:"...").
- 데이터베이스 매핑(ORM): GORM과 같은 ORM 라이브러리가 구조체 필드를 데이터베이스 테이블의 컬럼과 어떻게 연결하고 처리할지 정의한다(gorm:"...", db:"...").
- 데이터 유효성 검사: 필드값이 특정 규칙(예 필수 값, 이메일 형식)을 만족하는지 검사하는 라이브러리에서 사용된다(validate:"...").

구조체 태그 예시

```go
type UserInfo struct {
    UserID   int    `json:"id"`              // JSON에서는 "id" 키로 처리
    UserName string `json:"name,omitempty"`  // 값이 비어 있으면 JSON에서 생략
    Password string `json:"-"`               // JSON 처리에서 이 필드는 항상 제외
}
```

예시에서 `UserID` 필드는 JSON에서 "id"라는 키와 매핑된다. `UserName` 필드는 `omitempty` 옵션이 있어 Go의 제로 값(문자열의 경우 "")일 때 결과 JSON에서 아예 생략된다. `Password` 필드는 `json:"-"` 태그를 사용하여 JSON으로 변환되거나 JSON에서 값을 받아올 때 완전히 무시된다. 이처럼 JSON 태그를 활용하면 구조체 필드명과 실제 외부 데이터 형식 간의 차이를 유연하게 처리할 수 있다.

다음은 조금 더 복합적으로 JSON 매핑 태그를 활용한 예다.

Do it! 복합적인 JSON 매핑을 위한 구조체 태그 활용

```go
import "encoding/json"
import "fmt"

type Address struct {
    Street string `json:"streetAddress"`
    City   string `json:"city"`
```

```go
}

type UserProfile struct {
    ID       int     `json:"userId"`
    Username string  `json:"username"`
    Email    string  `json:"email,omitempty"`     // 비어 있으면 생략
    IsAdmin  bool    `json:"isAdmin,string"`      // JSON에서는 "true"/"false" 문자열로 표현
    Bio      string  `json:"-"`                   // JSON 처리에서 제외
    Location Address `json:"locationInfo"`        // 중첩 구조체 매핑
}

func main() {
    profile := UserProfile{
        ID:       101,
        Username: "gopher",
        IsAdmin:  true,
        Bio:      "Go developer",
        Location: Address{
            Street: "123 Go St",
            City:   "Seoul",
        },
    }

    jsonData, err := json.MarshalIndent(profile, "", "  ")   // 보기 좋게 출력
    if err != nil {
        fmt.Println("JSON marshal error:", err)
        return
    }

    fmt.Println(string(jsonData))
}
```

▼

실행 결과

```
{
  "userId": 101,
  "username": "gopher",
  "isAdmin": "true",
  "locationInfo": {
    "streetAddress": "123 Go St",
    "city": "Seoul"
  }
}
```

이 코드를 실행하면 Bio 필드는 제외되고, Email 필드는 비어 있으므로 생략되며, IsAdmin 필드는 불리언 값이지만 string 태그 옵션으로 인해 문자열 "true"로, Location 필드는 locationInfo 키 아래 중첩된 JSON 객체로 출력된다.

이처럼 구조체 태그는 Go 언어의 강력한 기능 중 하나로, 다양한 라이브러리가 코드 변경 없이도 구조체 필드에 대한 추가 정보를 활용하여 유연하고 선언적인 방식으로 동작하도록 한다. 이후 GORM 데이터베이스 라이브러리를 다루는 단계에서 데이터베이스 스키마 매핑이나 유효성 등을 위해 구조체 태그를 사용할 것이다.

구조체 임베딩

10장에서 구조체 임베딩embedding을 통해 하나의 구조체 안에 다른 구조체를 포함할 수 있다는 것을 배웠다. 이를 이용하면 코드의 재사용성과 확장성을 높일 수 있다. 다른 객체지향 언어를 배운 독자라면 상속과 유사한 개념으로 이해할 수 있다.

구조체 임베딩의 특징은 다음과 같다.

- **익명 필드(anonymous field)**: 임베드할 구조체의 타입만 선언하고 필드 이름은 생략한다.
- **필드 승격(field promotion)**: 임베드된 구조체의 필드와 메서드를 외부 구조체에서 바로 접근할 수 있다.

예를 들어 다음 코드에서 Employee 구조체는 Person 구조체를 임베드하고 있다. 이렇게 하면 Employee 구조체는 Person의 필드 Name과 Age를 자신의 필드처럼 사용할 수 있다.

```go
type Person struct {
    Name string
    Age  int
}
type Employee struct {
    Person    // 구조체 임베딩
    Company string
}
```

다음 코드처럼 e.Name과 e.Age를 직접 접근할 수 있는 것은 구조체 임베딩을 통해 Person 구조체의 필드가 Employee 구조체에서 승격되었기 때문이다.

```go
e := Employee{
    Person: Person{
        Name: "홍길동",
```

```
        Age:  30,
    },
    Company: "ABC 회사",
}

fmt.Println(e.Name)      // "홍길동" 출력
fmt.Println(e.Age)       // 30 출력
fmt.Println(e.Company)   // "ABC 회사" 출력
```

다시 Book 구조체 정의로 돌아와서 gorm.Model은 GORM 라이브러리에서 제공하는 기본 모델로, 자주 사용되는 필드들을 포함하고 있다.

```
type Model struct {
    ID        uint              `gorm:"primaryKey"`
    CreatedAt time.Time
    UpdatedAt time.Time
    DeletedAt gorm.DeletedAt `gorm:"index"`
}
```

이를 임베드하여 Book 모델에 포함하면 기본적인 필드와 기능을 손쉽게 사용할 수 있다. 이로써 얻을 수 있는 효과를 정리하면 다음과 같다.

- **코드 재사용성 증가:** 공통으로 필요한 필드들을 별도로 선언하지 않고 임베딩을 통해 재사용할 수 있다.
- **일관성 유지:** 모든 모델에서 같은 필드 구조를 유지할 수 있다.
- **편의성:** GORM의 기능을 쉽게 활용할 수 있다.

주의할 점은 만약 임베드된 구조체와 외부 구조체에 같은 필드명이 있다면 외부 구조체의 필드를 우선시한다. 필요하면 필드명을 명시적으로 지정하여 충돌을 피할 수 있다.

3. 컨트롤러 구현

컨트롤러controller는 **클라이언트의 요청을 받아 모델과 상호 작용하여 필요한 데이터를 가져오거나 수정하고, 그 결과를 클라이언트에 응답**한다. 이때 요청의 유형에 따라 적절한 모델의 메서드를 호출하고 필요하면 데이터를 가공하여 응답한다.

book_controller.go 파일 내용

```go
package controllers

import (
    "book_api/database"
    "book_api/models"
    "net/http"

    "github.com/gin-gonic/gin"
)

func GetBooks(c *gin.Context) {
    var books []models.Book
    result := database.DB.Find(&books)
    if result.Error != nil {
        c.JSON(http.StatusInternalServerError, gin.H{"error": result.Error.Error()})
        return
    }
    c.JSON(http.StatusOK, books)
}

// 나머지 입력, 수정, 삭제 함수들도 유사하게 구현
```

GetBooks() 함수는 모든 도서 정보를 조회하여 JSON 형식으로 반환한다. 오류가 발생하면 HTTP 500 상태 코드와 오류 메시지를 반환한다. 성공하면 HTTP 200 상태 코드와 도서 목록을 반환한다.

나머지 GetBookByID(), CreateBook(), UpdateBook(), DeleteBook() 함수도 유사한 방식으로 구현된다. 각 함수에서는 요청을 처리하고 적절한 응답을 반환한다. 그리고 오류 처리를 통해 안정성을 높인다.

4. 라우트 설정

라우팅routing은 **클라이언트의 요청 URL을 해석하여 해당 요청을 처리할 함수를 결정**하는 것이다. 이를 통해 서버는 다양한 경로의 요청에 적절하게 응답할 수 있다.

> routes.go 파일 내용

```
package routes

import (
    "book_api/controllers"

    "github.com/gin-gonic/gin"
)
func SetupRoutes(r *gin.Engine) {
    r.LoadHTMLGlob("templates/*")

    r.GET("/", controllers.ShowIndexPage)

    api := r.Group("/api")
    {
        api.GET("/books", controllers.GetBooks)
        api.GET("/books/:id", controllers.GetBookByID)
        api.POST("/books", controllers.CreateBook)
        api.PUT("/books/:id", controllers.UpdateBook)
        api.DELETE("/books/:id", controllers.DeleteBook)
    }
}
```

이 코드에서는 먼저 `r.LoadHTMLGlob("templates/*")`를 사용하여 템플릿 파일을 불러온다. 템플릿이란 HTML 파일에서 동적으로 데이터를 삽입할 수 있도록 하는 문서다. 이를 통해 동적인 웹 페이지를 생성할 수 있다.

그런 다음에 웹 페이지 라우트를 설정한다. / 경로로 접속하면 `controllers.ShowIndexPage()` 함수를 호출하여 웹 페이지를 렌더링한다. 그리고 /api 그룹을 만들어 API 라우트를 설정한다. 각 경로에 따라 처리를 담당할 핸들러 함수를 지정한다.

5. 웹 페이지 구현

`ShowIndexPage()` 함수는 데이터베이스에서 모든 도서를 조회한다. 그리고 `c.HTML()` 메서드를 사용하여 index.html 템플릿을 렌더링하고 Books 데이터를 전달한다.

web_controller.go 파일 내용

```go
package controllers

import (
    "book_api/database"
    "book_api/models"
    "net/http"

    "github.com/gin-gonic/gin"
)
func ShowIndexPage(c *gin.Context) {
    var books []models.Book
    database.DB.Find(&books)

    c.HTML(http.StatusOK, "index.html", gin.H{
        "Books": books,
    })
}
```

6. 템플릿 파일

이 파일에서는 템플릿 구문을 사용하여 {{range .Books}}부터 {{end}}까지 범위에서 Books 슬라이스를 순회한다. 그리고 {{.Title}}, {{.Author}}, {{.Year}}를 사용하여 각 도서의 정보를 웹 페이지에 출력한다.

index.html 파일 내용

```html
<!DOCTYPE html>
<html>
<head>
    <title>책 목록</title>
</head>
<body>
    <h1>책 목록</h1>
    <ul>
        {{range .Books}}
        <li>{{.Title}} - {{.Author}} ({{.Year}})</li>
        {{end}}
    </ul>
</body>
</html>
```

Go 언어의 표준 라이브러리인 html/template 패키지를 사용하여 템플릿을 렌더링할 수 있다. Gin 프레임워크는 이를 쉽게 사용할 수 있도록 지원한다. 그 과정을 요약하면 다음과 같다.

- LoadHTMLGlob("templates/*") 메서드로 templates 디렉터리의 모든 템플릿 파일을 불러온다.
- c.HTML() 메서드를 사용하여 템플릿을 렌더링하고 데이터를 전달한다.
- 템플릿 파일에서는 {{ }} 구문을 사용하여 데이터를 출력하거나 제어 구조를 사용할 수 있다.
- 템플릿 구문에서 점(.)은 현재 객체를 의미한다. 예 {{.Title}} → 현재 객체에서 Title 필드

7. 메인 함수

main() 함수에서는 로그 파일 설정, 데이터베이스 초기화, Gin 엔진 생성과 미들웨어 설정, 라우트 설정, 서버 실행 등을 수행한다.

main.go 파일 내용

```go
package main

import (
    "book_api/database"
    "book_api/routes"
    "log"
    "os"

    "github.com/gin-gonic/gin"
)

func init() {
    // 로그 파일 설정
    file, err := os.OpenFile("server.log", os.O_CREATE|os.O_WRONLY|os.O_APPEND, 0666)
    if err != nil {
        log.Fatal("로그 파일을 열 수 없습니다:", err)
    }
    log.SetOutput(file)
    log.Println("서버 시작")
}

func main() {
    // 데이터베이스 초기화
    database.InitDB()

    // Gin 엔진 생성
    r := gin.New()
```

```
	// 로깅와 오류 복구 미들웨어 추가
	r.Use(gin.LoggerWithWriter(log.Writer()))
	r.Use(gin.Recovery())

	// 라우트 설정
	routes.SetupRoutes(r)

	// 서버 실행
	r.Run(":8080")
}
```

먼저 `init()` 함수에서 `os.OpenFile()` 함수를 사용하여 server.log 파일을 열거나 생성한다. 로그 파일은 0666 권한(모든 사용자에게 읽기/쓰기 권한 부여)으로 생성되며 이는 모든 사용자에게 읽기와 쓰기 권한을 부여한다. 그리고 `database.InitDB()` 함수를 호출하여 데이터베이스를 초기화한다.

이어서 `gin.New()`를 사용하여 엔진을 생성하고 로깅과 오류 복구 미들웨어를 설정한다. 미들웨어middleware란 요청과 응답 사이에서 특정한 기능을 수행하는 함수를 말한다. 예를 들어 요청 로깅, 인증 처리 등이 있다.

그런 다음 `routes.SetupRoutes(r)` 함수를 호출하여 라우트를 설정하고, `r.Run(":8080")`을 호출하여 8080 포트에서 서버를 실행한다.

이 장의 핵심 요약

이번 장에서는 지금까지 학습한 개념들을 종합하여 실제 동작하는 두 가지 애플리케이션을 구현해 보았다. 첫 번째는 파일 입출력과 동시성 프로그래밍, 로깅, 그리고 예외 처리 기능을 활용한 '할 일 관리 애플리케이션'으로, 사용자가 할 일을 입력하면 입력된 정보가 고루틴과 채널을 통해 비동기로 파일에 기록되며, 동시에 메모리에 저장된 할 일 목록을 읽어와 화면에 출력한다. 이 과정에서 뮤텍스와 WaitGroup을 통해 동시성 문제를 해결하고, 로그 파일을 작성해 애플리케이션의 동작 과정을 기록함으로써 프로그램의 안정성을 확보하는 방법을 알 수 있었다.

두 번째는 웹 애플리케이션 개발을 통해 RESTful API 서버를 구축해 보았다. Gin 프레임워크를 기반으로 도서 정보를 관리하는 API를 구현했으며, 데이터베이스 연결과 모델 정의, 컨트롤러 작성, 라우트 설정, 그리고 템플릿을 통한 웹 페이지 렌더링까지 전 과정을 다루었다. 또한 이 애플리케이션은 GORM과 SQLite를 활용하여 데이터를 영구 저장하면서 CRUD 기능을 제공하고, 로깅과 예외 처리를 통해 안정적인 서버 운영 환경을 구성하는 방법을 활용했다.

이번 장은 실무에서 요구하는 모듈화와 구조화, 유지·보수성이 뛰어난 애플리케이션 개발 방법을 직접 경험하면서 Go의 다양한 기능을 활용하는 방법을 학습하는 과정이었다. 20장에서는 이번에 만든 웹 애플리케이션 프로젝트를 개선하는 과정을 다룰 예정이다.

19
테스팅

코드를 작성할 때 항상 정확하게 동작한다고 가정하지만, 현실은 그렇지 않다. 프로그램에는 크고 작은 오류가 생길 수 있고 이러한 오류는 사용자 경험을 망치거나 서비스의 신뢰를 떨어뜨릴 수 있다. 이를 방지하기 위해 개발자는 작성한 코드가 제대로 작동하는지 확인해야 하는데 이 과정에서 테스팅이 중요한 역할을 한다.

이번 장에서는 테스트가 무엇인지 왜 중요한지 살펴본 다음, Go 언어를 활용해 간단한 테스트를 작성하고 실행하는 방법을 배운다.

19-1 ▶ 테스트를 왜 해야 할까?
19-2 ▶ 단위 테스트
19-3 ▶ 단언문
19-4 ▶ 테스트 커버리지
19-5 ▶ 모킹과 스터빙

19-1 | 테스트를 왜 해야 할까?

테스팅은 **소프트웨어가 요구 사항을 충족하고 의도한 대로 동작하는지 검증하는 과정**이다. 이를 통해 코드는 더 안정적이고 신뢰할 수 있는 상태로 다듬어진다. 하지만 테스팅은 단순히 결함을 찾아내는 과정이 아니다. 테스팅의 본질은 코드가 설계대로 동작하며 이후 변경에도 안정성을 유지할 수 있다는 확신을 개발자와 팀에게 제공하는 데 있다.

소프트웨어는 테스팅을 통해 다음과 같은 효과를 얻을 수 있다.

- **코드 품질 보장:** 작성된 코드가 예상대로 작동하는지 확인한다.
- **유지·보수 용이성:** 기존 코드에 새로운 기능을 추가하거나 변경했을 때, 기존 기능이 영향을 받지 않는지 확인할 수 있다.
- **사용자 신뢰성 확보:** 오류가 적은 소프트웨어는 사용자에게 더 높은 신뢰를 얻는다.

테스팅은 마치 비행기를 제작하는 과정에서 이루어지는 철저한 품질 검증과 같다. 비행기가 안전하게 날려면 모든 부품이 설계대로 작동해야 하며, 변화하는 환경에서도 안정성을 유지해야 한다. 테스팅은 소프트웨어의 '안전한 비행'을 보장하기 위한 과정이다.

하지만 테스팅을 단순히 결함을 발견하는 도구로 여기는 것은 마치 조명이 꺼진 방에서 물건을 찾는 것과 같다. 테스팅은 단순히 어둠 속에서 문제를 밝혀내는 것이 아니라, 방의 조명을 켜서 모든 것을 명확히 볼 수 있게 만드는 과정이다.

따라서 테스팅은 문제를 '찾는' 것이 아니라, 프로그램이 문제없이 동작한다는 '확신'을 주는 과정이다. 소프트웨어 공학의 거장 마틴 파울러^{Martin Fowler}가 말했듯이, 테스팅의 진짜 가치는 결함을 발견하는 데 있는 것이 아니라, 코드가 설계된 대로 안정적으로 작동한다는 신뢰를 제공하는 데 있다.

지금까지 배운 프로그래밍 개발 방법을 적용할 때 마주할 수 있는 오류를 생각해 보자.

- **컴파일 오류:** 빌드 시점에 코드 구조나 문법 오류를 감지한다.
- **런타임 오류:** 실행 중에만 발생하며 미리 감지하기 어렵다.
- **논리 오류:** 코드가 실행되지만 결과가 예상과 다르다.

특히 런타임 오류와 논리 오류는 프로그램의 신뢰도를 크게 떨어뜨릴 수 있다. 테스팅을 통해 이러한 문제를 미리 검증하면 실제 서비스에서 발생할 수 있는 문제를 사전에 방지할 수 있다.

19-2 | 단위 테스트

단위 테스트는 **프로그램의 단위가 독립적으로 올바르게 동작하는지를 검증하는 과정**이다. 여기서 단위란 프로그램을 구성하는 최소 단위인 함수를 의미한다. 단위 테스트는 작은 부분을 세밀하게 검증함으로써 코드 변경으로 인한 오류를 조기에 발견할 수 있다. 단위 테스트는 검증의 기본이자 출발점으로, 코드의 안정성과 품질을 확보하는 첫걸음이 된다.

예를 들어 두 수를 더하는 함수 Add()를 대상으로 단위 테스트를 수행하는 과정을 살펴보자.

Do it! 두 수를 더하는 Add() 함수　　　　　　　　　　　ch19/unittest/add.go

```go
01: package main
02:
03: func Add(a, b int) int {
04:     return a + b
05: }
```

이 함수가 정말로 올바르게 동작하는지 확인하려면 단위 테스트를 작성해야 한다. Add() 함수를 add.go 파일에 정의했으므로 이를 검증하는 테스트 코드는 add_test.go 파일에 작성한다. Go 언어에서 **테스트 파일의 이름은 반드시 '_test.go'로 끝나야 하며, 테스트 함수는 'Test'로 시작해야 한다**는 규칙이 있다.

Do it! Add() 함수 테스트 코드　　　　　　　　　　　ch19/unittest/add_test.go

```go
01: package main
02:
03: import "testing"
04:
05: func TestAdd(t *testing.T) {
06:     result := Add(2, 3)
07:     if result != 5 {
08:         t.Errorf("Expected 5, but got %d", result)
09:     }
10: }
```

테스트 코드까지 작성했으면 터미널에서 ch19/unittest 디렉터리로 이동한 후에 다음 명령어로 Go 모듈을 초기화한다(이미 했으면 생략).

T 모듈 초기화

```
ch19\unittest> go mod init unittest
go: creating new go.mod: module unittest
go: to add module requirements and sums:
        go mod tidy
```

그런 다음 `go test` 명령어로 테스트를 수행한다. 테스트 결과는 `TestAdd()` 함수가 단위 테스트에 성공적으로 통과했음을 알려 준다.

T 테스트 수행

```
ch19\unittest> go test -v ./...
=== RUN TestAdd
--- PASS: TestAdd (0.00s)
PASS
ok      unittest    0.337s
```

단위 테스트는 프로그램을 구성하는 가장 작은 단위인 함수를 대상으로 그 동작을 테스트하므로 가장 작은 단위부터 서서히 확장하며 테스트를 구성할 수 있다. 예를 들어 `Mul()` 함수가 `Add()` 함수를 이용해서 곱셈을 한다고 가정하고 다음과 같은 코드를 작성해 보자.

Do it! 두 수를 곱하는 Mul() 함수　　　　　　　　　　　　　　　　ch19/unittest/mul.go

```
01: package main
02:
03: func Mul(a, b int) int {
04:     result := 0
05:     for i := 0; i < b; i++ {
06:         result = Add(result, a)
07:     }
08:     return result
09: }
```

Mul() 함수는 Add() 함수를 반복 호출하여 매개변수로 전달받은 a와 b의 곱을 계산한다. 그렇다면 Mul() 함수가 올바르게 동작하는지 테스트해야 한다. 다음 테스트 코드는 Mul() 함수의 다양한 입력값에 대해 예상되는 결과를 확인한다.

Do it! Mul() 함수 테스트 코드 ch19/unittest/mul_test.go

```
01: package main
02:
03: import "testing"
04:
05: func TestMul(t *testing.T) {
06:     result := Mul(2, 3)
07:     if result != 6 {
08:         t.Errorf("Expected 6, but got %d", result)
09:     }
10:
11:     result = Mul(5, 0)
12:     if result != 0 {
13:         t.Errorf("Expected 0, but got %d", result)
14:     }
15: }
```

실행 결과 | 테스트 수행

```
ch19/unittest> go test -v ./...
=== RUN    TestAdd
--- PASS: TestAdd (0.00s)
=== RUN    TestMul
--- PASS: TestMul (0.00s)
PASS
ok      unittest    0.225s
```

단위 테스트는 코드의 가장 작은 단위부터 시작해 점차 더 복잡한 동작으로 확장하며 프로그램의 신뢰성을 높이는 과정이다. 이런 방식을 흔히 상향식 개발^{bottom-up development}이라고 하며, 기초 함수부터 테스트를 작성하여 점차 상위 계층의 동작을 검증해 나가는 방법이다.

다음 그림은 Mul() 함수가 Add() 함수를 활용하는 상황에서 단위 테스트의 관계를 살펴볼 수 있다.

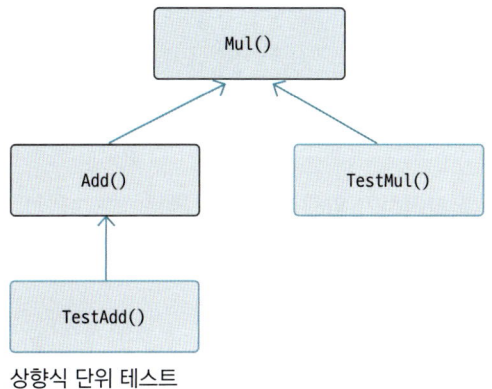

상향식 단위 테스트

이처럼 기초 함수부터 테스트를 작성하는 상향식 접근법은 다음과 같은 장점이 있다.

모듈화된 디버깅 — 하위 구성 요소가 철저히 검증되었으므로 상위 구성 요소에서 문제가 발생했을 때 디버깅 범위를 좁힐 수 있다. 예를 들어 Mul()에 대한 단위 테스트가 실패하고 Add()에 대한 단위 테스트는 성공했다고 가정해 보자. 그러면 Add() 함수에는 문제가 없고 Mul() 함수 내의 반복 로직이나 Add() 함수의 호출 방식에 문제가 있을 가능성이 높다.

재사용성 확인 — 기초 함수가 잘 작성되었다면 다른 함수에서도 재사용할 수 있으며 똑같은 신뢰성을 유지한다.

설계 품질 개선 — 상향식 접근은 하위 구성 요소를 먼저 설계하게 함으로써 자연스럽게 모듈화되고 재사용할 수 있는 코드를 작성하도록 유도한다.

19-3 | 단언문

단언문^{assertion}은 **테스트 코드에서 프로그램의 결과를 확인하기 위해 사용하는 구문**이다. 단언문은 "이 값은 이러해야 한다"는 조건을 명확히 정의하고, 조건이 충족되지 않으면 테스트를 실패로 간주한다.

테스팅에서 단언문은 핵심 도구다. 개발자가 초기에 저지르기 쉬운 실수 중에 "이 값은 올바를 것이다", "이 함수는 항상 정상으로 동작할 것이다"라고 가정하는 경우가 있다. 그러나 안타깝게도 현실에서는 가정대로 흘러가지 않을 때도 있다. 단언문은 이러한 가정을 검증함으로써 코드를 신뢰할 수 있는 상태로 만들어 준다.

예를 들어 다음 코드에서 `ProcessInput()` 함수는 입력 문자열이 비었으면 -1을 반환하고, 그렇지 않으면 문자열의 길이를 반환한다.

Do it! ProcessInput() 함수　　　　　　　　　　　　　　　ch19/assertions/input.go

```go
01: package main
02:
03: func ProcessInput(input string) int {
04:     if input == "" {
05:         return -1
06:     }
07:     return len(input)
08: }
```

다음은 `ProcessInput()` 함수를 테스트하는 단언문을 작성한 예다.

Do it! ProcessInput() 함수 테스트 코드　　　　　　　　　　ch19/assertions/input_test.go

```go
01: package main
02:
03: import "testing"
04:
05: func TestProcessInput(t *testing.T) {
06:     result := ProcessInput("")
07:     if result != -1 {    // 빈 문자열 입력에 대한 단언문
```

```
08:            t.Errorf("Expected -1 for empty input, but got %d", result)
09:        }
10:
11:     result = ProcessInput("hello")
12:     if result != 5 {    // "hello" 문자열 입력에 대한 단언문
13:            t.Errorf("Expected 5 for input 'hello', but got %d", result)
14:        }
15: }
```

> **실행 결과** | 테스트 수행

```
ch19/assertions> go mod init assertions
go: creating new go.mod: module assertions
go: to add module requirements and sums:
        go mod tidy
ch19/assertions> go test -v ./...
=== RUN   TestProcessInput
--- PASS: TestProcessInput (0.00s)
PASS
ok      assertions      0.355s
```

이 테스트는 두 가지 가정을 검증한다. 첫 번째는 빈 입력값이 주어지면 함수는 -1을 반환해야한다. 두 번째는 'hello'라는 입력값이 주어지면 함수는 문자열의 길이인 5를 반환해야 한다. 여기서 알 수 있는 단언문의 역할은 다음과 같다.

가정 검증 — "이 값은 ~할 것이다"라는 가정을 실제로 확인한다. 예를 들어 result != -1을 통해 빈 문자열의 결과를 검증한다.

문제 명확화 — 테스트가 실패했을 때 실패의 원인을 구체적으로 알려준다. 예를 들어 다음 코드의 오류 메시지는 결괏값이 잘못되었음을 정확하게 설명한다.

```
if result != 5 {
    t.Errorf("Expected 5, but got %d", result)
}
```

코드 단순화 — 단언문을 통해 코드의 상태를 명확하게 확인하므로 디버깅 과정에서 불필요한 출력문이나 복잡한 검증 코드를 줄일 수 있다.

필자는 코드에 유효성 문제나 오류 상황이 거의 발생하지 않는다고 해도 이를 가정하지 말고 단언문으로 방어 로직을 포함하라고 권한다.

예를 들어 단언문은 코드를 작성할 때 **불필요한 가정과 중복을 줄이는 데 도움**을 준다. 다음은 단언문 없이 작성한 코드와 단언문을 사용한 코드를 비교한 예다. 먼저 단언문이 없는 코드를 보자.

Do it! 단언문 미사용 ch19/assertions/without_assertion.go

```
01: package main
02:
03: import "fmt"
04:
05: func AddPositiveNumbers(a, b int) int {
06:     if a < 0 || b < 0 {
07:         fmt.Println("Error: Negative numbers are not allowed")
08:         return 0
09:     }
10:     return a + b
11: }
```

단언문을 사용한 코드는 다음과 같다. 이 단언문은 함수의 매개변수로 음수가 전달되면 프로그램이 패닉panic을 일으키도록 한다.

Do it! 단언문 사용 ch19/assertions/with_assertion.go

```
01: package main
02:
03: func AddPositiveNumbersWithAssertion(a, b int) int {
04:     if a < 0 || b < 0 {
05:         panic("Negative numbers are not allowed")
06:     }
07:     return a + b
08: }
```

단언문을 통해 음수 값은 올바르지 않다는 가정을 명시적으로 표현하고 테스트로 확인할 수 있다. 이러한 테스트 코드는 다음과 같다.

> **Do it!** 테스트 코드　　　　　　　　　　　　　　　　　　　　📄 ch19/assertions/add_test.go

```go
01: package main
02:
03: import "testing"
04:
05: func TestAddPositiveNumbers(t *testing.T) {
06:     result := AddPositiveNumbersWithAssertion(5, 3)
07:     if result != 8 {
08:         t.Errorf("Expected 8, but got %d", result)
09:     }
10:
11:     defer func() {
12:        if r := recover(); r == nil {
13:             t.Errorf("Expected panic for negative input, but got no panic")
14:        }
15:     }()
16:     AddPositiveNumbersWithAssertion(-5, 3)
17: }
```

▼

> **실행 결과 |** 테스트 수행

```
ch19/assertions> go test -v ./...
=== RUN   TestAddPositiveNumbers
--- PASS: TestAddPositiveNumbers (0.00s)
=== RUN   TestProcessInput
--- PASS: TestProcessInput (0.00s)
PASS
ok      assertions    0.391s
```

단언문은 마치 자동차 보험과 같다. 사고가 발생하지 않으면 좋겠지만, **만일의 경우에 대비해 문제를 즉시 해결할 수 있는 장치를 마련해 두는 것**이다. 단언문이 없다면 예상치 못한 순간에 문제가 발생할 수 있다. 따라서 "이 값이 올바를 것이다"라고 가정하는 대신, 단언문을 사용해 실제로 확인하자. 이를 통해 코드의 신뢰성을 높이고 예기치 않은 문제를 조기에 발견할 수 있다.

19-4 | 테스트 커버리지

소프트웨어에 테스팅을 적용하면 결함을 줄이고 신뢰성을 높일 수 있다는 사실을 배웠다. 하지만 어두운 밤에 불빛을 비추면 불빛 근처만 환해지듯이, 소프트웨어에 테스팅을 적용하더라도 검증한 부분에 대해서만 결함 여부를 확인할 수 있다. 따라서 소프트웨어에서 발생할 수 있는 모든 가능성을 테스트하지 않는다면 예기치 못한 결함으로 장애를 경험할 수 있다.

▶ 테스트 커버리지란?

테스트 커버리지test coverage는 **테스트 코드가 실제 소프트웨어를 얼마나 검증했는지를 나타내는 지표**다. 이를 통해 소프트웨어의 신뢰성을 판단할 수 있다. 테스트 커버리지는 단순히 숫자로 표현되는 달성해야 할 목표가 아니다. 코드의 어떤 부분이 검증되지 않았는지를 찾아내는 중요한 도구다.

테스트 커버리지는 다음과 같은 항목으로 분류할 수 있다.

- 라인 커버리지(line coverage): 테스트가 실행한 코드의 줄 수를 측정
- 분기 커버리지(branch coverage): 조건문에서 모든 분기가 실행되었는지를 측정
- 경로 커버리지(path coverage): 가능한 코드 실행 경로를 모두 검증했는지를 측정

예를 들어 다음과 같은 코드를 테스트한다고 가정해 보자. CheckEvenOdd() 함수는 num % 2의 결과가 0일 때, 즉 짝수일 때 Even을 반환하고, 그렇지 않고 홀수일 때는 Odd를 반환한다. if 문을 사용한 조건 분기에 따라 짝수와 홀수가 결정되는 구조다.

Do it! 짝수인지 판별하는 CheckEvenOdd() 함수  ch19/coverage/number.go

```go
01: package main
02:
03: func CheckEvenOdd(num int) string {
04:     if num%2 == 0 {
05:         return "Even"
06:     }
07:     return "Odd"
08: }
```

이 함수를 테스트하는 코드를 다음처럼 작성했다고 가정해 보자.

Do it! CheckEvenOdd() 함수 단위 테스트 　　　　ch19/coverage/number_test.go

```go
01: package main
02:
03: import "testing"
04:
05: func TestCheckEvenOdd(t *testing.T) {
06:     if CheckEvenOdd(2) != "Even" {
07:         t.Errorf("Expected 'Even', got something else")
08:     }
09: }
```

▼

실행 결과 | 테스트 수행

```
ch19/coverage> go mod init coverage
go: creating new go.mod: module coverage
go: to add module requirements and sums:
        go mod tidy
ch19/coverage> go test -v ./...
=== RUN   TestCheckEvenOdd
--- PASS: TestCheckEvenOdd (0.00s)
PASS
ok      coverage        0.369s
```

이 테스트 코드는 CheckEvenOdd(2) 함수를 호출하고 그 결괏값이 Even으로 나오는지 확인한다. 그런데 함수에 홀수가 입력되는 경우, 즉 num % 2 != 0 조건 분기는 테스트하지 않았다. 이처럼 테스트 코드가 담당하는 함수의 모든 조건 분기를 테스트하지 않으면 의도치 않은 버그나 예외 사항이 발생할 수 있다. 그렇다고 모든 분기를 테스트했는지 일일히 분석하고 읽는 것은 많은 시간과 실수가 발생하기 쉽다.

이런 상황에서 테스트 커버리지를 이용하면 테스트 함수가 검증한 대상 함수의 범위를 분석하여 테스트 코드를 작성할 때 참고할 수 있다.

▶ 테스트 커버리지 도구

커버리지 도구를 이용하면 테스트 코드가 동작할 때 실행하는 코드의 흐름을 추적하여 대상 함수의 기능을 어디까지 실행했는지를 보여 준다. 또한 대상 함수에서 실행한 코드와 전체 코드의 비율을 보여 줘서 테스트 코드의 신뢰성을 정량적으로 알 수 있다.

Go 언어에서는 go test 명령과 함께 --cover 플래그를 사용하면 기본적인 테스트 커버리지를 확인할 수 있다.

> **T 테스트 커버리지 사용**
>
> ```
> ch19/coverage> go test --cover -v ./...
> === RUN   TestCheckEvenOdd
> --- PASS: TestCheckEvenOdd (0.00s)
> PASS
> coverage: 66.7% of statements
> ok      coverage    0.256s    coverage: 66.7% of statements
> ```

커버리지 결과를 보면 'coverage: 66.7% of statements'라는 결과를 볼 수 있는데, 이는 테스트 대상의 전체 코드에서 66.7%가 테스트되었음을 의미한다. 이 수치를 커버리지라고 하며 테스트의 신뢰도를 측정하는 보조 지표로 사용한다. 또한 테스트에 의해 실행된 코드들을 '커버되었다(covered)'라고 표현한다.

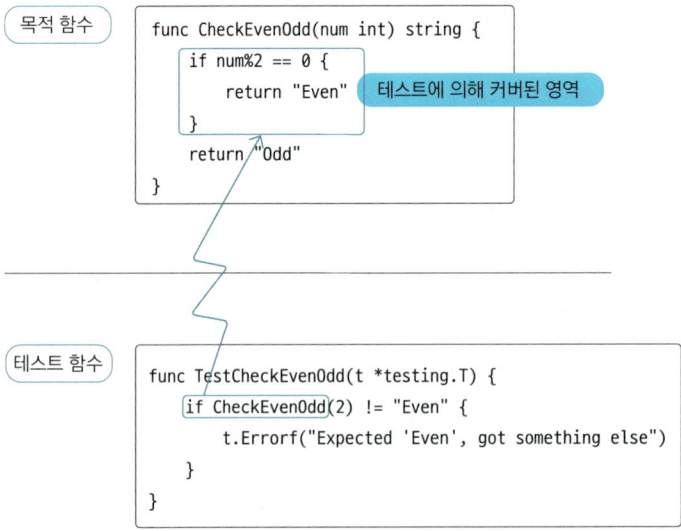

테스트 함수를 통한 대상 함수 커버 과정

한 가지 기억할 점은 테스트 커버리지가 높다고 해서 코드의 품질이 보장되는 것은 아니다. 무작정 테스트 커버리지를 100%로 맞추려고 하면 의미 없는 테스트가 작성될 수 있다. 중요한 것은 테스트 커버리지를 최대한 높이되, 핵심 로직이 충분히 검증되었는지를 확인하는 것이다.

▶ 커버리지 보고서 만들기

커버리지 도구를 이용하면 분석 결과를 터미널에서 보는 대신 웹 브라우저를 통해 볼 수 있도록 보고서를 만들 수 있다. 다음은 앞선 테스트의 커버리지 보고서를 HTML 문서로 만드는 예다. 두 명령어를 실행한 후에 HTML 문서를 열 웹 브라우저를 선택하면 테스트 커버리지 보고서를 확인할 수 있다.

T 테스트 커버리지 보고서 만들기

```
ch19/coverage> go test --coverprofile=coverage.out ./...
ok      coverage    0.230s   coverage: 66.7% of statements
ch19/coverage> go tool cover --html=coverage.out
```

```
coverage/number.go (66.7%)  not tracked  not covered  covered

package main

func CheckEvenOdd(num int) string {
    if num%2 == 0 {
        return "Even"
    }
    return "Odd"
}
```

웹 브라우저에서 커버리지 보고서를 보면 직관적으로 테스트의 검증 여부를 분석할 수 있다. 커버리지 보고서에서 초록색 코드는 테스트로 커버된 부분이고 붉은색은 커버되지 못한 것이다. 그리고 회색으로 된 영역은 정의부에 해당하여 테스트 대상에 포함되지 않은 코드다. 이는 커버 여부를 검증하지 않을 뿐더러 전체 코드 줄 수에도 포함하지 않으므로 커버리지율 계산에 사용되지 않는다.

소프트웨어 테스팅 원칙 가운데 "테스팅은 결함이 존재함을 밝히는 활동이다"라는 말처럼, 테스트 커버리지는 결함이 없다는 것을 증명하려고 사용하는 것이 아니라, 결함을 더 잘 찾기 위한 보조 지표로 사용하는 것이 좋다.

19-5 | 모킹과 스터빙

코드를 테스트하다 보면 프로그램이 외부 시스템에 의존할 때가 있다. 예를 들어 데이터베이스나 웹 API 같은 외부 요소는 직접 통제하기 어려운 경우가 많다. 이런 외부 시스템이 항상 준비되어 있지 않거나 테스트 중에 호출하기엔 시간이 오래 걸릴 수도 있다.

이때는 모방(Mock)하거나 대체(Stub)하는 방법을 사용할 수 있다. 모방하는 방법을 모킹 mocking, 대체하는 방법을 스터빙 stubbing이라고 한다. 두 방법은 실제 시스템 대신 **동작을 흉내 내는 가짜 객체를 만들어 빠르고 독립적인 테스트**를 가능하게 한다.

모킹은 테스트 대상의 외부 동작을 모방하여 특정 입력에 대해 예상되는 출력을 반환하는 가짜 객체를 생성한다. Mock 객체는 호출된 메서드와 그에 전달된 매개변수를 기록하여 검증에 사용할 수도 있다.

스터빙은 테스트 중 특정 의존성을 고정된 출력을 반환하는 객체로 대체하는 것이다. Stubs는 단순히 결과를 반환하는 역할만 하며 메서드 호출 이력을 추적하지는 않는다.

- **모킹**: 특정 입력에 대해 예상되는 출력을 반환하는 가짜 객체를 생성
- **스터빙**: 특정 의존성을 고정된 출력을 반환하는 객체로 대체

▶ 모킹을 활용한 테스팅

외부 API 클라이언트를 사용하는 프로그램과 이를 테스트하기 위해 Mock 객체를 사용하는 예를 살펴보자. 다음 코드는 외부 API에서 데이터를 가져오는 역할을 한다.

> **Do it!** 외부 API 클라이언트를 사용하는 프로그램　　　　　ch19/mocking/api_client.go

```go
01: package main
02:
03: import (
04:     "errors"
05:     "io"
06:     "net/http"
07: )
08:
09: type APIClient interface {
```

```
10:     FetchData(endpoint string) (string, error)
11: }
12:
13: type RealAPIClient struct{}
14:
15: func (c *RealAPIClient) FetchData(endpoint string) (string, error) {
16:     resp, err := http.Get(endpoint)
17:     if err != nil {
18:         return "", err
19:     }
20:     defer resp.Body.Close()
21:
22:     if resp.StatusCode != http.StatusOK {
23:         return "", errors.New("failed to fetch data")
24:     }
25:
26:     body, err := io.ReadAll(resp.Body)
27:     if err != nil {
28:         return "", err
29:     }
30:     return string(body), nil
31: }
```

이 코드를 테스트하려고 실제 API를 호출하면 환경에 따라 다음과 같은 문제가 발생할 수 있다.

- 네트워크 연결이 끊기면 테스트가 실패한다. 즉, 테스트 결과가 매번 달라질 수 있다.
- 외부 API의 속도가 느리면 테스트가 오래 걸린다.
- 테스트 실행 과정에서 실제 네트워크를 이용한다. 즉, 실행에 따른 비용이 다소 높다고 할 수 있다.

이제 Mock 객체를 사용해 테스트 환경에서 이러한 문제를 해결해 보자.

Do it! 모킹을 위한 가짜 객체 생성 ▸ ch19/mocking/mock_api_client.go

```
01: package main
02:
03: import "errors"
04:
05: // MockAPIClient는 테스트를 위한 가짜 객체이다.
06: type MockAPIClient struct{}
07:
```

```
08:
09: // FetchData는 고정된 데이터를 반환한다.
10: func (m *MockAPIClient) FetchData(endpoint string) (string, error) {
11:     if endpoint == "test/valid" {
12:         return "Mock Data", nil
13:     }
14:     return "", errors.New("invalid endpoint")
15: }
```

Mock 객체는 FetchData() 메서드에서 고정된 값을 반환한다. 이로써 외부 네트워크에 연결하지 않고도 테스트할 수 있다. 이제 Mock 객체를 사용하는 테스트 코드를 작성해 보자.

Do it! 모킹을 활용한 테스트 코드 · ch19/mocking/api_client_test.go

```
01: package main
02:
03: import "testing"
04:
05: func TestFetchData_Valid(t *testing.T) {
06:     client := &MockAPIClient{}
07:
08:     result, err := client.FetchData("test/valid")
09:     if err != nil {
10:         t.Errorf("Unexpected error: %v", err)
11:     }
12:     if result != "Mock Data" {
13:         t.Errorf("Expected 'Mock Data', got '%s'", result)
14:     }
15: }
16:
17: func TestFetchData_Invalid(t *testing.T) {
18:     client := &MockAPIClient{}
19:
20:     _, err := client.FetchData("test/invalid")
21:     if err == nil {
22:         t.Error("Expected error for invalid endpoint, got nil")
23:     }
24: }
```

> **실행 결과** | 테스트 수행

```
ch19/mocking> go mod init mocking
go: creating new go.mod: module mocking
go: to add module requirements and sums:
        go mod tidy
ch19/mocking> go test -v ./...
=== RUN   TestFetchData_Valid
--- PASS: TestFetchData_Valid (0.00s)
=== RUN   TestFetchData_Invalid
--- PASS: TestFetchData_Invalid (0.00s)
PASS
ok      mocking    0.374s
```

이 테스트에서는 Mock 객체를 통해 유효한 종단점endpoint에서 기대한 결과가 반환되는지, 잘못된 종단점에서 오류가 적절하게 발생하는지 등을 검증할 수 있다.

주목할 점은 이러한 과정에서 **실제 네트워크 호출이 발생하지 않도록 가짜 API 클라이언트 객체를 모방**함으로써, 로직의 동작은 테스트하되 불필요한 외부 상태(네트워크 연결, 운영체제 IO 호출)를 우회할 수 있다는 것이다.

모킹은 테스트 환경에서 외부 의존성을 통제할 수 있는 강력한 도구다. Mock 객체를 활용함으로써 테스트의 독립성과 안정성을 확보할 수 있으며, 외부 시스템의 제약을 받지 않고도 테스트를 반복해서 빠르게 수행할 수 있다.

모킹은 특히 다음과 같은 상황에서 매우 유용하며 테스트의 품질을 높이고 소프트웨어의 신뢰성을 확보할 수 있다.

- **외부 API 호출**: 외부 시스템에 요청을 보내는 코드의 동작을 검증할 때 모킹을 사용하면 네트워크 상태와 관계없이 테스트를 수행할 수 있다.
- **비결정적 결과**: 외부 시스템이 데이터를 동적으로 생성하거나 응답이 항상 일정하지 않을 때 Mock 객체는 고정된 출력을 제공하므로 테스트 결과를 예측할 수 있다.
- **비용 절감**: 외부 API 호출이 유료일 때 모킹은 테스트 실행 비용을 줄인다.

▶ 스터빙을 활용한 테스팅

스터빙stubbing은 **외부 의존성을 고정된 출력을 반환하는 객체로 대체**하는 테스트 기법이다. 스터빙은 호출된 동작에 대해 고정된 응답을 제공하며 동작 이력을 추적하거나 검증하지는 않는다.

모킹과 스터빙은 비슷해 보이지만, 목적과 사용 방식이 다르다. 모킹은 마치 연극 무대에서 배우가 서로 대사를 주고받으며 상대의 반응을 검증하는 과정과 같다. 반면에 스터빙은 배우가 아닌 단순히 대사를 녹음한 기계에 가깝다. 기계는 상대방의 질문에 따라 미리 녹음된 대답을 재생할 뿐, 그 질문이 적절했는지는 판단하지 않는다.

따라서 모킹과 스터빙의 주요한 차이점은 로직에 의한 상호 작용이 이루어졌는지, 단순히 출력을 반환하는지에 있다. 스터빙은 예상된 입력에 대해 고정된 출력을 제공하며 호출의 맥락이나 상호 작용에는 관여하지 않는다.

다음 코드는 RealDatabase 구조체를 통해 데이터를 관리하며 실제 환경에서 사용할 데이터를 처리한다. 하지만 이를 테스트하려면 데이터베이스 초기화나 상태 관리가 필요하므로 복잡해질 수 있다.

Do it! 스터빙 테스트 대상 코드 · ch19/stubbing/db.go

```go
01: package main
02: 
03: import "errors"
04: 
05: type Database interface {
06:     GetData(key string) (string, error)
07: }
08: 
09: type RealDatabase struct {
10:     data map[string]string
11: }
12: 
13: func (db *RealDatabase) GetData(key string) (string, error) {
14:     if value, exists := db.data[key]; exists {
15:         return value, nil
16:     }
17:     return "", errors.New("key not found")
18: }
```

이때 스터빙을 활용할 수 있다. **Stub**은 외부 의존성을 제거하고 미리 정의된 데이터를 반환하는 간단한 대체 객체이다. **Stub**을 사용하면 테스트 환경을 간단하게 구성할 수 있다.

Do it! 스터빙 테스트를 위한 대체 객체 생성 · ch19/stubbing/stub_db.go

```go
01: package main
02:
03: import "errors"
04:
05: // StubDatabase는 테스트를 위한 간단한 데이터베이스 구현이다.
06: type StubDatabase struct {
07:     data map[string]string
08: }
09:
10: // GetData는 고정된 데이터를 반환한다.
11: func (db *StubDatabase) GetData(key string) (string, error) {
12:     if value, exists := db.data[key]; exists {
13:         return value, nil
14:     }
15:     return "", errors.New("key not found")
16: }
```

Stub 객체는 StubDatabase 구조체를 통해 데이터를 관리하며 항상 고정된 데이터를 반환한다. 이로써 외부 의존성을 제거하고 테스트를 단순화할 수 있다.

Do it! 스터빙을 활용한 테스트 코드 · ch19/stubbing/db_test.go

```go
01: package main
02:
03: import "testing"
04:
05: func TestStubDatabase(t *testing.T) {
06:     // Stub 데이터베이스 초기화
07:     stubDB := &StubDatabase{
08:         data: map[string]string{
09:             "key1": "value1",
10:             "key2": "value2",
11:         },
12:     }
13:
14:     // "key1"에 대한 결과 검증
```

```
15:        result, err := stubDB.GetData("key1")
16:        if err != nil || result != "value1" {
17:            t.Errorf("Expected 'value1', got '%s', error: %v", result, err)
18:        }
19:
20:        // 존재하지 않는 키에 대한 결과 검증
21:        result, err = stubDB.GetData("key3")
22:        if err == nil || result != "" {
23:            t.Errorf("Expected error for 'key3', got '%s', error: %v", result, err)
24:        }
25: }
```

▼

실행 결과 | 테스트 수행

```
ch19/stubbing> go mod init stubbing
go: creating new go.mod: module stubbing
go: to add module requirements and sums:
        go mod tidy
ch19/stubbing> go test -v ./...
=== RUN   TestStubDatabase
--- PASS: TestStubDatabase (0.00s)
PASS
ok      stubbing    0.374s
```

스터빙은 모킹처럼 외부 의존성을 제거하고 테스트 환경에서 데이터를 원하는 값으로 반환할 수 있다. 이를 통해 테스트의 안정성과 일관성을 확보할 수 있다. 스터빙을 사용하면 데이터베이스 초기화나 외부 환경의 복잡성을 제거할 수 있다. 또한 항상 같은 입력에 대해 같은 출력을 반환한다. 따라서 스터빙은 모킹과 다르게 여러 테스트에 재활용되지 않고 특정 테스트를 목적으로 작성하는 경우가 많다.

지금까지 배운 모킹과 스터빙의 특징을 정리하면 다음과 같다.

모킹과 스터빙의 특징 비교

특징	모킹	스터빙
결과 반환	설정 가능한 값을 동적으로 반환	고정된 값 반환
검증	호출 이력과 상호 작용 검증 가능	호출 이력이나 상호 작용 검증 없음
사용 목적	호출 맥락과 동작 검증	단순 테스트 환경 제공

이 장의 핵심 요약

이번 장에서는 테스팅의 기본 개념을 이해하며 테스팅이 결함을 찾기 위한 것이 아니라, 코드의 신뢰성을 높이는 과정임을 배웠다. 단위 테스트를 통해 가장 작은 코드 단위에서 동작을 검증하고, 단언문을 활용하여 코드의 가정을 실제로 확인함으로써 신뢰성을 확보하는 방법을 살펴보았다.

또한 모킹과 스터빙을 통해 외부 의존성을 모방하고 대체하는 방법을 배움으로써, 테스트 환경에서 외부 요인에 의한 불확실성을 줄이고 안정적인 테스트를 구현하는 방법을 학습했다. 이를 통해 복잡한 의존성 관계에서도 효율적이고 신뢰할 수 있는 테스트를 수행할 수 있음을 확인했다.

20

리팩터링

마지막 장에서는 18장에서 만들었던 웹 애플리케이션의 코드를 리팩터링하여 품질을 높여 본다. 리팩터링(refactoring)이란 기존 기능을 유지하면서 코드의 구조를 개선하는 작업이다. 테스트 코드를 추가하여 신뢰성을 확보하고 코드의 품질을 정량적으로 평가하기 위한 커버리지 측정도 수행한다. 이를 통해 실무에서 요구하는 수준의 품질을 가진 애플리케이션으로 발전시켜 보자.

20-1 ▶ 작성한 코드의 문제점 파악하기
20-2 ▶ 리팩터링 준비하기
20-3 ▶ 리팩터링 적용하기

20-1 | 작성한 코드의 문제점 파악하기

먼저 18장에서 작성한 웹 애플리케이션을 다시 살펴보면서 문제점을 찾고 어떻게 개선해야 할지를 생각해 보자. 특히 기능 오류뿐만 아니라 설계에서 비롯된 구조적인 한계점에도 주목할 것이다.

18장에서는 Gin 프레임워크를 이용해 도서 정보를 관리하는 웹 애플리케이션을 만들었다. 기능을 요약하면 다음과 같다.

- **도서 정보 CRUD:** 사용자가 새로운 도서 정보를 추가하고, 조회, 수정, 삭제할 수 있다.
- **데이터 영구성 보장:** SQLite 데이터베이스를 사용하여 데이터를 저장하고 관리한다.
- **HTML 템플릿 제공:** 웹 브라우저에서 도서 목록을 확인할 수 있는 간단한 웹 페이지를 렌더링한다.
- **로깅:** 서버의 동작과 요청, 응답 기록을 남긴다.

이러한 기능이 제대로 동작하기는 하지만, 제대로 동작하는 것과 효율적이면서 확장할 수 있고 안정적인 코드는 큰 차이가 있다. 먼저 주요 코드들을 다시 살펴보며 각각의 동작을 확인해 보자. 이번 절에서는 문제점과 개선 방향만 파악하고 본격적인 수정은 다음 절에서 진행한다.

▶ 데이터베이스 초기화 코드 살펴보기

먼저 데이터베이스를 초기화하는 코드를 살펴보자.

Do it! 데이터베이스 초기화 ch18/book_api/database/database.go

```
... (생략) ...
11: var DB *gorm.DB
12:
13: func InitDB() {
14:     var err error
15:     DB, err = gorm.Open(sqlite.Open("books.db"), &gorm.Config{})
16:     if err != nil {
17:         log.Fatal("데이터베이스 연결 실패:", err)
18:     }
19:
20:     // 마이그레이션 수행
21:     DB.AutoMigrate(&models.Book{})
22:     log.Println("데이터베이스 초기화 완료")
23: }
```

InitDB() 함수는 SQLite 데이터베이스에 연결한 다음 gorm.Model을 기반으로 데이터베이스의 테이블을 생성하는 역할을 한다. 데이터베이스 파일은 books.db로 정의되며 애플리케이션을 시작할 때 자동으로 호출된다.

이 코드는 단순하면서도 기능적으로 잘 동작하지만, 다음과 같은 문제가 숨어 있다.

- **전역 변수 사용** ─ 데이터베이스 연결은 전역 변수 DB로 관리되고 있다. 이는 작은 프로젝트에서는 문제가 없지만, 프로젝트 규모가 커질수록 테스트가 어려워지고 종속성이 증가하는 문제가 있다. 즉, 전역 변수로 인해 데이터베이스를 모킹하거나 교체하기가 어렵고, 다른 패키지가 전역 변수를 참조하게 되어 코드의 재사용성이 떨어진다.
- **테스트 불가능한 구조** ─ InitDB() 함수는 내부에서 데이터베이스 드라이버를 직접 초기화한다. 이로 인해 데이터베이스 환경(예 메모리 기반, 파일 기반)을 테스트 상황에 맞게 조정할 수 없다.
- **오류 처리 방식** ─ 데이터베이스에 연결을 실패할 때 log.Fatal()을 호출하여 프로그램을 종료한다. 이는 문제 상황을 클라이언트나 서버 관리자에게 적절히 전달하지 못하며 서비스 가용성을 낮출 수 있다.

전역 변수는 모든 코드에서 접근할 수 있어 편리하지만, 문제 해결과 테스트에는 어려움을 준다. 예를 들어 전역 변수를 사용하는 코드는 테스트에서 Mock 객체를 주입하기가 어렵다. 이를 해결하기 위해 **의존성 주입**dependency injection을 사용한다. 의존성 주입은 함수나 객체가 필요한 외부 리소스를 호출자가 주입하도록 설계하는 방식이다. 이를 통해 전역 변수 사용을 줄이고 코드의 재사용성과 테스트 가능성을 높일 수 있다.

▶ 컨트롤러 코드 살펴보기

컨트롤러는 클라이언트 요청을 처리하고 데이터베이스와 상호 작용하며 응답을 반환하는 역할을 한다. 18장에서 작성한 컨트롤러 코드를 살펴보자.

Do it! 컨트롤러 코드   ch18/book_api/controllers/book_controller.go

```
01: package controllers
02:
03: import (
04:     "book_api/database"
```

```go
05:     "book_api/models"
06:     "net/http"
07:
08:     "github.com/gin-gonic/gin"
09: )
10:
11: func GetBooks(c *gin.Context) {
12:     var books []models.Book
13:     result := database.DB.Find(&books)
14:     if result.Error != nil {
15:         c.JSON(http.StatusInternalServerError,
                gin.H{"error": result.Error.Error()})
16:         return
17:     }
18:     c.JSON(http.StatusOK, books)
19: }
20:
21: func GetBookByID(c *gin.Context) {
22:     var book models.Book
23:     if err := database.DB.First(&book, c.Param("id")).Error; err != nil {
24:         c.JSON(http.StatusNotFound, gin.H{"error": "책을 찾을 수 없습니다."})
25:         return
26:     }
27:     c.JSON(http.StatusOK, book)
28: }
29:
30: func CreateBook(c *gin.Context) {
31:     var newBook models.Book
32:     if err := c.ShouldBindJSON(&newBook); err != nil {
33:         c.JSON(http.StatusBadRequest, gin.H{"error": err.Error()})
34:         return
35:     }
36:
37:     result := database.DB.Create(&newBook)
38:     if result.Error != nil {
39:         c.JSON(http.StatusInternalServerError,
                gin.H{"error": result.Error.Error()})
40:         return
41:     }
42:     c.JSON(http.StatusCreated, newBook)
43: }
44:
```

```
45: func UpdateBook(c *gin.Context) {
46:     var book models.Book
47:     if err := database.DB.First(&book, c.Param("id")).Error; err != nil {
48:         c.JSON(http.StatusNotFound, gin.H{"error": "책을 찾을 수 없습니다."})
49:         return
50:     }
51:
52:     if err := c.ShouldBindJSON(&book); err != nil {
53:         c.JSON(http.StatusBadRequest, gin.H{"error": err.Error()})
54:         return
55:     }
56:
57:     result := database.DB.Save(&book)
58:     if result.Error != nil {
59:         c.JSON(http.StatusInternalServerError,
                gin.H{"error": result.Error.Error()})
60:         return
61:     }
62:     c.JSON(http.StatusOK, book)
63: }
64:
65: func DeleteBook(c *gin.Context) {
66:     var book models.Book
67:     if err := database.DB.First(&book, c.Param("id")).Error; err != nil {
68:         c.JSON(http.StatusNotFound, gin.H{"error": "책을 찾을 수 없습니다."})
69:         return
70:     }
71:
72:     result := database.DB.Delete(&book)
73:     if result.Error != nil {
74:         c.JSON(http.StatusInternalServerError,
                gin.H{"error": result.Error.Error()})
75:         return
76:     }
77:     c.JSON(http.StatusOK, gin.H{"message": "책이 삭제되었습니다."})
78: }
```

웹 컨트롤러 또한 문제가 있다. 다음을 보자.

> **Do it!** 웹 컨트롤러 코드　　　　　　　　ch18/book_api/controllers/web_controller.go

```go
01: package controllers
02:
03: import (
04:     "book_api/database"
05:     "book_api/models"
06:     "net/http"
07:
08:     "github.com/gin-gonic/gin"
09: )
10:
11: func ShowIndexPage(c *gin.Context) {
12:     var books []models.Book
13:     database.DB.Find(&books)
14:
15:     c.HTML(http.StatusOK, "index.html", gin.H{
16:         "Books": books,
17:     })
18: }
```

두 코드 역시 잘 동작하지만, 다음처럼 개선해야 할 점이 있다.

비즈니스 로직과 컨트롤러의 혼합 — 데이터베이스에서 데이터를 가져오는 로직이 컨트롤러에 직접 포함되어 있다. 이는 코드를 읽고 이해하기 어렵게 만들며 유지·보수성이 떨어지게 된다.

DTO(data transfer object)의 부재 — 데이터베이스 모델(models.Book)을 그대로 클라이언트에 반환한다. 이는 민감한 데이터 노출 가능성을 높이며 데이터 구조를 확장하거나 변경할 때 문제가 발생할 수 있다.

비즈니스 로직은 애플리케이션의 핵심 규칙을 다루는 부분으로, 레스토랑의 주방에 해당한다고 볼 수 있다. 컨트롤러는 손님의 주문을 받고 전달하는 역할, 즉 웨이터와 같다. 주방의 역할(요리)을 웨이터가 함께한다면 손님 응대가 늦어지고 주방도 혼란스러워질 것이다. 따라서 핵심 코드는 요청의 분기를 나눠 주는 컨트롤러와 분리해서 별도로 관리하면 결합도가 줄고 재활용성이 늘어서 유지·보수에 도움이 되고 테스트를 작성하기가 쉬워진다.

DTO는 계층 간 데이터를 전달하기 위해 설계된 객체이다. 예를 들어 데이터베이스의 모델을 직접 클라이언트에 반환하지 않고 DTO를 사용해 필요한 데이터만 전달할 수 있다. 이를 통해 모델에 포함된 불필요하거나 민감한 데이터를 숨길 수 있으며, 클라이언트 요구에 맞게 데이터를 가공하거나 추가 정보를 포함할 수 있다. 또한 데이터 구조를 독립적으로 관리할 수 있다.

▶ 문제점과 개선 방향

앞에서 살펴본 기존 애플리케이션의 문제들을 정리하면 다음과 같다.

1. **전역 변수 사용:** 데이터베이스 연결을 전역 변수로 관리하고 있다. 이는 코드가 간단할 때는 편리할 수 있지만, 규모가 커지면서 여러 단점을 초래한다. 특히 전역 변수는 테스트 환경에서 모킹을 어렵게 만들고 코드의 결합도를 높인다.
2. **오류 처리 방식:** 프로그램이 예기치 않은 문제로 종료되면 사용자는 무엇이 잘못되었는지 알기 어렵다. 기존의 `log.Fatal()` 방식은 문제 상황을 관리자가 파악하거나 해결할 수 없게 만든다.
3. **비즈니스 로직과 컨트롤러의 혼재된 사용:** 컨트롤러 코드에서 데이터베이스 접근과 같은 비즈니스 로직이 혼합되어 있다. 이는 코드를 읽고 유지·보수하기 어렵게 만든다.
4. **DTO의 부재:** 데이터베이스 모델을 직접 반환하면서 클라이언트와 공유해서는 안 될 정보가 노출될 위험이 있고 데이터에 후가공 로직을 추가하기 어렵다.

이 문제를 해결하기 위해 다음과 같은 접근 방식을 도입할 예정이다.

1. **전역 변수 제거:** 전역 변수 대신 의존성 주입을 통해 필요한 객체를 호출자가 명시적으로 전달받도록 설계한다.
2. **오류 처리 개선:** 프로그램 종료 대신 오류를 반환하고 이를 호출자가 처리하도록 설계하여 가용성을 높인다.
3. **비즈니스 로직 분리:** 서비스 계층을 추가하여 컨트롤러와 비즈니스 로직을 분리한다.
4. **DTO 도입:** 클라이언트와의 데이터 교환을 위해 필요한 정보만 담은 DTO를 사용한다.

20-2 | 리팩터링 준비하기

리팩터링refactoring은 **기존 기능을 유지하면서 코드 구조를 개선하는 작업**이다. 애플리케이션을 개발하다 보면 코드를 작성하는 도중에 중복되는 영역이나 더 나은 설계 방법이 떠오를 수 있다. 이때 기존의 구성을 재설계하는 리팩터링을 수행하면 코드를 효율적으로 개선할 수 있다. 따라서 리팩터링은 개발의 생애 주기에서 빠트릴 수 없는 필수 단계로 생각하면 좋다.

다만 리팩터링을 잘 수행하려면 철저한 테스트가 선행되어야 한다. 리팩터링의 기본 원칙을 두 가지만 꼽으면 다음과 같다.

- **작은 단위로 작업:** 한 번에 모든 코드를 변경하려고 하지 말고 작은 단위로 작업하며 점진적으로 개선한다.
- **테스트 기반 리팩터링:** 기존 코드가 제대로 작동하는지 검증할 수 있는 테스트를 작성한 다음 리팩터링을 진행한다.

테스트가 부족한 상태에서 리팩터링은 마치 안전 장비를 갖추지 않고 높은 빌딩의 유리창을 닦는 것과 같다. 예상치 못한 문제가 발생하면 대처할 방법이 없기 때문이다.

▶ 데이터베이스 초기화 함수 단위 테스트 추가하기

18장에서 도서 정보 관리 웹 애플리케이션을 만드는 실습을 따라 했다면 소스 코드가 작성돼 있을 것이다. ch18/book_api 디렉터리를 그대로 복사해서 ch20 디렉터리에 붙여 넣는다. 그런 다음 각 파일을 리팩터링하면 된다.

먼저 기존 코드의 데이터베이스 초기화에 해당하는 `InitDB()` 함수와 관련된 테스트 코드를 작성해 보자. 앞에서 살펴본 문제를 바탕으로 개선된 코드는 다음과 같다. ch20/book_api/database/database.go 파일을 열고 다음처럼 수정한다.

> **Do it!** 데이터베이스 초기화 함수 단위 테스트 추가   ch20/book_api/database/database.go

```
01: package database
02:
03: import (
04:     "book_api/models"
05:     "gorm.io/gorm"
```

```
06: )
07:
08: func InitDB(dialector gorm.Dialector) (*gorm.DB, error) {
09:     db, err := gorm.Open(dialector, &gorm.Config{})
10:     if err != nil {
11:         return nil, err
12:     }
13:
14:     if err := db.AutoMigrate(&models.Book{}); err != nil {
15:         return nil, err
16:     }
17:
18:     return db, nil
19: }
```

이제 InitDB() 함수는 전역 변수를 사용하지 않고 호출자가 데이터베이스 설정을 주입할 수 있도록 변경되었다. 이렇게 변경하면 테스트를 작성하기가 쉬워진다.

다음은 데이터베이스 초기화 함수를 테스트하는 코드다. book_api/database 디렉터리에 database_test.go 파일을 만들고 다음과 같은 코드를 작성한다.

Do it! 데이터베이스 초기화 함수 테스트 코드 · ch20/book_api/database/database_test.go

```
01: package database
02:
03: import (
04:     "book_api/models"
05:     "github.com/glebarez/sqlite"
06:     "testing"
07: )
08:
09: func TestInitDBWithMemory(t *testing.T) {
10:     // 메모리 기반 데이터베이스를 사용한 InitDB 호출
11:     db, err := InitDB(sqlite.Open(":memory:"))
12:     if err != nil {
13:         t.Fatalf("InitDB 실패: %v", err)
14:     }
15:
16:     // 데이터 삽입 테스트
17:     testBook := models.Book{Title: "테스트 책", Author: "테스터", Year: 2023}
18:     result := db.Create(&testBook)
```

```go
19:     if result.Error != nil {
20:         t.Fatalf("데이터 삽입 실패: %v", result.Error)
21:     }
22:
23:     // 데이터 조회 테스트
24:     var retrievedBook models.Book
25:     if err := db.First(&retrievedBook, testBook.ID).Error; err != nil {
26:         t.Fatalf("데이터 조회 실패: %v", err)
27:     }
28:
29:     // 데이터 검증
30:     if retrievedBook.Title != testBook.Title {
31:         t.Errorf("저장된 데이터와 조회된 데이터가 일치하지 않습니다.
            (저장: %v, 조회: %v)", testBook.Title, retrievedBook.Title)
32:     }
33: }
```

테스트 코드에서는 다음처럼 3가지 주요 동작이 포함되어 있다.

- **메모리 기반 데이터베이스 사용**: sqlite.Open(":memory:")를 통해 메모리에서 동작하는 데이터베이스를 생성하여 테스트한다. 이 방식은 테스트 간 데이터베이스 상태를 독립적으로 유지하며 성능도 우수하다.
- **데이터 삽입과 조회 검증**: 도서 정보를 삽입한 다음, 이를 다시 조회하여 필드값이 일치하는지 확인한다.
- **종속성 제거**: InitDB()를 호출하면서 직접 데이터베이스 설정을 주입하므로 테스트와 실제 애플리케이션 사이의 종속성이 제거된다.

테스트는 ch20/bookapi 디렉터리에서 다음과 같은 명령어로 수행한다. 테스트 결과 문제가 없음을 알 수 있다. 지금은 데이터베이스 테스트이므로 프로젝트에서 다른 파일에 오류가 발생하는 것은 일단 무시하자.

> **데이터베이스 테스트**

```
ch20/bookapi> go mod tidy
ch20/bookapi> go test ./database
ok      book_api/database       0.382s
```

`go mod tidy` 명령어는 모듈 정보를 go.mod 파일에 동기화해 준다. `go mod tidy` 명령어를 이용하면 다음처럼 3가지 주요 작업을 기대할 수 있다.

1. **누락된 의존성 추가**: 프로젝트 내의 모든 소스 파일을 분석하여 실제로 사용되는 패키지를 확인하고 go.mod 파일에 누락된 의존성이 있으면 자동으로 추가한다.
2. **불필요한 의존성 제거**: 코드에서 더 이상 사용되지 않는 패키지들을 찾아 go.mod 파일에서 제거함으로써 의존성 목록을 깔끔하게 유지한다.
3. **go.sum 파일 갱신**: 의존성의 정확한 체크섬(checksum)을 기록하여 모듈의 무결성과 보안을 확보할 수 있다. 이를 통해 빌드 때에 동일한 의존성 버전이 사용되도록 보장한다.

> **아하! 그렇구나!** 의존성 관리를 위한 go.mod, go.sum 파일과 go mod tidy 명령어
>
> 프로젝트의 기반이 되는 go.mod 파일은 해당 모듈이 어떤 외부 패키지를 의존하는지, 그리고 그 버전은 무엇인지를 명시적으로 기록해 둔다. 이렇게 해두면 개발자가 코드를 작성하면서 사용된 패키지를 한눈에 파악할 수 있게 하며, 다른 개발 환경이나 협업할 때도 동일한 의존성 구성을 손쉽게 재현할 수 있게 한다.
> 그리고 go.sum 파일은 이러한 의존성 정보에 더해, 각 패키지의 체크섬을 함께 저장하여 의존성의 무결성을 검증하는 역할을 한다. 이 파일 덕분에 빌드 과정에서 불필요한 패키지 변조나 예기치 않은 변경 없이, 항상 안정적인 외부 패키지 버전을 사용할 수 있는 환경을 보장받을 수 있다.
> go mod tidy 명령어를 실행하면 실제 코드에서 사용되는 의존성이 go.mod 파일에 누락되지 않고 추가되며, 불필요한 의존성은 깔끔하게 제거되고 필요한 체크섬 정보가 go.sum 파일에 갱신되어 모듈의 신뢰성을 높이는 효과를 얻을 수 있다.

▶ 웹 서버 컨트롤러 단위 테스트 추가하기

다음은 Gin 프레임워크로 구성했던 웹 서버 컨트롤러에 대해 단위 테스트를 작성해 보자. 18장에서 작성한 6가지 함수에 단위 테스트를 추가할 예정이다.

- `WebController.ShowIndexPage()`: 데이터베이스에서 모든 도서 정보를 조회하고 그 결과를 HTML 형태로 반환한다.
- `BookController.GetBooks()`: 데이터베이스에서 모든 도서 정보를 조회하고 그 결과를 JSON 형태로 반환한다.
- `BookController.GetBookByID()`: URL 파라미터로 전달된 아이디 값을 이용해 특정 도서를 조회하고 그 결과를 JSON 형태로 반환한다. 만약 해당 아이디의 도서가 없으면 Not Found 오류를 반환한다.
- `BookController.CreateBook()`: 요청 몸체(JSON)에 담긴 도서 정보를 분석하여 새로운 도서 정보를 생성하고 JSON 형태로 반환한다.
- `BookController.UpdateBook()`: URL 파라미터로 전달된 아이디 값으로 도서를 조회한 다음 요청 몸체(JSON)에 담긴 도서 정보를 갱신한다. 갱신된 도서 정보를 JSON 형태로 반환한다.
- `BookController.DeleteBook()`: URL 파라미터로 전달된 아이디 값으로 도서를 조회한 다음 해당 도서를 삭제한다. 삭제 완료 메시지를 JSON 형태로 반환한다.

이 함수들은 데이터베이스에서 도서 목록을 조회하거나 추가, 수정, 삭제하고 관련 정보를 JSON 형식으로 클라이언트에 반환한다. 각 함수는 데이터베이스 호출을 컨트롤러 함수 내부에 직접 포함하고 있어 테스트 과정에서 데이터베이스를 모킹 객체로 교체하는 등의 코드를 작성하기가 어려웠다. 이를 해결하기 위해 의존성 주입을 도입하여 각 함수가 데이터베이스 호출 방식에 종속되지 않도록 개선해 보자.

1. 리포지토리 인터페이스 정의

테스트 가능성과 확장성을 높이기 위해 데이터베이스 접근 로직을 별도의 인터페이스로 분리해 보자. 10장에서 인터페이스는 객체가 구현해야 할 메서드 집합을 정의하는 구조라고 배웠다.

book_api에 repositories 디렉터리를 만들고 book_repository.go 파일을 만든다. 그리고 다음과 같은 코드를 작성한다. **Book** 객체를 가져오는 동작을 리포지토리 인터페이스로 정의하는 코드다.

Do it! 리포지토리 인터페이스 ch20/book_api/repositories/book_repository.go

```go
01: package repositories
02:
03: import "book_api/models"
04:
05: type BookRepository interface {
06:     FetchBooks() ([]models.Book, error)
07:     FetchBookByID(id uint) (models.Book, error)
08:     CreateBook(book models.Book) error
09:     UpdateBook(book models.Book) error
10:     DeleteBook(id uint) error
11: }
```

2. 리포지토리 인터페이스를 구현한 Mock 구현체 정의

book_api/repositories 디렉터리에 mock_book_repository.go 파일을 만든다. 그리고 테스트에서 사용할 간단한 메모리 기반 Mock 구현체를 작성한다.

Do it! Mock 구현체   ch20/book_api/repositories/mock_book_repository.go

```go
01: package repositories
02:
03: import (
04:     "book_api/models"
05:     "fmt"
06: )
07:
08: type MockBookRepository struct {
09:     MockBooks []models.Book
10:     MockErr   error
11: }
12:
13: func (r *MockBookRepository) FetchBooks() ([]models.Book, error) {
14:     if r.MockErr != nil {
15:         return nil, r.MockErr
16:     }
17:
18:     return r.MockBooks, nil
19: }
20:
21: func (r *MockBookRepository) FetchBookByID(id uint) (models.Book, error) {
22:     if r.MockErr != nil {
23:         return models.Book{}, r.MockErr
24:     }
25:
26:     for _, book := range r.MockBooks {
27:         if book.ID == id {
28:             return book, nil
29:         }
30:     }
31:     return models.Book{}, fmt.Errorf("책을 찾을 수 없습니다")
32: }
33:
34: func (r *MockBookRepository) CreateBook(book models.Book) error {
35:     if r.MockErr != nil {
36:         return r.MockErr
37:     }
38:
39:     r.MockBooks = append(r.MockBooks, book)
40:     return nil
41: }
```

```
42:
43: func (r *MockBookRepository) UpdateBook(book models.Book) error {
44:     if r.MockErr != nil {
45:         return r.MockErr
46:     }
47:
48:     for i, b := range r.MockBooks {
49:         if b.ID == book.ID {
50:             r.MockBooks[i] = book
51:             return nil
52:         }
53:     }
54:     return nil
55: }
56:
57: func (r *MockBookRepository) DeleteBook(id uint) error {
58:     if r.MockErr != nil {
59:         return r.MockErr
60:     }
61:
62:     for i, b := range r.MockBooks {
63:         if b.ID == id {
64:             r.MockBooks = append(r.MockBooks[:i], r.MockBooks[i+1:]...)
65:             return nil
66:         }
67:     }
68:     return nil
69: }
```

3. 리포지토리 인터페이스를 구현한 실제 데이터베이스 연동 구현체 정의

앞서 리포지토리 인터페이스를 통해 기존 데이터베이스 상호 작용 방식을 바꿨으므로 실제 데이터베이스를 연결하는 구현체도 추가해야 한다. book_api/repositories 디렉터리에 gorm_book_repository.go 파일을 만들고 다음처럼 gorm을 바탕으로 데이터베이스와 연결하는 구현체를 작성한다.

> **Do it!** 데이터베이스 연동 구현체   ch20/book_api/repositories/gorm_book_repository.go

```go
01: package repositories
02:
03: import (
04:     "book_api/models"
05:
06:     "gorm.io/gorm"
07: )
08:
09: type GormBookRepository struct {
10:     DB *gorm.DB
11: }
12:
13: func (r *GormBookRepository) FetchBooks() ([]models.Book, error) {
14:     var books []models.Book
15:     result := r.DB.Find(&books)
16:     return books, result.Error
17: }
18:
19: func (r *GormBookRepository) FetchBookByID(id uint) (models.Book, error) {
20:     var book models.Book
21:     result := r.DB.First(&book, id)
22:     return book, result.Error
23: }
24:
25: func (r *GormBookRepository) CreateBook(book models.Book) error {
26:     result := r.DB.Create(&book)
27:     return result.Error
28: }
29:
30: func (r *GormBookRepository) UpdateBook(book models.Book) error {
31:     result := r.DB.Save(&book)
32:     return result.Error
33: }
34:
35: func (r *GormBookRepository) DeleteBook(id uint) error {
36:     result := r.DB.Delete(&models.Book{}, id)
37:     return result.Error
38: }
```

4. 컨트롤러 로직 변경

컨트롤러에서 데이터를 가져오는 함수를 데이터 소스에 직접 접근하지 않고 `BookRepository` 인터페이스에 의존하도록 변경한다. book_api/controllers 디렉터리에서 book_controller.go 파일을 열고 소스 코드를 다음처럼 수정한다.

Do it! 컨트롤러 수정   ch20/book_api/controllers/book_controller.go

```go
01: package controllers
02:
03: import (
04:     "book_api/models"
05:     "book_api/repositories"
06:
07:     "net/http"
08:     "strconv"
09:
10:     "github.com/gin-gonic/gin"
11: )
12:
13: type BookController struct {
14:     Repository repositories.BookRepository
15: }
16:
17: // ShowIndexPage: HTML 렌더링 메서드
18: func (bc *BookController) ShowIndexPage(c *gin.Context) {
19:     books, err := bc.Repository.FetchBooks()
20:     if err != nil {
21:         c.HTML(http.StatusInternalServerError, "error.html",
                gin.H{"error": "데이터를 불러올 수 없습니다."})
22:         return
23:     }
24:     c.HTML(http.StatusOK, "index.html", gin.H{"Books": books})
25: }
26:
27: // GetBooks: 도서 목록 조회
28: func (bc *BookController) GetBooks(c *gin.Context) {
29:     books, err := bc.Repository.FetchBooks()
30:     if err != nil {
31:         c.JSON(http.StatusInternalServerError,
                gin.H{"error": "데이터를 가져오는 데 실패했습니다"})
32:         return
33:     }
```

```go
34:        c.JSON(http.StatusOK, books)
35: }
36:
37: // GetBookByID: 특정 아이디에 해당하는 도서 정보 조회
38: func (bc *BookController) GetBookByID(c *gin.Context) {
39:        idParam := c.Param("id")
40:        id, err := strconv.ParseUint(idParam, 10, 64)
41:        if err != nil {
42:            c.JSON(http.StatusBadRequest, gin.H{"error": "유효하지 않은 ID"})
43:            return
44:        }
45:
46:        book, err := bc.Repository.FetchBookByID(uint(id))
47:        if err != nil {
48:            c.JSON(http.StatusNotFound, gin.H{"error": "책을 찾을 수 없습니다"})
49:            return
50:        }
51:
52:        c.JSON(http.StatusOK, book)
53: }
54:
55: // CreateBook: 새로운 도서 추가
56: func (bc *BookController) CreateBook(c *gin.Context) {
57:        var newBook models.Book
58:        if err := c.ShouldBindJSON(&newBook); err != nil {
59:            c.JSON(http.StatusBadRequest, gin.H{"error": err.Error()})
60:            return
61:        }
62:
63:        if err := bc.Repository.CreateBook(newBook); err != nil {
64:            c.JSON(http.StatusInternalServerError,
                    gin.H{"error": "책을 추가하는 데 실패했습니다"})
65:            return
66:        }
67:        c.JSON(http.StatusCreated, newBook)
68: }
69:
70: // UpdateBook: 기존 도서 정보 수정
71: func (bc *BookController) UpdateBook(c *gin.Context) {
72:        var book models.Book
73:        if err := c.ShouldBindJSON(&book); err != nil {
74:            c.JSON(http.StatusBadRequest, gin.H{"error": err.Error()})
75:            return
```

```
76:     }
77:
78:     if err := bc.Repository.UpdateBook(book); err != nil {
79:         c.JSON(http.StatusInternalServerError,
                gin.H{"error": "책 정보를 수정하는 데 실패했습니다"})
80:         return
81:     }
82:     c.JSON(http.StatusOK, book)
83: }
84:
85: // DeleteBook: 도서 삭제
86: func (bc *BookController) DeleteBook(c *gin.Context) {
87:     idParam := c.Param("id")
88:     id, err := strconv.ParseUint(idParam, 10, 64)
89:     if err != nil {
90:         c.JSON(http.StatusBadRequest, gin.H{"error": "유효하지 않은 ID"})
91:         return
92:     }
93:
94:     if err := bc.Repository.DeleteBook(uint(id)); err != nil {
95:         c.JSON(http.StatusInternalServerError,
                gin.H{"error": "책 삭제에 실패했습니다"})
96:         return
97:     }
98:     c.JSON(http.StatusOK, gin.H{"message": "책이 삭제되었습니다."})
99: }
```

마찬가지로 book_api/controllers 디렉터리에서 web_controller.go 파일을 열고 소스 코드를 다음처럼 수정한다.

Do it! 웹 컨트롤러 수정 ch20/book_api/controllers/web_controller.go

```
01: package controllers
02:
03: import (
04:     "book_api/repositories"
05:     "net/http"
06:
07:     "github.com/gin-gonic/gin"
08: )
09:
```

```
10: type WebController struct {
11:     Repository repositories.BookRepository
12: }
13:
14: func (wc *WebController) ShowIndexPage(c *gin.Context) {
15:     books, err := wc.Repository.FetchBooks()
16:     if err != nil {
17:         c.HTML(http.StatusInternalServerError, "error.html",
                    gin.H{"error": "데이터를 불러올 수 없습니다."})
18:         return
19:     }
20:     c.HTML(http.StatusOK, "index.html", gin.H{"Books": books})
21: }
```

5. 웹 서버 실행 시 라우터 함수에 의존성 주입 코드 추가

웹 서버를 초기화하는 `main()` 함수에서는 데이터베이스 단위 테스트 추가 과정에서 리팩터링한 `InitDB()` 함수에 의존성을 주입하도록 한다. 또한 이렇게 부여받은 실제 데이터베이스 구현체를 `BookController`와 `WebController`에 주입한다. 마지막으로 라우터에서 해당 컨트롤러를 주입하여 라우터에서 컨트롤러를 이용하여 매핑할 수 있도록 제공한다.

Do it! 메인 함수 수정 · ch20/book_api/main.go

```
01: package main
02:
03: import (
04:     "book_api/controllers"
05:     "book_api/database"
06:     "book_api/repositories"
07:     "book_api/routes"
08:     "log"
09:     "os"
10:
11:     "github.com/gin-gonic/gin"
12:     "github.com/glebarez/sqlite"
13: )
14:
15: func init() {
16:     file, err := os.OpenFile("server.log", os.O_CREATE|os.O_WRONLY|os.O_APPEND, 0666)
17:     if err != nil {
```

```
18:        log.Fatal("로그 파일을 열 수 없습니다:", err)
19:    }
20:    log.SetOutput(file)
21:    log.Println("서버 시작")
22: }
23:
24: func main() {
25:    // 데이터베이스 초기화
26:    db, err := database.InitDB(sqlite.Open("books.db"))
27:    if err != nil {
28:        log.Fatalf("데이터베이스 초기화 실패: %v", err)
29:    }
30:
31:    // Gin 엔진 생성
32:    r := gin.New()
33:
34:    // 로깅과 오류 복구 미들웨어 추가
35:    r.Use(gin.LoggerWithWriter(log.Writer()))
36:    r.Use(gin.Recovery())
37:
38:    // 의존성 주입
39:    repo := &repositories.GormBookRepository{DB: db}
40:    webController := &controllers.WebController{Repository: repo}
41:    bookController := &controllers.BookController{Repository: repo}
42:
43:    // 라우트 설정
44:    routes.SetupRoutes(r, webController, bookController)
45:
46:    // 서버 실행
47:    r.Run(":8080")
48: }
```

6. 라우트 함수에서 각 컨트롤러를 매개변수로 전달받도록 수정

routes 패키지의 SetupRoutes() 함수가 BookController와 WebController를 매개변수로 받아서 라우트를 설정하도록 수정한다.

> **Do it!** 라우터 수정　　　　　　　　　　　　　　　　　ch20/book_api/routes/routes.go

```
01: package routes
02:
03: import (
```

```
04:         "book_api/controllers"
05:         "book_api/middlewares"
06:
07:         "github.com/gin-gonic/gin"
08: )
09:
10: func SetupRoutes(
11:     r *gin.Engine,
12:     webController *controllers.WebController,
13:     bookController *controllers.BookController,
14: ) {
15:     r.LoadHTMLGlob("templates/*")    // HTML 템플릿 로드
16:
17:     // 기본 웹 페이지 라우트
18:     r.GET("/", webController.ShowIndexPage)
19:
20:     // API 라우트 그룹
21:     api := r.Group("/api")
22:     {
23:         api.GET("/books", bookController.GetBooks)
24:         api.GET("/books/:id",
                 middlewares.BookLoader(bookController.Repository),
                 bookController.GetBookByID)
25:         api.POST("/books", bookController.CreateBook)
26:         api.PUT("/books/:id",
                 middlewares.BookLoader(bookController.Repository),
                 bookController.UpdateBook)
27:         api.DELETE("/books/:id",
                 middlewares.BookLoader(bookController.Repository),
                 bookController.DeleteBook)
28:     }
29: }
```

여기까지 단위 테스트를 하기에 적합하도록 웹 서버 코드에 리팩터링을 진행했다. 기존 코드에서 많이 수정했으므로 테스트 코드를 작성하기 전에 먼저 이 상태로 실행해서 문제가 없는지 확인하자. 만약 오류가 발생하면 지금까지 진행한 리팩터링 과정을 다시 살펴보자.

> **T** 실행 결과

```
ch20/book_api> go run main.go
[GIN-debug] [WARNING] Running in "debug" mode. Switch to "release" mode in production.
 - using env:   export GIN_MODE=release
```

```
   - using code:   gin.SetMode(gin.ReleaseMode)

[GIN-debug] Loaded HTML Templates (2):
        -
        - index.html

[GIN-debug] GET    /                 -->
book_api/controllers.(*WebController).ShowIndexPage-fm (3 handlers)
[GIN-debug] GET    /api/books        -->
book_api/controllers.(*BookController).GetBooks-fm (3 handlers)
[GIN-debug] GET    /api/books/:id -->
book_api/controllers.(*BookController).GetBookByID-fm (3 handlers)
[GIN-debug] POST   /api/books        -->
book_api/controllers.(*BookController).CreateBook-fm (3 handlers)
[GIN-debug] PUT    /api/books/:id       -->
book_api/controllers.(*BookController).UpdateBook-fm (3 handlers)
[GIN-debug] DELETE /api/books/:id         -->
ook_api/controllers.(*BookController).DeleteBook-fm (3 handlers)
[GIN-debug] [WARNING] You trusted all proxies, this is NOT safe. We recommend you to
set a value.
Please check https://pkg.go.dev/github.com/gin-gonic/gin#readme-don-t-trust-all-prox-
ies for details.
[GIN-debug] Listening and serving HTTP on :8080
```

7. 단위 테스트 추가

이제 `MockBookRepository`를 사용하여 각 컨트롤러 함수의 동작을 검수하는 테스트 코드를 작성한다. book_api/controllers 디렉터리에 book_controller_test.go 파일을 만들고 다음과 같은 코드를 작성한다.

> **Do it!** 컨트롤러 함수 단위 테스트 코드   ch20/book_api/controllers/book_controller_test.go

```go
001: package controllers
002:
003: import (
004:     "bytes"
005:     "encoding/json"
006:     "net/http"
007:     "net/http/httptest"
008:     "testing"
009:
010:     "book_api/models"
011:     "book_api/repositories"
```

```
012:
013:        "github.com/gin-gonic/gin"
014:        "github.com/stretchr/testify/assert"
015:        "gorm.io/gorm"
016: )
017:
018: func TestGetBooks(t *testing.T) {
019:        // 1. Mock 데이터 정의
020:        mockBooks := []models.Book{
021:            {
022:                Model:  gorm.Model{ID: 1},
023:                Title:  "테스트 책 1",
024:                Author: "테스트 저자 1",
025:                Year:   2023,
026:            },
027:            {
028:                Model:  gorm.Model{ID: 2},
029:                Title:  "테스트 책 2",
030:                Author: "테스트 저자 2",
031:                Year:   2022,
032:            },
033:        }
034:
035:        // 2. Mock 리포지토리와 컨트롤러 초기화
036:        mockRepo := &repositories.MockBookRepository{MockBooks: mockBooks}
037:        controller := &BookController{Repository: mockRepo}
038:
039:        // 3. Mock Gin 컨텐스트 생성
040:        gin.SetMode(gin.TestMode)
041:        w := httptest.NewRecorder()
042:        c, _ := gin.CreateTestContext(w)
043:
044:        // 4. 핸들러 실행
045:        controller.GetBooks(c)
046:
047:        // 5. 결과 검증
048:        assert.Equal(t, http.StatusOK, w.Code)
049:
050:        // 응답 데이터 비교
051:        var response []models.Book
052:        err := json.Unmarshal(w.Body.Bytes(), &response)
053:        assert.NoError(t, err)
054:        assert.Equal(t, len(mockBooks), len(response))
055:
056:        for i, mockBook := range mockBooks {
057:            assert.Equal(t, mockBook.ID, response[i].ID,
```

```go
058:            assert.Equal(t, mockBook.Title, response[i].Title,
                   "Title이 일치하지 않습니다.")
059:            assert.Equal(t, mockBook.Author, response[i].Author,
                   "Author가 일치하지 않습니다.")
060:            assert.Equal(t, mockBook.Year, response[i].Year,
                   "Year가 일치하지 않습니다.")
061:        }
062: }
063:
064: func TestGetBookByID(t *testing.T) {
065:     // 1. Mock 데이터 정의
066:     mockBooks := []models.Book{
067:         {
068:             Model:  gorm.Model{ID: 1},
069:             Title:  "테스트 책",
070:             Author: "테스트 저자",
071:             Year:   2023,
072:         },
073:     }
074:
075:     // 2. Mock 리포지터리와 컨트롤러 초기화
076:     mockRepo := &repositories.MockBookRepository{MockBooks: mockBooks}
077:     controller := &BookController{Repository: mockRepo}
078:
079:     // 3. Mock Gin 컨텍스트 생성
080:     gin.SetMode(gin.TestMode)
081:     w := httptest.NewRecorder()
082:     c, _ := gin.CreateTestContext(w)
083:     c.Params = []gin.Param{{Key: "id", Value: "1"}}
084:
085:     // 4. 핸들러 실행
086:     controller.GetBookByID(c)
087:
088:     // 5. 결과 검증
089:     assert.Equal(t, http.StatusOK, w.Code)
090:     var response models.Book
091:     err := json.Unmarshal(w.Body.Bytes(), &response)
092:     assert.NoError(t, err)
093:     assert.Equal(t, uint(1), response.ID)
094:     assert.Equal(t, "테스트 책", response.Title)
095: }
096:
097: func TestCreateBook(t *testing.T) {
098:     // 1. Mock 리포지토리와 컨트롤러 초기화
099:     mockRepo := &repositories.MockBookRepository{}
```

```go
100:        controller := &BookController{Repository: mockRepo}
101:        gin.SetMode(gin.TestMode)
102:        w := httptest.NewRecorder()
103:        c, _ := gin.CreateTestContext(w)
104:
105:        // 2. 요청 데이터 준비
106:        newBook := models.Book{Title: "새로운 책", Author: "새로운 저자", Year: 2024}
107:        jsonValue, _ := json.Marshal(newBook)
108:        c.Request = httptest.NewRequest("POST", "/books",
                                           bytes.NewBuffer(jsonValue))
109:        c.Request.Header.Set("Content-Type", "application/json")
110:
111:        // 3. 핸들러 실행
112:        controller.CreateBook(c)
113:
114:        // 4. 결과 검증
115:        assert.Equal(t, http.StatusCreated, w.Code)
116:        var response models.Book
117:        err := json.Unmarshal(w.Body.Bytes(), &response)
118:        assert.NoError(t, err)
119:        assert.Equal(t, "새로운 책", response.Title)
120:        // 리포지토리의 도서 목록에 값이 추가되었는지 확인
121:        assert.Equal(t, 1, len(mockRepo.MockBooks))
122: }
123:
124: func TestUpdateBook(t *testing.T) {
125:        // 1. 기존 데이터 준비
126:        mockBooks := []models.Book{
127:            {
128:                Model:  gorm.Model{ID: 1},
129:                Title:  "기존 책",
130:                Author: "기존 저자",
131:                Year:   2020,
132:            },
133:        }
134:        mockRepo := &repositories.MockBookRepository{MockBooks: mockBooks}
135:        controller := &BookController{Repository: mockRepo}
136:        gin.SetMode(gin.TestMode)
137:        w := httptest.NewRecorder()
138:        c, _ := gin.CreateTestContext(w)
139:
140:        // 2. 요청 데이터 준비
141:        updatedBook := models.Book{Model: gorm.Model{ID: 1},
                                       Title: "업데이트된 책",
                                       Author: "업데이트된 저자",
                                       Year: 2021}
```

```go
142:        jsonValue, _ := json.Marshal(updatedBook)
143:        c.Request = httptest.NewRequest("PUT", "/books", bytes.NewBuffer(jsonValue))
144:        c.Request.Header.Set("Content-Type", "application/json")
145:
146:        // 3. 핸들러 실행
147:        controller.UpdateBook(c)
148:
149:        // 4. 결과 검증
150:        assert.Equal(t, http.StatusOK, w.Code)
151:        var response models.Book
152:        err := json.Unmarshal(w.Body.Bytes(), &response)
153:        assert.NoError(t, err)
154:        assert.Equal(t, "업데이트된 책", response.Title)
155: }
156:
157: func TestDeleteBook(t *testing.T) {
158:        // 1. Mock 데이터 정의
159:        mockBooks := []models.Book{
160:            {
161:                Model:  gorm.Model{ID: 1},
162:                Title:  "테스트 책",
163:                Author: "테스트 저자",
164:                Year:   2023,
165:            },
166:        }
167:
168:        // 2. Mock 리포지토리와 컨트롤러 초기화
169:        mockRepo := &repositories.MockBookRepository{MockBooks: mockBooks}
170:        controller := &BookController{Repository: mockRepo}
171:
172:        // 3. Mock Gin 컨텍스트 생성
173:        gin.SetMode(gin.TestMode)
174:        w := httptest.NewRecorder()
175:        c, _ := gin.CreateTestContext(w)
176:        c.Params = []gin.Param{{Key: "id", Value: "1"}}
177:
178:        // 4. 핸들러 실행
179:        controller.DeleteBook(c)
180:
181:        // 5. 결과 검증
182:        assert.Equal(t, http.StatusOK, w.Code)
183:        assert.Contains(t, w.Body.String(), "삭제되었습니다")
184:        // 리포지토리의 도서 목록이 비어 있어야 함
185:        assert.Equal(t, 0, len(mockRepo.MockBooks))
186: }
```

마찬가지로 `WebController`에 대한 테스트 코드도 추가한다. book_api/controllers 디렉터리에 web_controller_test.go 파일을 추가하고 다음과 같은 코드를 작성한다.

Do it! 웹 컨트롤러 테스트 코드 · ch20/book_api/controllers/web_controller_test.go

```go
01: package controllers
02:
03: import (
04:     "errors"
05:     "html/template"
06:     "net/http"
07:     "net/http/httptest"
08:     "testing"
09:
10:     "book_api/models"
11:     "book_api/repositories"
12:
13:     "github.com/gin-gonic/gin"
14:     "github.com/stretchr/testify/assert"
15:     "gorm.io/gorm"
16: )
17:
18: func TestShowIndexPage_Success(t *testing.T) {
19:     // 1. 테스트용 Mock 데이터 정의
20:     mockBooks := []models.Book{
21:         {Model: gorm.Model{ID: 1}, Title: "테스트 책 1",
                Author: "테스트 저자 1", Year: 2023},
22:         {Model: gorm.Model{ID: 2}, Title: "테스트 책 2",
                Author: "테스트 저자 2", Year: 2022},
23:     }
24:
25:     // 2. Mock 리포지토리와 컨트롤러 초기화
26:     mockRepo := &repositories.MockBookRepository{MockBooks: mockBooks}
27:     webController := &WebController{Repository: mockRepo}
28:
29:     // 3. 테스트용 컨텍스트 생성
30:     w := httptest.NewRecorder()
31:     c, engine := gin.CreateTestContext(w)
32:
33:     // 4. HTML 템플릿 설정
34:     gin.SetMode(gin.TestMode)
35:     tmpl := template.Must(template.New("tmpl").Parse(`
36:         {{define "index.html"}}Index Page: {{len .Books}}{{end}}
```

```go
37:             {{define "error.html"}}Error Page: {{.error}}{{end}}
38:             `))
39:     engine.SetHTMLTemplate(tmpl)
40:
41:     // 5. 핸들러 실행
42:     webController.ShowIndexPage(c)
43:
44:     // 6. 결과 검증
45:     assert.Equal(t, http.StatusOK, w.Code)
46:     expected := "Index Page: 2"
47:     assert.Contains(t, w.Body.String(), expected)
48: }
49:
50: func TestShowIndexPage_Error(t *testing.T) {
51:     // 1. 테스트용 Mock 데이터 정의
52:     mockRepo := &repositories.MockBookRepository{
53:         MockErr: errors.New("fetch error"),
54:     }
55:
56:     // 2. 컨트롤러 초기화
57:     webController := &WebController{Repository: mockRepo}
58:
59:     // 3. 테스트용 컨텍스트 생성
60:     w := httptest.NewRecorder()
61:     c, engine := gin.CreateTestContext(w)
62:
63:     // 4. HTML 템플릿 설정
64:     gin.SetMode(gin.TestMode)
65:     tmpl := template.Must(template.New("tmpl").Parse(`
66:             {{define "index.html"}}Index Page: {{len .Books}}{{end}}
67:             {{define "error.html"}}Error Page: {{.error}}{{end}}
68:             `))
69:     engine.SetHTMLTemplate(tmpl)
70:
71:     // 5. 핸들러 실행
72:     webController.ShowIndexPage(c)
73:
74:     // 6. 결과 검증
75:     assert.Equal(t, http.StatusInternalServerError, w.Code)
76:     expected := "Error Page: 데이터를 불러올 수 없습니다."
77:     assert.Contains(t, w.Body.String(), expected)
78: }
```

이제 컨트롤러의 테스트 코드를 실행해 보자. 테스트는 ch20/book_api 디렉터리에서 진행한다.

> **T 실행 결과**
>
> ```
> ch20/book_api> go mod tidy
> ch20/book_api> go test ./controllers
> ok      book_api/controllers    0.252s
> ```

컨트롤러의 테스트 코드에서 단언문은 외부 패키지(github.com/stretchr/testify/assert)에서 함수를 불러와서 사용하고 있다. testify/assert는 Go 언어에서 단언문을 쉽게 사용하도록 도와주는 외부 패키지이므로 다음과 같은 명령어로 설치한다.

> **T stretchr/testify 패키지를 v1.9.0 버전으로 설치**
>
> ```
> ch20\book_api> go get github.com/stretchr/testify@v1.9.0
> ```

다음은 testify/assert를 통해 단언문을 활용한 예시다. 값이 정확히 일치하는지를 비교하는 것 외에도 문자열 포함 여부, 오류 반환 여부 등 세부적인 검증 기능을 지원한다.

> **testify/assert의 단언문 활용**
>
> ```go
> // assert.Equal 사용
> result := Add(2, 3)
> assert.Equal(t, 5, result, "Add(2, 3)의 결과는 5여야 합니다.")
>
> // assert.Contains 사용
> responseBody := "Hello, world!"
> assert.Contains(t, responseBody, "world", "응답에 'world'가 포함되어야 합니다.")
>
> // assert.Error 사용
> err := myFunction()
> assert.Error(t, err, "myFunction은 에러를 반환해야 합니다.")
> ```

다음은 testify/assert 패키지가 제공하는 주요 단언문 함수들을 정리한 표다.

주요 단언문 함수와 설명

함수	설명	예시	결과 메시지
assert.Equal	두 값이 같은지 검증	assert.Equal(t, expected, actual)	Expected: <expected>, Actual: <actual>
assert.NotEqual	두 값이 서로 다른지 검증	assert.NotEqual(t, expected, actual)	Expected and Actual should not be equal
assert.Contains	값이 문자열, 슬라이스, 맵에 포함되어 있는지 검증	assert.Contains(t, "hello world", "hello")	Expected string/element is missing
assert.NotContains	값이 문자열, 슬라이스, 맵에 포함되어 있지 않은지 검증	assert.NotContains(t, "hello world", "bye")	Expected string/element should not be found
assert.Nil	값이 nil인지 검증	assert.Nil(t, err)	Expected value to be nil
assert.NotNil	값이 nil이 아닌지 검증	assert.NotNil(t, result)	Expected value not to be nil
assert.True	값이 true인지 검증	assert.True(t, isValid)	Expected value to be true
assert.False	값이 false인지 검증	assert.False(t, isError)	Expected value to be false
assert.Error	오류가 발생했는지 검증	assert.Error(t, err)	Expected an error but got nil
assert.NoError	오류가 발생하지 않았는지 검증	assert.NoError(t, err)	Unexpected error: <error message>
assert.Empty	값이 비었는지 검증 (빈 문자열, 슬라이스, 맵 등)	assert.Empty(t, mySlice)	Expected value to be empty
assert.NotEmpty	값이 비어 있지 않은지 검증	assert.NotEmpty(t, myMap)	Expected value not to be empty
assert.Len	값의 길이가 예상 길이와 같은지 검증	assert.Len(t, mySlice, 3)	Expected length: <expected>, Actual: <actual>
assert.EqualError	오류 메시지가 예상 메시지와 같은지 검증	assert.EqualError(t, err, "file not found")	Expected error message: <expected>
assert.Implements	객체가 특정 인터페이스를 구현하는지 검증	assert.Implements(t, (*MyInterface)(nil), myObject)	Expected object to implement interface

| assert.Panics | 함수가 패닉을 발생시키는지 검증 | assert.Panics(t, func() { panic("error") }) | Expected function to panic |
| assert.NotPanics | 함수가 패닉을 발생시키지 않는지 검증 | assert.NotPanics(t, func() { fmt.Println("no panic") }) | Expected function not to panic |

▶ 중간 점검하기

지금까지 작성한 테스트 코드의 동작 방식을 분석해 보자. 특히 web_controller_test.go와 book_controller_test.go 파일에서 작성한 테스트 코드는 Gin 프레임워크와 모킹 객체를 활용하여 실제 데이터베이스를 대체하고, 각 컨트롤러 핸들러가 예상대로 동작하는지 검증한다. 이를 통해 컨트롤러의 기능적 동작을 독립적으로 검증하는 데 초점을 맞추었다.

다음은 앞에서 작성한 `TestGetBooks()` 함수에 대한 코드의 일부다. 테스트에서 사용할 가상의 도서 데이터를 정의한다. 이 데이터는 실제 데이터베이스를 사용하지 않고도 컨트롤러의 기능을 검증할 수 있게 해준다.

- `gorm.Model{ID: 1}`: GORM의 기본 모델을 이용하여 고유 아이디를 설정한다.
- `Title, Author, Year`: 각 도서의 세부 정보를 포함한다.

1. Mock 데이터 정의

```
mockBooks := []models.Book {
    {Model: gorm.Model{ID: 1}, Title: "테스트 책 1", Author: "테스트 저자 1", Year: 2023},
    {Model: gorm.Model{ID: 2}, Title: "테스트 책 2", Author: "테스트 저자 2", Year: 2022},
}
```

그런 다음 MockBookRepository를 생성하고 여기에 mockBooks를 설정한다. MockBookRepository는 BookRepository 인터페이스를 구현한 모킹 객체다. 실제 데이터베이스와 상호 작용하는 대신, MockBooks 배열에 접근하도록 설정된다. BookController는 의존성 주입을 통해 이 mockRepo를 사용한다.

2. Mock 리포지토리와 컨트롤러 초기화

```
mockRepo := &repositories.MockBookRepository{MockBooks: mockBooks}
controller := &BookController{Repository: mockRepo}
```

그리고 `httptest.NewRecorder()`와 `gin.CreateTestContext`를 사용하여 테스트에 사용할 Gin 컨텍스트를 생성한다. `httptest.NewRecorder()` 메서드는 HTTP 요청의 응답을 기록하기 위한 모킹 응답 객체를 생성한다. 그리고 `gin.CreateTestContext(w)` 메서드는 테스트용 Gin 컨텍스트를 생성하는데, 여기서 w는 응답 데이터를 기록할 `ResponseRecorder`이다.

3. Gin 컨텍스트 생성

```
gin.SetMode(gin.TestMode)
w := httptest.NewRecorder()
c, _ := gin.CreateTestContext(w)
```

컨트롤러의 `GetBooks()` 메서드를 호출한다. 이때 c는 모킹된 Gin 컨텍스트로, 실제 HTTP 요청을 처리하는 것처럼 테스트가 수행된다.

4. 핸들러 실행

```
controller.GetBooks(c)
```

요청 이후에는 `w.Code`를 통해 HTTP 응답 상태 코드를 확인한다. `http.StatusOK`는 요청에 성공했다는 응답 코드(200)를 나타낸다. 예상 결과와 실제 결과를 비교하여 일치하지 않으면 테스트에 실패한다.

5. 결과 검증

```
assert.Equal(t, http.StatusOK, w.Code)
```

`w.Body.Bytes()`를 사용하여 핸들러 응답의 바이트 데이터를 읽는다. 이를 JSON 포맷으로 변환(`json.Unmarshal`)하여 response에 저장한다. 그리고 모킹 데이터(mockBooks)와 응답 데이터(response)의 길이를 비교한다.

길이 비교

```
var response []models.Book
err := json.Unmarshal(w.Body.Bytes(), &response)
assert.NoError(t, err)
assert.Equal(t, len(mockBooks), len(response))   // 길이 비교
```

마지막으로 모킹 데이터와 응답 데이터의 각 항목을 반복하며 필드값(`ID`, `Title`, `Author`, `Year`)을 비교한다. `assert.Equal()`을 통해 값이 일치하지 않으면 실패 메시지와 함께 테스트가 중단된다. 필드마다 개별적으로 비교하여 디버깅할 때 정확한 오류 원인을 확인할 수 있다.

> **응답 데이터 비교**
>
> ```go
> for i, mockBook := range mockBooks {
>     assert.Equal(t, mockBook.ID, response[i].ID, "ID가 일치하지 않습니다.")
>     assert.Equal(t, mockBook.Title, response[i].Title, "Title이 일치하지 않습니다.")
>     assert.Equal(t, mockBook.Author, response[i].Author, "Author가 일치하지 않습니다.")
>     assert.Equal(t, mockBook.Year, response[i].Year, "Year가 일치하지 않습니다.")
> }
> ```

나머지 삭제, 수정, 생성 테스트도 이와 비슷한 원리로 진행된다. 이번 중간 점검에서는 이러한 테스트 코드가 전체 애플리케이션의 안정성을 보장하고 리팩터링의 기반이 됨을 확인했다.

▶ 리포지토리 단위 테스트 추가하기

앞서 추가한 리포지토리 코드는 데이터베이스와 직접 상호 작용을 처리하는 핵심 컴포넌트 역할을 맡는다. 따라서 리포지토리 코드에 대한 단위 테스트는 데이터 접근 로직이 예상대로 동작하는지 확인하는 데 필수다.

이번 단락에서는 `MockBookRepository`와 `GormBookRepository`를 테스트하기 위해 단위 테스트를 추가해 보자. 이 테스트를 통해 데이터를 삽입하고 조회, 수정, 삭제하는 모든 작업이 올바르게 수행되는지 검증할 것이다.

다음은 `MockBookRepository`의 단위 테스트 코드다.

> **Do it! Mock 리포지토리 단위 테스트 코드**
> ch20/book_api/repositories/
> mock_book_repository_test.go
>
> ```go
> 01: package repositories
> 02:
> 03: import (
> 04:     "errors"
> 05:     "testing"
> 06:
> 07:     "book_api/models"
> 08:
> 09:     "github.com/stretchr/testify/assert"
> ```

```go
10:        "gorm.io/gorm"
11: )
12:
13: func TestMockBookRepository(t *testing.T) {
14:     // 1. Mock 데이터 초기화
15:     mockBooks := []models.Book{
16:         {Model: gorm.Model{ID: 1}, Title: "Mock 책 1",
                Author: "Mock 저자 1", Year: 2023},
17:         {Model: gorm.Model{ID: 2}, Title: "Mock 책 2",
                Author: "Mock 저자 2", Year: 2022},
18:     }
19:
20:     // 2. MockBookRepository 생성
21:     repo := &MockBookRepository{MockBooks: mockBooks}
22:
23:     // 3. FetchBooks 테스트
24:     books, err := repo.FetchBooks()
25:     assert.NoError(t, err, "FetchBooks에서 에러가 발생하지 않아야 합니다.")
26:     assert.Equal(t, len(mockBooks), len(books), "책의 개수가 일치해야 합니다.")
27:
28:     // 4. FetchBookByID 테스트
29:     book, err := repo.FetchBookByID(1)
30:     assert.NoError(t, err, "FetchBookByID에서 에러가 발생하지 않아야 합니다.")
31:     assert.Equal(t, "Mock 책 1", book.Title, "책의 제목이 일치해야 합니다.")
32:
33:     // 5. CreateBook 테스트
34:     newBook := models.Book{Model: gorm.Model{ID: 3}, Title: "새로운 책",
                      Author: "새로운 저자", Year: 2024}
35:     err = repo.CreateBook(newBook)
36:     assert.NoError(t, err, "CreateBook에서 에러가 발생하지 않아야 합니다.")
37:     assert.Equal(t, 3, len(repo.MockBooks), "MockBooks의 길이가 3이어야 합니다.")
38:
39:     // 6. UpdateBook 테스트
40:     updatedBook := models.Book{Model: gorm.Model{ID: 1}, Title: "수정된 책",
                         Author: "수정된 저자", Year: 2025}
41:     err = repo.UpdateBook(updatedBook)
42:     assert.NoError(t, err, "UpdateBook에서 에러가 발생하지 않아야 합니다.")
43:     book, _ = repo.FetchBookByID(1)
44:     assert.Equal(t, "수정된 책", book.Title, "책 제목이 수정되지 않았습니다.")
45:
46:     // 7. DeleteBook 테스트
47:     err = repo.DeleteBook(1)
48:     assert.NoError(t, err, "DeleteBook에서 에러가 발생하지 않아야 합니다.")
```

```
49:        assert.Equal(t, 2, len(repo.MockBooks), "MockBooks의 길이가 2여야 합니다.")
50:
51:        // 8. MockErr 동작 테스트
52:        expectedErr := errors.New("mock error")
53:        repo.MockErr = expectedErr
54:
55:        // 9. FetchBooks 오류 발생 확인
56:        _, err = repo.FetchBooks()
57:        assert.EqualError(t, err, expectedErr.Error(),
                    "FetchBooks에서 MockErr가 발생해야 합니다.")
58:
59:        // 10. FetchBookByID 오류 발생 확인
60:        _, err = repo.FetchBookByID(2)
61:        assert.EqualError(t, err, expectedErr.Error(),
                    "FetchBookByID에서 MockErr가 발생해야 합니다.")
62:
63:        // 11. CreateBook 오류 발생 확인
64:        err = repo.CreateBook(models.Book{Model: gorm.Model{ID: 4},
                        Title: "에러 책", Author: "에러 저자", Year: 2025})
65:        assert.EqualError(t, err, expectedErr.Error(),
                    "CreateBook에서 MockErr가 발생해야 합니다.")
66:
67:        // 12. UpdateBook 오류 발생 확인
68:        err = repo.UpdateBook(models.Book{Model: gorm.Model{ID: 2},
                        Title: "에러 수정", Author: "에러 저자", Year: 2026})
69:        assert.EqualError(t, err, expectedErr.Error(),
                    "UpdateBook에서 MockErr가 발생해야 합니다.")
70:
71:        // 13. DeleteBook 오류 발생 확인
72:        err = repo.DeleteBook(2)
73:        assert.EqualError(t, err, expectedErr.Error(), "DeleteBook에서 MockErr가 발생해야 합니다.")
74: }
```

GormBookRepository는 실제 데이터베이스와 상호 작용하므로 테스트를 위해 SQLite 메모리 데이터베이스를 활용한다. 이 접근 방식은 테스트가 독립적이며 빠르게 실행되도록 보장한다.

> **Do it!** Gorm 리포지토리 단위 테스트 코드   📁 ch20/book_api/repositories/gorm_book_repository_test.go

```go
01: package repositories
02:
03: import (
04:     "testing"
05:
06:     "book_api/database"
07:     "book_api/models"
08:
09:     "github.com/glebarez/sqlite"
10:     "github.com/stretchr/testify/assert"
11:     "gorm.io/gorm"
12: )
13:
14: func TestGormBookRepository(t *testing.T) {
15:     // SQLite 메모리 데이터베이스 초기화
16:     db, err := database.InitDB(sqlite.Open(":memory:"))
17:     assert.NoError(t, err, "데이터베이스 연결 실패")
18:
19:     // 테이블 생성
20:     err = db.AutoMigrate(&models.Book{})
21:     assert.NoError(t, err, "테이블 생성 실패")
22:
23:     // GormBookRepository 초기화
24:     repo := &GormBookRepository{DB: db}
25:
26:     // CreateBook 테스트
27:     book := models.Book{Title: "테스트 책", Author: "테스트 저자", Year: 2023}
28:     err = repo.CreateBook(book)
29:     assert.NoError(t, err, "CreateBook에서 에러가 발생하지 않아야 합니다.")
30:
31:     // FetchBooks 테스트
32:     books, err := repo.FetchBooks()
33:     assert.NoError(t, err, "FetchBooks에서 에러가 발생하지 않아야 합니다.")
34:     assert.Equal(t, 1, len(books), "책의 개수가 1이어야 합니다.")
35:
36:     // FetchBookByID 테스트
37:     fetchedBook, err := repo.FetchBookByID(1)
38:     assert.NoError(t, err, "FetchBookByID에서 에러가 발생하지 않아야 합니다.")
39:     assert.Equal(t, "테스트 책", fetchedBook.Title, "책의 제목이 일치해야 합니다.")
40:
41:     // UpdateBook 테스트
```

```
42:     updatedBook := models.Book{
43:         Model:  gorm.Model{ID: 1},
44:         Title:  "업데이트된 책",
45:         Author: "업데이트된 저자",
46:         Year:   2024,
47:     }
48:     err = repo.UpdateBook(updatedBook)
49:     assert.NoError(t, err, "UpdateBook에서 에러가 발생하지 않아야 합니다.")
50:
51:     // DeleteBook 테스트
52:     err = repo.DeleteBook(1)
53:     assert.NoError(t, err, "DeleteBook에서 에러가 발생하지 않아야 합니다.")
54:     books, err = repo.FetchBooks()
55:     assert.NoError(t, err, "FetchBooks에서 에러가 발생하지 않아야 합니다.")
56:     assert.Equal(t, 0, len(books), "책의 개수가 0이어야 합니다.")
57: }
```

모든 테스트 코드를 작성하였다면 ch20/book_api 디렉터리에서 테스트를 실행하여 결과를 확인해 보자. 실행 결과가 다음과 같다면 MockBookRepository와 GormBookRepository의 모든 테스트가 성공적으로 완료되었음을 의미한다. 이는 리포지토리 코드가 예상한 대로 동작하며 데이터 접근 로직에 오류가 없다는 뜻이다.

> **실행 결과**

```
ch20/book_api> go test ./repositories
ok      book_api/repositories    0.424s
```

▶ 테스트 커버리지 측정하기

테스트 커버리지는 작성된 테스트 코드가 애플리케이션의 소스 코드 중 어느 정도를 실행했는지 정량적으로 나타내는 지표다. 커버리지 측정을 통해 테스트가 충분히 작성되었는지 확인할 수 있으며 누락된 부분을 보완할 수 있다.

19장에서 배운 것처럼 Go 언어에서는 `go test` 명령어에 `--cover` 플래그를 추가하여 테스트 커버리지를 측정할 수 있다. 다음 명령어를 사용하여 프로젝트의 테스트 커버리지를 확인해 보자.

> **T** 테스트 커버리지 측정

```
ch20/book_api> go test --cover ./...
        book_api                coverage: 0.0% of statements
ok      book_api/controllers    0.014s  coverage: 64.3% of statements
ok      book_api/database       0.014s  coverage: 66.7% of statements
ok      book_api/middlewares    0.013s  coverage: 84.2% of statements
?       book_api/models [no test files]
ok      book_api/repositories   0.014s  coverage: 92.3% of statements
        book_api/routes         coverage: 0.0% of statements
```

출력 결과에서 각 패키지의 커버리지를 확인할 수 있다. 컨트롤러 코드는 64.3%, 데이터베이스 초기화 코드는 66.7%, 리포지토리 코드는 92.3% 커버되었음을 확인할 수 있다.

--coverprofile 플래그를 사용하여 커버리지 프로파일을 생성하고 이를 시각화할 수 있다.

> **T** 커버리지 프로파일 시각화

```
ch20/book_api> go test --coverprofile=coverage.out ./...
ch20/book_api> go tool cover --html=coverage.out
```

이 명령어를 실행하면 웹 브라우저에서 소스 코드의 커버리지 상태를 시각적으로 확인할 수 있는 페이지가 열린다. 커버되지 않은 코드는 강조 표시되어 보완해야 할 부분을 쉽게 파악할 수 있다.

```
book_api/database/database.go (66.7%)    not tracked  not covered  covered

package database

import (
        "book_api/models"

        "gorm.io/gorm"
)

func InitDB(dialector gorm.Dialector) (*gorm.DB, error) {
        db, err := gorm.Open(dialector, &gorm.Config{})
        if err != nil {
                return nil, err
        }

        if err := db.AutoMigrate(&models.Book{}); err != nil {
                return nil, err
        }

        return db, nil
}
```

커버리지 프로파일 시각화

이러한 정보를 바탕으로 database.go 파일의 `InitDB()` 함수 커버리지가 66.7%인 이유를 알게 되었다. 오류 상황별 실행 로직을 테스트하지 않아서 `package`, `import` 구문과 오류 상황별 처리 줄을 제외한 나머지 줄의 비율인 66.7%가 커버리지로 나왔다.

이런 커버리지 정보를 바탕으로 이후 테스트 계획을 준비할 수 있고 코드의 신뢰성을 확보할 수 있다. 테스트 커버리지는 중요하지만, 모든 코드를 테스트해야 하는 것은 아니다. 예를 들어 단순한 데이터 모델 정의와 같은 코드에는 테스트를 작성할 필요가 없다. 이러한 코드는 테스트가 오히려 유지·보수를 어렵게 만들 수 있다.

20-3 | 리팩터링 적용하기

Gin 프레임워크에서 제공하는 컨텍스트는 요청의 생애 주기에 따라 데이터를 저장하고 처리하는 데 매우 유용한 기능을 제공한다. 컨텍스트는 요청에 관련된 모든 정보를 하나의 구조체로 묶어 관리하므로, 이를 효과적으로 활용하면 코드를 단순화하고 성능을 높일 수 있다.

하지만 기존의 코드는 컨텍스트의 강력한 가능성을 충분히 활용하지 못하고 있다. 따라서 이번 리팩터링에서는 컨텍스트를 중심으로 코드의 효율성과 유지·보수성을 높이는 데 집중해 보자.

리팩터링은 단순히 코드를 고치는 과정이 아니다. 코드의 설계와 구조를 더 나은 방향으로 개선하여 가독성, 확장성, 성능, 유지·보수성을 높이는 과정이다. 이번 리팩터링은 다음과 같은 구체적인 목표를 가진다.

- 요청 처리 흐름을 단순화하고 효율성을 높인다.
- 공통된 데이터를 컨텍스트를 통해 공유하여 중복 코드를 줄인다.
- 코드 구조를 깔끔하고 유지·보수하기 쉽게 개선한다.

▶ 기존 코드의 문제점과 해결 방법

지금까지 작성한 코드의 문제점을 정리하면 다음과 같다.

중복된 아이디 파싱과 오류 처리 — 기존 코드에서는 URL에서 아이디를 추출하고 이를 검증하는 코드가 각 핸들러 함수에 반복해서 나타난다. 이러한 중복은 유지·보수성을 떨어뜨릴 뿐만 아니라 코드의 읽기 흐름을 복잡하게 만든다.

비효율적인 데이터 전달 — 데이터베이스에서 조회한 데이터가 핸들러 함수 내부의 지역 변수로만 관리되며 이를 다른 핸들러와 공유할 수 없다. 이러한 설계는 데이터를 일관되게 처리할 수 없게 하며 코드를 복잡하게 만든다.

확장성 부족 — 데이터를 처리하는 방식이 고정되어 있어 새로운 로직이나 공통된 동작을 추가하려면 코드 전반을 수정해야 한다. 이는 소프트웨어 개발의 기본 원칙인 SOLID 원칙 중 OCP를 위배하는 설계다.

따라서 다음과 같은 방향으로 리팩터링을 시도해 볼 수 있다.

- **미들웨어로 공통 처리 로직 분리** — 아이디 파싱과 데이터베이스 조회와 같은 반복 로직을 미들웨어로 분리하고, 처리된 데이터를 컨텍스트에 저장한다. 이는 코드의 중복을 줄이고 요청 처리의 효율성을 높인다.
- **컨텍스트를 통한 데이터 전달** — 미들웨어에서 컨텍스트에 저장된 데이터를 핸들러 함수에서 직접 활용하도록 변경한다. 이를 통해 핸들러의 책임을 축소하고 데이터 전달 흐름을 명확히 할 수 있다.
- **핸들러 간 코드 간소화** — 핸들러 함수의 공통 로직을 제거하여 코드의 길이를 줄이고 각 핸들러가 본연의 역할에 집중하도록 한다.

웹 애플리케이션 개발에서는 요청과 응답을 처리하는 과정이 가장 중요하다. Gin Gonic 프레임워크는 이 과정을 효율적으로 처리하기 위해 **컨텍스트**context와 **미들웨어**middleware라는 두 가지 기능을 제공한다. 이번 실습에서 Gin 프레임워크의 컨텍스트와 미들웨어를 활용하여 더 단순하고 확장 가능한 코드를 작성하는 방법을 알아본다. 이를 통해 실무에서 흔히 발생하는 중복 코드 문제를 해결하고 유지·보수성과 확장성을 크게 높일 수 있을 것이다.

> **아하! 그렇구나!** SOLID 원칙이란 무엇일까?
>
> SOLID 원칙은 객체지향 설계에서 코드의 품질을 높이고 유지·보수성을 강화하기 위해 제안된 다섯 가지 설계 원칙을 말한다. 이 원칙은 코드의 유연성과 확장성을 높이고, 동시에 불필요한 결합을 줄이는 데 목적이 있다. 소프트웨어 개발 과정에서 복잡한 문제를 해결하기 위한 지침처럼 사용되며 구조적인 코드 작성을 가능하게 한다.
>
> SOLID는 다음 다섯 가지 원칙의 앞 글자를 딴 약어이다.
>
> - **단일 책임 원칙**(single responsibility principle) — 클래스는 하나의 책임만 가져야 한다. 즉, 클래스의 변경 이유는 오직 하나여야 한다는 의미이다. 예를 들어 도서 데이터를 처리하는 클래스가 사용자 인증 로직까지 담당한다면 책임이 분리되지 않았다고 볼 수 있다. 이를 해결하기 위해 각 클래스는 하나의 역할만 수행하도록 설계해야 한다.
> - **개방-폐쇄 원칙**(open-closed principle) — 소프트웨어는 확장에는 열려 있고, 수정에는 닫혀 있어야 한다. 새로운 기능을 추가할 때 기존 코드를 수정하지 않아도 되도록 설계해야 한다는 뜻이다. 이를 통해 코드는 안정성을 유지하면서 새로운 요구 사항을 유연하게 수용할 수 있다.

리스코프 치환 원칙(liskov substitution principle) — 서브 클래스는 언제나 기반 클래스(혹은 인터페이스)로 대체할 수 있어야 한다. 즉, 서브 클래스가 기반 클래스의 동작을 깨뜨리지 않아야 한다는 의미이다. 이 원칙을 위반하면 코드에서 예외 처리가 많아지고 오류가 발생하기 쉬워진다.

인터페이스 분리 원칙(interface segregation principle) — 클래스는 자신이 사용하지 않는 메서드에 의존하지 않아야 한다. 즉, 인터페이스는 될 수 있으면 작고 명확하게 설계해야 한다는 뜻이다. 너무 큰 인터페이스는 여러 클래스가 불필요한 메서드를 구현하게 만들 수 있기 때문이다. 이를 방지하려면 인터페이스를 목적에 따라 분리해야 한다.

의존성 역전 원칙(dependency inversion principle) — 고수준 모듈(추상적인 개념)은 저수준 모듈(구체적인 구현)에 의존해서는 안 된다. 대신, 둘 다 추상화된 인터페이스에 의존해야 한다. 이 원칙은 구현보다 인터페이스에 의존하도록 설계해 코드의 유연성을 높이는 데 중점을 둔다.

SOLID 원칙은 단순히 코드의 규칙을 강요하는 것이 아니라, 소프트웨어 설계와 구현 과정에서 발생할 수 있는 다양한 문제를 예방하고 확장할 수 있으며 유지·보수하기 쉬운 구조를 만드는 데 초점을 둔다. SOLID 원칙을 이해하고 이를 설계와 구현 단계에 적용하면 자연스럽게 더 나은 소프트웨어를 작성할 수 있다.

▶ 미들웨어 추가하기

미들웨어는 요청과 응답 사이에서 동작하는 중간 계층으로, 특정 작업을 자동화하거나 공통 로직을 처리한다. Gin 프레임워크의 미들웨어는 다음과 같은 작업에 주로 사용된다.

- **인증과 권한 관리**: 요청이 올바른 사용자에게 왔는지 확인
- **로깅**: 요청과 응답 데이터를 기록
- **데이터 전처리**: 요청 데이터를 검증하거나 변환
- **데이터 후처리**: 응답 데이터를 수정하거나 추가 정보를 포함

미들웨어는 Gin의 요청 처리 파이프라인에서 특정 작업을 수행한 다음, 요청을 다음 미들웨어나 핸들러로 넘긴다. 이를 통해 요청 처리 흐름에 유연성을 제공한다. 다음 예시를 보자.

미들웨어 구현 예시

```go
func ExampleMiddleware() gin.HandlerFunc {
    return func(c *gin.Context) {
        // 미들웨어 작업 수행
        log.Println("Middleware executed")

        // 다음 핸들러로 요청 전달
        c.Next()
    }
}
```

이때 미들웨어는 컨텍스트를 활용하여 데이터 흐름을 관리할 수 있게 되며 이로 인해 핸들러를 더욱 단순화하고 중복 코드를 효과적으로 관리할 수 있다. 예시에서는 요청과 같은 생애 주기를 공유하는 컨텍스트가 데이터 흐름 관리에 사용되었는데 컨텍스트는 다음과 같은 정보를 포함한다.

- **요청 데이터**: URL 파라미터, 질의 문자열, 요청 본문, 헤더 등
- **응답 데이터**: HTTP 상태 코드, 헤더, 본문 등
- **사용자 정의 데이터**: 개발자가 설정한 데이터(예 사용자 인증 정보, 데이터베이스 조회 결과 등)

Gin의 컨텍스트는 웹 애플리케이션에서 요청 데이터를 관리하고 핸들러 사이에 데이터를 공유하는 데 중요한 역할을 한다. 컨텍스트는 요청의 생애 주기를 따라 생성되고 소멸되며, 요청 처리에 필요한 모든 데이터를 캡슐화한다. 이 데이터는 URL 파라미터, 질의 문자열, 요청 본문(body), 헤더뿐만 아니라 사용자 정의 데이터까지 포함할 수 있다.

Gin의 컨텍스트는 요청이 시작될 때 생성되고 요청 처리가 완료될 때까지 유지된다. 컨텍스트는 요청과 관련된 데이터를 저장하고 이를 요청 처리 과정에서 재사용할 수 있도록 설계되었다. 컨텍스트의 생애 주기를 이해하는 것은 효율적인 리팩터링의 출발점이 된다.

컨텍스트는 다음처럼 여러 가지 메서드를 제공한다.

컨텍스트에서 제공하는 메서드

메서드	설명	예시
`Param(key)`	URL 파라미터 값을 가져온다.	`c.Param("id")`
`Query(key)`	질의 문자열 값을 가져온다.	`c.Query("name")`
`ShouldBindJSON`	요청 본문을 JSON 형식으로 바인딩한다.	`c.ShouldBindJSON(&data)`
`Set(key, value)`	사용자 정의 데이터를 저장한다.	`c.Set("key", value)`
`Get(key)`	사용자 정의 데이터를 가져온다.	`value, exists := c.Get("key")`
`JSON`	JSON 응답을 생성한다.	`c.JSON(http.StatusOK, gin.H{"message": "OK"})`

다음은 `BookLoader`라는 미들웨어를 추가하여 아이디 검증과 데이터베이스 조회 로직을 분리한 코드다. 프로젝트 디렉터리에서 middlewares 디렉터리를 만든 다음, 여기에 book_middleware.go 파일을 만들고 다음과 같은 코드를 작성한다.

Do it! 미들웨어 추가　　　　　　　　　　ch20/book_api/middlewares/book_middleware.go

```go
01: package middlewares
02: 
03: import (
04:     "book_api/repositories"
05:     "net/http"
06:     "strconv"
07: 
08:     "github.com/gin-gonic/gin"
09: )
10: 
11: func BookLoader(repo repositories.BookRepository) gin.HandlerFunc {
12:     return func(c *gin.Context) {
13:         idParam := c.Param("id")
14:         id, err := strconv.ParseUint(idParam, 10, 64)
15:         if err != nil {
16:             c.JSON(http.StatusBadRequest, gin.H{"error": "유효하지 않은 ID"})
17:             c.Abort()
18:             return
19:         }
20: 
21:         book, err := repo.FetchBookByID(uint(id))
22:         if err != nil {
23:             c.JSON(http.StatusNotFound, gin.H{"error": "책을 찾을 수 없습니다"})
24:             c.Abort()
25:             return
26:         }
27: 
28:         // 컨텍스트에 도서 데이터 저장
29:         c.Set("book", book)
30:         c.Next()
31:     }
32: }
```

이 미들웨어는 URL에서 **id**값을 추출하고 검증한다. 그리고 데이터베이스에서 아이디에 해당하는 책 정보를 조회한다. 조회된 데이터를 컨텍스트에 저장하고 다음 핸들러로 요청 처리를 넘긴다.

컨트롤러에 방금 만든 미들웨어를 적용해 보자. book_controller.go 파일을 열고 소스 코드를 다음처럼 수정한다.

> **Do it!** 컨트롤러에 미들웨어 적용　　　　　ch20/book_api/controllers/book_controller.go

```
001: package controllers
002:
003: import (
004:     "book_api/models"
005:     "book_api/repositories"
006:     "net/http"
007:
008:     "github.com/gin-gonic/gin"
009: )
010:
011: type BookController struct {
012:     Repository repositories.BookRepository
013: }
014:
015: func (bc *BookController) ShowIndexPage(c *gin.Context) {
016:     books, err := bc.Repository.FetchBooks()
017:     if err != nil {
018:         c.HTML(http.StatusInternalServerError, "error.html",
                   gin.H{"error": "데이터를 불러올 수 없습니다."})
019:         return
020:     }
021:     c.HTML(http.StatusOK, "index.html", gin.H{"Books": books})
022: }
023:
024: func (bc *BookController) GetBooks(c *gin.Context) {
025:     books, err := bc.Repository.FetchBooks()
026:     if err != nil {
027:         c.JSON(http.StatusInternalServerError,
                   gin.H{"error": "데이터를 가져오는 데 실패했습니다"})
028:         return
029:     }
030:     c.JSON(http.StatusOK, books)
031: }
032:
033: func (bc *BookController) GetBookByID(c *gin.Context) {
034:     book, exists := c.Get("book")
035:     if !exists {
036:         c.JSON(http.StatusInternalServerError,
                   gin.H{"error": "책 데이터를 로드하지 못했습니다"})
037:         return
038:     }
```

```go
039:
040:     bookModel, ok := book.(models.Book)
041:     if !ok {
042:         c.JSON(http.StatusInternalServerError,
                 gin.H{"error": "잘못된 책 데이터 형식"})
043:         return
044:     }
045:
046:     c.JSON(http.StatusOK, bookModel)
047: }
048:
049: func (bc *BookController) DeleteBook(c *gin.Context) {
050:     book, exists := c.Get("book")
051:     if !exists {
052:         c.JSON(http.StatusInternalServerError,
                 gin.H{"error": "책 데이터를 로드하지 못했습니다"})
053:         return
054:     }
055:
056:     bookModel, ok := book.(models.Book)
057:     if !ok {
058:         c.JSON(http.StatusInternalServerError,
                 gin.H{"error": "잘못된 책 데이터 형식"})
059:         return
060:     }
061:
062:     if err := bc.Repository.DeleteBook(bookModel.ID); err != nil {
063:         c.JSON(http.StatusInternalServerError,
                 gin.H{"error": "책 삭제에 실패했습니다"})
064:         return
065:     }
066:
067:     c.JSON(http.StatusOK, gin.H{"message": "책이 삭제되었습니다."})
068: }
069:
070: func (bc *BookController) CreateBook(c *gin.Context) {
071:     var newBook models.Book
072:     if err := c.ShouldBindJSON(&newBook); err != nil {
073:         c.JSON(http.StatusBadRequest, gin.H{"error": "잘못된 요청 데이터"})
074:         return
075:     }
076:     if err := bc.Repository.CreateBook(newBook); err != nil {
```

```go
077:            c.JSON(http.StatusInternalServerError,
                    gin.H{"error": "책 생성에 실패했습니다"})
078:            return
079:        }
080:        c.JSON(http.StatusCreated, newBook)
081: }
082:
083: func (bc *BookController) UpdateBook(c *gin.Context) {
084:     var updatedBook models.Book
085:     if err := c.ShouldBindJSON(&updatedBook); err != nil {
086:         c.JSON(http.StatusBadRequest, gin.H{"error": "잘못된 요청 데이터"})
087:         return
088:     }
089:     book, exists := c.Get("book")
090:     if !exists {
091:         c.JSON(http.StatusInternalServerError,
                gin.H{"error": "책 데이터를 로드하지 못했습니다"})
092:         return
093:     }
094:     bookModel, ok := book.(models.Book)
095:     if !ok {
096:         c.JSON(http.StatusInternalServerError,
                gin.H{"error": "잘못된 책 데이터 형식"})
097:         return
098:     }
099:     updatedBook.ID = bookModel.ID
100:     if err := bc.Repository.UpdateBook(updatedBook); err != nil {
101:         c.JSON(http.StatusInternalServerError,
                gin.H{"error": "책 수정에 실패했습니다"})
102:         return
103:     }
104:     c.JSON(http.StatusOK, updatedBook)
105: }
```

그리고 routes.go 파일을 열어 라우터 구성도 다음처럼 수정한다. 앞에서 만든 BookLoader 미들웨어를 통해 책 데이터를 불러오도록 했다.

> **Do it!** 라우터 구성 수정　　　　　　　　　　　ch20/book_api/routes/routes.go

```
01: package routes
02:
03: import (
04:     "book_api/controllers"
05:     "book_api/middlewares"
06:
07:     "github.com/gin-gonic/gin"
08: )
09:
10: func SetupRoutes(
11:     r *gin.Engine,
12:     webController *controllers.WebController,
13:     bookController *controllers.BookController,
14: ) {
15:     r.LoadHTMLGlob("templates/*")    // HTML 템플릿 로드
16:
17:     // 기본 웹 페이지 라우트
18:     r.GET("/", webController.ShowIndexPage)
19:
20:     // API 라우트 그룹
21:     api := r.Group("/api")
22:     {
23:         api.GET("/books", bookController.GetBooks)
24:         api.GET("/books/:id", middlewares.BookLoader(bookController.Repository),
                    bookController.GetBookByID)
25:         api.POST("/books", bookController.CreateBook)
26:         api.PUT("/books/:id", middlewares.BookLoader(bookController.Repository),
                    bookController.UpdateBook)
27:         api.DELETE("/books/:id",
                       middlewares.BookLoader(bookController.Repository),
                       bookController.DeleteBook)
28:     }
29: }
```

다음은 미들웨어와 핸들러가 컨텍스트를 통해 데이터를 전달하고 처리하는 전체 흐름을 보여준다.

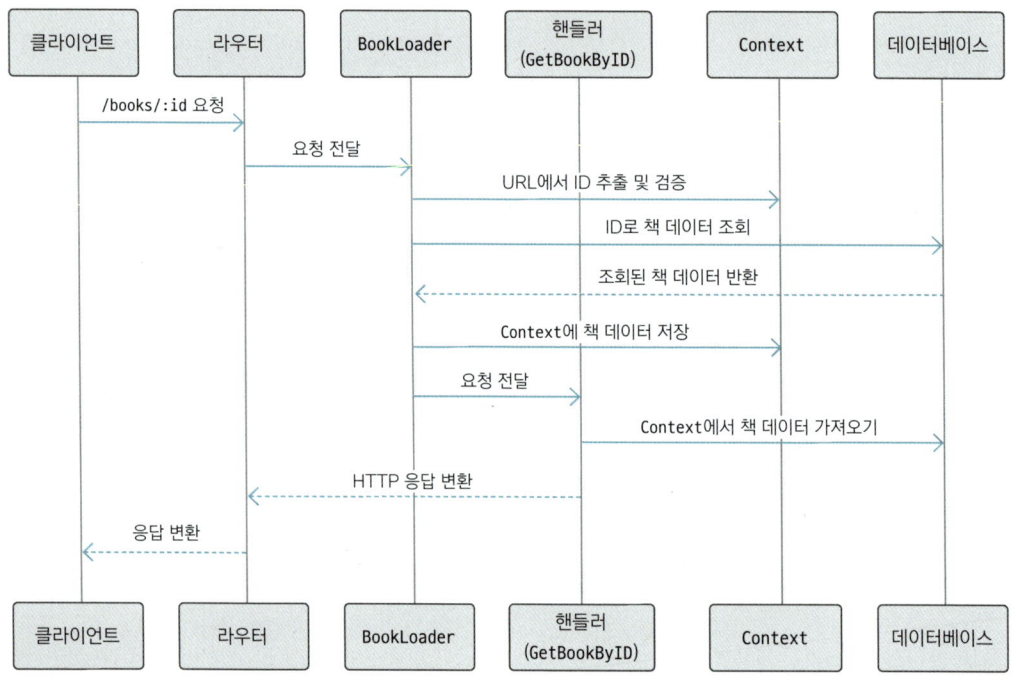

리팩터링 된 웹 서버의 요청 처리 흐름

미들웨어와 핸들러가 통합된 흐름을 검증하는 테스트 코드도 작성한다. book_api/middlewares 디렉터리에 book_middleware_test.go 파일을 만들고 다음과 같은 코드를 작성한다.

Do it! 미들웨어 테스트 코드　　ch20/book_api/middlewares/book_middleware_test.go

```
01: package middlewares
02:
03: import (
04:     "book_api/models"
05:     "book_api/repositories"
06:     "net/http"
07:     "net/http/httptest"
08:     "testing"
09:
10:     "github.com/gin-gonic/gin"
11:     "github.com/stretchr/testify/assert"
12:     "gorm.io/gorm"
13: )
14:
```

```go
15: // 정상인 경우: 유효한 id로 요청 시 컨텍스트에 'book' 데이터 저장
16: func TestBookLoader(t *testing.T) {
17:     mockBooks := []models.Book{
18:         {Model: gorm.Model{ID: 1}, Title: "테스트 책",
             Author: "테스트 저자", Year: 2023},
19:     }
20:     mockRepo := &repositories.MockBookRepository{MockBooks: mockBooks}
21:
22:     r := gin.Default()
23:     r.GET("/books/:id", BookLoader(mockRepo), func(c *gin.Context) {
24:         book, exists := c.Get("book")
25:         assert.True(t, exists, "Context에 'book' 데이터가 저장되어야 합니다.")
26:
27:         bookModel, ok := book.(models.Book)
28:         assert.True(t, ok, "Context의 'book' 데이터가 models.Book 타입이어야 합니다.")
29:
30:         c.JSON(http.StatusOK, bookModel)
31:     })
32:
33:     req := httptest.NewRequest("GET", "/books/1", nil)
34:     w := httptest.NewRecorder()
35:     r.ServeHTTP(w, req)
36:
37:     assert.Equal(t, http.StatusOK, w.Code)
38:     assert.Contains(t, w.Body.String(), "테스트 책")
39: }
40:
41: // 잘못된 아이디인 경우: 숫자가 아닌 id를 전달하면 400 Bad Request 반환
42: func TestBookLoader_InvalidID(t *testing.T) {
43:     mockRepo := &repositories.MockBookRepository{}
44:     r := gin.Default()
45:     r.GET("/books/:id", BookLoader(mockRepo), func(c *gin.Context) {
46:         c.JSON(http.StatusOK, gin.H{"message": "should not reach"})
47:     })
48:
49:     req := httptest.NewRequest("GET", "/books/abc", nil)
50:     w := httptest.NewRecorder()
51:     r.ServeHTTP(w, req)
52:
53:     assert.Equal(t, http.StatusBadRequest, w.Code)
54:     assert.Contains(t, w.Body.String(), "유효하지 않은 ID")
55: }
56:
```

```
57:     // 존재하지 않는 책: 리포지토리에 해당 id의 책이 없으면 404 Not Found 반환
58:     func TestBookLoader_NotFound(t *testing.T) {
59:         // 빈 MockBookRepository 사용: id=1인 도서가 없음
60:         mockRepo := &repositories.MockBookRepository{MockBooks: []models.Book{}}
61:         r := gin.Default()
62:         r.GET("/books/:id", BookLoader(mockRepo), func(c *gin.Context) {
63:             c.JSON(http.StatusOK, gin.H{"message": "should not reach"})
64:         })
65:
66:         req := httptest.NewRequest("GET", "/books/1", nil)
67:         w := httptest.NewRecorder()
68:         r.ServeHTTP(w, req)
69:
70:         assert.Equal(t, http.StatusNotFound, w.Code)
71:         assert.Contains(t, w.Body.String(), "책을 찾을 수 없습니다")
72:     }
```

해당 미들웨어 테스트 코드는 요청부터 응답까지 전체 흐름을 검증하여 미들웨어와 핸들러가 예상대로 동작하는지 확인한다. 미들웨어 테스트는 실제 Gin 라우터를 생성하여 요청부터 응답까지의 전체 흐름을 검증하며, 컨트롤러 테스트는 라우터를 거치지 않고 외부에서 전달할 것으로 예상되는 컨텍스트를 직접 모킹하여 단위 테스트 방식으로 핸들러를 호출한다.

BookController는 이제 미들웨어를 바탕으로 돌아가므로 테스트 코드도 수정해야 한다. book_controller_test.go 파일을 열고 코드를 다음처럼 수정한다.

Do it! 컨트롤러 수정 ch20/book_api/controllers/book_controller_test.go

```
001: package controllers
002:
003: import (
004:     "bytes"
005:     "encoding/json"
006:     "net/http"
007:     "net/http/httptest"
008:     "testing"
009:
010:     "book_api/models"
011:     "book_api/repositories"
012:
013:     "github.com/gin-gonic/gin"
```

```
014:        "github.com/stretchr/testify/assert"
015:        "gorm.io/gorm"
016: )
017:
018: func TestGetBooks(t *testing.T) {
019:        // 1. Mock 데이터 정의
020:        mockBooks := []models.Book{
021:            {
022:                Model:  gorm.Model{ID: 1},
023:                Title:  "테스트 책 1",
024:                Author: "테스트 저자 1",
025:                Year:   2023,
026:            },
027:            {
028:                Model:  gorm.Model{ID: 2},
029:                Title:  "테스트 책 2",
030:                Author: "테스트 저자 2",
031:                Year:   2022,
032:            },
033:        }
034:
035:        // 2. Mock 리포지토리와 컨트롤러 초기화
036:        mockRepo := &repositories.MockBookRepository{MockBooks: mockBooks}
037:        controller := &BookController{Repository: mockRepo}
038:
039:        // 3. Mock Gin 컨텍스트 생성
040:        gin.SetMode(gin.TestMode)
041:        w := httptest.NewRecorder()
042:        c, _ := gin.CreateTestContext(w)
043:
044:        // 4. 핸들러 실행
045:        controller.GetBooks(c)
046:
047:        // 5. 결과 검증
048:        assert.Equal(t, http.StatusOK, w.Code)
049:
050:        // 6. 응답 데이터 비교
051:        var response []models.Book
052:        err := json.Unmarshal(w.Body.Bytes(), &response)
053:        assert.NoError(t, err)
054:        assert.Equal(t, len(mockBooks), len(response))   // 길이 비교
055:
056:        for i, mockBook := range mockBooks {
057:            assert.Equal(t, mockBook.ID, response[i].ID, "ID가 일치하지 않습니다.")
```

```go
058:            assert.Equal(t, mockBook.Title, response[i].Title,
                    "Title이 일치하지 않습니다.")
059:            assert.Equal(t, mockBook.Author, response[i].Author,
                    "Author가 일치하지 않습니다.")
060:            assert.Equal(t, mockBook.Year, response[i].Year,
                    "Year가 일치하지 않습니다.")
061:        }
062: }
063:
064: func TestDeleteBook(t *testing.T) {
065:     // 1. Mock 데이터와 리포지터리 생성
066:     mockBooks := []models.Book{
067:         {Model: gorm.Model{ID: 1}, Title: "테스트 책",
             Author: "테스트 저자", Year: 2023},
068:     }
069:     mockRepo := &repositories.MockBookRepository{MockBooks: mockBooks}
070:     bookController := &BookController{Repository: mockRepo}
071:
072:     // 2. Mock Gin 컨텍스트 생성
073:     gin.SetMode(gin.TestMode)
074:     w := httptest.NewRecorder()
075:     c, _ := gin.CreateTestContext(w)
076:
077:     // 3. Mock 컨텍스트에 필요한 데이터 설정
078:     c.Set("book", mockBooks[0])    // BookLoader 미들웨어의 동작을 대신 수행
079:
080:     // 4. 핸들러 실행
081:     bookController.DeleteBook(c)
082:
083:     // 5. 결과 검증
084:     assert.Equal(t, http.StatusOK, w.Code)
085:     assert.Contains(t, w.Body.String(), "삭제되었습니다")
086:     assert.Equal(t, 0, len(mockRepo.MockBooks))    // MockBooks 리스트가 비었는지 확인
087: }
088:
089: func TestGetBookByID_Success(t *testing.T) {
090:     // 1. Mock 데이터 정의
091:     mockBook := models.Book{Model: gorm.Model{ID: 1}, Title: "테스트 책", Author:
         "테스트 저자", Year: 2023}
092:
093:     // 2. Mock 리포지토리와 컨트롤러 초기화
094:     mockRepo := &repositories.MockBookRepository{
             MockBooks: []models.Book{mockBook}}
095:     controller := &BookController{Repository: mockRepo}
```

```
096:
097:        // 3. Gin 컨텍스트 생성과 'book' 데이터 설정 (BookLoader 역할 대체)
098:        w := httptest.NewRecorder()
099:        c, _ := gin.CreateTestContext(w)
100:        c.Set("book", mockBook)
101:
102:        // 4. 핸들러 실행
103:        controller.GetBookByID(c)
104:
105:        // 5. 결과 검증
106:        assert.Equal(t, http.StatusOK, w.Code)
107:        var response models.Book
108:        err := json.Unmarshal(w.Body.Bytes(), &response)
109:        assert.NoError(t, err)
110:        assert.Equal(t, mockBook.ID, response.ID)
111:        assert.Equal(t, mockBook.Title, response.Title)
112: }
113:
114: func TestGetBookByID_NoBook(t *testing.T) {
115:        // 1. 컨트롤러 초기화 (Mock Repository: 빈 데이터)
116:        controller := &BookController{Repository:
                    &repositories.MockBookRepository{}}
117:        // 2. Gin 컨텍스트 생성 (book 데이터 미설정)
118:        w := httptest.NewRecorder()
119:        c, _ := gin.CreateTestContext(w)
120:
121:        // 3. 핸들러 실행
122:        controller.GetBookByID(c)
123:
124:        // 4. 결과 검증
125:        assert.Equal(t, http.StatusInternalServerError, w.Code)
126:        assert.Contains(t, w.Body.String(), "책 데이터를 로드하지 못했습니다")
127: }
128:
129: func TestGetBookByID_InvalidType(t *testing.T) {
130:        // 1. 컨트롤러 초기화 (Mock Repository: 빈 데이터)
131:        controller := &BookController{Repository:
                    &repositories.MockBookRepository{}}
132:        // 2. Gin 컨텍스트 생성과 'book' 데이터에 잘못된 타입 설정
133:        w := httptest.NewRecorder()
134:        c, _ := gin.CreateTestContext(w)
135:        c.Set("book", "invalid type")
136:
137:        // 3. 핸들러 실행
```

```
138:        controller.GetBookByID(c)
139:
140:        // 4. 결과 검증
141:        assert.Equal(t, http.StatusInternalServerError, w.Code)
142:        assert.Contains(t, w.Body.String(), "잘못된 책 데이터 형식")
143: }
144:
145: func TestCreateBook(t *testing.T) {
146:        // 1. Mock 리포지토리와 컨트롤러 초기화
147:        mockRepo := &repositories.MockBookRepository{MockBooks: []models.Book{}}
148:        controller := &BookController{Repository: mockRepo}
149:
150:        // 2. 새 도서 데이터 정의와 JSON 직렬화
151:        newBook := models.Book{Title: "새 책", Author: "새 저자", Year: 2023}
152:        jsonData, err := json.Marshal(newBook)
153:        assert.NoError(t, err)
154:
155:        // 3. Gin 컨텍스트 생성과 POST 요청 설정
156:        w := httptest.NewRecorder()
157:        c, _ := gin.CreateTestContext(w)
158:        c.Request = httptest.NewRequest("POST", "/books",
                                           bytes.NewBuffer(jsonData))
159:        c.Request.Header.Set("Content-Type", "application/json")
160:
161:        // 4. 핸들러 실행
162:        controller.CreateBook(c)
163:
164:        // 5. 결과 검증
165:        assert.Equal(t, http.StatusCreated, w.Code)
166:        var response models.Book
167:        err = json.Unmarshal(w.Body.Bytes(), &response)
168:        assert.NoError(t, err)
169:        assert.Equal(t, newBook.Title, response.Title)
170:        assert.Equal(t, newBook.Author, response.Author)
171:        assert.Equal(t, newBook.Year, response.Year)
172:        assert.Equal(t, 1, len(mockRepo.MockBooks))
173: }
174:
175: func TestUpdateBook(t *testing.T) {
176:        // 1. 초기 데이터 정의와 Mock 리포지토리/컨트롤러 초기화
177:        initialBook := models.Book{Model: gorm.Model{ID: 1}, Title: "원본 책",
                                       Author: "원본 저자", Year: 2020}
178:        mockRepo := &repositories.MockBookRepository{MockBooks:
                          []models.Book{initialBook}}
```

```
179:     controller := &BookController{Repository: mockRepo}
180:
181:     // 2. 업데이트할 데이터 정의와 JSON 직렬화
182:     updatedPayload := models.Book{Title: "업데이트 책",
                                       Author: "업데이트 저자", Year: 2023}
183:     jsonData, err := json.Marshal(updatedPayload)
184:     assert.NoError(t, err)
185:
186:     // 3. Gin 컨텍스트 생성, PUT 요청 설정과 'book' 데이터 설정
187:     w := httptest.NewRecorder()
188:     c, _ := gin.CreateTestContext(w)
189:     c.Request = httptest.NewRequest("PUT", "/books/1",
                                         bytes.NewBuffer(jsonData))
190:     c.Request.Header.Set("Content-Type", "application/json")
191:     c.Set("book", initialBook)
192:
193:     // 4. 핸들러 실행
194:     controller.UpdateBook(c)
195:
196:     // 5. 결과 검증
197:     assert.Equal(t, http.StatusOK, w.Code)
198:     var response models.Book
199:     err = json.Unmarshal(w.Body.Bytes(), &response)
200:     assert.NoError(t, err)
201:     assert.Equal(t, initialBook.ID, response.ID)
202:     assert.Equal(t, updatedPayload.Title, response.Title)
203:     assert.Equal(t, updatedPayload.Author, response.Author)
204:     assert.Equal(t, updatedPayload.Year, response.Year)
205:     assert.Equal(t, response, mockRepo.MockBooks[0])
206: }
```

반면 WebController는 전체 도서 목록을 보여주는 기능만 담당하므로 별도의 미들웨어 추가가 필요 없고 따라서 테스트 코드도 변경할 필요가 없다.

여기까지 이번 장에서 목표로 한 리팩터링을 모두 마쳤다. 모든 소스 파일을 저장하고 오류가 없음을 확인한 후에 다음 명령어로 테스트를 진행해 보자.

> **실행 결과**

```
ch20\book_api> go test ./...
?       book_api        [no test files]
ok      book_api/controllers    0.011s
ok      book_api/database       0.013s
ok      book_api/middlewares    0.011s
?       book_api/models [no test files]
ok      book_api/repositories   0.012s
?       book_api/routes [no test files]
```

이번 리팩터링을 통해 컨텍스트 활용이 대폭 증가하면서 핸들러 함수가 더 단순해지고 중복 코드가 제거되었다. 더불어 미들웨어를 통해 공통 로직을 효율적으로 관리할 수 있게 되었으며, 이러한 구조는 향후 확장성과 유지·보수성을 크게 높일 것이다.

이 장의 핵심 요약

이번 장에서는 18장에서 개발한 도서 정보 관리 웹 애플리케이션의 기존 코드를 리팩터링하여 유지·보수성과 확장성을 높여 보았다. 기존 코드는 기능적으로는 문제없이 동작하지만, 전역 변수에 의존하고 비즈니스 로직과 컨트롤러가 섞여 있어 테스트와 재사용성이 떨어지는 문제점이 있었다.

주요 개선 사항은 다음과 같다.

- **의존성 주입**: 데이터베이스 연결과 같은 외부 리소스를 전역 변수 대신 의존성 주입 방식으로 전달하여 모듈 간 결합도를 낮추고, 테스트할 때 모킹이 쉽도록 개선하였다.
- **비즈니스 로직 분리**: 컨트롤러에 직접 포함된 데이터베이스 조회 로직을 서비스 계층이나 리포지토리 인터페이스로 분리하여 각 계층의 책임을 명확하게 하고 코드의 재사용성을 높였다.
- **DTO 도입**: 데이터베이스 모델을 그대로 반환하는 대신, 필요한 데이터만을 담은 DTO를 사용하여 클라이언트에 노출되는 데이터를 안전하게 관리하도록 했다.
- **미들웨어 활용**: 반복되는 아이디 파싱과 오류 처리를 미들웨어로 분리하여 컨트롤러의 코드 중복을 줄이고 요청 처리 흐름을 단순화했다.
- **테스트와 커버리지 개선**: 리팩터링 후에는 Mock 리포지토리와 단위 테스트를 추가하여 각 컴포넌트의 기능이 독립적으로 검증되도록 하고 테스트 커버리지 측정을 통해 코드의 신뢰성을 확보하였다.

결과적으로 이번 리팩터링은 코드 구조를 개선하여 SOLID 원칙에 부합하는 모듈화된 설계를 구현함으로써 애플리케이션의 확장성과 유지·보수성을 크게 향상시켰다.

부록

Go 활용 노트

여기에는 Go 언어를 더 효율적이고 전문적으로 사용할 수 있도록 돕고자 실무 활용을 더 풍부하게 만드는 도구나 개념을 담았다.

A-1 ▶▶ 문서화 작업을 돕는 godoc
A-2 ▶▶ 컨텍스트를 관리하는 context
A-3 ▶▶ C 함수를 호출하는 cgo

A-1 | 문서화 작업을 돕는 godoc

godoc는 Go 언어의 공식 문서화 도구로, 코드를 문서로 변환해 가독성과 유지·보수성을 높인다. 협업 환경에서 코드의 역할과 기능을 명확하게 하며 개발자들이 더 효과적으로 소통할 수 있도록 돕는다. godoc를 위한 주석은 함수, 타입, 구조체, 인터페이스 등의 정의 바로 위에 작성해야 한다. 이렇게 작성한 주석은 API 문서로 변환되며 명령 프롬프트나 웹 브라우저에서 확인할 수 있다.

godoc는 다음과 같은 명령어로 설치한다.

> **godoc 설치**

```
> go install golang.org/x/tools/cmd/godoc@latest
```

godoc를 정상으로 설치했으면 다음처럼 `godoc -h` 명령어로 도움말을 확인할 수 있다.

> **godoc 도움말 출력**

```
> godoc -h
usage: godoc -http=localhost:6060
  -goroot string
        Go root directory (default "/usr/local/go")
  -http string
        HTTP service address (default "localhost:6060")
  -index
        enable search index
  -index_files string
        glob pattern specifying index files; if not empty, the index is read from these files in sorted order
  -index_interval duration
        interval of indexing; 0 for default (5m), negative to only index once at startup
  -index_throttle float
        index throttle value; 0.0 = no time allocated, 1.0 = full throttle (default 0.75)
  -links
        link identifiers to their declarations (default true)
```

```
    -maxresults int
          maximum number of full text search results shown (default 10000)
    -notes string
          regular expression matching note markers to show (default "BUG")
    -play
          enable playground
    -templates string
          load templates/JS/CSS from disk in this directory
    -timestamps
          show timestamps with directory listings
    -url string
          print HTML for named URL
    -v    verbose mode
    -write_index
          write index to a file; the file name must be specified with -index_files
    -zip string
          zip file providing the file system to serve; disabled if empty
```

만약 godoc를 찾을 수 없다는 오류가 발생할 때는 %GOPATH%\bin 경로가 시스템의 PATH 환경 변수에 등록되지 않았을 가능성이 있다. GOPATH는 **go env** 명령어로 쉽게 확인해 볼 수 있다. GOPATH에 관해서는 「02-2」절에서 다루었으니 기억이 나지 않는 독자는 살펴보기 바란다.

T GOATH 확인

```
> go env GOPATH
```

PATH 환경 변수에 %GOPATH%\bin 경로가 포함되어 있는지 확인하고 없다면 다음 명령어로 추가하자.

T 윈도우에서 설정

```
> setx PATH "%PATH%;%USERPROFILE%\go\bin"
```

T macOS, 리눅스, WSL에서 설정

```
$ export PATH=$PATH:$(go env GOPATH)/bin
```

다음 코드를 작성하여 godoc로 문서화를 진행해 보자.

Do it! 문서화할 소스 코드 작성　　　　　　　　　appendix/godoc_ex/godoc_basic.go

```go
01: package godoc_ex
02:
03: // Add는 두 정수를 더한 값을 반환한다.
04: func Add(a int, b int) int {
05:     return a + b
06: }
07:
08: // Subtract는 두 정수를 뺀 값을 반환한다.
09: func Subtract(a int, b int) int {
10:     return a - b
11: }
```

소스 파일이 있는 디렉터리로 이동한 후에 모듈을 초기화한다. 그리고 godoc 명령어로 문서를 만들어 HTTP 서버를 통해 제공한다.

T godoc 문서화

```
appendix> cd godoc_ex
appendix\godoc_ex> go mod init godoc_ex
appendix\godoc_ex> godoc -http=:6060
```

이제 웹 브라우저를 열고 localhost:6060/pkg/godoc_ex 에 접속하면 문서를 확인할 수 있다.

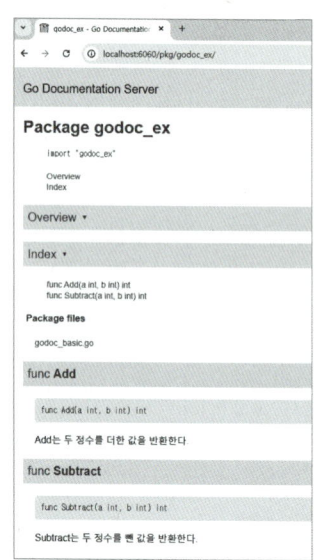

웹 브라우저에서 godoc 문서 확인

godoc 문서에 포함할 주석은 해당 코드 요소 바로 위에 작성해야 한다.

1. 함수 주석 예시

```go
// Add는 두 정수를 더한 값을 반환한다.
func Add(a int, b int) int {
    return a + b
}
```

주석은 짧고 간결하게 작성하되 주요 동작과 매개변수, 반환값을 명확하게 기술한다. 그리고 문서화에 불필요한 정보는 배제한다.

2. 구조체 주석 예시

```go
// User는 사용자 정보를 저장한다.
type User struct {
    Name string   // 사용자의 이름
    Age  int      // 사용자의 나이
}
```

godoc는 프로젝트의 모든 패키지를 대상으로 문서를 생성할 수 있다. 이를 통해 외부 사용자와 팀원에게 패키지의 역할과 사용법을 명확하게 전달할 수 있다. 또한 godoc에 포함된 예시 코드는 사용자와 개발자에게 코드의 동작 방식을 알려 주어 테스트와 학습을 동시에 지원한다.

godoc는 실무에서 다음처럼 활용할 수 있다.

- CI/CD 파이프라인에서 godoc를 실행하여 자동으로 최신 문서를 생성하거나 배포할 수 있다.
- 팀 내부 위키나 프로젝트 문서에 링크를 추가하면 협업에 유용하다.

godoc 주요 실행 명령어

명령어	설명
godoc -http=:6060	HTTP 서버를 통해 godoc 문서를 제공한다.
godoc <패키지> <함수>	특정 패키지나 함수의 문서를 터미널에 출력
godoc -goroot=<경로>	특정 Go 설치 경로에서 godoc 실행
godoc -analysis=type	타입 기반 분석 정보를 추가로 제공

만약 godoc 설치를 원하지 않거나 간단하게 확인하고 싶으면 **go doc** 명령어를 사용할 수 있다. **go doc**는 Go 코드의 문서를 터미널에서 출력하는 명령어로, 최신 Go 버전에서 기본으로 제공된다.

> **go doc 실행**
>
> ```
> appendix\godoc_ex> go doc godoc_ex.Add
> package godoc_ex // import "godoc_ex"
>
> func Add(a int, b int) int
>     Add는 두 정수를 더한 값을 반환한다.
> ```

A-2 | 컨텍스트를 관리하는 context

context는 Go 언어에서 동시성 작업을 관리하고 데이터를 전달하는 데 사용하는 핵심 도구다. context는 요청의 생애 주기를 관리하며 작업 취소와 타임아웃 처리, 데이터 공유를 지원한다.

컨텍스트는 Go 언어에서 작업을 관리하거나 데이터의 흐름을 사용할 때 유용한 개념으로, 여러 타입의 컨텍스트를 용도에 맞춰 사용할 수 있다.

- **취소 전파:** API 요청이 취소되면 관련된 모든 작업을 중단하도록 설계한다.
- **타임아웃 설정:** 작업 시간이 길어질 가능성이 있다면 타임아웃을 설정해 리소스 낭비를 방지한다.
- **데이터 전달:** 인증 정보나 세션 아이디와 같은 간단한 데이터를 공유할 때 사용하되 복잡한 데이터 구조는 지양한다.

컨텍스트 생성 메서드

메서드	설명	사용 예
context.Background()	루트 컨텍스트 생성	ctx := context.Background()
context.WithCancel()	취소 기능이 추가된 컨텍스트 생성	ctx, cancel := context.WithCancel(ctx)
context.WithTimeout()	타임아웃이 있는 컨텍스트 생성	ctx, cancel := context.WithTimeout(ctx, 5 * time.Second)
context.WithValue()	키-값 데이터를 저장하는 컨텍스트 생성	ctx := context.WithValue(ctx, "key", "value")

다음은 취소 기능이 포함된 컨텍스트를 생성하고 활용하는 예다. main() 함수에서 생성하고 실행한 익명 고루틴에서 일정 시간 후 취소 신호를 전파함으로써 작업 중단을 구현하는 과정을 보여 준다.

Do it! 작업 취소 컨텍스트 appendix/context_ex/context_cancel/context_cancel.go

```go
01: package main
02:
03: import (
04:     "context"
05:     "fmt"
```

```
06:        "time"
07: )
08:
09: func main() {
10:        ctx, cancel := context.WithCancel(context.Background())
11:        defer cancel()
12:
13:        go func() {
14:               time.Sleep(2 * time.Second)
15:               cancel()
16:        }()
17:
18:        select {
19:        case <-ctx.Done():
20:               fmt.Println("작업이 취소됨:", ctx.Err())
21:        }
22: }
```

▼

실행 결과

작업이 취소됨: context canceled

먼저 취소 기능이 추가된 파생 컨텍스트를 생성한다. 이후 고루틴 내에서 2초 후에 `cancel()` 함수를 호출하여 컨텍스트를 취소하고, `ctx.Done()` 채널에서 취소 신호를 수신하여 `ctx.Err()`로 취소 원인을 확인한 후 결과를 출력한다.

다음은 타임아웃 컨텍스트를 구현한 예다. 컨텍스트에 3초의 타임아웃을 부여해 지정된 시간이 경과하면 자동으로 종료되는 파생 컨텍스트를 생성한다. 타임아웃이 발생하면 `ctx.Done()` 채널에서 종료 신호를 감지하고 `ctx.Err()`로 종료 원인을 확인한다.

Do it! 타임아웃 컨텍스트   appendix/context_ex/context_timeout/context_timeout.go

```
01: package main
02:
03: import (
04:        "context"
05:        "fmt"
06:        "time"
07: )
```

```
08:
09: func main() {
10:     ctx, cancel := context.WithTimeout(context.Background(), 3*time.Second)
11:     defer cancel()
12:
13:     select {
14:     case <-ctx.Done():
15:         fmt.Println("타임아웃 발생:", ctx.Err())
16:     }
17: }
```

▼

실행 결과

```
타임아웃 발생: context deadline exceeded
```

다음은 데이터 전달 컨텍스트를 구현한 예다. 컨텍스트에 키-값 데이터를 저장하고 데이터를 추출하여 출력하는 방식을 보여 준다. 이 방식은 인증 정보와 같이 단순 데이터를 전달할 때 유용하다.

Do it! 데이터 전달　　　　　　　　　　appendix/context_ex/context_value/context_value.go

```
01: package main
02:
03: import (
04:     "context"
05:     "fmt"
06: )
07:
08: func main() {
09:     ctx := context.WithValue(context.Background(), "userID", 12345)
10:
11:     userID := ctx.Value("userID").(int)   // 사용자 아이디를 정수로 단언
12:     fmt.Println("사용자 ID:", userID)
13: }
```

▼

실행 결과

```
사용자 ID: 12345
```

A-3 | C 함수를 호출하는 cgo

cgo는 Go와 C 코드 간의 상호 작용을 가능하게 해주는 기능이다. 이를 통해 기존 C 라이브러리를 활용하거나 Go 코드에서 C 함수를 호출할 수 있다.

cgo를 이용하면 기존의 고성능 C 라이브러리를 Go 코드에서 재사용할 수 있다. Go 코드에서 플랫폼에 특화된 C 코드를 호출한다. 주의할 점은 cgo는 Go의 성능과 이식성에 영향을 미칠 수 있으므로 필요한 경우에만 사용해야 한다.

다음은 cgo를 이용하여 C 표준 라이브러리의 `puts()` 함수를 호출하는 예다. `puts()`는 전달받은 문자열을 출력하고 끝에 개행을 추가하는 C 라이브러리의 내장 함수다. 그리고 `CString()` 함수는 Go 문자열을 C에서 사용할 수 있는 널 종료 문자열(C 문자열)로 변환한다.

Do it! C 라이브러리 호출   appendix/cgo_ex/cgo_basic/cgo_basic.go

```go
01: package main
02:
03: // #include <stdio.h>
04: import "C"
05:
06: func main() {
07:     C.puts(C.CString("Hello from C!"))
08: }
```

실행 결과

```
Hello from C!
```

다음 코드는 cgo를 통해 외부 C 라이브러리의 수학 함수를 호출하여 16의 제곱근을 계산하는 예다. `C.sqrt()` 함수로 연산을 수행하고 결과를 출력한다. 이처럼 C 라이브러리에 직접 접근하여 연산을 수행하면 특정한 조건에서는 더 빠른 연산 성능을 발휘할 수도 있다.

> **Do it!** C 라이브러리 활용　　　　　　　　　　appendix/cgo_ex/cgo_math/cgo_math.go

```go
01: package main
02:
03: // #include <math.h>
04: import "C"
05: import "fmt"
06:
07: func main() {
08:     result := C.sqrt(16)
09:     fmt.Printf("C 라이브러리의 sqrt(16): %f\n", result)
10: }
```

▼

> **실행 결과**

```
C 라이브러리의 sqrt(16): 4.000000
```

이 책으로 Go 언어의 기본 문법부터 고급 기능까지 섭렵했으며 실무에 바로 적용할 수 있는 지식을 쌓았을 것이다. 프로그래밍은 끝없는 여정이다. 이 책을 발판 삼아 더 깊이 탐구하고 창의적인 해법을 만들어 나가길 바란다. 여러분의 개발 여정이 항상 새로운 도전과 성취로 가득하길 응원한다.

찾아 보기

한글

ㄱ~ㄷ

가비지 컬렉터	19
감소 연산	115
값	197
값 복사	106
값 리시버	247
값 수신	356
값에 의한 호출	108
객체	206
객체지향 프로그래밍	19, 206
경쟁 상태	334
고루틴	20, 316, 319, 332, 444
고루틴 성능	398
고루틴과 스레드	321
고차 함수	22
고퍼	17
고퍼 밸류	18
관계 연산자	118
괄호 누락 오류	48
교착 상태	352
구문	159
구조체	202
구조체 임베딩	467
구조체 태그	465
길이	182
깊은 복사	194
네트워킹	412
논리 오류	475
논리 연산자	119
논리 자료형	84
논리곱	119
논리합	119
닐	97
다형성	214, 353
단방향 채널	353
단언문	480
단위 테스트	476
단축 선언문	62
대괄호	179
대기 그룹	342, 345
대입 연산	124
데이터베이스 초기화	497
데코레이터	20
도커	23
동시성	313
동시성 프로그래밍	20

ㄹ~ㅂ

라우트	469
러스트	22
런타임 오류	475
레이블	168
로그 롤링	430
로깅	425
룬	94
리시버	245
리터럴	92
리팩터링	503, 535
매개변수	129
맵	197
메모리	59
메모리 구조	71
메모리 성능	397
메서드	19, 215
메인 함수	442
멤버 변수	215
명명된 반환값	133
모델 정의	464
모듈 시스템	36
모듈 초기화	37
모듈 캐시	39
모듈화	214
모킹	488
무한 반복	159
문맥 전환	315
문법적 설탕	115
문법적 편의 기능	115
문자열 연결	116
문자열 자료형	91
뮤텍스	355
미들웨어	536
밑줄	190
반복문	157
반복문 제어	161
반환	129
반환 자료형	131
반환 타입	32
반환값	132
배열	179
버퍼 채널	348
벤치마크	404
변수	59
변수 가리기	76
변수 선언	60
변수의 유효 범위	68
복구	19
부동 소수점	86

부정	119
부호 비트	90
부호 없는 정수	90
부호 없음	85
불변성	231
블록 주석	57
비주얼 스튜디오 코드	49
비트 반전 연산	121
비트 연산자	121
비트 NOT 연산자	91
빈 식별자	190
빌드	30
뺄셈 과정	88

ㅅ~ㅇ

산술 연산자	111
상속	19, 250
상수	80
생성자	209
서식 문자열	77, 135
서식 지정자	77
성능 프로파일링	393
세미콜론	32
소스 파일 작성	29
숫자 자료형	85
쉼표 사용 오류	48
스레드	316
스코프	68
스택	71
스택 트레이스	300
스택 트레이스 기록	309
스터빙	488, 492
슬라이스	181
슬라이싱	186
시간 복잡도	201
시스템 종료	301
실수 자료형	86
실행 파일	30
아스키코드	92

애너테이션	20
애플리케이션	433, 447
얕은 복사	193
언버퍼 채널	351
여러 변수 선언	62
역따옴표	92
역참조	104
역참조 연산자	125
연결 종료	308
열거형	209
예약어	17
예외	291
오류	263, 291
오류 메시지	47
오류 스택 트레이스	294
오류 스트림	265
오류 전파	296
오른쪽 시프트 연산	121
오버라이딩	253
오버플로	102
오픈 어드레싱	200
외부 패키지	45
왼쪽 시프트 연산	121
요소	182
용량	182
워크스페이스	42
유니코드	92
의존성 관리	37
이름 짓는 규칙	63
익명 함수	136
인덱스	180
인덱스 변수	158
인스턴스	207
인자	131
인터페이스	225
인터프리터	15
일급 시민	22, 136
입출력	257

ㅈ~ㅊ

자료형	60, 64, 84
자료형 지정	64
자바	20
자바 가상 머신	21
자바스크립트	21
자원 해제	307
작은따옴표	92
잠금	342
잠금 해제	308
전역 변수	68, 70
접근 제어	19
정적 타입 언어	22
제네릭	19, 368
제네릭 타입	376
제네릭 함수	375
제약 조건	380
조건문	142
조건문 중첩	153
조건식	151, 157
주석	57
주소	103
주소 전달	107
주요 단언문 함수	525
중첩 반복문 탈출	163
증가 연산	115
증감 연산자	115
증감식	157
지역 변수	68
진입점	130
참조 연산자	125
참조에 의한 호출	108
채널	316, 348
채널 연산자	126
체이닝	200
체크섬	37
초기식	157
초기화	61
초깃값	61, 81

최상위 비트	90	포인터 연산자	125	C	19
추상화	214, 230	포인터 초기화	104	call by reference	107
충돌 처리	200	포인터값	87	call by value	105
		표준 입출력	259	case	146, 149
ㅌ~ㅎ		표현식	159	cgo	562
캡슐화	214, 230	프로그램 실행	31	closure	137
커버리지 보고서	487	프로파일 기반 최적화	405	Communicating Sequential Processes	348
컨텍스트	536, 559	플래그 변수	276	complex	87
컴파일	15	피연산자	111	concurrency	313
컴파일 오류	475	필드	202	Conn	412
코드 블록	68	한 줄 주석	57	const 예약어	80
코크로치DB	24	할당 연산자	124	constants	80
쿠버네티스	23	할당 표현식	113	context	559
큰따옴표	92	함수	129	continue 문	162
클래스	19	함수 정의	130	copy( )	193
클로저	137	함수 호출	131	CPU 프로파일	395
키	197	함수 호출 연산자	131	CSP	348
타임아웃	360	함수형 프로그래밍	137		
타입	64	해시 테이블	200	**D~F**	
타입 매개변수	368	해시 함수	200	data type	64, 84
타입 별칭	95	형 변환	99	defer 남용	309
타입 추론	64	환경 변수	40	defer 예약어	303
타입스크립트	24	힙	71	dereference	104
터미널	53			Dial( )	412
테스트	475	**영어**		Done( )	346
테스트 커버리지	484			else	142
통합 개발 환경	49	**A~C**		else if	142
파이썬	20	Add( )	346	expression	159
파일 권한	277	AND 비트 연산	121	false	84
파일 디스크립터	284	AND 연산	119	field	202
패닉	19, 291, 299	AND NOT 비트 연산	121	File 구조체	270
패닉 복구	303	anonymous function	136	file descripter	285
패키지	32, 35	append( )	185, 190	float	86
패키지 가져오기	30	argument	131	floating point	86
패키지 선언	30	assertion	480	fmt.Printf( )	77
팩토리 함수	139	bool	84	fmt.Println( )	77
포인터	103, 182	break 문	148, 161	for 문	157
포인터 리시버	248	byte	87, 91	func	130
포인터 선언	104				

function	129	

G~J

generic	368	
GIL	20	
Gin	447	
go 명령어	32	
Go 설치	26	
Go 익스텐션	52	
Go 프로젝트 구성	35	
go build	30	
go clean	33	
go doc	33	
go fmt	33	
go get	32, 38	
go help	33	
go install	32	
go list	32	
go mod	32	
go mod init	37	
go mod tidy	38	
go run	32, 54	
go test	33	
go version	27	
go vet	33	
go.mod 파일	37	
go.sum 파일	37	
godoc	554	
GOPATH	36, 42	
GOROOT	40	
goroutine	316, 319	
goto 문	166	
hash table	200	
HTTP 네트워킹	422	
HTTP 서버	393	
if 문	142	
import	47	
int	85	
interface	225, 386	

JDBC	21	

L~R

len( )	180	
Listener	412	
log 패키지	425	
logrus 패키지	427	
main 패키지	36	
main( ) 함수	30, 36, 130	
make( )	183, 348	
map	197	
method	215	
new( )	207	
nil	97	
NOT 연산	119	
OOP	206	
OR 비트 연산	121	
OR 연산	119	
os.File 구조체	270	
os.OpenFile( )	274	
overflow	102	
package	35	
package main	36	
parameter	129	
PGO	405	
pprof	393	
private	19	
protected	19	
public	19	
rand.Intn( )	180	
range 예약어	188	
receiver	245	
recover( ) 함수	304	
refactoring	503	
return	129, 131	
rune	87, 91, 94	

S~Z

Scanf( ) 함수	135	

slice	181	
slicing	186	
SOLID 원칙	536	
statement	159	
string	91	
switch 문	146	
syntactic sugar	115	
syntax error	48	
TCP 네트워킹	413	
test coverage	484	
time.After( )	360	
true	84	
try-catch	19	
type alias	95	
type casting	99	
type inference	64	
UDP 네트워킹	418	
uint	86	
uintptr	87	
unbuffered channel	351	
unsigned	85	
var	60, 179	
variable	59	
variable shadowing	76	
Wait( )	346	
where	40	
which	40	
while 문	174	
XOR 비트 연산	121	
zero value	349	

기타

:= 연산자	62	
[ ]byte	91	
[ ]rune	91	
1의 보수	89	
2의 보수	89	

30일 후, 당신의 개발 습관이 달라집니다!

클린 코드부터 아키텍처 설계까지
당장 써먹는 8가지 실전 기술!

클린 프로그래밍

코드만 짜던 당신, '진짜' 개발자가 된다!

개발 습관이 바뀌는 8가지 기술!

- 클린 코드
- 리팩터링
- 테스트 코드
- 코드 리뷰
- SOLID 원칙
- 디자인 패턴
- 소프트웨어 프로세스 모델
- UML 활용

김종관 지음 | 440쪽 | 29,000원